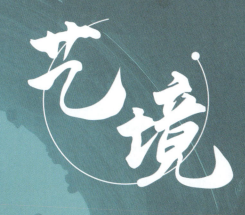

刘婷婷 ◎ 编著

中文版 **Photoshop**
平面广告设计与制作
全视频实践228例〔溢彩版〕

清华大学出版社
北京

内 容 简 介

本书是一本全方位、多角度讲解利用Photoshop进行平面广告设计的案例式教材，注重案例的实用性和精美度。全书共设置228个实用案例，按照技术和行业应用进行划分，清晰有序，可以方便零基础的读者由浅入深地学习，从而循序渐进地提升Photoshop平面设计的能力。

本书共分为20章，针对基础操作、选区与抠图、矢量绘图、图像修饰、调色、蒙版、图层混合模式与图层样式、滤镜等技术进行了细致的案例讲解和理论解析。在本书最后还重点设置了8个章节，针对平面设计中常用的高级应用进行了剖析。本书第1、2章主要讲解软件入门操作，是最简单、需要完全掌握的基础知识。第3~12章是按照技术划分每个门类的高级案例操作，在这些章节可以学到平面设计中的常用操作技术与技巧。第13~20章是完整的大型项目案例，是专门为读者设置的高级大型综合实例提升章节。

本书不仅适合作为平面设计人员的参考书，也可作为大、中专院校和培训机构平面设计及其相关专业的学习教材，还可作为设计爱好者的工具书。

本书封面贴有清华大学出版社防伪标签，无标签者不得销售。

版权所有，侵权必究。举报：010-62782989，beiqinquan@tup.tsinghua.edu.cn。

图书在版编目(CIP)数据

中文版 Photoshop 平面广告设计与制作全视频实践 228 例 : 溢彩版 / 刘婷婷编著 . -- 北京 : 清华大学出版社, 2024. 7. -- （艺境）. -- ISBN 978-7-302-66478-9

Ⅰ．J524.3-39

中国国家版本馆 CIP 数据核字第 2024R75D87 号

责任编辑：韩宜波
封面设计：李　坤
责任校对：李玉茹
责任印制：丛怀宇

出版发行：清华大学出版社
网　　址：https://www.tup.com.cn, https://www.wqxuetang.com
地　　址：北京清华大学学研大厦 A 座
邮　　编：100084
社 总 机：010-83470000
邮　　购：010-62786544
投稿与读者服务：010-62776969, c-service@tup.tsinghua.edu.cn
质 量 反 馈：010-62772015, zhiliang@tup.tsinghua.edu.cn

印 装 者：三河市铭诚印务有限公司
经　　销：全国新华书店
开　　本：210mm×260mm　　印　张：24　　字　数：768 千字
版　　次：2024 年 7 月第 1 版　　印　次：2024 年 7 月第 1 次印刷
定　　价：118.00 元

产品编号：100206-01

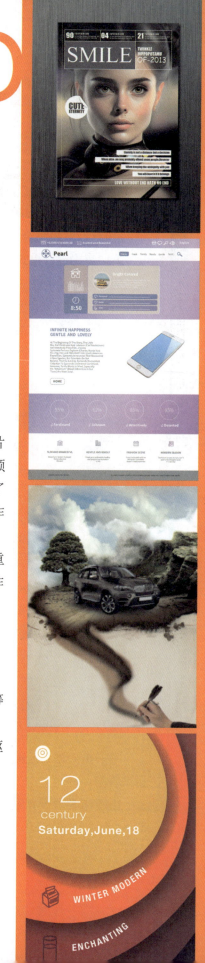

前言 PREFACE

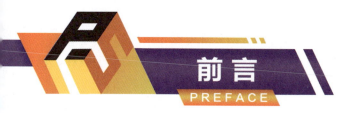

　　Photoshop是Adobe公司推出的一款专业的设计制图软件，其广泛应用于数码照片处理、印刷出版、广告设计、书籍排版、插画绘图、多媒体图像处理、网页设计等领域。基于Adobe Photoshop在平面设计中的应用度之高，我们编写了本书。书中精选了平面设计中常用的228个案例，基本涵盖了平面设计需要应用到的Photoshop基础操作和常用技术。

　　与同类书籍介绍大量软件操作方法的编写方式相比，本书最大的特点是更加注重以案例为核心，按照技术+行业应用相结合的方式进行划分，既讲解了基础入门操作和常用技术，又讲解了大型综合行业案例的制作技巧。

本书共分为20章，具体安排如下。

　　第1章为Photoshop 基础入门，介绍了Photoshop的工作界面及基本操作。

　　第2章为Photoshop常用操作，介绍了调整图像大小、设置画布大小、旋转图像等常用必学操作方法。

　　第3章为选区与抠图，介绍了绘制简单的选区、基于色彩的抠图技法、钢笔抠图、通道抠图等内容。

　　第4章为绘图与填充，介绍了画笔等常用绘图工具的使用方法，以及图案填充、纯色填充、渐变填充等功能的使用技巧。

　　第5章为文字的使用，介绍了使用文字工具制作点文字、段落文字等操作技巧。

　　第6章为矢量绘图，介绍了使用钢笔工具、形状工具等进行绘图的操作技巧。

　　第7章为图像修饰，主要介绍了去除瑕疵和细节修饰两大功能。

　　第8章为调色，介绍了Photoshop中常用且实用的调色命令的应用技巧。

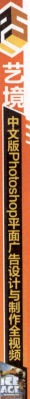
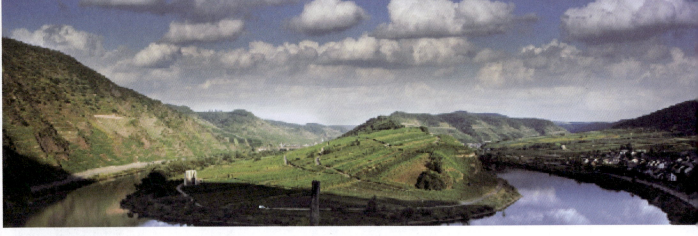

第9章为蒙版与合成，介绍了图层蒙版、剪贴蒙版等不同蒙版的应用技巧。

第10章为混合模式与图层样式，介绍了通过不透明度、混合模式、图层样式制作特殊效果的操作方法。

第11章为滤镜，主要讲解了常用滤镜的使用方法。

第12章为实用图像处理技巧，主要讲解日常照片、风光照片、人像照片的处理方法与技巧。

第13～20章为综合案例，介绍了标志设计、VI设计、广告设计、UI设计、网页设计、书籍画册设计、包装设计、创意设计8个高级大型综合实例。

本书特色如下。

- **内容丰富** 除安排了228个案例，书中还设置了大量"要点速查"模块，以便读者参考学习理论参数。
- **章节合理** 第1、2章主要讲解软件入门操作——超简单；第3～12章按照技术划分每个门类的高级案例操作——超实用；第13～20章为完整的大型项目案例——超精美。
- **实用性强** 精选了228个案例，实用性非常强，可应对平面设计中的不同设计工作。
- **流程方便** 本书大部分案例采用了操作思路、案例效果、操作步骤的介绍方式，读者在学习案例之前就可以非常清晰地了解如何进行学习。

本书采用Photoshop 2023版本进行编写，请各位读者使用该版本或相近版本进行练习。如果使用过低的版本，可能会在源文件打开时出现个别内容无法正确显示的问题。

本书提供了案例的素材文件、源文件、效果文件及视频文件，通过扫一扫下面的二维码，推送到自己的邮箱后下载获取。

本书由天津工艺美术职业学院的刘婷婷老师编著，其他参与编写的人员还有杨力、王萍、李芳、孙晓军、杨宗香等。

由于作者水平有限，书中难免存在不妥之处，敬请广大读者批评、指正。

编 者

目录 CONTENTS

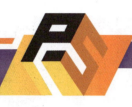

第1章 Photoshop基础入门

1.1 初识Photoshop ·········· 2
实例001　认识Photoshop的各个部分·········· 2
实例002　打开已有的图像文档·········· 3
实例003　使用打开、置入、存储制作简约画册版面···· 5

1.2 Photoshop的基本操作·········· 7
实例004　调整文档显示比例与显示区域·········· 7
实例005　使用图层进行操作·········· 8
实例006　对齐与分布图层制作整齐排列的挂画···· 11

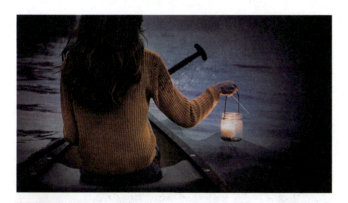

第2章 Photoshop常用操作

实例007　设置图像颜色模式·········· 14
实例008　调整图像大小·········· 15
实例009　设置画布大小·········· 15
实例010　旋转图像·········· 16

实例011　自由变换制作UI设计方案效果图·········· 17
实例012　自由变换制作变形的页面·········· 18
实例013　复制并变换制作背景图案·········· 21
实例014　操控变形制作扭曲灯塔·········· 22
实例015　自动对齐制作宽幅风景照·········· 23
实例016　自动混合命令融合两张图像·········· 23
实例017　裁剪调整构图·········· 24
实例018　拉直地平线·········· 25
实例019　透视裁剪广告图·········· 26
实例020　去掉多余像素·········· 27

第3章 选区与抠图

3.1 绘制简单的选区·········· 29
实例021　使用选区工具制作极简风格图标·········· 29
实例022　使用多种选区工具制作折扣计算页面···· 31
实例023　使用多边形套索工具为名片换背景···· 34

3.2 基于色彩的抠图技法·········· 35
实例024　使用磁性套索工具抠图·········· 35
实例025　使用快速选择工具抠图制作简单海报···· 37
实例026　使用魔棒工具为人像更换背景·········· 38
实例027　使用"选择并遮住"为卷发美女抠图···· 40
实例028　使用复制、粘贴向画框中添加油画···· 42

3.3 钢笔抠图·········· 43
实例029　使用钢笔工具抠出精细人像·········· 43

3.4	通道抠图	44
实例030	通道抠图——半透明白纱	45
实例031	通道抠图——云朵	48

第4章 绘图与填充

实例032	使用画笔工具在照片上涂鸦	51
实例033	使用颜色动态制作多彩音符	53
实例034	使用画笔工具制作游戏界面	54
实例035	使用画笔工具制作质感标志	58
实例036	使用画笔工具渐变制作蝴蝶文字海报	61
实例037	使用选区运算制作反光感按钮	64
实例038	使用渐变工具制作多彩壁纸	67
实例039	使用渐变工具制作按钮	68
实例040	使用多种填充方式制作活动卡片	71

第5章 文字的使用

实例041	使用文字工具制作对页杂志广告	75
实例042	创建段落文字制作杂志页面	76
实例043	使用变形文字制作人像海报	79
实例044	创建路径文字制作甜美版面	81
实例045	使用文字工具制作趣味字符字	82
实例046	创意文字设计	84
实例047	多彩破碎效果艺术字	86
实例048	喜庆风格创意广告	90

第6章 矢量绘图

实例049	使用钢笔工具制作App标志	94
实例050	使用钢笔工具绘制简单图形海报	95
实例051	使用形状工具与形状运算制作引导页	97
实例052	使用椭圆工具制作画面创意效果	99
实例053	极简风格图标设计	100
实例054	使用形状工具制作质感按钮	102
实例055	使用矢量工具制作活动标志	105
实例056	天气时钟小组件界面设计	108

第7章 图像修饰

7.1	去除瑕疵	113
实例057	使用仿制图章工具去除照片中的杂物	113
实例058	使用仿制图章工具去除细纹	113
实例059	使用图案图章工具制作印花手提包	114
实例060	使用污点修复画笔工具去除斑点	115
实例061	使用修复画笔工具去除飞鸟	116
实例062	使用修补工具去除沙滩上的游客	117
实例063	使用内容感知移动工具移动人物	118
实例064	使用红眼工具矫正瞳孔颜色	119
实例065	使用"内容识别"去除钉子	120

7.2	细节修饰	121
实例066	使用模糊工具柔化表面质感	121
实例067	使用模糊工具将环境处理模糊	122

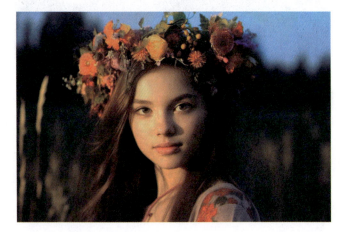

实例068	使用锐化工具增强照片细节感……122
实例069	使用涂抹工具制作绘画感……123
实例070	使用减淡工具制作纯白背景……124
实例071	使用减淡工具和海绵工具处理宠物照片……125
实例072	使用加深工具制作纯黑背景……126
实例073	使用海绵工具增强花环颜色……126
实例074	使用海绵工具增强画面颜色感……127
实例075	使用颜色替换工具更改局部颜色……128

第8章 调色

8.1 基本的调色命令与操作……130

实例076 使用"亮度/对比度"调整画面……130
实例077 使用"色阶"更改画面亮度与色彩……130
实例078 使用"曲线"打造青色调……132
实例079 使用"自然饱和度"增强照片色感……134
实例080 使用"色相/饱和度"打造多彩苹果……135
实例081 使用"色彩平衡"制作梦幻冷调……136
实例082 使用"黑白"制作复古画面……137
实例083 使用"照片滤镜"改变画面色温……139
实例084 使用"颜色查找"打造风格化色彩……139

8.2 特殊的调色命令与操作……141

实例085 使用"色调分离"制作绘画效果……141
实例086 使用"阈值"制作彩色绘画效果……142
实例087 使用"渐变映射"制作怀旧双色效果……143
实例088 使用"可选颜色"制作浓郁的电影色……144
实例089 使用"匹配颜色"快速更改画面色调……145
实例090 使用"替换颜色"更改局部颜色……146

第9章 蒙版与合成

9.1 使用蒙版功能……149

实例091 使用图层蒙版制作缤纷水果……149
实例092 使用剪贴蒙版制作中式饭店招贴……150

9.2 女装广告……152

实例093 女装广告——制作背景及人物部分……152
实例094 女装广告——制作右侧图形文字……153

9.3 品牌服饰宣传广告……154

实例095 品牌服饰宣传广告——制作广告背景……155
实例096 品牌服饰宣传广告——制作人物部分……156
实例097 品牌服饰宣传广告——制作艺术字部分……157

9.4 饮料创意广告……158

实例098 饮料创意广告——制作水花背景……158
实例099 饮料创意广告——制作瓶身部分……159

9.5 芝士蛋糕海报设计……161

实例100 芝士蛋糕海报设计——制作海报的背景……161
实例101 芝士蛋糕海报设计——制作主体文字……162
实例102 芝士蛋糕海报设计——制作辅助文字……165
实例103 芝士蛋糕海报设计——制作信息文字……166

第10章 混合模式与图层样式

10.1 不透明度与混合模式……169

实例104 设置不透明度制作图形招贴……169
实例105 使用混合模式制作旧照片……170
实例106 使用混合模式制作奇幻天空……174
实例107 设置混合模式将光效元素混合到画面中……174

10.2 图层样式……175

实例108 使用多种图层样式制作晶莹质感文字……175
实例109 使用图层样式制作卡通风格海报……178

第11章 滤镜

实例110	使用"液化"滤镜美化人物面部	182
实例111	使用滤镜库制作水墨画效果	184
实例112	使用滤镜制作波普风人像	185
实例113	使用"海报边缘"滤镜制作插画效果	187
实例114	使用滤镜库制作欧美风格插画效果	189
实例115	使用滤镜制作移轴摄影效果	190
实例116	将背景处理为马赛克效果	192
实例117	使用"置换"滤镜制作水晶心效果	193
实例118	使用"极坐标"滤镜制作奇幻感星球	195
实例119	使用"高斯模糊"滤镜制作有趣的照片	195
实例120	使用"添加杂色"滤镜制作雪景效果	197
实例121	使用滤镜制作老电影效果	198
实例122	使用"镜头光晕"滤镜制作光晕效果	200

第12章 实用图像处理技巧

12.1 日常照片的常用处理 202

实例123	简单的图片拼版	202
实例124	套用模板	203
实例125	制作红、蓝底证件照	204
实例126	为图片添加防盗水印	205
实例127	统一处理大量照片	206
实例128	去除简单水印	208

12.2 日常照片的趣味处理 209

实例129	虚化部分内容	209
实例130	梦幻感唯美溶图	210
实例131	换脸	212
实例132	有趣的拼图	215
实例133	可爱网络头像	216

12.3 风光照片处理 218

实例134	清新色调	218
实例135	电影感色彩	221
实例136	水墨画	222

12.4 人像照片处理 225

实例137	卡通儿童摄影版式	225
实例138	书香古风写真	226

第13章 标志设计

13.1 层次感标志设计 231

实例139	层次感标志设计——制作切分感背景	231
实例140	层次感标志设计——制作文字部分	232
实例141	层次感标志设计——制作装饰元素	234

13.2 质感标志设计 235

实例142	质感标志设计——制作图形部分	236
实例143	质感标志设计——制作文字部分	239

13.3 化妆品标志设计 240

实例144	化妆品标志设计——创建基础文字	240
实例145	化妆品标志设计——文字变形	241
实例146	化妆品标志设计——制作单个图形	241
实例147	化妆品标志设计——图文组合成标志	243

第14章 VI设计

14.1 简约企业VI设计 245

实例148	简约企业VI设计——LOGO	245
实例149	简约企业VI设计——辅助图形的制作	246
实例150	简约企业VI设计——制作名片	247
实例151	简约企业VI设计——制作信封	249
实例152	简约企业VI设计——画册封面	251
实例153	简约企业VI设计——制作信纸	252

14.2 餐饮企业VI设计 ………………………… 253

实例154 餐饮企业VI设计——餐饮品牌标志 …… 253
实例155 餐饮企业VI设计——产品图册封面 …… 255
实例156 餐饮企业VI设计——点菜本 …………… 258
实例157 餐饮企业VI设计——食品包装袋 ……… 260
实例158 餐饮企业VI设计——折扣宣传单 ……… 263
实例159 餐饮企业VI设计——饮品杯 …………… 264
实例160 餐饮企业VI设计——会员卡 …………… 267
实例161 餐饮企业VI设计——名片 ……………… 269
实例162 餐饮企业VI设计——信封 ……………… 271
实例163 餐饮企业VI设计——VI画册封面 ……… 272
实例164 餐饮企业VI设计——VI画册灵感来源
页面 …………………………………………… 273
实例165 餐饮企业VI设计——VI画册标志展示
页面 …………………………………………… 274
实例166 餐饮企业VI设计——VI画册标准色 …… 275
实例167 餐饮企业VI设计——VI画册标准字 …… 276
实例168 餐饮企业VI设计——VI画册辅助图形 … 276
实例169 餐饮企业VI设计——VI画册产品图册
展示页面 …………………………………… 277
实例170 餐饮企业VI设计——VI画册点菜本展示
页面 …………………………………………… 278
实例171 餐饮企业VI设计——VI画册视频包装袋
展示页面 …………………………………… 279
实例172 餐饮企业VI设计——VI画册折扣宣传单
展示页面 …………………………………… 279
实例173 餐饮企业VI设计——VI画册饮品杯展示
页面 …………………………………………… 280
实例174 餐饮企业VI设计——VI画册会员卡展示
页面 …………………………………………… 280
实例175 餐饮企业VI设计——VI画册名片展示
页面 …………………………………………… 281
实例176 餐饮企业VI设计——VI画册信封展示
页面 …………………………………………… 282

第15章 广告设计

15.1 保护环境公益海报 ……………………… 284

实例177 保护环境公益海报——制作碎片部分… 284
实例178 保护环境公益海报——制作人物部分… 287

15.2 商场促销海报 ……………………………… 288

实例179 商场促销海报——制作背景图形……… 288
实例180 商场促销海报——制作"门"中的人物… 290

15.3 唯美电影海报 ……………………………… 292

实例181 唯美电影海报——制作背景部分……… 292
实例182 唯美电影海报——制作人物部分……… 293
实例183 唯美电影海报——添加前景装饰……… 294

15.4 促销活动网页广告 ………………………… 296

实例184 促销活动网页广告——制作左上角图标… 296
实例185 促销活动网页广告——制作主体文字
背景 ……………………………………………… 298
实例186 促销活动网页广告——制作主体文字… 299
实例187 促销活动网页广告——制作其他图形… 304

15.5 紫色梦幻感网页广告 ……………………… 305

实例188 紫色梦幻感网页广告——制作炫彩背景… 305
实例189 紫色梦幻感网页广告——制作主体文字… 307
实例190 紫色梦幻感网页广告——制作其他图形… 309

第16章 UI设计

16.1 扁平化天气小组件 ………………………… 314

实例191 扁平化天气小组件——制作底部图形… 314
实例192 扁平化天气小组件——制作图形部分… 315

16.2 外卖App界面设计 ………………………… 316

实例193 外卖App界面设计——制作图形部分… 316
实例194 外卖App界面设计——添加文字和图形… 317

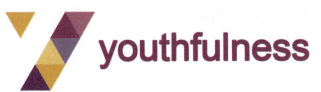

16.3 健康生活App界面设计 ·············318

实例195　健康生活App界面设计——制作界面主体图形 ·············318
实例196　健康生活App界面设计——添加辅助图形及文字 ·············319

16.4 清新登录界面设计 ·············321

实例197　清新登录界面设计——制作界面背景 ·············321
实例198　清新登录界面设计——制作界面主体图形 ·············322
实例199　清新登录界面设计——制作按钮及文字 ·············323

第17章 网页设计

17.1 网站搜索页面设计 ·············326

实例200　网站搜索页面设计——制作标志部分 ·············326
实例201　网站搜索页面设计——制作搜索框及按钮 ·············327

17.2 柔和色调网页设计 ·············329

实例202　柔和色调网页设计——制作网页顶栏 ·············330
实例203　柔和色调网页设计——制作导航栏 ·············330
实例204　柔和色调网页设计——制作用户信息模块 ·············331
实例205　柔和色调网页设计——制作产品宣传栏 ·············333
实例206　柔和色调网页设计——制作数据分析模块 ·············333
实例207　柔和色调网页设计——制作资讯栏 ·············334
实例208　柔和色调网页设计——制作网页底栏 ·············334

第18章 书籍画册设计

18.1 书籍内页排版 ·············336

实例209　书籍内页排版——左侧页面 ·············336
实例210　书籍内页排版——右侧页面 ·············338

18.2 时尚杂志封面设计 ·············339

实例211　时尚杂志封面设计——制作背景 ·············339
实例212　时尚杂志封面设计——制作前景文字 ·············341
实例213　时尚杂志封面设计——制作封面上的光泽感 ·············343

第19章 包装设计

19.1 休闲食品包装袋设计 ·············346

实例214　休闲食品包装袋设计——制作包装袋平面图 ·············346
实例215　休闲食品包装袋设计——制作包装袋的立体效果 ·············348
实例216　休闲食品包装袋设计——制作其他包装 ·············349

19.2 冲调饮品包装袋设计 ·············350

实例217　冲调饮品包装袋设计——制作平面图背景部分 ·············350
实例218　冲调饮品包装袋设计——制作咖啡杯部分 ·············351
实例219　冲调饮品包装袋设计——制作文字部分 ·············353
实例220　冲调饮品包装袋设计——制作其他图案 ·············357
实例221　冲调饮品包装袋设计——制作立体包装袋正面 ·············358
实例222　冲调饮品包装袋设计——制作立体包装袋侧面 ·············359
实例223　冲调饮品包装袋设计——制作立体包装袋的光泽感 ·············360

第20章 创意设计

20.1 创意汽车广告 ·············364

实例224　创意汽车广告——制作背景部分 ·············364
实例225　创意汽车广告——制作汽车部分 ·············369

20.2 创意风景合成 ·············370

实例226　创意风景合成——制作背景部分 ·············370
实例227　创意风景合成——制作立体文字 ·············372
实例228　创意风景合成——增强画面气氛 ·············373

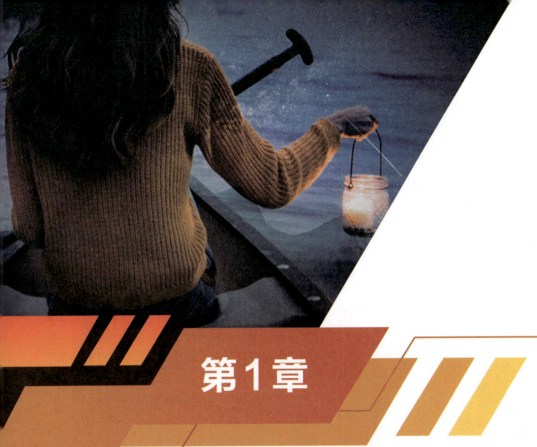

第1章

Photoshop基础入门

本章概述

  本章是认识Photoshop的第一节课，通过本章的学习，用户可以对Photoshop有一个基本的了解，并熟练掌握在图层模式下的图像编辑方式，在此基础上才能更好地进行Photoshop操作的学习。

本章重点

- 掌握文档的创建、打开、置入、存储等基本操作
- 了解图层编辑模式
- 熟练掌握错误操作的撤销与还原撤销

1.1 初识Photoshop

Photoshop是Adobe公司推出的一款专业的图像处理软件，其强大的图形图像处理功能受到广大平面设计工作者的青睐。作为一款应用广泛的图像处理软件，它具有功能强大、设计人性化、插件丰富、兼容性好等特点。Photoshop被广泛应用于平面设计的各个领域，无论是广告设计、包装设计，还是VI设计，都少不了Photoshop的身影。

实例001　认识Photoshop的各个部分

文件路径	第1章\认识Photoshop的各个部分
难易指数	
技术掌握	● 打开Photoshop软件 ● 认识Photoshop的各个组成部分 ● 掌握菜单栏、工具箱、选项栏、面板、文件窗口的使用方法

扫码深度学习

操作思路

在学习Photoshop的各项功能之前，首先来认识一下Photoshop工作界面中的各个组成部分。Photoshop的工作界面并不复杂，主要包括菜单栏、选项栏、标题栏、工具箱、图像编辑区域、状态栏及面板。本案例主要尝试使用各个组成部分。

操作步骤

01 成功安装Photoshop软件后，单击桌面左下角的"开始"按钮，打开程序菜单并选择Adobe Photoshop选项。如果桌面上有Photoshop的快捷方式，也可以双击该图标，启动Photoshop软件，如图1-1所示。若要退出Photoshop软件，可以单击右上角的"关闭"按钮，也可以执行菜单"文件>退出"命令。为了显示完整的操作区域，可以先在Photoshop中打开一张图片，如图1-2所示。

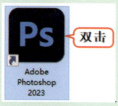

图1-1

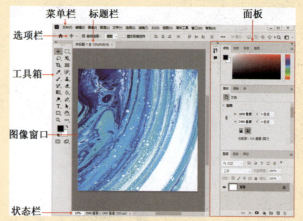

图1-2

02 Photoshop的菜单栏中包含多个菜单按钮，每个菜单中又包含多个命令，而且部分命令中还有相应的子菜单。执行菜单命令的方法十分简单，只要单击主菜单，然后从弹出的子菜单中选择相应的命令，即可打开该菜单下的子菜单，如图1-3所示。

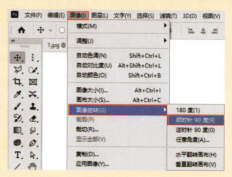

图1-3

03 将鼠标指针移动到工具箱中停留片刻，将会出现该工具的名称和操作快捷键。其中，工具的右下角带有三角形图标，表示这是一个工具组，每个工具组中又包含多个工具，在工具组上右击即可弹出隐藏的工具。单击工具箱中的某一个工具，即可选择该工具，如图1-4所示。

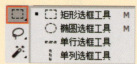

图1-4

04 使用工具箱中的工具时，通常需要配合选项栏进行一定的选项设置。工具的属性参数选项大部分集中在选项栏中，单击工具箱中的工具时，选项栏中就会显示该工具的属性参数选项。不同工具的选项栏是不同的，如图1-5所示。

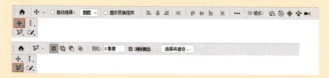

图1-5

05 文件窗口是Photoshop中非常重要的一个区域，主要用来显示和编辑图像，它由标题栏、图像编辑区域、状态栏组成。打开一个文档后，Photoshop会自动创建一个标题。在标题栏中会显示这个文件的名称、格式、窗口缩放比例及颜色模式等信息，单击标题栏中的 ✕ 按钮，可以关闭当前文档，如图1-6和图1-7所示。

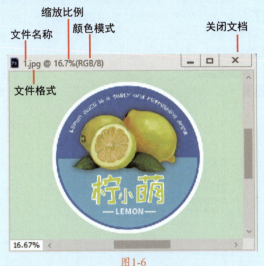

图1-6

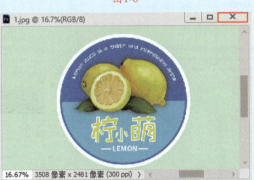

图1-7

06 状态栏位于工作界面的底部，用来显示当前图像的相关信息，包括当前文档的大小、文档尺寸、当前使用的工具和窗口缩放比例等信息，单击状态栏中的三角形图标 >，可以设置要显示的内容，如图1-8所示。

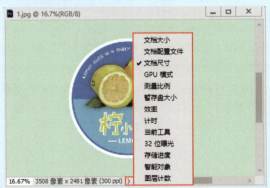

图1-8

07 默认状态下，在工作界面的右侧会显示多个面板或面板的图标。面板的主要功能是配合图像的编辑工作，对操作进行控制及设置参数等，如图1-9所示。如果想要打开某个面板，在"窗口"菜单中执行需要打开的面板命令，即可调出对应的面板，如图1-10所示。

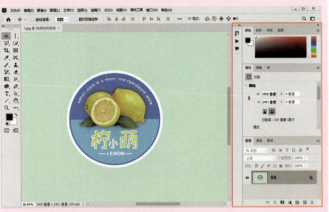

图1-9

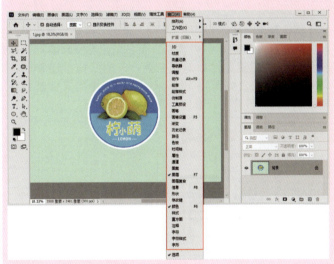

图1-10

提示 使用不同的工作区
在Photoshop中提供了多种可以更换的工作区，不同的工作区界面显示的面板也不同。在"窗口>工作区"子菜单中可以切换到不同的工作区。

实例002　打开已有的图像文档

文件路径	第1章\打开已有的图像文档
难易指数	★★☆☆☆
技术掌握	打开文档

操作思路

当需要处理一个已有的图像文档，或者要继续做之前没有做完的工作时，就需要在Photoshop中打开已有的文档。本案例就来学习如何打开文档。

案例效果

案例效果如图1-11所示。

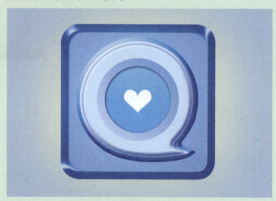

图1-11

操作步骤

01 执行菜单"文件>打开"命令，弹出"打开"对话框。在"打开"对话框中首先需要将光标定位到要打开的文档所在的位置，然后选择需要打开的文档，接着单击"打开"按钮，如图1-12所示。随即选中的文档就会在Photoshop中打开，如图1-13所示。

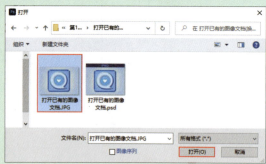

图1-12

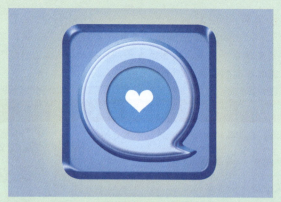

图1-13

> **提示** 在Photoshop中能够打开的几种常见文件格式
> 在Photoshop中可以打开多种常见的文件格式，如JPG、BMP、PNG、GIF、PSD等。

02 如果要继续做之前没有做完的工作，或者需要对文档进行修改，可以打开PSD格式的文档。执行菜单"文件>打开"命令，在弹出的对话框中选择PSD格式的文档，如图1-14所示。在Photoshop中打开该文档，可以看到分层的文件，如图1-15所示。

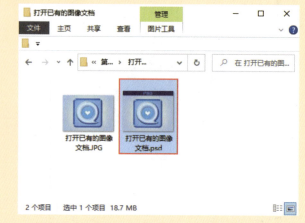

图1-14

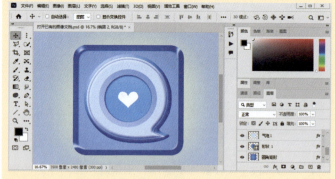

图1-15

> **提示** 打开文档的快捷方法
> 使用快捷键Ctrl+O也可以弹出"打开"对话框。
> 如果要同时打开多个文档，可以在"打开"对话框中按住Ctrl键加选要打开的文档，然后单击"打开"按钮。

03 如果要打开最近使用过的文件，可以执行菜单"文件>最近打开文档"命令，在其子菜单中会显示最近使用过的多个文档，单击文档名即可将其在Photoshop中打开。

实例003	使用打开、置入、存储制作简约画册版面
文件路径	第1章\使用打开、置入、存储制作简约画册版面
难易指数	★★☆☆☆
技术掌握	● 新建 ● 打开 ● 置入嵌入对象 ● 缩放、旋转、移动 ● 存储、存储为 ● 打印 ● 撤销与还原撤销

扫码深度学习

操作思路

本案例讲解制作一个作品的基本流程，练习新建、打开、置入等基础操作。案例虽然简单，但涉及的知识点很多，这些都是基础操作，而且在以后的制图过程中是很重要的。

案例效果

案例效果如图1-16所示。

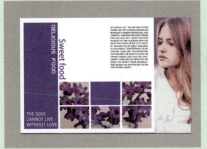

图1-16

操作步骤

01 当用户想要制作一个设计作品时，在Photoshop中首先就需要创建一个新的、尺寸合适的文档，这时就需要使用"新建"命令。执行菜单"文件>新建"命令，或按快捷键Ctrl+N，打开"新建文档"对话框，先设置单位为"像素"，然后设置"宽度"为2480像素、"高度"为1851像素、"分辨率"为300像素/英寸，"颜色模式"设置为"RGB颜色"，"背景内容"设置为灰色。设置完成后单击"创建"按钮，如图1-17所示。文档创建完成，如图1-18所示。

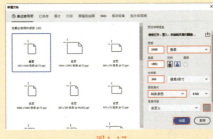

图1-17

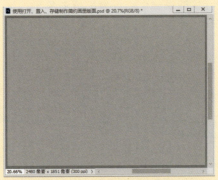

图1-18

02 执行菜单"文件>置入嵌入对象"命令，在弹出的"置入嵌入的对象"对话框中选择素材"1.jpg"，然后单击"置入"按钮，如图1-19所示。随即选中的素材会置入新建的文档中，如图1-20所示。

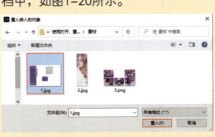

图1-19

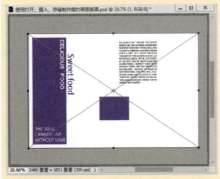

图1-20

03 此时置入的图片带有定界框，需要按Enter键确定操作，如图1-21所示。

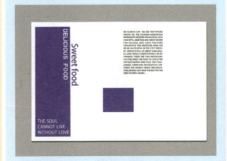

图1-21

04 将素材"2.jpg"置入文档中，如图1-22所示。此时图片会有定界框，接着将光标定位在图片上，按住鼠标左键拖动将其移动到画面右侧位置，如图1-23所示。

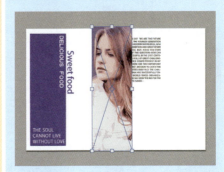

图1-22

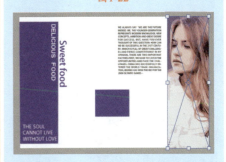

图1-23

05 调整完成后按Enter键确定操作，效果如图1-24所示。置入的素材将作为智能对象存在，而智能对象无法直接进行图像内容的编辑，如无法进行局部的删除，或者在该图层上绘制一些内容等操作。但是智能对象可以进行移动、旋转、自由变换操作。如果想要将智能对象转换为普通图层，需要在"图层"面板中右击该图层，并执行"栅格化图层"命令，如图1-25所示。

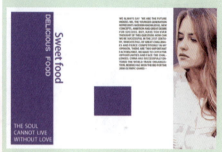

图1-24

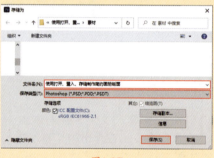

图1-25

提示 撤销与还原撤销

在操作过程中，失误是在所难免的，如果出现了错误操作，使用菜单"编辑>还原"命令（或使用快捷键Ctrl+Z）可以退回上一步操作的效果，连续使用该命令可以逐步撤销操作。默认情况下可以撤销20个步骤。

如果要取消还原的操作，可以使用菜单"编辑>重做"命令（或使用快捷键Ctrl+Shift+Z），连续使用该命令可以逐步恢复被撤销的操作。

06 使用同样的方法置入另外的图片，并将它们放置在合适的位置，效果如图1-26所示。

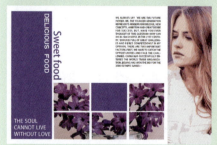

图1-26

07 作品制作完成后需要保存。执行菜单"文件>存储"命令，或者使用快捷键Ctrl+S，随即会弹出"存储为"对话框，在该对话框中选择合适的存储位置，然后在"文件名"下拉列表框中输入合适的文档名称，单击"保存类型"右侧的下拉按钮，在下拉列表中选择"*.PSD"格式（这个格式是Photoshop默认的存储格式，该格式可以保存Photoshop的全部图层及其他特殊内容，因而将文档存储为这种格式，方便以后对文档进行进一步的编辑）。设置完成后单击"保存"按钮，完成保存操作，如图1-27所示。接着在弹出的"Photoshop格式选项"提示对话框中单击"确定"按钮，如图1-28所示。

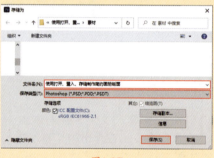

图1-27

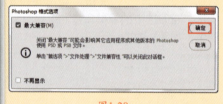

图1-28

提示 "存储"功能的应用技巧

如果用户是第一次进行存储，会弹出"存储为"对话框。此时如果不关闭文档，继续进行新的操作，然后执行菜单"文件>存储"命令，可以保留对文档所做的更改，替换上一次保存的文档进行保存，并且此时不会弹出"存储为"对话框。

08 很多时候PSD格式的文档是无法进行预览的，也无法直接上传到网络。通常所有的文件会存储为JPG格式，以便于预览。执行菜单"文件>存储副本"命令或使用快捷键Alt+Ctrl+S，随即会弹出"存储副本"对话框，设置"保存类型"为"*.JPG"，然后单击"保存"按钮，如图1-29所示。接着会弹出"JPEG选项"对话框，设置合适的图像品质，然后单击"确定"按钮，完成保存操作，如图1-30所示。

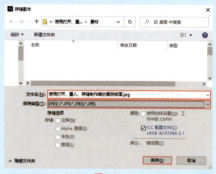

图1-29

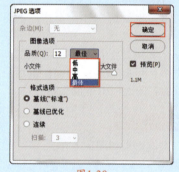

图1-30

提示 常用的图像格式

在Photoshop中，比较常用的图像格式如下：PNG格式是一种可以存储透明像素的图像格式；GIF格式是一种可以带有动画效果的图像格式，即通常所说的制作"动图"时所用的格式；TIF格式可以保存分层信息，且图片质量无损压缩，因而常用于保存需要打印的文档。

09 如果制作完成的作品需要打印输出，则可以执行"文件>打印"命令，在弹出的"Photoshop打印设置"对话框中进行设置，设置完成后单击"打印"按钮即可进行打印，如图1-31所示。

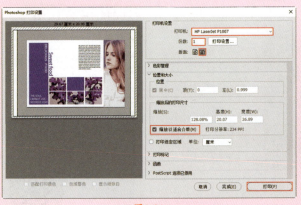

图1-31

1.2 Photoshop的基本操作

在Photoshop中进行图像文档的编辑操作时，经常需要将画面放大或缩小显示，以便于观察画面细节。作为一款制图软件，Photoshop有着独特的操作方式。本节主要学习编辑图像文档的一些基本操作。

实例004　调整文档显示比例与显示区域

文件路径	第1章\调整文档显示比例与显示区域
难易指数	★☆☆☆☆
技术掌握	● 缩放工具 ● 抓手工具

扫码深度学习

操作思路

当用户需要将画面中的某个区域放大显示时，就需要使用 🔍（缩放工具）。当画面显示比例过大后，就会出现无法全部显示画面内容的情况，这时就需要使用 ✋（抓手工具）平移画面中的内容，以方便在窗口中查看。

案例效果

案例对比效果如图1-32～图1-34所示。

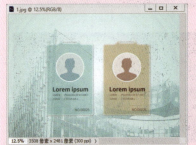
图1-32

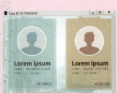
图1-33

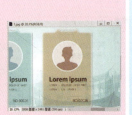
图1-34

操作步骤

01 在Photoshop中，执行菜单"文件>打开"命令，将素材文件打开，如图1-35所示。

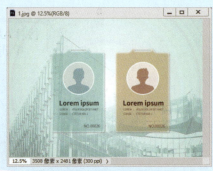
图1-35

02 首先选择工具箱中的 🔍（缩放工具），接着将光标移动至画面中，此时光标变为一个中心带有加号的"放大镜"图标 ⊕，如图1-36所示。然后在画面中单击即可放大图像，如图1-37所示。

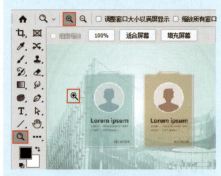
图1-36

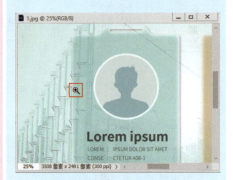
图1-37

03 如果要缩放图像显示比例，可以按住Alt键，此时光标会变为中心带有减号的"缩小"图标 ⊖。单击要缩小区域的中心，每单击一次，视图便会缩小到上一个预设百分比，如图1-38所示。

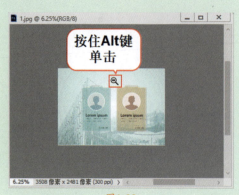

图 1-38

> **提示** 快速调整文档显示比例的方法
>
> 若要快速放大文档的显示比例，可以按住Alt键向上滚动鼠标中轮；若要快速缩小文档的显示比例，则可以按住Alt键向下滚动鼠标中轮。

04 当显示比例放大到一定程度后，窗口将无法全部显示画面，如果要查看被隐藏的区域，此时就需要平移画布。选择工具箱中的 🖐（抓手工具），或者按住空格键，当光标变为 🖐 形状后，按住鼠标左键拖动即可平移画布，如图1-39所示。移动到相应位置后释放鼠标，效果如图1-40所示。

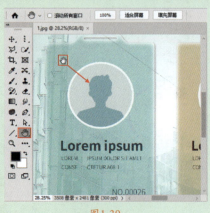

图 1-39

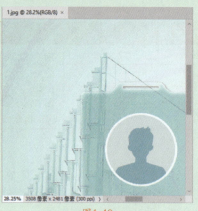

图 1-40

> **提示** 设置多个文档的排列形式
>
> 用户有时需要在Photoshop中打开多个文档，这时设置合适的多文档显示方式就很重要了。执行菜单"窗口>排列"命令，在子菜单中可以选择一种合适的排列方式，如图1-41所示。

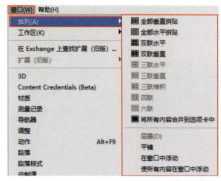

图 1-41

实例005　使用图层进行操作

文件路径	第1章\使用图层进行操作
难易指数	★★★★☆
技术掌握	● 新建图层　● 删除图层 ● 栅格化图层　● 复制图层 ● 选择图层　● 合并图层 ● 移动图层 ● 调整图层排列顺序

🔍 扫码深度学习

💡 操作思路

在Photoshop中，图层是构成文档的基本单位，经常需要通过多个图层的堆叠才能制作出完整的设计作品。图层的优势在于，每一个图层中的对象都可以单独进行处理，既可以移动图层，也可以调整图层堆叠的顺序，而不会影响其他图层中的内容。本案例通过对图层基本操作的练习来学习图层的基础知识。

🖱 案例效果

案例对比效果如图1-42和图1-43所示。

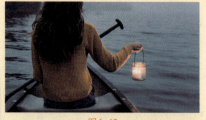

图 1-42

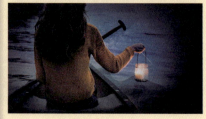

图 1-43

🎤 操作步骤

01 执行菜单"文件>打开"命令，打开人物素材文件。此时所打开的图片文件为"背景"图层，并且带有🔒图标，如图1-44所示。"背景"图层无法进行移动或者部分像素的删除操作，有的命令也可能无法使用（如自由变换、操控变形等）。因此，如果想对"背景"图层进行这些操作，需要单击🔒图标，将其转换为普通图层，然后进行编辑操作，如图1-45所示。

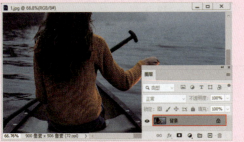 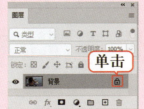

图1-44　　　　　　　　图1-45

02 执行菜单"文件>置入嵌入对象"命令，将素材"2.png"置入文档中，然后适当调整其位置，按Enter键完成置入操作，效果如图1-46所示。此时置入的图层为智能图层，该图层带有🔗标志。智能图层不能进行变形、绘制、擦除像素等操作，如果要进行此类操作，可以将其转换为普通图层。选择智能图层，然后右击，在弹出的快捷菜单中执行"栅格化图层"命令，即可将其转换为普通图层，如图1-47所示。

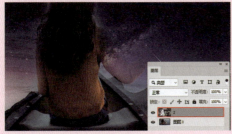 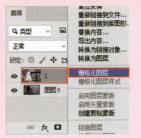

图1-46　　　　　　　　图1-47

> **提示** **栅格化图层**
> 栅格化图层是指将特殊图层转换为普通图层（如文字图层、形状图层等）的过程。选择需要栅格化的图层，然后执行"图层>栅格化"菜单下的子命令，或者在"图层"面板中选中该图层并右击，在弹出的快捷菜单中执行"栅格化图层"命令即可。

03 选中"2"图层，设置图层混合模式为"叠加"，如图1-48所示。此时画面产生混合效果，如图1-49所示。

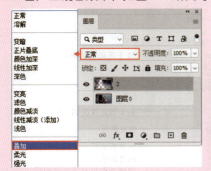

图1-48　　　　　　　　图1-49

04 打开素材文件夹，将素材"3.png"直接拖动至当前画面中，效果如图1-50所示。此时案例就制作完成了。

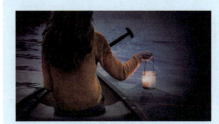

图1-50

要点速查：了解图层的简单操作

01 如需复制图层，可在"图层"面板中选择要复制的图层，按快捷键Ctrl+J即可将图层快速复制一份，并得到复制的图层，如图1-51所示。

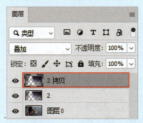

图1-51

02 新建图层的操作非常简单，也是一个很好的操作习惯。新建图层可以为后期的修改、编辑提供很好的条件。在"图层"面板底部单击"创建新图层"按钮🞤，即可在当前图层的上面新建一个图层，如图1-52所示。

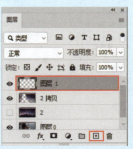

图1-52

03 当文档中的图层过多时，可以通过重命名来区分图层。在图层名称上双击，此时图层名称会处于激活状态，接着输入新的图层名称，按Enter键确定操作即可，如图1-53所示。

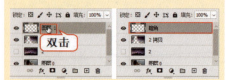

图1-53

04 如果要删除图层，可以选择需要删除的图层，按住鼠标左键将其拖动到"图层"面板底部的"删除图层"按钮 🗑 上，释放鼠标后即可完成图层删除操作，如图1-54所示。

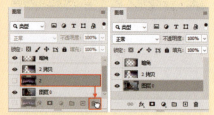

图1-54

05 如果要同时选中多个图层，按住Ctrl键单击图层即可进行加选，如图1-55所示。

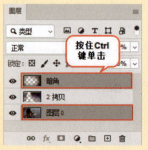

图1-55

06 如果要取消选择某个图层，按住Ctrl键单击图层，即可减选选中的图层，如图1-56所示。

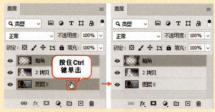

图1-56

07 在"图层"面板中可以调整图层排列顺序，从而调整画面效果。选中图层，按住鼠标左键向上或向下拖动，当图层高亮显示后释放鼠标，即可完成图层排列顺序的调整，如图1-57所示。

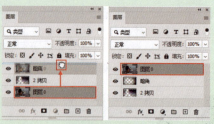

图1-57

08 要想将多个图层合并为一个图层，在"图层"面板中按住Ctrl键加选需要合并的图层，然后执行菜单"图层>合并图层"命令或按快捷键Ctrl+E即可，如图1-58所示。

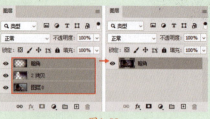

图1-58

要点速查：认识"图层"面板

在Photoshop中，所有的画面内容都存在于图层中，所有操作也都是基于特定图层进行的。也就是说，如果要针对某个对象进行操作，就必须对该对象所在的图层进行操作；如果要对文档中的某个图层进行操作，就必须先在"图层"面板中选中该图层。执行菜单"窗口>图层"命令，可以打开"图层"面板。在这里，用户可以对图层进行新建、删除、选择、复制等操作，如图1-59所示。

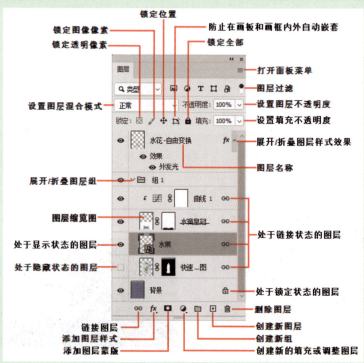

图1-59

- 锁定：选中图层，单击"锁定透明像素"按钮，可以将编辑范围限制为只针对图层的不透明部分。单击"锁定图像像素"按钮，可以防止使用绘画工具修改图层的像素。单击"锁定位置"按钮，可以防止图层的像素被移动。单击"防止在画板和画框内外自动嵌套"按钮，将无法将对象移动到其他画板中。在不同画板中直接单击"锁定全部"按钮，可以锁定透明像素、图像像素和位置，处于这种状态下的图层将不能进行任何操作。

- 设置图层混合模式：用来设置当前图层的混合模式，使之与下面的图像产生混合效果。在下拉列表中有多种混合模式，不同的混合模式，与下面图层的混合效果不同。

- 设置图层不透明度：用来设置当前图层的不透明度。

- 设置填充不透明度：用来设置当前图层的填充不透明度。该选项与"不透明度"选项类似，但是不会影响图层样式效果。

- 处于显示/隐藏状态的图层：当该图标显示为眼睛形状时，表示当前图层处于可见状态；而当该图标显示为空白状态时，则表示当前图层处于不可见状态。单击该图标可以在显示与隐藏之间进行切换。

- 链接图层：选择多个图层，单击该按钮，所选的图层会被链接在一起。当链接好多个图层以后，图层名称的右侧就会显示链接标志。被链接的图层可以在选中某一个图层的情况下进行共同移动或变换等操作。

- 添加图层样式：单击该按钮，在弹出的下拉菜单中选择一种样式，可以为当前图层添加一个图层样式。

- 创建新的填充或调整图层：单击该按钮，在弹出的下拉菜单中选择相应的命令，即可创建填充图层或调整图层。

- 创建新组：单击该按钮，即可创建一个图层组。

- 创建新图层：单击该按钮，即可在当前图层的上面新建一个图层。

- 删除图层：选中图层，单击"图层"面板底部的"删除图层"按钮，可以删除该图层。

实例006 对齐与分布图层制作整齐排列的挂画

文件路径	第1章\对齐与分布图层制作整齐排列的挂画
难易指数	★★★★★
技术掌握	● 对齐与分布图层 ● 复制图层 ● 移动图层

扫码深度学习

操作思路

本案例主要使用对齐与分布功能，使复制的图层内容能够有序地分布在画面中。

案例效果

案例对比效果如图1-60和图1-61所示。

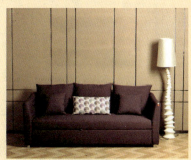

图1-60

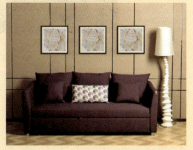

图1-61

操作步骤

01 执行菜单"文件>打开"命令，或按快捷键Ctrl+O，在弹出的"打开"对话框中选择素材"1.jpg"，单击"打开"按钮，效果如图1-62所示。

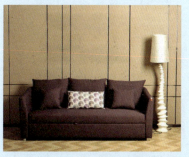

图1-62

02 执行菜单"文件>置入嵌入对象"命令，在弹出的"置入嵌入的对象"对话框中选择素材"2.png"，然后单击"置入"按钮，如图1-63所示。

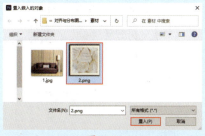

图1-63

03 随即选中的素材会置入文档中，可以进行缩放、旋转操作。首先将光标定位在右上角的控制点上，当光标变为形状后，按住鼠标左键拖动进行等比缩小，如图1-64所示。

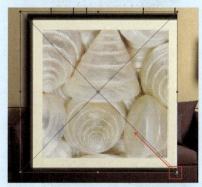

图1-64

04 可以按住鼠标左键拖动，将其移动到合适的位置。调整完成后按

Enter键确定变换操作，如图1-65所示。在"图层"面板中右击该图层，在弹出的快捷菜单中执行"栅格化图层"命令。

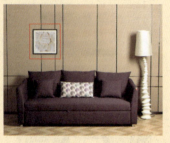

图1-65

05 选择相框图层"2"，按快捷键Ctrl+J进行复制，得到"2拷贝"图层，如图1-66所示。接着使用工具箱中的移动工具将复制的相框适当向右移动到合适位置，如图1-67所示。

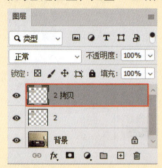

图1-66

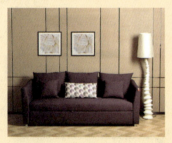

图1-67

06 继续复制一个相框，调整其至合适的位置，如图1-68所示。

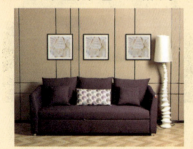

图1-68

07 下面需要进行对齐操作。选择移动工具，按住Ctrl键单击加选图层，如图1-69所示。

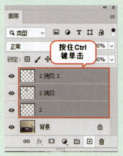

图1-69

08 在移动工具的选择状态下，选项栏中有一排对齐按钮，单击相应的按钮即可对齐对象。在这里单击"垂直居中对齐"按钮，效果如图1-70所示。

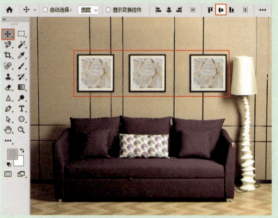

图1-70

09 此时相框虽然对齐了，但是每个相框之间的距离不是相等的。继续在移动工具的选项栏中单击"对齐并分布"按钮，在下拉面板中单击"水平居中分布"按钮，效果如图1-71所示。

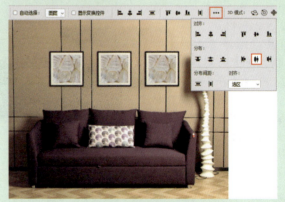

图1-71

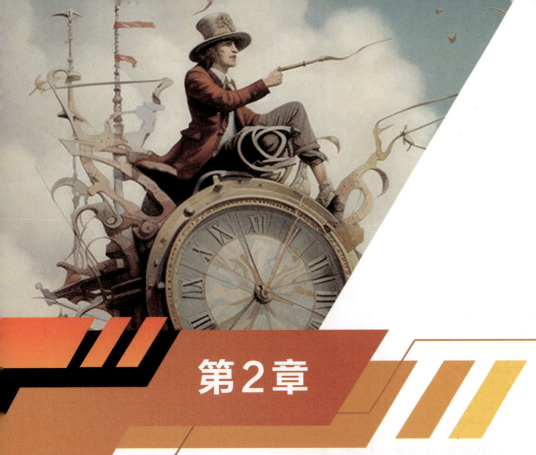

第2章

Photoshop常用操作

本章概述

在学习Photoshop的核心功能之前,首先了解一下图像的基本操作方法。在本章中,主要应用到一些基础的图像处理知识,如调整图像的尺寸,调整画布的尺寸,对图像进行旋转等。此外,Photoshop中还包含多种图像变形、变换的命令,如自由变换、变换、操控变形等,通过这些命令可以调整图层的形态。

本章重点

- 熟练掌握图像尺寸的调整及裁切功能
- 熟练掌握图像的自由变换操作

实例007　设置图像颜色模式

文件路径	第2章\设置图像颜色模式
难易指数	★☆☆☆☆
技术掌握	设置图像颜色模式

扫码深度学习

操作思路

颜色模式是将某种颜色表现为数字形式的模型。简单来说，可以将图像的颜色模式理解为记录图像颜色的方式。在Photoshop中有多种颜色模式，本案例就来尝试为图像设置颜色模式。

操作步骤

01 执行菜单"文件>打开"命令，打开一张图像，在图像的标题栏上可以看到当前图像的颜色模式，如图2-1所示。执行菜单"图像>模式"命令，也可以看到当前图像的颜色模式处于被选中的状态。在此菜单中可以将当前的图像更改为其他颜色模式，如CMYK颜色模式、Lab颜色模式、位图模式、灰度模式、索引颜色模式、双色调模式和多通道模式，如图2-2所示。

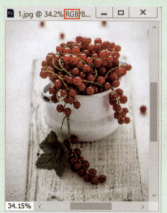
图2-1

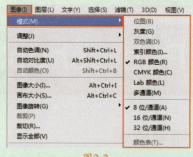
图2-2

02 虽然图像可以有多种颜色模式，但并不是所有的颜色模式都经常使用。通常情况下，制作用于显示在电子设备上的图像文档时使用RGB颜色模式，涉及需要印刷的产品时使用CMYK颜色模式。执行菜单"图像>模式>CMYK颜色"命令，如图2-3所示，即可将该图像转换为CMYK颜色模式。画面效果如图2-4所示。

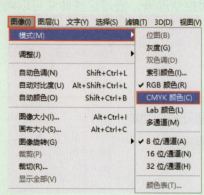
图2-3　　　　　　　图2-4

要点速查：颜色模式

➢ **位图模式**：该模式使用黑色、白色两种颜色值中的一种来表示图像中的像素。将一幅彩色图像转换为位图模式时，需要先将其转换为灰度模式，操作方法为，首先删除像素中的色相和饱和度信息，然后执行菜单"图像>模式>位图"命令。

➢ **灰度模式**：该模式是用单一色调来表现图像。将彩色图像转换为灰度模式后，会损失图像的颜色信息。

➢ **双色调模式**：该模式不是指由两种颜色构成图像的颜色模式，而是通过1~4种自定油墨创建的单色调、双色调、三色调和四色调的灰度图像。想要将图像转换为双色调模式，首先需要将图像转换为灰度模式。

➢ **索引颜色模式**：该模式是位图的一种编码方法，可以通过限制图像中的颜色总数来实现有损压缩。索引颜色模式的位图较其他模式的位图占用的空间更少，因而该模式的位图广泛应用于网络图形、游戏制作中，常见的格式有GIF、PNG-8等。

➢ **RGB颜色模式**：该模式是进行图像处理时最常用到的一种模式。RGB颜色模式是一种"加光"模式。RGB分别代表Red（红色）、Green（绿色）、Blue（蓝色）。RGB颜色模式下的图像只有在发光体（如显示器、电视等）上才能显示出来，该模式所包括的颜色信息（色域）有1670多万种，是一种真色彩颜色模式。

➢ **CMYK颜色模式**：该模式是一种印刷模式，也叫"减光"模式。该模式下的图像只有在印刷品上才可以观察到。CMY是3种印刷油墨名称的首字母，C代表Cyan（青色），M代表Magenta（洋红），Y代表Yellow（黄色），而K代表Black（黑色）。CMYK颜色模式包含的颜色总数比RGB颜色模式少很多，因而在显示器上观察到的图像要比印刷出来的图像亮丽一些。

- **Lab颜色模式**：该模式由照度（L）和有关色彩的a、b 3个要素组成，L表示Luminosity（照度），相当于亮度；a表示从红色到绿色的范围；b表示从黄色到蓝色的范围。
- **多通道模式**：该模式图像在每个通道中都包含256灰度级，对于特殊打印非常有用。将一张RGB颜色模式的图像转换为多通道模式的图像后，之前的红、绿、蓝3个通道将变成青色、洋红、黄色3个通道。多通道模式图像可以存储为PSD、PSB、EPS和RAW格式。

实例008　调整图像大小

文件路径	第2章\调整图像大小
难易指数	
技术掌握	调整图像大小

🔍 扫码深度学习

💡 操作思路

文档创建完成后，还可以对文档的尺寸进行调整。"图像大小"命令可用于调整图像文档整体的长、宽尺寸。本案例中使用到的素材尺寸较大，因而需要在"图像大小"对话框中对宽度、高度、分辨率进行设置。在设置尺寸数值之前要注意单位是否统一。

🖱 案例效果

案例效果如图2-5所示。

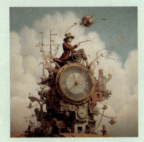

图2-5

🎤 操作步骤

01 执行菜单"文件>打开"命令，或按快捷键Ctrl+O，在弹出的"打开"对话框中选择素材"1.jpg"，单击"打开"按钮，效果如图2-6所示。

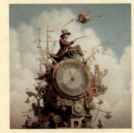

图2-6

02 接下来调整图像的大小。执行菜单"图像>图像大小"命令，打开"图像大小"对话框，设置"宽度"为30厘米，此时"高度"随着"宽度"的更改自动变换相应的尺寸，设置"分辨率"为72像素/英寸，设置完成后单击"确定"按钮，如图2-7所示。完成此操作后，图像会相应缩小，如图2-8所示。

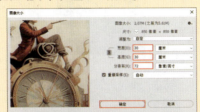

图2-7

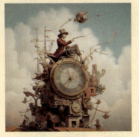

图2-8

> **提示：约束长宽比**
> 启用"约束长宽比" 🔗 功能，可以在修改"宽度"或"高度"数值时保持图像原始比例。单击对话框右上角的 ⚙ 按钮，在弹出的下拉菜单中启用"缩放样式"命令后，对图像大小进行调整时，其原有的样式会按照比例进行缩放。单击"重新采样"选项右侧的倒三角按钮 ▽，在弹出的下拉列表中可以选择重新取样的方式。

实例009　设置画布大小

文件路径	第2章\设置画布大小
难易指数	
技术掌握	设置画布大小

🔍 扫码深度学习

💡 操作思路

使用"画布大小"命令可以增大或缩小可编辑的画面范围。需要注意的是，"画布"指的是整个可以绘制的区域，而非部分图像区域。本案例将利用"画布大小"命令更改文档的尺寸。

🖱 案例效果

案例效果如图2-9所示。

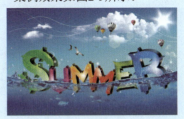

图2-9

🎤 操作步骤

01 执行菜单"文件>打开"命令，或按快捷键Ctrl+O，在弹出的"打开"对话框中选择素材"1.jpg"，单击"打开"按钮，效果如图2-10所示。接着执行菜单"图像>画布大小"命令，弹出"画布大小"对话框，如图2-11所示。

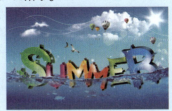

图2-10

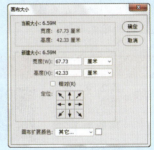

图2-11

02 如果增大画布，原始图像内容的大小不会发生变化，增加的是画布图像周围的编辑空间，如图2-12所示。如果减小画布，图像则会被裁切掉一部分，此时效果如图2-13所示。

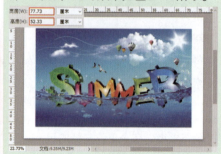

图2-12

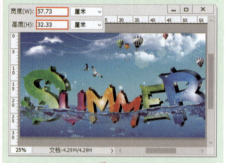

图2-13

要点速查："画布大小"对话框的部分选项设置

- 新建大小：在"宽度"和"高度"选项中设置修改后的画布尺寸。
- 相对：勾选该复选框后，"宽度"和"高度"数值将代表实际增大或减小的区域的大小，而不再代表整个文档的大小。输入正值表示增大画布，输入负值则表示减小画布。
- 定位：用来设置当前图像在新画布上的位置。
- 画布扩展颜色：当新建画布大于原始文档尺寸时，在此处可以设置扩展区域的填充颜色。

实例010　旋转图像

文件路径	第2章\旋转图像
难易指数	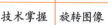
技术掌握	旋转图像

扫码深度学习

操作思路

执行菜单"图像>图像旋转"下的子命令，可以使图像旋转特定角度或进行翻转。例如，新建文档时，新建一个A4大小的文档，这时文档是纵向的。如果想将其更改为横向的，那么就可以将画布旋转。本案例作为纵向图，视觉效果不佳，因而利用"图像旋转"命令将其转换为横向图。

案例效果

案例对比效果如图2-14和图2-15所示。

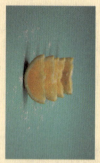

图2-14

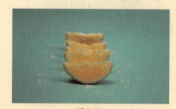

图2-15

操作步骤

01 首先打开需要旋转的图片，如图2-16所示。接着执行菜单"图像>图像旋转"命令，可以看到在"图像旋转"命令下提供了6种旋转画布的子命令，如图2-17所示。

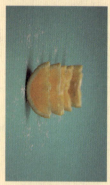

图2-16

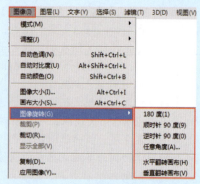

图2-17

02 执行"逆时针90度"命令，此时画面呈横向显示，视觉效果最佳，如图2-18所示。

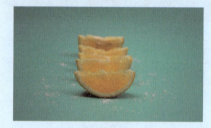

图2-18

提示：旋转任意角度

执行菜单"图像>图像旋转>任意角度"命令，在弹出的"旋转画布"对话框中输入要旋转的角度，单击"确定"按钮，即可完成对图像进行任意角度的旋转，如图2-19所示。旋转效果如图2-20所示。

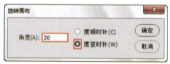

图2-19

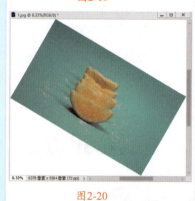

图2-20

实例011 自由变换制作UI设计方案效果图

文件路径	第2章\自由变换制作UI设计方案效果图
难易指数	★★★★★
技术掌握	自由变换

扫码深度学习

操作思路

本案例首先将UI设计稿置入并栅格化，然后对其进行自由变换，将UI设计稿放置在手机界面相应的位置上。因为UI设计稿右下角遮挡住了手指，所以最后需要应用橡皮擦工具擦除多余部分。

案例效果

案例效果如图2-21所示。

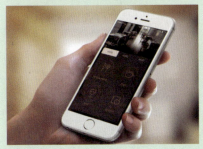

图2-21

操作步骤

01 执行菜单"文件>打开"命令，或按快捷键Ctrl+O，在弹出的"打开"对话框中选择素材"1.jpg"，单击"打开"按钮，如图2-22所示。效果如图2-23所示。

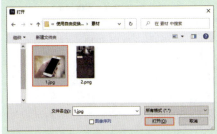

图2-22

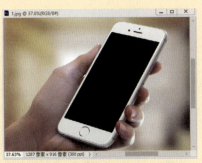

图2-23

02 执行菜单"文件>置入嵌入对象"命令，在弹出的"置入嵌入的对象"对话框中选择素材"2.png"，单击"置入"按钮，如图2-24所示。画面效果如图2-25所示。

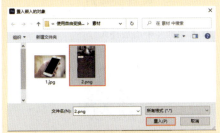

图2-24

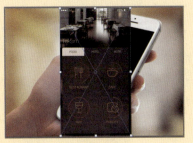

图2-25

03 按Enter键完成置入，选中"2"图层，在该图层上右击，在弹出的快捷菜单中执行"栅格化图层"命令，将该图层栅格化为普通图层，如图2-26所示。

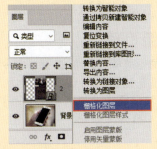

图2-26

04 按快捷键Ctrl+T，调出自由变换定界框，将光标定位到定界框的一角处，按住鼠标左键向内拖动，等比例缩小图像，并将其摆放在手机界面的位置，如图2-27所示。接着在图像上右击，在弹出的快捷菜单中执行"扭曲"命令，如图2-28所示。

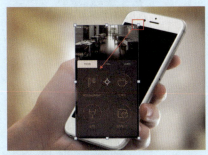

图2-27

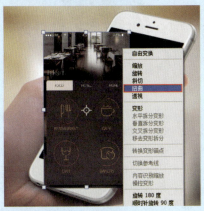

图2-28

05 将光标定位到图像右上角的控制点处，按住鼠标左键并拖动到手机屏幕右上角点的位置，如图2-29所示。用同样的方法拖动其他3个控制点的位置，如图2-30所示。此时可以看到素材与手机产生相同的透视感，按Enter键或单击选项栏中的"提交变换"按钮✓，完成变换操作，效果如图2-31所示。

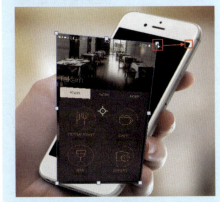

图2-29

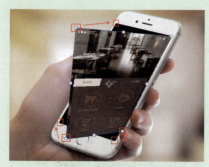

图2-30

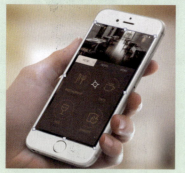

图2-31

06 因为UI设计稿右下角遮挡住了手指，所以需要擦除多余部分。单击工具箱中的橡皮擦工具，设置合适的大小，将硬度设置为80%，在右下角处按住鼠标左键并拖动，擦除多余部分，如图2-32所示。最终效果如图2-33所示。

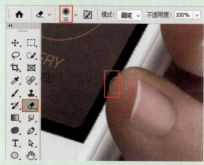

图2-32

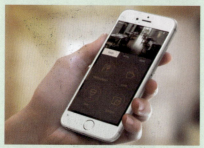

图2-33

提示：擦除画面局部

要想隐藏图层的部分内容，使用橡皮擦工具进行擦除是一种破坏性操作，会将原图层的像素删除。如果使用"图层蒙版"则可以隐藏像素，从而避免像素丢失。"图层蒙版"部分的知识将在后面进行讲解。

实例012　自由变换制作变形的页面

文件路径	第2章\自由变换制作变形的页面
难易指数	★★★☆☆
技术掌握	● 自由变换 ● 图层样式 ● 画笔工具

扫码深度学习

操作思路

本案例使用"变形"命令将图片制作成书的形状，并配合"图层样式"命令为书添加阴影。

案例效果

案例效果如图2-34所示。

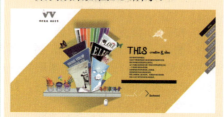

图2-34

操作步骤

01 执行菜单"文件>打开"命令，或按快捷键Ctrl+O，在弹出的"打开"对话框中选择素材"1.jpg"，单击"打开"按钮，效果如图2-35所示。

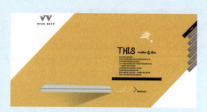

图2-35

02 执行菜单"文件>置入嵌入对象"命令，置入素材"2.jpg"，如图2-36所示。调整图片至合适的大小，按Enter键完成置入操作，如图2-37所示。

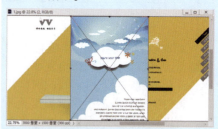

图2-36

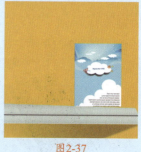

图2-37

03 选择该图层，右击，在弹出的快捷菜单中执行"栅格化图层"命令，即可将智能图层转换为普通图层，如图2-38所示。

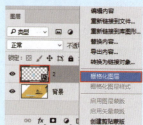

图2-38

04 下面进行自由变换，使书呈现立体效果。执行菜单"编辑>自由变换"命令，在画面中右击，在弹出的快捷菜单中执行"变形"命令，如图2-39所示。接着将光标移动至控制点上，分别按住鼠标左键进行拖动，调整定界框的形态，如图2-40所示。调整完成后，按Enter键完成操作。

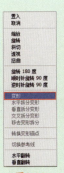

图2-39　　　　图2-40

05 制作书的厚度。使用快捷键Ctrl+J复制该图层,并将该图层置于原图层下方。接着按住Ctrl键单击该图层前面的缩览图,此时图片出现选区,如图2-41所示。

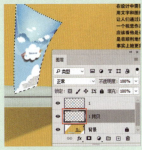

图2-41

06 将前景色设置为浅灰色,使用前景色进行填充(填充快捷键为Alt+Delete)。填充完成后,使用快捷键Ctrl+D取消选区。然后使用快捷键Ctrl+T进行自由变换,此时画面出现定界框,接着右击画面,在弹出的快捷菜单中执行"变形"命令。沿书左侧边缘进行拖动,展现出书的厚度,如图2-42所示。

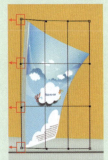

图2-42

07 执行菜单"文件>置入嵌入对象"命令,置入素材"3.jpg",将其调整至适当大小后,按Enter键完成置入操作。然后按上述方法进行自由变换,调整图片形状,如图2-43所示。同样为其添加厚度,此时画面效果如图2-44所示。

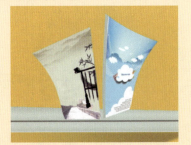

图2-43

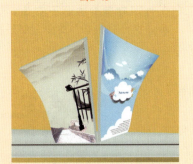

图2-44

08 为左侧的变形书营造阴影效果。将左侧书的两个图层选中,使用快捷键Ctrl+E合并为一个图层。选中该图层,执行菜单"图层>图层样式>投影"命令,在弹出的"图层样式"对话框中设置"混合模式"为"正片叠底","不透明度"为19%,"角度"为-85度,"距离"为77像素,"大小"为62像素,如图2-45所示。设置完成后,单击"确定"按钮,此时效果如图2-46所示。

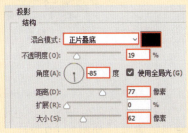

图2-45

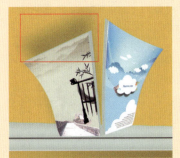

图2-46

09 用同样的方法继续置入图片,使用"变形"命令改变图片形状和厚度,并为其添加阴影效果,然后在"图层"面板中调整图层的先后顺序,效果如图2-47和图2-48所示。

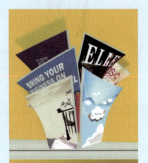

图2-47

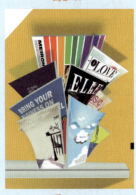

图2-48

10 接下来制作书底面阴影。选中"背景"图层,单击"新建图层"按钮,即可在所选图层上方创建一个新图层,更改图层名称,如图2-49所示。

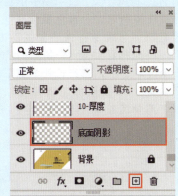

图2-49

11 选中该图层,然后选择工具箱中的画笔工具,在选项栏中设置"画笔大小"为40,"不透明度"为30%。接着将光标移到画面中合适的位置进行涂抹，涂抹完成后，可以看出此时的画面已具有厚重感，效果如图2-50所示。

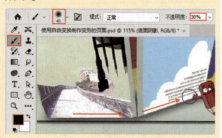

图2-50

12 执行菜单"文件>置入嵌入对象"命令，置入素材"11.png"，将其调整至合适的大小后，按Enter键完成置入操作。接着执行菜单"图层>栅格化>智能对象"命令。最终效果如图2-51所示。

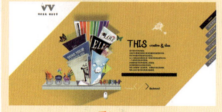

图2-51

要点速查：自由变换

01 选中需要变换的图层，执行菜单"编辑>自由变换"命令（快捷键为Ctrl+T），此时对象四周出现了定界框，四角处及定界框四边的中间都有控制点，如图2-52所示。将光标放在控制点上，按住鼠标左键拖动控制框即可缩放图像，如图2-53所示。将光标移动至4个角点处的任意一个控制点上，当光标变为弧形的双箭头后，按住鼠标左键并拖动即可以任意角度旋转图像，如图2-54所示。

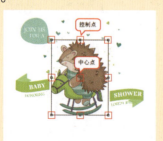

图2-52

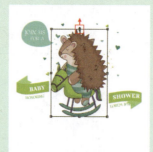

图2-53

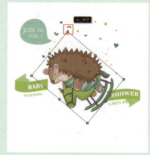

图2-54

02 在有定界框的状态下右击，可以看到更多的变换方式，如图2-55所示。执行"斜切"命令，然后拖动控制点可以使图像倾斜，如图2-56所示。

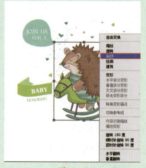

图2-55　　　　图2-56

03 若执行"扭曲"命令，可以任意调整控制点的位置，如图2-57所示。若执行"透视"命令，拖动控制点可以在水平或垂直方向上对图像应用透视，如图2-58所示。

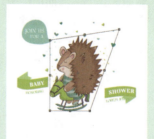

图2-57

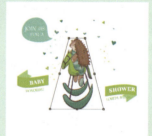

图2-58

04 若执行"变形"命令，将会出现网格状的控制框，拖动控制点即可进行自由扭曲，如图2-59所示。还可以在工具选项栏中选择一种形状来确定图像变形的方式，如图2-60所示。

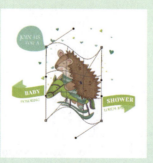

图2-59

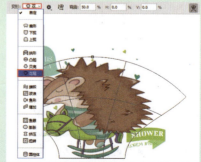

图2-60

05 在自由变换状态下右击,还可以看到另外5个命令,即旋转180度、旋转90度(顺时针)、旋转90度(逆时针)、水平翻转和垂直旋转。图2-61和图2-62所示为顺时针旋转90度和垂直旋转的效果。

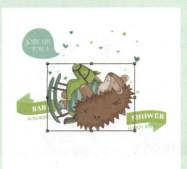

图2-61

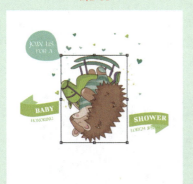

图2-62

实例013　复制并变换制作背景图案

文件路径	第2章\复制并变换制作背景图案
难易指数	★★★★☆
技术掌握	● 复制并变换 ● 自由变换

扫码深度学习

操作思路

本案例首先进行一次自由变换操作,记录下变换规律后,通过复制并变换操作,制作出环绕一周排列的对象,呈现出规则的背景图案。

案例效果

案例效果如图2-63所示。

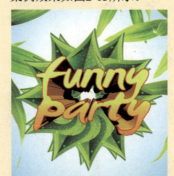

图2-63

操作步骤

01 执行菜单"文件>打开"命令,在弹出的"打开"对话框中选择素材"1.jpg",单击"打开"按钮,效果如图2-64所示。

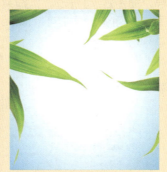

图2-64

02 执行菜单"文件>置入嵌入对象"命令,置入素材"2.png",如图2-65所示。接着按Enter键完成置入操作。然后执行菜单"图层>栅格化>智能对象"命令,将其转换为普通图层,如图2-66所示。

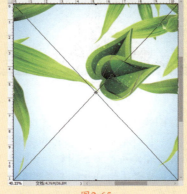

图2-65

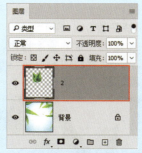

图2-66

03 使用快捷键Ctrl+J复制该图层,如图2-67所示。接下来进行一次自由变换操作,设定变换规律。使用快捷键Ctrl+T进行自由变换。此时形状周围出现定界框,接着将定界框中心位置的控制点移至左下方控制点处,如图2-68所示。

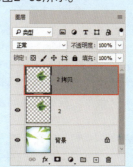

图2-67

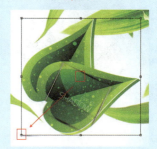

图2-68

04 在工具选项栏中设置旋转角度为30.00度,此时画面中心的形状发生旋转变化,如图2-69所示。

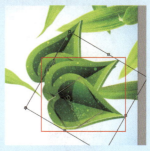

图2-69

05 按Enter键完成此操作。多次使用快捷键Ctrl+Shift+Alt+T进行复制并重复上一次的变换操作，此时树叶图片将会围绕中心点进行复制变换，效果如图2-70所示。

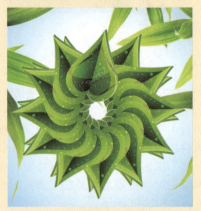

图2-70

06 执行菜单"文件>置入嵌入对象"命令，置入素材"3.png"。接着按Enter键完成置入操作。然后执行菜单"图层>栅格化>智能对象"命令，最终效果如图2-71所示。

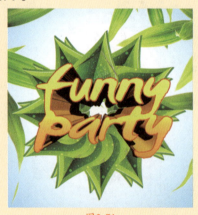

图2-71

实例014 操控变形制作扭曲灯塔

文件路径	第2章\操控变形制作扭曲灯塔
难易指数	★★★★★
技术掌握	"操控变形"命令

扫码深度学习

操作思路

"操控变形"命令可以对图形的形态进行调整。例如，改变人物或动物的动作，改变图形的外形。本案例就使用该功能调整灯塔的形态。

案例效果

案例对比效果如图2-72和图2-73所示。

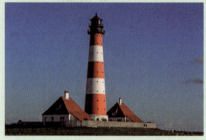 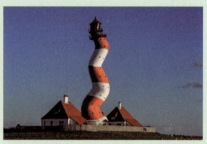

图2-72　　　　　　　　图2-73

操作步骤

01 执行菜单"文件>打开"命令，打开素材"1.psd"。选择需要变形的图层，如图2-74所示。执行菜单"编辑>操控变形"命令，图像上将会布满网格。在图像上单击可以添加用于控制图像变形的"图钉"（也就是控制点），如图2-75所示。

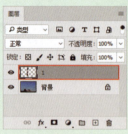 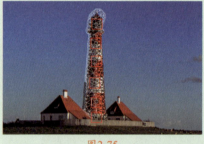

图2-74　　　　　　　　图2-75

02 按住鼠标左键并拖动控制点即可调整图像，如图2-76所示。调整完成后按Enter键确认操作，效果如图2-77所示。

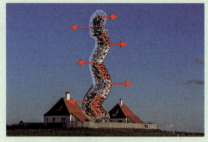 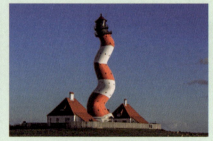

图2-76　　　　　　　　图2-77

在图像上添加或删除图钉

执行菜单"编辑>操控变形"命令后，光标会变成形状，在图像上单击即可在单击处添加图钉。如果要删除图钉，可以选择该图钉，然后按Delete键，或者按住Alt键单击要删除的图钉；如果要删除所有的图钉，可以在网格上右击，在弹出的快捷菜单中选择"移去所有图钉"命令。

实例015　自动对齐制作宽幅风景照

文件路径	第2章\自动对齐制作宽幅风景照
难易指数	★★☆☆☆
技术掌握	自动对齐

扫码深度学习

操作思路

当我们想要拍摄一张全景图时，往往会限于设备，无法一次性拍摄出完整的全景照片。此时便可以利用Photoshop对分开拍摄的多张照片进行编辑，来得到全景图。

案例效果

案例效果如图2-78所示。

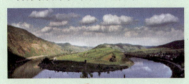

图2-78

操作步骤

01 执行菜单"文件>新建"命令，在弹出的"新建文档"对话框中新建一个"宽度"为1928像素、"高度"为856像素、"分辨率"为96像素/英寸的文档，如图2-79所示。接着单击"图层"面板中"背景"图层的"锁定"按钮，将其解锁。然后将"背景"图层隐藏。

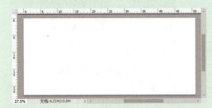

图2-79

02 执行菜单"文件>置入嵌入对象"命令，置入素材"1.jpg"，如图2-80所示。将素材图片调整至合适大小后，按Enter键完成置入。然后执行菜单"图层>栅格化>智能对象"命令，将该图层转换为普通图层。此时画面如图2-81所示。

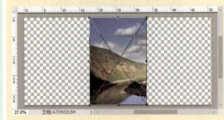

图2-80

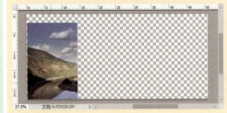

图2-81

03 继续执行菜单"文件>置入嵌入对象"命令，分别置入素材"2.jpg""3.jpg""4.jpg"，将它们调整至合适大小并进行栅格化，效果如图2-82所示。

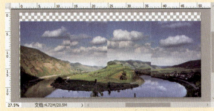

图2-82

04 按住Ctrl键依次加选这几个图层，然后执行菜单"编辑>自动对齐图层"命令，弹出"自动对齐图层"对话框，选中"自动"单选按钮，单击"确定"按钮，如图2-83所示。稍等片刻即可完成对齐操作，此时画面效果如图2-84所示。

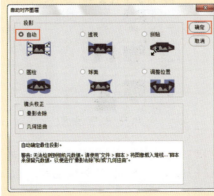

图2-83

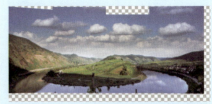

图2-84

05 继续按住Ctrl键依次加选这几个图层，按快捷键Ctrl+T进行自由变换。然后将光标放在定界框一角处，按住Shift键向外拖动，将其放大，此时画面效果如图2-85所示。

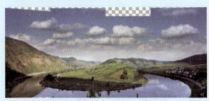

图2-85

06 对齐完成后，发现照片上部边缘处有空白的像素。选择工具箱中的裁剪工具，将光标移动至顶部中间位置的控制点处并按住鼠标左键向下拖动，接着向上拖动底部中间位置的控制点，将透明像素裁掉，如图2-86所示。最后按Enter键提交裁剪操作。画面最终效果如图2-87所示。

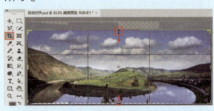

图2-86

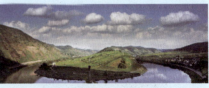

图2-87

实例016　自动混合命令融合两张图像

文件路径	第2章\自动混合命令融合两张图像
难易指数	★★☆☆☆
技术掌握	自动混合

扫码深度学习

操作思路

"自动混合图层"对话框中的"堆叠图像"功能可以将两张对焦不同的图片进行混合,从而得到清晰的画面。使用该功能时,所混合的图片尺寸必须相同。本案例将使用"自动混合图层"命令将两张图片混合在一起,呈现出清晰的画面效果。

案例效果

案例效果如图2-88所示。

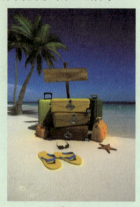

图2-88

操作步骤

01 执行菜单"文件>打开"命令,或按快捷键Ctrl+O,在弹出的"打开"对话框中选择远景清晰、近景模糊的素材"1.jpg",单击"打开"按钮,如图2-89所示。接着执行菜单"文件>置入嵌入对象"命令,置入近景清晰、远景模糊的素材"2.jpg",如图2-90所示。按Enter键完成置入,然后执行菜单"图层>栅格化>智能对象"命令,将该图层转换为普通图层。

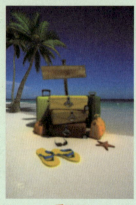

图2-89

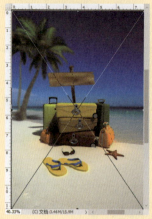

图2-90

02 单击"图层"面板中"背景"图层的"锁定"按钮,将其解锁。然后按住Ctrl键选择这两个图层,执行菜单"编辑>自动混合图层"命令,弹出"自动混合图层"对话框,选中"堆叠图像"单选按钮,如图2-91所示。两个图层即可自动进行混合,得到一个单独的图层,此时"图层"面板如图2-92所示。

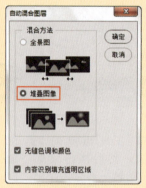

图2-91

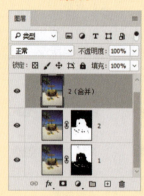

图2-92

03 此时画面中模糊的地方变得清晰了,画面最终效果如图2-93所示。

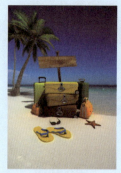

图2-93

实例017 裁剪调整构图

文件路径	第2章\裁剪调整构图
难易指数	★★☆☆☆
技术掌握	裁剪工具

扫码深度学习

操作思路

使用裁剪工具可以裁剪画面多余的部分,并重新定义画布的大小。利用裁剪工具还可以快速调整画面构图,使画面重点更加突出。

案例效果

案例对比效果如图2-94和图2-95所示。

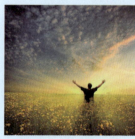

图2-94

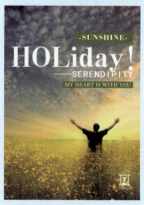

图2-95

操作步骤

01 打开一张图片，如图2-96所示。可以看到当前画面中的人物较小，画面较为空旷。此时可以通过裁剪工具将多余的内容剪掉，使照片中的人物更加突出。

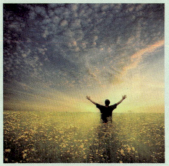

图2-96

02 选择工具箱中的裁剪工具，然后在画面左右两侧拖动进行绘制，使人物位于右下角的分割点上，如图2-97所示。

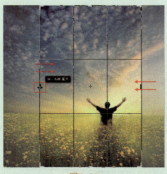

图2-97

03 绘制完成后，若裁切框位置不合适，可以将光标移动至裁切框内，当光标变为 ▶ 形状时，拖动即可移动裁切框的位置，如图2-98所示。

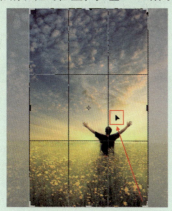

图2-98

04 裁切框绘制完成后也可以调整大小，调整的方式和调整定界框的方式一样。将光标放置在控制点处，按住鼠标左键并拖动即可调整裁切框的大小。在裁切时可以看到裁切框上有两条分割线，这两条线是辅助构图的。我们可以利用三分法的原则进行构图，将人像部分放置在交点的位置，如图2-99所示。调整完成后，按Enter键即可确定裁切操作，效果如图2-100所示。

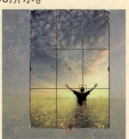

图2-99

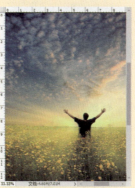

图2-100

05 执行菜单"文件>置入嵌入对象"命令，置入素材"2.png"，接着按Enter键完成置入操作。画面最终效果如图2-101所示。

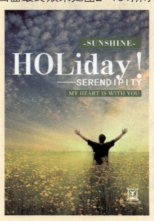

图2-101

> **提示 裁剪工具**
> 单击工具箱中的裁剪工具，在工具选项栏中会显示其相关选项。
> ▶ 清除：单击该按钮即可清除宽度、高度和分辨率值。
> ▶ 拉直：单击该按钮可以通过在图像上画一条直线来拉直图像。

实例018　拉直地平线

文件路径	第2章\拉直地平线
难易指数	★★☆☆☆
技术掌握	裁剪工具

扫码深度学习

操作思路

裁剪工具不仅用于裁剪图像，还可以将倾斜的图片拉直，呈现出水平的视觉感。本案例使用裁剪工具沿画面中的倾斜角度拖动，释放鼠标后画面自动呈现水平效果。

案例效果

案例对比效果如图2-102和图2-103所示。

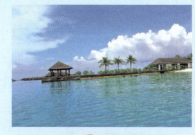

图2-102

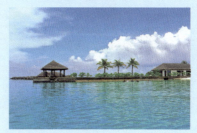

图2-103

操作步骤

01 执行菜单"文件>打开"命令，或按快捷键Ctrl+O，在弹出的"打开"对话框中选择素材"1.jpg"，单击"打开"按钮，效果如图2-104所示。

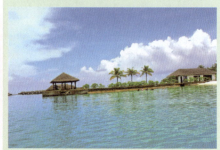

图2-104

02 可以看出图片中的地平线倾斜得很严重，所以我们可以使用裁剪工具去除画面中的倾斜感。选择工具箱中的裁剪工具，在工具选项栏中单击"拉直"按钮，然后将光标移至左侧水面处，按住鼠标左键建立控制点，沿倾斜地平线由左向右进行拖动拉直，如图2-105所示。

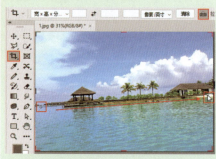

图2-105

03 释放鼠标后画面自动呈现水平效果，如图2-106所示。接着按Enter键确定该操作。画面最终效果如图2-107所示。

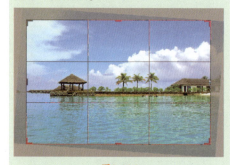

图2-106

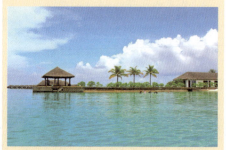

图2-107

实例019　透视裁剪广告图

文件路径	第2章\透视裁剪广告图
难易指数	★★★☆☆
技术掌握	透视裁剪工具

扫码深度学习

操作思路

（透视裁剪工具）可以在对图像进行裁剪的同时调整图像的透视效果，其常用于去除图像中的透视感，或者在带有透视感的图像中提取局部，也可以为图像添加透视感。

案例效果

案例对比效果如图2-108和图2-109所示。

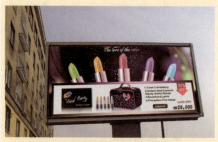

图2-108

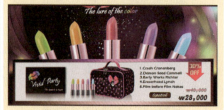

图2-109

操作步骤

01 执行菜单"文件>打开"命令，或按快捷键Ctrl+O，在弹出的"打开"对话框中选择素材"1.jpg"，单击"打开"按钮，效果如图2-110所示。

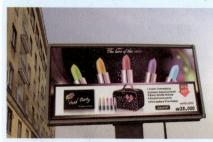

图2-110

02 可以看出该广告牌具有透视感，想要去除这种透视感，可以使用透视裁剪工具。选择工具箱中的透视裁剪工具，接着在广告牌左上角建立控制点，然后将光标移动至右上角处并单击，如图2-111所示。继续依次在右下角处和左下角处单击，完成裁剪框的绘制，如图2-112所示。

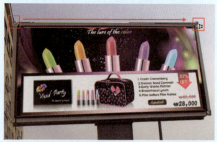

图2-111

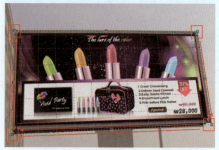

图2-112

03 双击画布完成裁剪操作，此时广告牌的透视效果被去除，并且裁剪框外的内容也被删除，最终效果如图2-113所示。

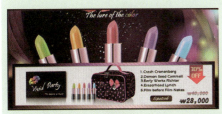

图2-113

实例020 去掉多余像素

文件路径	第2章\去掉多余像素
难易指数	★★☆☆☆
技术掌握	"裁切"命令

扫码深度学习

操作思路

Photoshop中的"裁切"命令可以基于像素的颜色来裁剪图像。在本案例中,画面中的标志占比较小,因此使用"裁切"命令将图片中大面积的留白区域删除,以突出主体。

案例效果

案例对比效果如图2-114和图2-115所示。

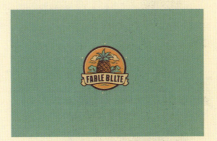

图2-114

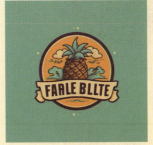

图2-115

操作步骤

01 执行菜单"文件>打开"命令,或按快捷键Ctrl+O,在弹出的"打开"对话框中选择素材"1.jpg",单击"打开"按钮,效果如图2-116所示。

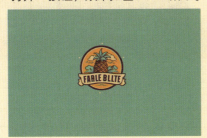

图2-116

02 执行菜单"图像>裁切"命令,弹出"裁切"对话框,选中"左上角像素颜色"单选按钮,单击"确定"按钮完成裁切,如图2-117所示。此时与画面左上角颜色相同的区域被删除了,画面中主体更加突出,效果如图2-118所示。

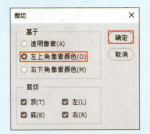

图2-117

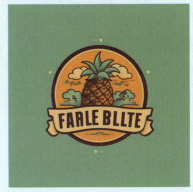

图2-118

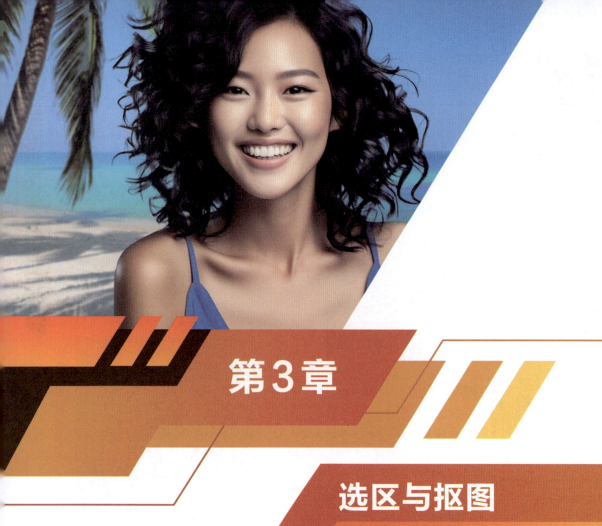

第 3 章

选区与抠图

本章概述

"选区"是指在图像中规划出的一个区域，区域边界以内的部分为被选中的部分，边界以外的部分为未被选中的部分。在Photoshop中进行图像编辑操作时，只针对选区以内的部分进行，而不会影响选区以外的部分。除此之外，在图像中创建了合适的选区后，还可以将选区中的部分内容单独提取出来（可以将选区中的部分内容复制为独立图层，也可以选中背景部分并删除，这样就完成了抠图的操作）。而在平面作品设计的过程中，经常需要从图片中提取部分内容，所以选区与抠图技术是必不可少的。

本章重点

- 掌握选区工具、套索工具的使用方法
- 掌握磁性套索工具、魔棒工具、快速选择工具的使用方法
- 掌握图层蒙版与剪贴蒙版的使用方法

3.1 绘制简单的选区

Photoshop中包含很多种用于制作选区的工具，例如，工具箱的"选框工具组"中就包含4种选区工具，即矩形选框工具、椭圆选框工具、单行选框工具和单列选框工具。在"套索工具组"中也包含3种选区制作工具，即套索工具、多边形套索工具和磁性套索工具。除了这些工具外，使用快速蒙版工具和文字蒙版工具也可以创建简单的选区。

实例021 使用选区工具制作极简风格图标

文件路径	第3章\使用选区工具制作极简风格图标
难易指数	
技术掌握	● 矩形工具 ● 矩形选框工具 ● 椭圆选框工具 ● 多边形套索工具 ● 填充前景色

扫码深度学习

操作思路

本案例首先使用矩形选框工具制作图标轮廓并进行填色，然后运用椭圆选框工具搭配多边形套索工具制作内部图形，最终完成图标绘制。

案例效果

案例效果如图3-1所示。

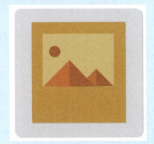

图3-1

操作步骤

01 执行菜单"文件>新建"命令，在"新建文档"对话框中设置"宽度"为1600像素、"高度"为1400像素、"分辨率"为72像素/英寸，设置"颜色模式"为"RGB颜色"，设置"背景内容"为"白色"，单击"创建"按钮，如图3-2所示。

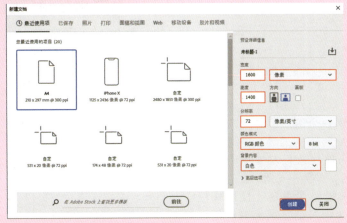

图3-2

02 新建一个图层，选择工具箱中的矩形工具，在选项栏中设置绘制模式为"路径"、"半径"为40像素，在画面中按住鼠标左键并拖动绘制圆角矩形路径，如图3-3所示。使用快捷键Ctrl+Enter将路径转换为选区，如图3-4所示。

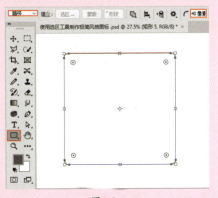

图3-3　　　　　图3-4

03 在工具箱中设置前景色为黑色，使用快捷键Alt+Delete为选区填充前景色，如图3-5所示。使用快捷键Ctrl+D取消选区的选择，接着在"图层"面板中设置"不透明度"为10%，效果如图3-6所示。

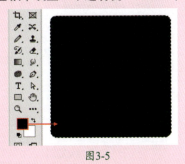

图3-5　　　　　图3-6

04 使用同样的方法，制作另一个圆角矩形，并填充为浅灰色，如图3-7所示。

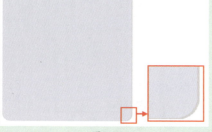

图3-7

05 新建一个图层，选择工具箱中的矩形选框工具，在之前的圆角矩形内按住鼠标左键拖动，绘制矩形选区，如图3-8所示。在工具箱中设置前景色为黑色，使用快捷键Alt+Delete为选区填充前景色，如图3-9所示。使用快捷键Ctrl+D取消选区的选择。

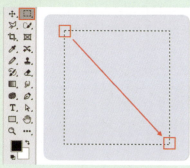

图3-8

图3-9

06 在"图层"面板中设置"不透明度"为10%，如图3-10所示。效果如图3-11所示。

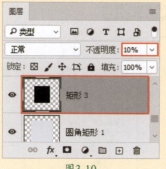

图3-10

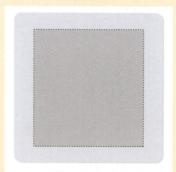

图3-11

07 新建一个图层，选择工具箱中的矩形选框工具，在画面中按住鼠标左键拖动绘制矩形选区，如图3-12所示。在工具箱中设置前景色为黄色，使用快捷键Alt+Delete为选区填充前景色，如图3-13所示。

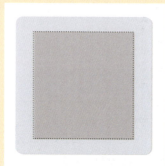

图3-12

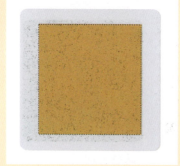

图3-13

08 继续新建一个图层，使用矩形选框工具在画面中按住鼠标左键拖动绘制矩形选区，在工具箱中设置前景色为浅黄色，使用快捷键Alt+Delete为选区填充前景色，如图3-14所示。再次新建一个图层，选择工具箱中的椭圆选框工具，在画面中按住Shift键的同时按住鼠标左键拖动绘制正圆选区，在工具箱中设置前景色为黄色，使用快捷键Alt+Delete为选区填充前景色，如图3-15所示。

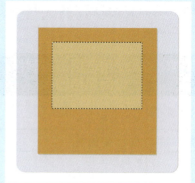

图3-14

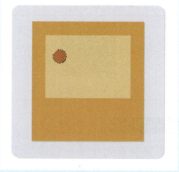

图3-15

09 新建一个图层，选择工具箱中的多边形套索工具，在画面中单击绘制三角形选区，如图3-16所示。在工具箱中设置前景色为黄色，使用快捷键Alt+Delete为选区填充前景色，如图3-17所示。

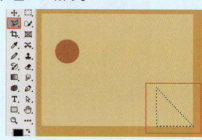

图3-16

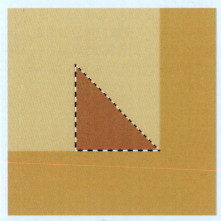

图3-17

10 新建一个图层,继续使用多边形套索工具在画面中单击绘制三角形选区,在工具箱中设置前景色为浅黄色,使用快捷键Alt+Delete为选区填充前景色,如图3-18所示。新建一个图层,使用同样的方法绘制另外两个三角形,如图3-19所示。

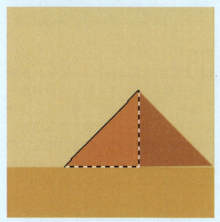

图3-18

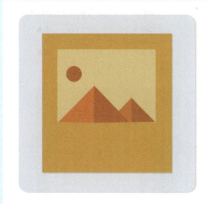

图3-19

📚 要点速查:选区运算

在大部分选区工具的选项栏中都可以选择选区的运算方式。下面介绍一下各种方式的区别。

➢ ▫新选区:单击该按钮后,每次绘制都可以创建一个新选区,如果已经存在选区,那么新创建的选区将替代原来的选区。

➢ ▫添加到选区:单击该按钮后,可以将当前创建的选区添加到原来的选区中,如图3-20和图3-21所示。

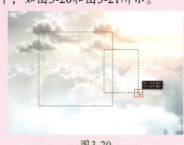   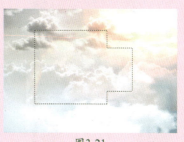

图3-20   图3-21

➢ ▫从选区减去:单击该按钮后,可以将当前创建的选区从原来的选区中减去,如图3-22和图3-23所示。

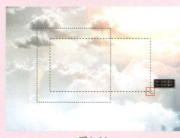   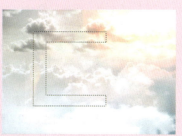

图3-22   图3-23

➢ ▫与选区交叉:单击该按钮后,新建选区时只保留原有选区与新创建的选区相交的部分,如图3-24和图3-25所示。

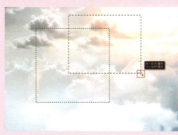   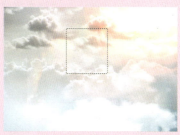

图3-24   图3-25

实例022　使用多种选区工具制作折扣计算页面

文件路径	第3章\使用多种选区工具制作折扣计算页面
难易指数	★★★★☆
技术掌握	● 矩形选框工具　　● 图层样式 ● 椭圆选框工具　　● 横排文字工具 ● 渐变工具　　　　● 多边形套索工具

💡 操作思路

本案例首先使用渐变工具制作背景,然后利用多种选区工具绘制形状并填充颜色,接着在画面相应位置输入文字,制作出折扣计算页面效果。

案例效果

案例效果如图3-26所示。

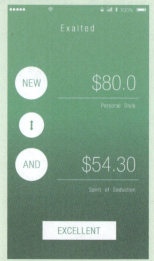

图3-26

01 执行菜单"文件>新建"命令，在"新建文档"对话框中设置"宽度"为1242像素、"高度"为2208像素、"分辨率"为72像素/英寸，设置"颜色模式"为"RGB颜色"，设置"背景内容"为"白色"，设置完成后单击"创建"按钮，如图3-27所示。选择工具箱中的渐变工具，在选项栏中单击渐变色条，在弹出的"渐变编辑器"对话框中编辑一个青绿色系渐变色，单击"确定"按钮完成编辑操作，设置"渐变类型"为"线性渐变"，如图3-28所示。

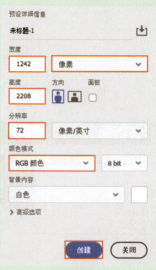

图3-27

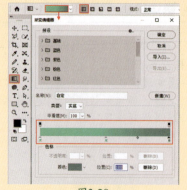

图3-28

02 在画面中按住鼠标左键拖动填充渐变颜色，如图3-29所示。

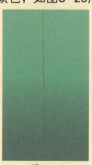

图3-29

03 执行菜单"文件>置入嵌入对象"命令，在弹出的对话框中选择素材"1.png"，单击"置入"按钮，如图3-30所示。将状态栏素材"1.png"移动到画面的顶端，然后按Enter键完成置入，如图3-31所示。

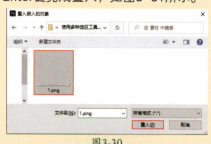

图3-30

图3-31

04 选择工具箱中的椭圆选框工具，在画面中按住Shift键的同时按住鼠标左键拖动绘制正圆选区，如图3-32所示。设置前景色为白色，新建一个图层，使用快捷键Alt+Delete将该图层填充为白色，如图3-33所示。

图3-32

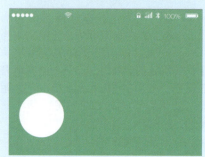

图3-33

05 选中圆形图层，执行菜单"图层>图层样式>投影"命令，设置"混合模式"为"正常"、阴影颜色为绿色、"不透明度"为10%、"角度"为120度、"距离"为5像素、"大小"为4像素，单击"确定"按钮完成设置，如图3-34所示。效果如图3-35所示。

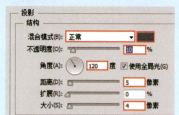

图3-34

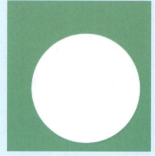

图3-35

06 选择工具箱中的横排文字工具，在选项栏中设置合适的字体和字号，设置文本颜色为青绿色，接着在正圆上单击并输入文字，如图3-36所示。

07 在"图层"面板中选择圆形图层，使用快捷键Ctrl+J复制该图层，并将复制的正圆向下移动。然后使用"自由变换"命令，调出定界框进行等比例缩小，如图3-37所示。调整完成后，按Enter键完成变换操作，效果如图3-38所示。

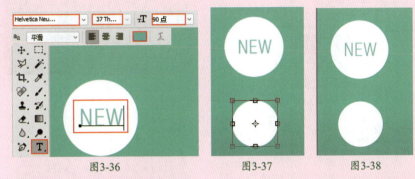

图3-36　　　　图3-37　　　　图3-38

08 新建一个图层，选择工具箱中的多边形套索工具，在画面中的圆形上绘制选区，如图3-39所示。接着设置前景色为青绿色，使用快捷键Alt+Delete为选区添加前景色，如图3-40所示。

09 使用同样的方法制作另一个按钮，也可以复制顶部的圆形和文字并向下移动，然后使用横排文字工具更改其文字内容，如图3-41所示。

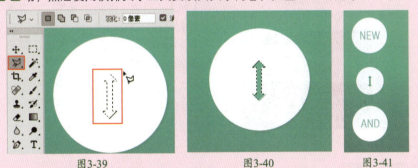

图3-39　　　　图3-40　　　　图3-41

10 新建一个图层，选择工具箱中的矩形选框工具，在选项栏中单击"添加到选区"按钮，在画面中绘制两个矩形选区，如图3-42所示。在工具箱中设置前景色为白色，使用快捷键Alt+Delete为选区填充前景色，如图3-43所示。

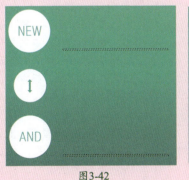

图3-42　　　　图3-43

11 选择工具箱中的横排文字工具，在选项栏中设置字体和字号，设置填充为白色，在画面中单击输入文字，如图3-44所示。使用同样的方法输入其他文字，如图3-45所示。

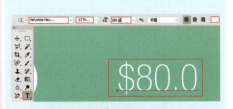

图3-44

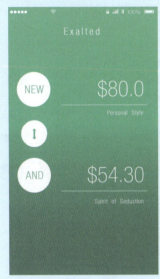

图3-45

12 新建一个图层，选择工具箱中的矩形选框工具，在画面中按住鼠标左键拖动绘制矩形选区，如图3-46所示。设置前景色为白色，使用快捷键Alt+Delete进行填充，填充完成后使用快捷键Ctrl+D取消选区，如图3-47所示。

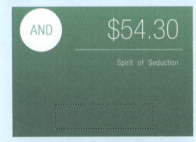

图3-46

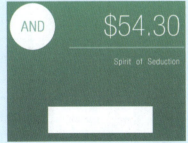

图3-47

13 选中矩形图层，执行菜单"图层>图层样式>投影"命令，设置"混合模式"为"正常"、阴影颜色为绿色、"不透明度"为60%、"角度"为120度、"距离"为5像素、"大小"为4像素，单击"确定"按钮完成设置，如图3-48所示。效果如图3-49所示。

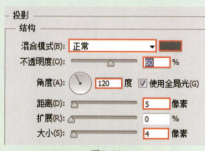

图3-48

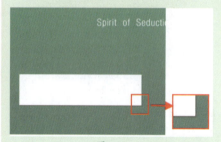

图3-49

14 选择工具箱中的横排文字工具，在选项栏中设置字体和字号，设置填充为绿色，在画面中单击并输入白色矩形按钮上的文字，最终效果如图3-50所示。

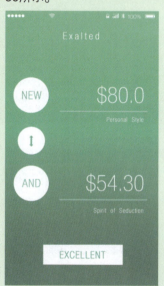

图3-50

实例023　使用多边形套索工具为名片换背景

文件路径	第3章\使用多边形套索工具为名片换背景
难易指数	★★★☆☆
技术掌握	● 多边形套索工具 ● 自由变换 ● 渐变工具

扫码深度学习

操作思路

本案例首先通过多边形套索工具抠出名片主体，然后置入新的背景图像，接着使用自由变换配合渐变工具制作出名片的倒影效果。

案例效果

案例效果如图3-51所示。

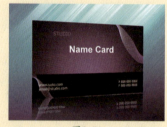

图3-51

操作步骤

01 执行菜单"文件>打开"命令，打开名片素材"1.jpg"，如图3-52所示。

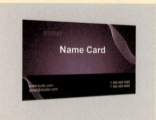

图3-52

02 执行菜单"文件>置入嵌入对象"命令，置入素材"2.jpg"，如图3-53所示。按Enter键确定完成置入操作。接着执行菜单"图层>栅格化>智能对象"命令，将该图层转换为普通图层。此时新背景展现出来，如图3-54所示。

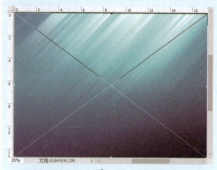

图3-53

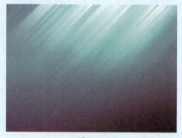

图3-54

03 接下来进行抠图处理。首先在"图层"面板中单击"新背景"图层前的"指示图层可见性"按钮，隐藏该图层。接着选择"背景"图层，如图3-55所示。

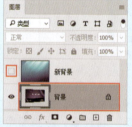

图3-55

04 选择工具箱中的 （多边形套索工具），在选项栏中勾选"消除锯齿"复选框，可以使选区边缘更加柔和。然后在画面中名片的左上角单击添加控制点，并向右拖动进行绘制，如图3-56所示。继续沿图片四周添加控制点进行绘制，当首尾控制点连接起来时，自动出现选框，然后使用快捷键Ctrl+J进行复制，此时选区内的名片被单独复制出来。将该图层置于"新背景"图层上方，并显示隐藏的"新背景"图层，这时"图层"面板如图3-57所示。

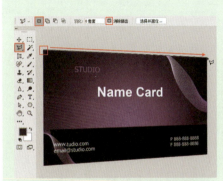

图3-56

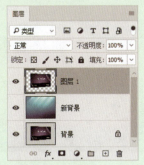

图3-57

05 此时画面效果如图3-58所示。

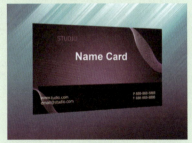

图3-58

06 制作名片倒影效果。选择名片图层，使用快捷键Ctrl+J将名片复制一份。使用快捷键Ctrl+T进行自由变换，此时画面中出现定界框，接着右击，在弹出的快捷菜单中执行"垂直翻转"命令，图片发生翻转，如图3-59所示。

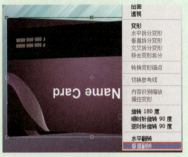

图3-59

07 将光标移动到画面中，按住鼠标左键向下拖动到阴影位置，接着右击，在弹出的快捷菜单中执行"扭曲"命令，如图3-60所示。调整定界框上的点，使之与名片的底边角度相匹配，此时效果如图3-61所示。调整完成后按Enter键确认此操作。

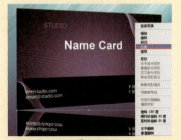

图3-60

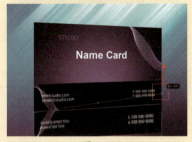

图3-61

08 此时可以看到倒影不够柔和，单击"图层"面板底部的"添加图层蒙版"按钮，为该图层添加图层蒙版。然后选择工具箱中的渐变工具，在选项栏中单击渐变色条，在弹出的"渐变编辑器"对话框中编辑一个由黑到白的渐变色条，设置完成后单击"确定"按钮。在工具选项栏中设置"渐变类型"为"线性渐变"，接着单击该图层的图层蒙版缩览图，然后在画面底部按住鼠标左键向上拖动，如图3-62所示。蒙版效果如图3-63所示。

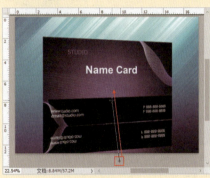

图3-62

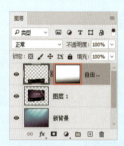

图3-63

09 释放鼠标后渐变效果显示出来，此时画面更具立体感，如图3-64所示。

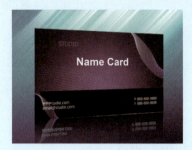

图3-64

3.2 基于色彩的抠图技法

Photoshop中有很多种可以创建和编辑选区的工具，除了前面讲解的几种选区工具外，还有一些工具是利用图像中颜色的差异来创建选区，如磁性套索工具、魔棒工具及快速选择工具等，这几种工具主要用于抠图。此外，使用背景橡皮擦工具及魔术橡皮擦工具可以基于颜色差异擦除特定部分的颜色。

实例024	使用磁性套索工具抠图
文件路径	第3章\使用磁性套索工具抠图
难易指数	★★★☆☆
技术掌握	磁性套索工具

扫码深度学习

操作思路

(磁性套索工具)是一款非常便捷的选区工具,在使用过程中会出现自动跟踪线,颜色边界越明显,磁力越强。本案例使用磁性套索工具抠出粉色图形,并为画面更换背景。

案例效果

案例效果如图3-65所示。

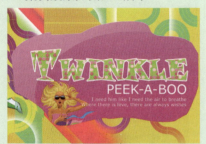

图3-65

操作步骤

01 执行菜单"文件>打开"命令,或按快捷键Ctrl+O,在弹出的"打开"对话框中选择素材"2.jpg",单击"打开"按钮,如图3-66所示。效果如图3-67所示。

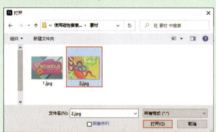

图3-66

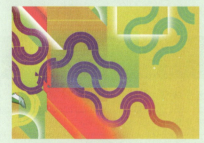

图3-67

02 执行菜单"文件>置入嵌入对象"命令,在弹出的"置入嵌入的对象"对话框中选择素材"1.jpg",单击"置入"按钮,如图3-68所示,按Enter键完成置入。

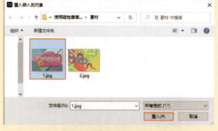

图3-68

接着执行菜单"图层>栅格化>智能对象"命令,效果如图3-69所示。

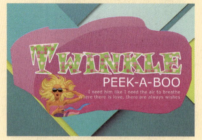

图3-69

03 选择工具箱中的 (磁性套索工具),将光标移动到画面粉色形状边缘处并单击,确定起点,如图3-70所示。接着沿粉色形状边缘移动光标,此时Photoshop会生成很多锚点,如图3-71所示。

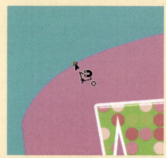

图3-70

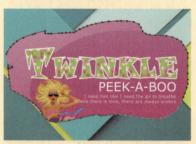

图3-71

04 当光标移动到起始锚点位置时单击,此时会得到一个闭合路径,如图3-72所示。效果如图3-73所示。

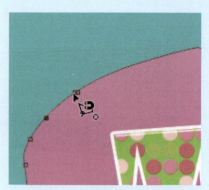

图3-72

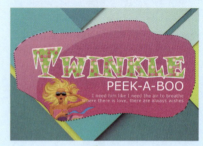

图3-73

05 右击选区,在弹出的快捷菜单中执行"选择反向"命令,如图3-74所示。将选区反选后,按Delete键删除选区中的像素,再使用快捷键Ctrl+D取消选区,效果如图3-75所示。

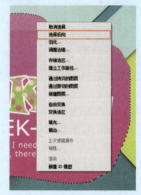

图3-74

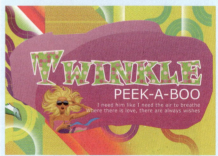

图3-75

要点速查：磁性套索工具选项栏

磁性套索工具选项栏如图3-76所示。

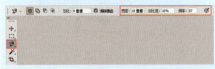

图3-76

- 宽度：该值决定了以光标中心为基准，光标周围有多少像素能够被磁性套索工具检测到，如果对象的边缘比较清晰，可以设置较大的值；如果对象的边缘比较模糊，则可以设置较小的值。
- 对比度：该选项主要用来设置磁性套索工具感应图像边缘的灵敏度。如果对象的边缘比较清晰，可以将该值设置得高一些；如果对象的边缘比较模糊，则可以将该值设置得低一些。
- 频率：在使用磁性套索工具勾画选区时，Photoshop会生成很多锚点，"频率"选项就是用来设置锚点数量的。数值越高，生成的锚点就越多，捕捉到的边缘越准确，但是可能会造成选区不够平滑。
- 钢笔压力：如果计算机配有数位板和压感笔，则可以激活该按钮，Photoshop会根据压感笔的压力自动调节磁性套索工具的检测范围。

实例025 使用快速选择工具抠图制作简单海报

文件路径	第3章\使用快速选择工具抠图制作简单海报
难易指数	★★★☆☆
技术掌握	快速选择工具

扫码深度学习

操作思路

本案例主要使用快速选择工具绘制背景部分的选区，并删除背景，实现抠图操作。在选区绘制过程中要注意调整笔尖大小。

案例效果

案例对比效果如图3-77和图3-78所示。

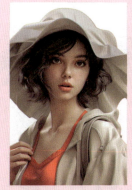 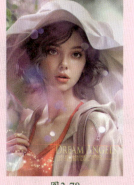

图3-77　　　　图3-78

操作步骤

01 执行菜单"文件>打开"命令，或按快捷键Ctrl+O，在弹出的"打开"对话框中选择素材"2.jpg"，单击"打开"按钮，如图3-79所示。效果如图3-80所示。

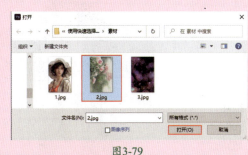

图3-79　　　　图3-80

02 执行菜单"文件>置入嵌入对象"命令，在弹出的"置入嵌入的对象"对话框中选择素材"1.jpg"，单击"置入"按钮，如图3-81所示，接着按Enter键完成置入。执行菜单"图层>栅格化>智能对象"命令，效果如图3-82所示。

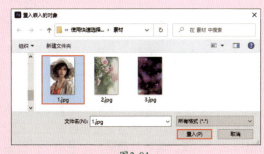 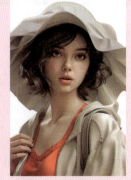

图3-81　　　　图3-82

03 选择工具箱中的 （快速选择工具），在选项栏中单击"添加到选区"按钮，在画面中单击白色背景并进行拖动，如图3-83所示。接着在人物肩膀两侧的位置按住鼠标左键拖动得到白色背景的选区，如图3-84所示。

04 按Delete键删除选区中的像素，再使用快捷键Ctrl+D取消选区，如图3-85所示。

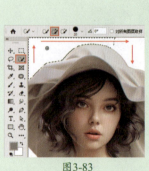
图3-83

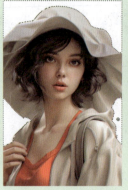
图3-84

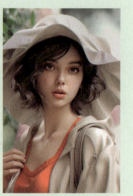
图3-85

05 执行菜单"文件>置入嵌入对象"命令，置入素材"3.jpg"，按Enter键完成置入。执行菜单"图层>栅格化>智能对象"命令，效果如图3-86所示。在"图层"面板中设置图层"混合模式"为"滤色"，如图3-87所示。最终效果如图3-88所示。

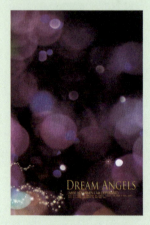
图3-86

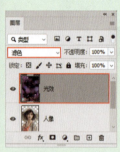
图3-87

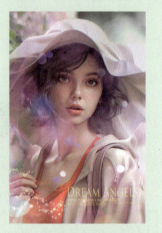
图3-88

实例026	使用魔棒工具为人像更换背景
文件路径	第3章\使用魔棒工具为人像更换背景
难易指数	★★★★☆
技术掌握	● 魔棒工具　● 矩形选框工具 ● 渐变工具　● 混合模式 ● 多边形套索工具　● 横排文字工具

操作思路

（魔棒工具）是Photoshop中一种比较便捷的抠图工具，它可以很快将一些分界明显、颜色分明的图像置于选择状态。本案例首先使用渐变工具绘制背景部分，接着使用魔棒工具抠取人物形象，最后选择横排文字工具在画面中输入文字。

案例效果

案例效果如图3-89所示。

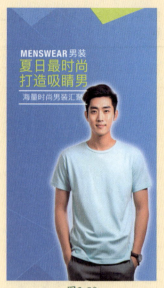
图3-89

操作步骤

01 执行菜单"文件>新建"命令，在弹出的"新建文档"对话框中设置"宽度"为1242像素、"高度"为2208像素、"分辨率"为72像素/英寸，设置"颜色模式"为"RGB颜色"，设置"背景内容"为"白色"，设置完成后单击"创建"按钮，如图3-90所示。

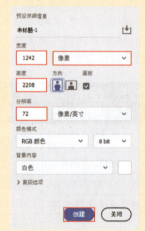
图3-90

02 选择工具箱中的渐变工具，在选项栏中单击渐变色条，在弹出的"渐变编辑器"对话框中编辑一个蓝色系渐变色，设置完成后单击"确定"按钮，完成编辑操作。然后在工具选项栏中设置渐变类型为"线性渐变"，如图3-91所示。在画面中单击并拖动鼠标填充渐变色，如图3-92

所示。

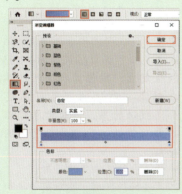

图3-91

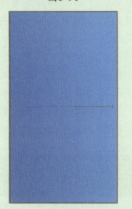

图3-92

03 选择工具箱中的多边形套索工具，在画面中多次单击绘制三角形选区。新建一个图层，设置前景色为浅蓝色，使用快捷键Alt+Delete进行填充，使用快捷键Ctrl+D取消选区，如图3-93和图3-94所示。

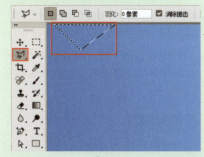

图3-93

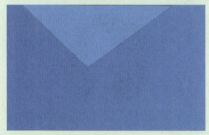

图3-94

04 新建一个图层，继续使用多边形套索工具绘制选区，并填充为黄色，如图3-95所示。使用同样的方法绘制另外两个形状，如图3-96所示。

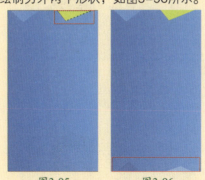

图3-95　　　图3-96

05 选择工具箱中的矩形选框工具，绘制一个非常窄的纵向选区，如图3-97所示。接着执行菜单"选择>变换选区"命令，旋转选区并将其移动到左上角的三角形处，如图3-98所示。

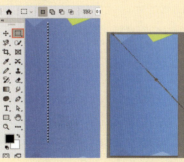
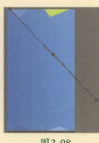

图3-97　　　图3-98

06 设置前景色为浅蓝色，新建一个图层，使用前景色进行填充，如图3-99所示。使用同样的方法制作其他矩形形状，如图3-100所示。

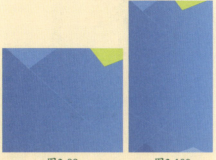

图3-99　　　图3-100

07 执行菜单"文件>置入嵌入对象"命令，在弹出的"置入嵌入的对象"对话框中选择素材"1.jpg"，然后单击"置入"按钮，如图3-101所示。

将素材"1.jpg"等比例放大，按Enter键完成操作。接着执行菜单"图层>栅格化>智能对象"命令，对素材进行栅格化，如图3-102所示。

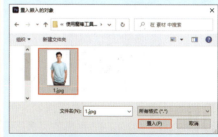

图3-101

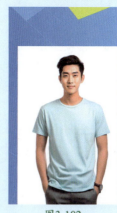

图3-102

08 选择工具箱中的魔棒工具，在选项栏中设置"容差"为5，在画面中单击人物周围的空白区域，创建选区，按住Shift键继续单击白色区域进行加选，如图3-103所示。选中人物图层，执行菜单"图层>图层蒙版>隐藏选区"命令，为图层创建蒙版，使白色背景部分隐藏，如图3-104所示。

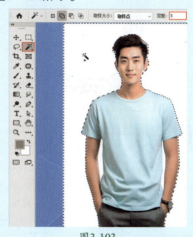

图3-103

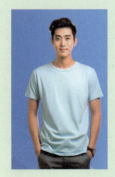

图3-104

09 执行菜单"图层>图层样式>外发光"命令,在弹出的"图层样式"对话框中设置"混合模式"为"滤色"、"不透明度"为75%、"发光颜色"为白色、"大小"为57像素,单击"确定"按钮完成设置,如图3-105所示。效果如图3-106所示。

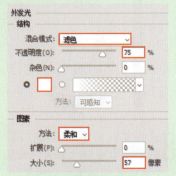

图3-105

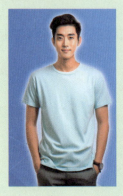

图3-106

10 新建一个图层,选择工具箱中的矩形选框工具,按住鼠标左键拖动绘制矩形选区,并将其填充为白色,如图3-107所示。选择矩形图层,使用快捷键Ctrl+J将图层复制一份,然后将复制的矩形向下移动,如图3-108所示。

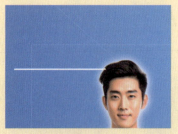

图3-107

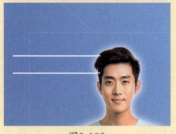

图3-108

11 选择工具箱中的横排文字工具,在选项栏中设置字体、字号及填充颜色,在画面中单击输入文字,如图3-109所示。使用同样的方法输入其他文字,如图3-110所示。

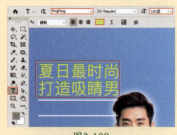

图3-109

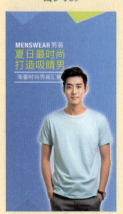

图3-110

要点速查:魔棒工具选项栏

(魔棒工具)选项栏如图3-111所示。

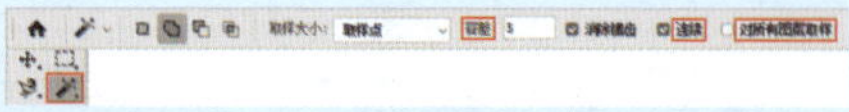

图3-111

- ➤ 容差:决定所选像素之间的相似性或差异性,其取值范围为0~255。数值越低,对像素相似程度的要求越高,所选的颜色范围就越小;数值越高,对像素相似程度的要求越低,所选的颜色范围就越大。
- ➤ 连续:当勾选该复选框时,只选择颜色连接的区域;当取消勾选该复选框时,可以选择与所选像素颜色接近的所有区域,当然也包含没有连接的区域。
- ➤ 对所有图层取样:如果文档中包含多个图层,勾选该复选框时,可以选择所有可见图层上颜色相近的区域;取消勾选该复选框,则仅选择当前图层上颜色相近的区域。

实例027 使用"选择并遮住"为卷发美女抠图

文件路径	第3章\使用"选择并遮住"为卷发美女抠图
难易指数	★★★☆☆
技术掌握	选择并遮住

扫码深度学习

操作思路

本案例主要使用快速选择工具与"选择并遮住"按钮制作人物选区,在绘制选区时须合理设置"边缘检测"半径,这样可以将选区边缘变得更为精准,人物抠图的效果呈现得更加自然。

案例效果

案例对比效果如图3-112和图3-113所示。

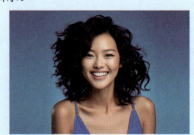

图3-112

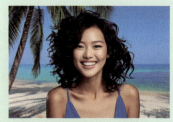

图3-113

🎤 操作步骤

01 执行菜单"文件>打开"命令，打开人物素材"1.jpg"，如图3-114所示。

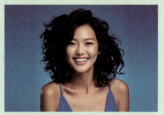

图3-114

02 执行菜单"文件>置入嵌入对象"命令，置入素材"2.jpg"，如图3-115所示。将素材调整到合适大小后，按Enter键完成置入。然后在"图层"面板中选择该图层并右击，在弹出的快捷菜单中执行"栅格化图层"命令，将其转换为普通图层，如图3-116所示。

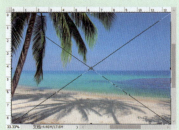

图3-115

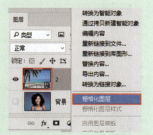

图3-116

03 复制人物图层，并将其置于"图层"面板最上方。选择工具箱中的快速选择工具，在选项栏中单击"添加到选区"按钮，设置"大小"为8像素，然后在人物周围细致地绘制选区，如图3-117所示。绘制完成后，选区如图3-118所示。

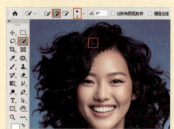

图3-117

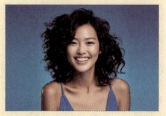

图3-118

04 单击工具选项栏中的"选择并遮住"按钮，在弹出的对话框中单击"调整边缘画笔工具"按钮，设置画笔"大小"为125像素，然后调整头发边缘及细节处，如图3-119所示。接着设置"边缘检测"选项组中的"半径"为5像素，如图3-120所示。

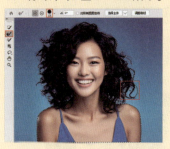

图3-119

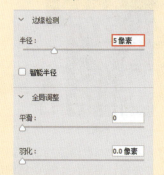

图3-120

05 设置完成后，单击"确定"按钮，得到选区。接着单击"图层"面板底部的"添加图层蒙版"按钮，蒙版效果如图3-121所示。画面最终效果如图3-122所示。

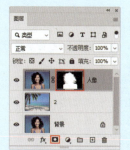

图3-121

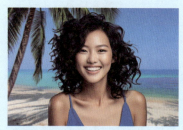

图3-122

📖 要点速查："选择并遮住"模式下的选项功能介绍

单击选项栏中的"选择并遮住"按钮，弹出的对话框如图3-123所示。

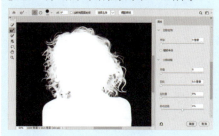

图3-123

> 🖌 快速选择工具：通过按住鼠标左键拖动涂抹的方式创建选区，该选区会自动查找和跟随图像颜色的边缘。

> 🖌 调整边缘画笔工具：精确调整边界区域。制作头发或毛皮选区时可以使用该工具柔化区域，以增加选区内的细节。

> 🖌 画笔工具：通过涂抹的方式添加或减去选区。选择画笔工具，在工具选项栏中单击"添加到选区"按钮，再单击 按钮，在弹出的下拉面板中设置笔尖的"大小""硬度"和"距离"，接着

在画面中按住鼠标左键拖动进行涂抹，涂抹的位置就会显示像素，也就是在原来选区的基础上添加了选区。若单击"从选区减去"按钮，在画面中涂抹，即可减去选区。

> 对象选择工具：使用该工具可以查找并自动选择对象。
> 套索工具组：在该工具组中有（套索工具）和（多边形套索工具）。使用不同的工具可以在工具选项栏中设置选区运算的方式。
> 半径：确定发生边缘调整的选区边界的大小。对于较尖锐的边缘，可以使用较小的半径；对于较柔和的边缘，则可以使用较大的半径。
> 智能半径：自动调整边界区域中发现的硬边缘和柔化边缘的半径。
> 平滑：减少选区边界中的不规则区域，以创建较平滑的轮廓。
> 羽化：模糊选区与周围像素之间的过渡效果。
> 对比度：锐化选区边缘并消除模糊的不协调感。在通常情况下，配合"智能半径"选项调整出来的选区效果会更好。
> 移动边缘：当设置为负值时，可以向内收缩选区边界；当设置为正值时，则可以向外扩展选区边界。
> 清除选区：单击该按钮，可以取消当前选区。
> 反相：单击该按钮，即可得到反相的选区。

实例028　使用复制、粘贴向画框中添加油画

文件路径	第3章\使用复制、粘贴向画框中添加油画
难易指数	★★☆☆☆
技术掌握	● 复制 ● 粘贴

扫码深度学习

操作思路

"编辑"菜单下的"拷贝"和"粘贴"命令是Photoshop中常用的命令。本案例首先针对图像部分进行框选，接着使用"拷贝"和"粘贴"命令复制选区内的图像，最终呈现出油画效果。

案例效果

案例效果如图3-124所示。

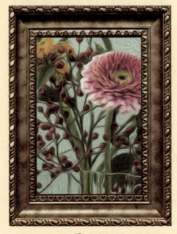

图3-124

操作步骤

01 执行菜单"文件>打开"命令，打开素材"1.psd"，如图3-125所示。

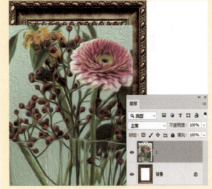

图3-125

02 接下来向画框内添加油画图像。首先在"图层"面板中将图层的"不透明度"设置为50%，如图3-126所示，以便于观察底部相框位置，方便下一步的操作。效果如图3-127所示。

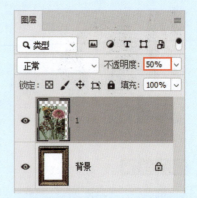

图3-126

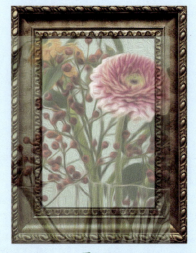

图3-127

03 选择工具箱中的（矩形选框工具），沿此相框内侧绘制选区，释放鼠标后，选区自动生成，如图3-128所示。接下来执行菜单"编辑>拷贝"命令，然后继续执行菜单"编辑>粘贴"命令，此时选区内的图像被复制出来，如图3-129所示。

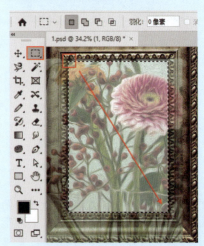

图3-128

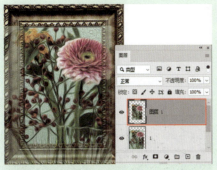

图3-129

04 将原图像图层隐藏,最终油画相框效果如图3-130所示。

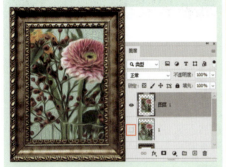

图3-130

> **提示** 剪切
> 创建选区后,执行菜单"编辑>剪切"命令,或按快捷键Ctrl+X,可以将选区中的内容剪切到剪贴板中。继续执行菜单"编辑>粘贴"命令,或按快捷键Ctrl+V,可以将剪切的内容粘贴到画布中,并生成一个新的图层。

> **提示** 复制并合并
> 当文档中包含很多图层时,执行菜单"选择>全选"命令,或按快捷键Ctrl+A,可以全选当前图层。然后执行菜单"编辑>合并拷贝"命令,或按快捷键Ctrl+Shift+C,将所有可见图层复制并合并到剪贴板中。最后按快捷键Ctrl+V,可以将合并复制的图层粘贴到当前文档或其他文档中。

3.3 钢笔抠图

(钢笔工具)可以绘制"路径"对象和"形状"对象。可以将"路径"理解为一种可以随时进行形状调整的"轮廓"。通常绘制路径不仅用于形状的绘制,更多的是为了选区的创建与抠图操作。

实例029 使用钢笔工具抠出精细人像

案例文件	第3章\使用钢笔工具抠出精细人像
难易指数	★★★★☆
技术要点	钢笔工具

扫码深度学习

操作思路

(钢笔工具)可以用来绘制复杂的路径和形状对象。本案例利用钢笔工具绘制人物形态的路径,然后将其转换为选区并进行抠图,从而制作出精美的人像海报。

案例效果

案例效果如图3-131所示。

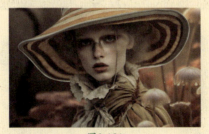

图3-131

操作步骤

01 执行菜单"文件>打开"命令,或按快捷键Ctrl+O,在弹出的"打开"对话框中选择素材"1.jpg",单击"打开"按钮,效果如图3-132所示。

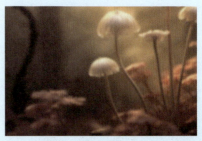

图3-132

02 执行菜单"文件>置入嵌入对象"命令,在弹出的"置入嵌入的对象"对话框中选择素材"2.jpg",单击"置入"按钮,然后按Enter键完成置入,效果如图3-133所示。接着执行菜单"图层>栅格化>智能对象"命令,将该图层栅格化为普通图层。

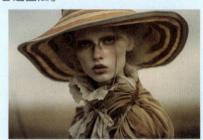

图3-133

03 选择工具箱中的 (钢笔工具),在人物边缘处绘制大致的路径,如图3-134所示。

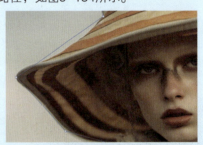

图3-134

04 继续在人物边缘处单击并拖动进行绘制,如图3-135所示。

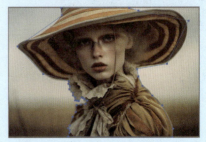

图3-135

05 接下来对路径中的锚点进行精确的调整。选择工具箱中的 ▶ （直接选择工具），单击锚点，如图3-136所示。

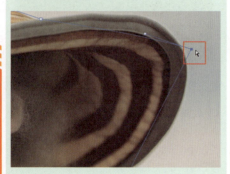

图3-136

06 选择工具箱中的 ▶ （转换点工具），在框选过的点上按住鼠标左键并拖动进行转换，如图3-137所示。

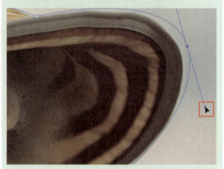

图3-137

07 切换到直接选择工具，用鼠标左键将锚点按住并拖动到帽子边缘，如图3-138所示。

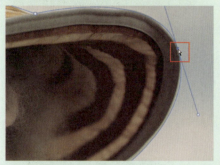

图3-138

08 使用同样的方法，对其他锚点进行操作，效果如图3-139所示。

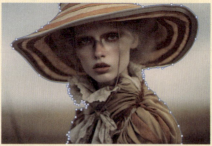

图3-139

09 使用快捷键Ctrl+Enter将路径转换为选区，如图3-140所示。

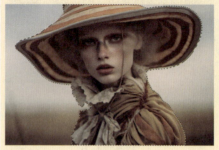

图3-140

10 执行菜单"选择>反选"命令，此时得到了背景部分的选区，如图3-141所示。按Delete键删除选区中的像素，如图3-142所示。接着使用快捷键Ctrl+D取消选区的选择。

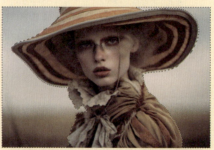

图3-141

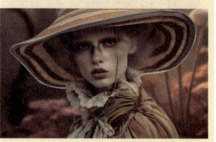

图3-142

11 对画面置入素材进行修饰。执行菜单"文件>置入嵌入对象"命令，置入素材"3.png"，单击"置入"按钮，将素材放置在适当位置，按Enter键完成置入。最终效果如图3-143所示。

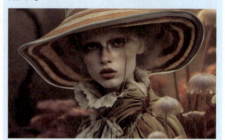

图3-143

> **提示** 终止路径绘制的操作
> 如果要终止路径绘制，可以在钢笔工具的选择状态下按Esc键。或者选择工具箱中的其他任意一个工具，也可以终止路径绘制。

> **提示** 钢笔工具选项栏中的选项
> 在钢笔工具选项栏中单击 选区… 按钮，路径会被转换为选区。单击 蒙版 按钮，会以当前路径为图层创建矢量蒙版。单击 形状 按钮，路径对象会转换为形状图层。

3.4 通道抠图

前面介绍的几种选区创建方法可以借助颜色的差异创建选区，但是有一些特殊的对象往往很难通过这种方法进行抠图，如毛发、玻璃、云朵、婚纱这类边缘复杂、带有透明质感的对象。这时就可以使用通道抠图法抠取这些对象。利用通道抠取头发，可以通过通道的灰度图像与选区相互转换的特性，制作精细的选区，从而达到抠图的目的。

实例030　通道抠图——半透明白纱

案例文件	第3章\通道抠图——半透明白纱
难易指数	★★★☆☆
技术要点	● 通道抠图 ● 钢笔工具 ● 画笔工具

扫码深度学习

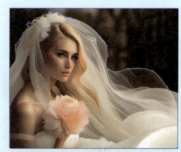

图3-148

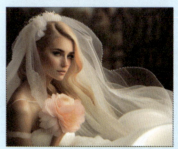

图3-149

操作思路

通道抠图主要是利用图像的色相差别或明度来创建选区。本案例首先使用钢笔工具抠取人物背景部分，接着通过通道抠图法并搭配其他工具将画面中人物头纱部分展现出半透明效果。

案例效果

案例对比效果如图3-144和图3-145所示。

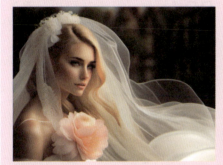

图3-144

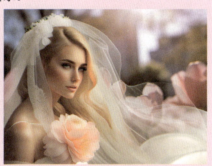

图3-145

操作步骤

01 执行菜单"文件>打开"命令，打开素材"1.jpg"，效果如图3-146所示。使用快捷键Ctrl+J复制"背景"图层，并将"背景"图层隐藏，如图3-147所示。

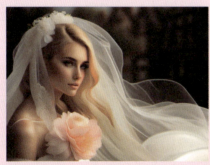

图3-146

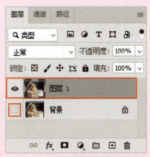

图3-147

02 因为需要精细地抠出人像边缘部分，所以首先使用工具箱中的 ⌀ （钢笔工具）沿人像外轮廓绘制路径，如图3-148所示。接着使用快捷键Ctrl+Enter将路径转换为选区，得到人像的选区，如图3-149所示。

03 使用快捷键Ctrl+Shift+I反选选区，如图3-150所示。按Delete键删除背景部分，然后使用快捷键Ctrl+D取消选区，如图3-151所示。

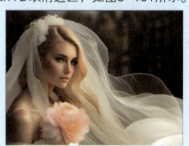

图3-150

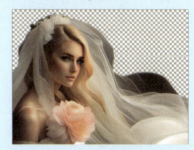

图3-151

04 执行菜单"文件>置入嵌入对象"命令，置入素材"2.jpg"，效果如图3-152所示，然后按Enter键完成置入。接着将图层移动到人物图层下方，此时画面效果如图3-153所示。

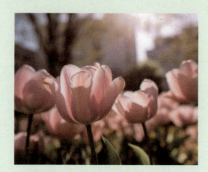

图3-152

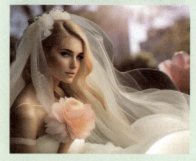

图3-153

05 选择"人物"图层,单击"图层"面板底部的"添加图层蒙版"按钮 ,为该图层添加图层蒙版,如图3-154所示。接着选择工具箱中的 (画笔工具),然后在画笔预设选取器中设置"大小"为80像素,选择一个硬边圆画笔笔尖,如图3-155所示。

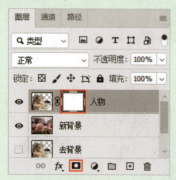

图3-154

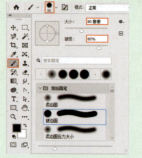

图3-155

06 将前景色设置为黑色,在人物头纱处进行涂抹,然后适当降低画笔的不透明度,继续涂抹,此时图层蒙版中的黑白关系如图3-156所示。画面效果如图3-157所示。

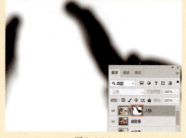

图3-156

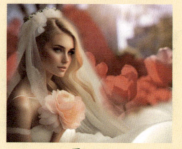

图3-157

07 接下来提高人物身体亮度。单击"调整"面板中的"曲线"按钮 ,创建新的"曲线"调整图层,在"属性"面板中的曲线上单击添加一个控制点并向上拖动,提升画面的亮度。单击面板底部的"此调整剪切到此图层"按钮 ,如图3-158所示。此时画面效果如图3-159所示。

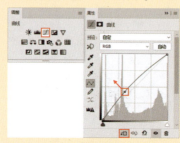

图3-158

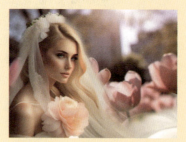

图3-159

08 使用钢笔工具单独抠出头纱部分。下面需要对头纱部分进行处理,使头纱产生半透明效果。隐藏其他图层,只显示"头纱"图层,如图3-160所示。

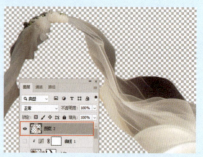

图3-160

09 切换到"通道"面板,观察"红""绿""蓝"通道中的特点,"蓝"通道的细节保留得比较完好,选择"蓝"通道并右击,在弹出的快捷菜单中执行"复制通道"命令,将"蓝"通道复制,如图3-161和图3-162所示。

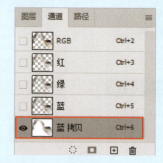

图3-161

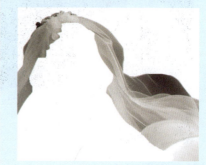

图3-162

10 使用加深工具和减淡工具处理通道的明暗关系,在头纱上面进行绘制涂抹,如图3-163所示。调整完成后选中"蓝 拷贝"通道,单击"通道"面板底部的"将通道作为选区载入"按钮,如图3-164所示。

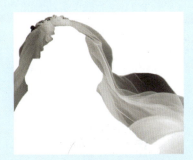

图3-163

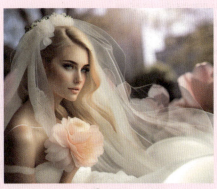

图3-167

13 提升头纱亮度。单击"调整"面板中的"色相/饱和度"按钮，创建新的"色相/饱和度"调整图层，在打开的"属性"面板中设置"明度"为+60，单击底部的按钮，创建剪贴蒙版，如图3-168所示。画面效果如图3-169所示。

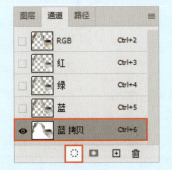

图3-164

11 此时在画面中会出现选区，如图3-165所示。

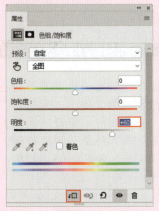

图3-168

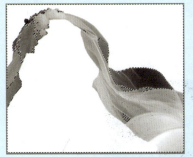

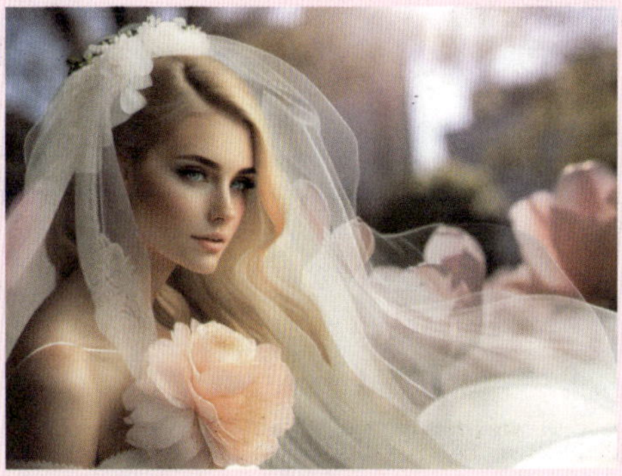

图3-169

图3-165

14 选择工具箱中的画笔工具，然后在画笔预设选取器中设置一个合适大小的柔边圆画笔。接着单击"色相/饱和度"图层蒙版缩览图，如图3-170所示。最后在白纱与头发衔接的位置进行涂抹，最终画面效果如图3-171所示。

12 单击RGB复合通道，然后返回到"图层"面板中，单击该面板底部的"添加图层蒙版"按钮，为该图层添加图层蒙版，如图3-166所示。此时将隐藏图层显示出来，头纱出现了半透明的效果，如图3-167所示。

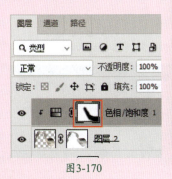

图3-170

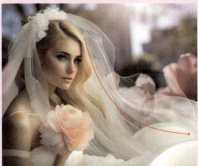

图3-171

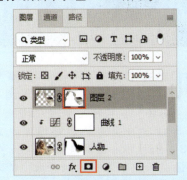

图3-166

通道中的黑白关系

在通道中，白色为选区，黑色为非选区，灰色为半透明选区，这是一个很重要的知识点。在调整黑白关系的时候，我们可以使用画笔工具进行涂抹，也可以使用"曲线""色阶"这些能够增强颜色对比的调色命令调整通道中的颜色，还可以使用加深工具和减淡工具进行调整。

实例031 通道抠图——云朵

案例文件	第3章\通道抠图——云朵
难易指数	★★★
技术要点	通道抠图

扫码深度学习

操作思路

本案例主要通过通道抠图法将云朵从天空中抠取出来，并保留一定的透明度。在操作过程中，一定要注意云朵这种边缘比较柔和的对象，在"通道"面板中调整通道黑白关系时需要保留部分灰色区域，否则抠取出的云朵边缘将会非常生硬。

案例效果

案例效果如图3-172所示。

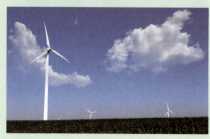

图3-172

操作步骤

01 执行菜单"文件>打开"命令，打开风景素材"1.jpg"，效果如图3-173所示。

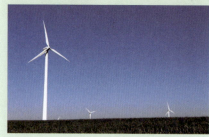

图3-173

02 执行菜单"文件>置入嵌入对象"命令，置入素材"2.jpg"，如图3-174所示。然后按Enter键完成置入。接着执行菜单"图层>栅格化>智能对象"命令，拖动该图层并向上移动，调整至合适位置后将该图层栅格化为普通图层，如图3-175所示。

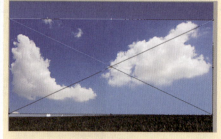

图3-174

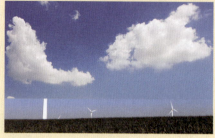

图3-175

03 接下来针对云朵图层进行抠图处理。为了便于"云"图层的操作，首先单击"背景"图层前的 👁 图标，将"背景"图层隐藏，如图3-176所示，效果如图3-177所示。

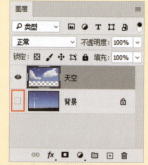

图3-176

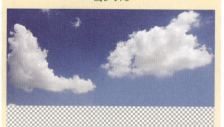

图3-177

04 从天空中抠出云朵。进入"通道"面板，可以看出"红"通道中云朵明度最高，在"红"通道上右击，在弹出的快捷菜单中执行"复制通道"命令，如图3-178所示。此时将会出现一个新的"红 拷贝"通道，如图3-179所示。

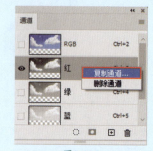

图3-178

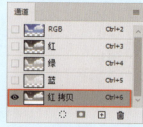

图3-179

05 为了制作云朵部分的选区，需要增大通道中云朵与背景色的色差。按快捷键Ctrl+M，在弹出的"曲线"对话框中选择黑色吸管工具，在背景处单击使背景变为黑色，如图3-180所示。效果如图3-181所示。

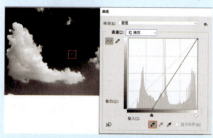

图3-180

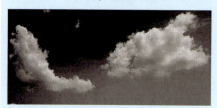

图3-181

06 选择工具箱中的 （加深工具），在选项栏中设置"范围"为"阴影"，"曝光度"为50%，选择合适的柔边圆画笔笔尖，如图3-182所示。使用加深工具在云朵上面进行绘制涂抹，加深天空的颜色,如图3-183所示。

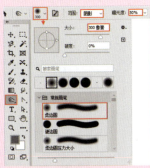

图3-182

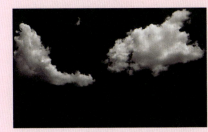

图3-183

07 调整完成后选中"红 拷贝"通道,单击"通道"面板底部的"将通道作为选区载入"按钮,如图3-184所示。此时画面中会出现云朵的选区,如图3-185所示。

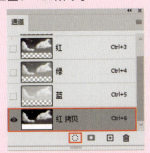

图3-184

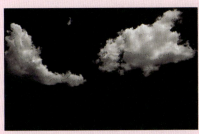

图3-185

08 单击RGB复合通道,返回到"图层"面板中,以当前选区为"天空"图层添加一个图层蒙版,如图3-186所示。此时云朵从背景中完好地分离出来,而且保留了一定的透明度,效果如图3-187所示。

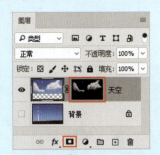

图3-186

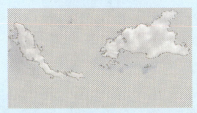

图3-187

09 使用快捷键Ctrl+D取消选区,然后显示出"背景"图层,画面最终效果如图3-188所示。

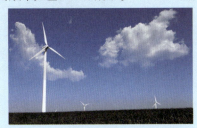

图3-188

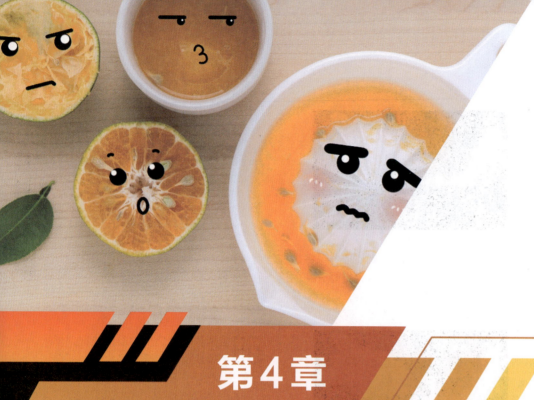

第4章

绘图与填充

本章概述

在Photoshop中,绘图的功能非常强大,不仅可以使用画笔工具进行绘制,还可以使用矢量工具进行绘制。在绘制任何图形之前,都需要进行颜色的设置,不仅可以使用纯色,还可以使用图案、渐变对画面进行填充。

本章重点

- 掌握颜色的设置方法
- 学会渐变的编辑与填充的方法
- 掌握画笔工具的使用方法

实例032 使用画笔工具在照片上涂鸦

文件路径	第4章\使用画笔工具在照片上涂鸦
难易指数	★★★☆☆
技术掌握	● 颜色设置 ● 画笔工具的使用 ● 橡皮擦工具的使用

扫码深度学习

操作思路

在Photoshop中，画笔工具是最常用的工具之一，可以使用前景色绘制各种线条，也可以使用不同形状的笔尖绘制特殊效果，还可以在图层蒙版中绘制。画笔工具的功能非常丰富，配合画笔面板能够绘制出更加丰富的效果。在本案例中，通过画笔工具在照片上绘制Q版卡通表情图案。

案例效果

案例对比效果如图4-1和图4-2所示。

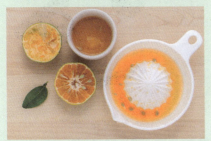
图4-1

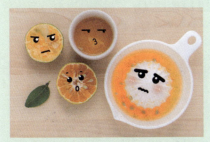
图4-2

操作步骤

01 执行菜单"文件>打开"命令，打开素材"1.jpg"，效果如图4-3所示。

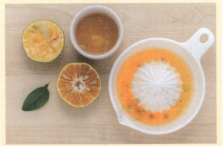
图4-3

02 单击"图层"面板底部的"创建新图层"按钮，添加新图层。接下来绘制Q版卡通表情形象。首先将前景色设置为黑色，然后选择工具箱中的 （画笔工具），单击工具选项栏中的"画笔预设"选取器，在画笔预设选取器中选择一个硬边圆画笔笔尖，设置"大小"为200像素、"硬度"为100%，如图4-4所示。接着将光标放在右下方果汁杯中并单击鼠标左键，绘制两只黑色的眼睛图形，如图4-5所示。

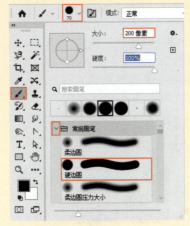
图4-4

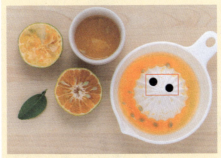
图4-5

03 绘制眉毛。新建一个图层，选择工具箱中的画笔工具，将笔尖"大小"设置为100像素，然后在眼睛图形的上方按住鼠标左键拖动进行绘制，如图4-6所示。使用同样的方法绘制另外一侧的眉毛，效果如图4-7所示。

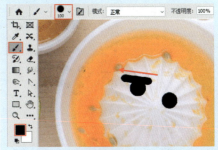
图4-6

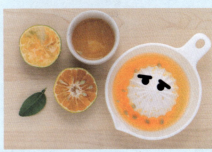
图4-7

> **提示：调整笔尖大小的快捷键**
>
> 在使用画笔工具时，笔尖大小是根据当时的使用情况随机设置的，利用快捷键可以很快捷地设置笔尖大小：在英文输入法下按"]"键可以增加笔尖大小，按"["键则可以减小笔尖大小。

04 制作眼睛上的高光。一种方式是使用画笔工具在黑色的眼睛上点两个白色的圆点；另一种方式就是使用橡皮擦工具在黑色的颜色上擦除。选择工具箱中的 （橡皮擦工具），然后在画笔预设选取器中设置"大小"为50像素、"硬度"为100%。接着在黑色的眼睛上单击，此时单击位置处的像素将被擦除，露出下方图层中的内容，如图4-8所示。使用同样的方法制作另外一只眼睛上的高光，效果如图4-9所示。

05 将前景色设置为黑色，使用硬边圆画笔笔尖绘制波浪线形的嘴部，如图4-10所示。

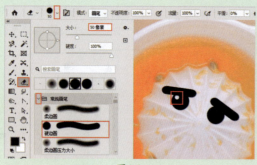

图4-8

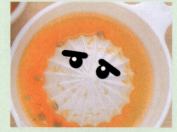

图4-9

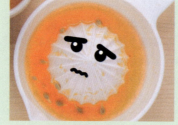

图4-10

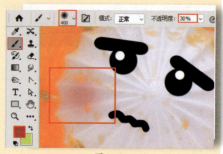

图4-13

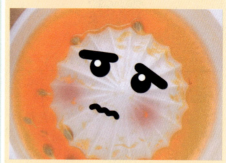

图4-14

> **提示** 详解橡皮擦工具
>
> 从名称上就能够看出，（橡皮擦工具）是一种用于擦除图像的工具。橡皮擦工具能够以涂抹的方式将光标移动过的区域像素更改为背景色或透明。
>
> 使用橡皮擦工具时会遇到两种情况，一种是选择普通图层时，一种是选择"背景"图层时。当选择普通图层时，在工具选项栏中设置合适的笔尖大小，然后在画面中按住鼠标左键拖动，光标经过的位置像素就会被擦除，变为透明，如图4-11所示。当选择"背景"图层时，被擦除的区域将更改为背景色，如图4-12所示。
>
>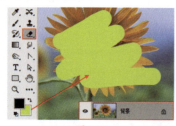
>
> 图4-11
>
>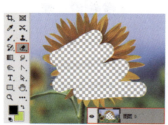
>
> 图4-12
>
> 在橡皮擦工具选项栏中，从"模式"下拉列表中可以选择橡皮擦的种类。"画笔"和"铅笔"模式可将橡皮擦工具设置为像画笔工具和铅笔工具一样工作。"块"是指具有硬边缘和固定大小的方形，这种方式的橡皮擦无法进行不透明度或流量的设置。

06 接下来制作红脸蛋效果，红脸蛋应该是边缘模糊且半透明的。选择工具箱中的画笔工具，然后将前景色设置为红色，在工具选项栏中单击"画笔预设"选取器，在画笔预设选取器中选择一个柔边圆画笔笔尖，设置"大小"为400像素，接着在工具选项栏中设置"不透明度"为30%。然后新建一个图层，在脸颊的位置单击即可绘制红脸蛋效果，如图4-13所示。继续在另外一侧单击，效果如图4-14所示。

07 将前景色设置为白色，然后选择一个较小的硬边圆画笔笔尖进行绘制，此时一个完整的卡通表情呈现出来了，效果如图4-15所示。

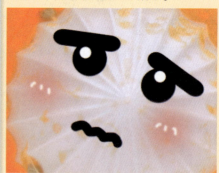

图4-15

08 按照上述方法继续使用画笔工具塑造其他不同表情形象，最终效果如图4-16所示。

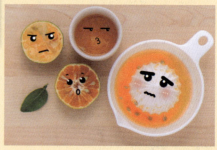

图4-16

要点速查：画笔工具选项栏

画笔工具选项栏如图4-17所示。

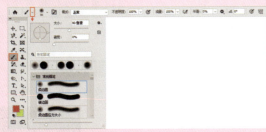

图4-17

- 画笔大小：单击倒三角形图标，可以打开画笔预设选取器，在这里面可以选择笔尖，设置画笔的大小和硬度。
- 模式：设置绘画颜色与下面现有像素的混合方法。
- 不透明度：设置画笔绘制出来的颜色的不透明度。数值越大，笔迹的不透明度越高；数值越小，笔迹的不透明度就越低。
- 流量：设置当光标移到某个区域上方时应用颜色的速率。在某个区域上方进行绘画时，如果一直按住鼠标左键，颜色量将根据流动速率增大，直至达到"不透明度"设置。
- 启用喷枪模式：激活该按钮后，可以启用喷枪功能，Photoshop会根据鼠标左键的单击程度来确定画笔笔迹的填充数量。例如，关闭喷枪功能时，每单击一次会绘制一个笔迹；而启用喷枪功能后，按住鼠标左键不放，即可持续绘制笔迹。
- 绘图板压力控制大小：使用压感笔压力可以覆盖画笔面板中的"不透明度"和"大小"设置。

实例033　使用颜色动态制作多彩音符

文件路径	第4章\使用颜色动态制作多彩音符
难易指数	★★★★★
技术掌握	● 画笔工具 ● "颜色动态"画笔

扫码深度学习

操作思路

本案例在使用"颜色动态"画笔时要相应地搭配"形状动态"及"散布"画笔，这样不仅可以将音符展现得更为自然，还能使画面呈现出空间感。

案例效果

案例对比效果如图4-18和图4-19所示。

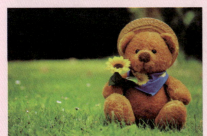

图4-18

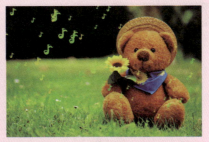

图4-19

操作步骤

01 执行菜单"文件>打开"命令，打开风景素材"1.jpg"，效果如图4-20所示。

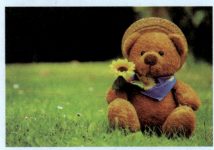

图4-20

02 接下来导入画笔。找到素材文件夹，选择素材"2.abr"，按住鼠标左键向界面上拖动（拖动到工具箱或选项栏、菜单栏的位置），如图4-21所示。

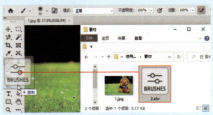

图4-21

03 选择工具箱中的 ✎ （画笔工具），在工具选项栏中单击"画笔预设"选取器，在画笔预设选取器中展开组2，选择音符画笔。然后设置画笔"大小"为60像素，接着将前景色设置为绿色，将背景色设置为黄色，如图4-22所示。

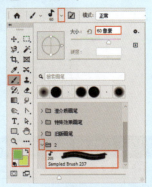

图4-22

04 单击工具选项栏中的"画笔设置面板"按钮 ✎，在打开的面板中设置"间距"为120%，如图4-23所示。勾选面板左侧的"形状动态"复选框，设置"大小抖动"为100%，如

53

图4-24所示。

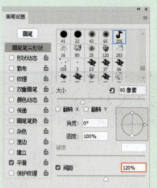

图4-23

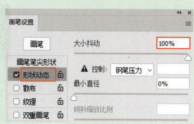

图4-24

05 勾选面板左侧的"散布"复选框,设置"散布"为770%,如图4-25所示。继续勾选面板左侧的"颜色动态"复选框,设置"前景/背景抖动"为60%、"色相抖动"为20%、"饱和度抖动"为10%、"亮度抖动"为20%、"纯度"为+20%,如图4-26所示。

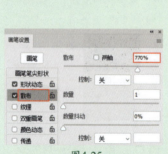

图4-25

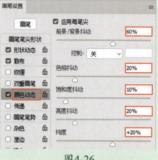

图4-26

06 从左到右拖动光标进行绘制,此时画面效果如图4-27所示。

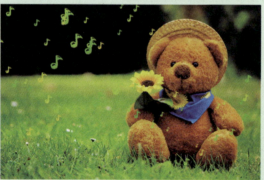

图4-27

实例034　使用画笔工具制作游戏界面

文件路径	第4章\使用画笔工具制作游戏界面
难易指数	★★★★★
技术掌握	● 画笔工具 ● 矩形工具 ● 图层样式 ● 自由变换 ● 钢笔工具 ● 文字工具

操作思路

本案例主要使用画笔工具绘制出画面中的笔触效果,并配合文字工具、矢量绘图工具制作手机游戏App界面。

案例效果

案例效果如图4-28所示。

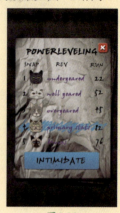

图4-28

操作步骤

01 执行菜单"文件>新建"命令,在弹出的"新建文档"对话框中设置"宽度"为1242像素、"高度"为2208像素、"分辨率"为72像素/英寸、"颜色模式"为"RGB颜色"、"背景内容"为"透明",设置完成后单击"创建"按钮,如图4-29所示。

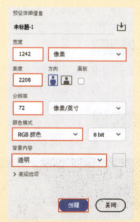

图4-29

02 执行菜单"文件>置入嵌入对象"命令,在弹出的"置入嵌入的对象"对话框中单击素材"1.jpg",然后单击"置入"按钮。

接着拖动控制点对素材进行等比例放大,再将素材移动到中间位置,按Enter键完成置入操作。然后执行菜单"图层>栅格化>智能对象"命令,将其栅格化为普通图层,如图4-30所示。

03 选中该图层,执行菜单"图层>图层样式>投影"命令,在弹出的"图层样式"对话框中设置"混合模式"为"正常"、颜色为黑色、"不透明度"为60%、"角度"为120度、"距离"为36像素、"大小"为18像素,如图4-31所示。此时纸张出现阴影效果,如图4-32所示。

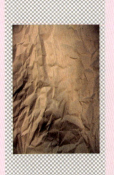 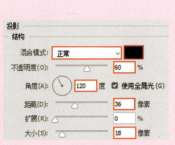 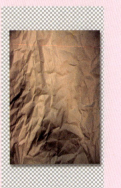

图4-30　　　　　图4-31　　　　　图4-32

04 单击"调整"面板中的"黑白"按钮,接着在打开的"属性"面板中设置"预设"为"自定"、"红色"为60、"黄色"为60、"绿色"为60、"青色"为60、"蓝色"为60、"洋红"为80,如图4-33所示。此时画面效果如图4-34所示。

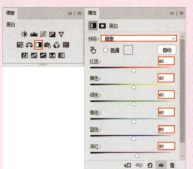 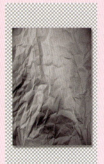

图4-33　　　　　图4-34

05 按住Ctrl键加选两个图层,使用快捷键Ctrl+J进行复制,如图4-35所示。接着选择复制的图层,将其拖动到"新建组"按钮上进行编组,并将图层组移动到图层下方,如图4-36所示。

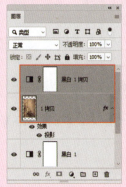 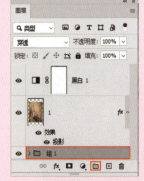

图4-35　　　　　图4-36

06 选择"组1",使用快捷键Ctrl+T调出定界框,对其进行向右旋转操作,按Enter键完成变换,效果如图4-37所示。

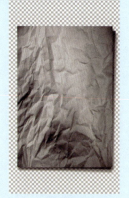

图4-37

07 继续选择"组1",使用快捷键Ctrl+J进行复制,并将复制的图层组移动至"组1"图层组下方,如图4-38所示。单击"组1拷贝"图层组,使用快捷键Ctrl+T调出定界框,对其进行向右旋转操作,按Enter键完成变换,效果如图4-39所示。

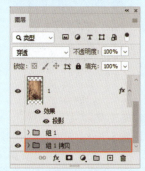

图4-38

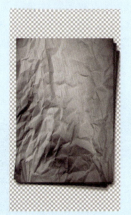

图4-39

08 接下来对画面的亮度进行调整。单击"调整"面板中的"曲线"

按钮,创建新的"曲线"调整图层,在打开的"属性"面板的曲线上单击,添加控制点并向上拖动,提升旧纸张亮度。曲线形状如图4-40所示。此时画面效果如图4-41所示。

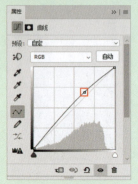

图4-40

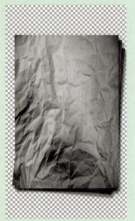

图4-41

09 选择工具箱中的矩形工具,在工具选项栏中设置绘制模式为"形状"、"半径"为20像素,在画面右上角位置按住鼠标左键拖动进行绘制,绘制的图形将作为"关闭"按钮。接着在选项栏中设置"填充"为红色、"描边"为无,如图4-42所示。

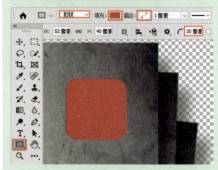

图4-42

10 执行菜单"图层>图层样式>斜面和浮雕"命令,在弹出的"图层样式"对话框中设置"样式"为"内斜面"、"方法"为"平滑"、"深度"为100%、"方向"为"上"、"大小"为5像素、"角度"为120度、"高度"为30度、"高光模式"为"滤色"、高光颜色为白色、"不透明度"为75%、"阴影模式"为"正片叠底"、阴影颜色为深红色、"不透明度"为75%,如图4-43所示。

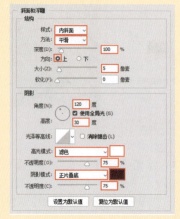

图4-43

11 在"图层样式"对话框中勾选"投影"复选框,设置"混合模式"为"正片叠底"、颜色为灰黑色、"不透明度"为75%、"角度"为120度、"距离"为8像素、"大小"为18像素,如图4-44所示。设置完成后单击"确定"按钮,效果如图4-45所示。

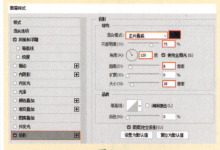

图4-44

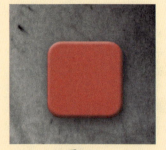

图4-45

12 选择工具箱中的钢笔工具,在钢笔工具选项栏中设置绘制模式为"形状",在画面中绘制形状,然后在选项栏中设置"填充"为白色、"描边"为无,如图4-46所示。接着在"图层"面板中选择红色圆角矩形图层并右击,在弹出的快捷菜单中执行"拷贝图层样式"命令;再右击形状图层,在弹出的快捷菜单中执行"粘贴图层样式"命令,效果如图4-47所示。

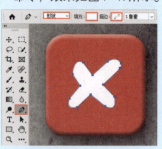

图4-46

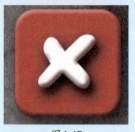

图4-47

13 选择工具箱中的横排文字工具,在选项栏中设置合适的字体和字号,设置"文本颜色"为黑色,在画面顶部位置单击并输入文字,如图4-48所示。然后执行菜单"图层>栅格化>文字"命令,接着执行菜单"图层>图层样式>投影"命令,在弹出的"图层样式"对话框中设置"混合模式"为"正片叠底"、投影颜色为黑色、"不透明度"为75%、"角度"为120度、"距离"为3像素、"大小"为8像素,单击"确定"按钮完成设置,如图4-49所示。

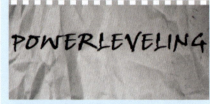

图4-48

14 此时文字效果如图4-50所示。

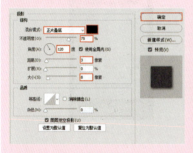
图4-49

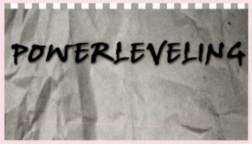
图4-50

15 按照同样的方法，使用横排文字工具输入其他文字，如图4-51所示。执行菜单"文件>置入嵌入对象"命令，在弹出的"置入嵌入的对象"对话框中单击素材"2.png"，然后单击"置入"按钮，接着将素材移动到画面左侧位置，按Enter键完成置入操作。执行菜单"图层>栅格化>智能对象"命令，将其栅格化为普通图层，如图4-52所示。

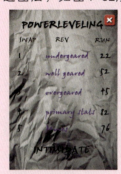
图4-51

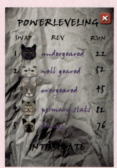
图4-52

16 在文字图层下方新建一个"图层1"图层，接着选择工具箱中的画笔工具，在选项栏中打开"画笔预设"选取器，在画笔预设选取器中选择一个硬边圆画笔笔尖，设置"大小"为10像素、"硬度"为100%，然后将前景色设置为蓝色，设置完成后在画面中间位置按住鼠标左键拖动，绘制不规则形状的锯齿线，效果如图4-53所示。

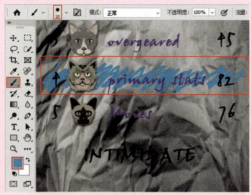
图4-53

17 选择工具箱中的矩形工具，在工具选项栏中设置绘制模式为"形状"、"半径"为20像素，参照最下方文字的大小按住鼠标左键拖动绘制图形，在选项栏中设置"填充"为蓝色渐变，然后将该图层移动到文字图层的下方，效果如图4-54所示。

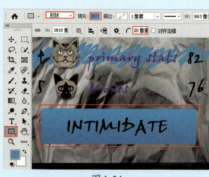
图4-54

18 选择圆角矩形图层，执行菜单"图层>图层样式>投影"命令，在弹出的"图层样式"对话框中设置"混合模式"为"正片叠底"、投影颜色为黑色、"不透明度"为75%、"角度"为120度、"距离"为3像素、"大小"为8像素，单击"确定"按钮完成设置，如图4-55所示。

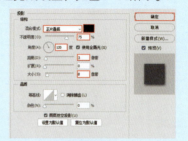
图4-55

19 此时的画面效果如图4-56所示。

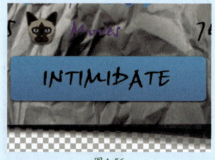
图4-56

20 使用快捷键Ctrl+Shift+Alt+E将所有图层进行盖印，使整个画面的完整效果在一个图层内，然后将盖印得到的图层移动至"图层"面板的底端，如图4-57所示。接着使用快捷键Ctrl+T调出定界框，对其进行拖动放大，按Enter键完成变换，效果如图4-58所示。

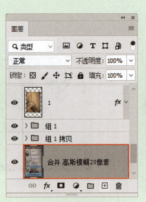
图4-57

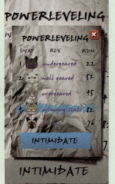
图4-58

21 执行菜单"滤镜>模糊>高斯模糊"命令，在弹出的"高斯模糊"对话框中设置"半径"为20像素，单击"确定"按钮完成设置，如图4-59所示。效果如图4-60所示。

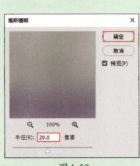
图4-59

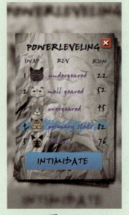
图4-60

22 在盖印得到的图层上方新建一个图层，将前景色设置为黑色，然后使用快捷键Alt+Delete进行填充，效果如图4-61所示。接着在"图层"面板中将"不透明度"设置为75%，如图4-62所示。

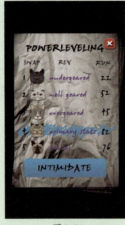

图4-61

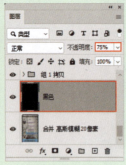
图4-62

23 最终效果如图4-63所示。

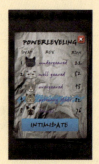
图4-63

实例035 使用画笔工具制作质感标志

文件路径	第4章\使用画笔工具制作质感标志
难易指数	★★★☆☆
技术掌握	● 矩形工具 ● 图层样式 ● 画笔工具 ● 混合模式 ● 文字工具 ● 钢笔工具

扫码深度学习

操作思路

本案例首先使用矩形工具绘制标志主体图形；接着使用画笔工具在圆角矩形上方涂抹，使其呈现立体质感；然后输入文字，使用"图层样式"命令为文字添加效果；最后利用钢笔工具绘制标点符号，从而完成标志绘制。

案例效果

案例效果如图4-64所示。

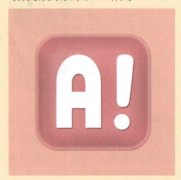
图4-64

操作步骤

01 执行菜单"文件>新建"命令,在弹出的"新建文档"对话框中设置"宽度"为1500像素、"高度"为1500像素、"分辨率"为72像素/英寸、"颜色模式"为"RGB颜色"、"背景内容"为白色,设置完成后单击"创建"按钮,如图4-65所示。然后单击"前景色"图标,在弹出的"拾色器(前景色)"对话框中设置颜色为粉色,单击"确定"按钮完成设置,如图4-66所示。

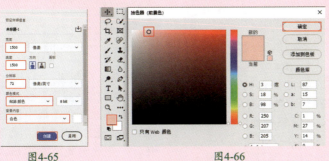

图4-65　　　　　　图4-66

02 使用前景色填充画布为粉色,如图4-67所示。然后选择工具箱中的矩形工具,在工具选项栏中设置绘制模式为"形状"、"半径"为200像素,在画面的中间位置按住Shift键并按住鼠标左键拖动绘制一个圆角矩形,接着在选项栏中设置"填充"为粉色,如图4-68所示。

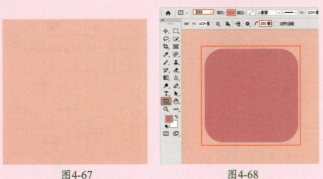

图4-67　　　　　　图4-68

03 在"图层"面板中选择"圆角矩形"图层,执行菜单"图层>图层样式>内发光"命令,设置"混合模式"为"变亮"、"不透明度"为74%、发光颜色为粉色、"阻塞"为13%、"大小"为38像素、"范围"为50%,如图4-69所示。然后在左侧列表框中勾选"光泽"复选框,设置"混合模式"为"正片叠底"、阴影颜色为白色、"不透明度"为50%、"角度"为19度、"距离"为11像素、"大小"为14像素,如图4-70所示。

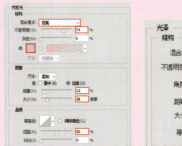

图4-69　　　　　　图4-70

04 继续在左侧列表框中勾选"投影"复选框,设置"混合模式"为"正常"、阴影颜色为深红色、"不透明度"为48%、"角度"为120度、"距离"为3像素、"扩展"为12%、"大小"为18像素,单击"确定"按钮完成设置,如图4-71所示。效果如图4-72所示。

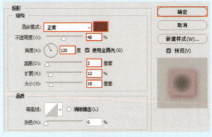

图4-71

图4-72

05 新建一个图层,选择工具箱中的画笔工具,设置前景色为白色,在工具选项栏中单击"画笔预设"选取器,在画笔预设选取器中选择一个柔边圆画笔笔尖,设置画笔"大小"为200像素、"硬度"为0。设置"模式"为"正常"、"不透明度"为50%。然后在粉色的圆角矩形上按住Shift键的同时拖动鼠标左键(使用画笔工具时按住Shift键,可以绘制水平、垂直以及斜角为45°的线条),绘制一段直线,如图4-73所示。

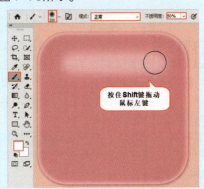

图4-73

06 继续进行绘制,如图4-74所示。

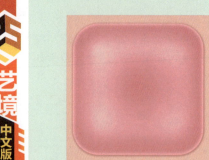

图4-74

07 绘制完成后，在"图层"面板中选择该图层，并将其"不透明度"设置为53%，如图4-75所示。此时画面效果如图4-76所示。

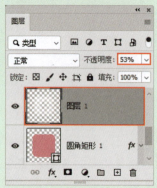

图4-75

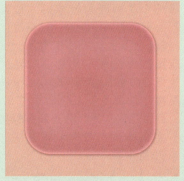

图4-76

08 新建一个图层，继续使用画笔工具，设置前景色为深粉色，在工具选项栏的画笔预设选取器中设置画笔"大小"为200像素、"硬度"为0。设置"模式"为"正常"、"不透明度"为50%，在画面的四周按住Shift键绘制半透明的暗粉色笔触，如图4-77所示。

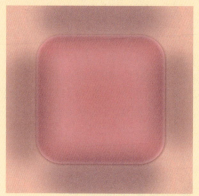

图4-77

09 按住Ctrl键加选两个半透明图层，执行菜单"图层>创建剪贴蒙版"命令，使超出圆角矩形的部分全部隐藏，如图4-78所示。

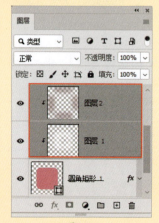

图4-78

10 此时画面效果如图4-79所示。

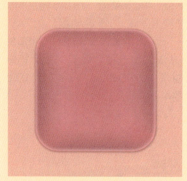

图4-79

11 选择工具箱中的横排文字工具，在工具选项栏中设置合适的字体和字号，设置"文本颜色"为白色，接着在画面中单击并输入文字，如图4-80所示。

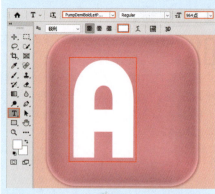

图4-80

12 选择文字图层，执行菜单"图层>图层样式>投影"命令，在弹出的"图层样式"对话框中设置"混合模式"为"正片叠底"、阴影颜色为深红色、"不透明度"为40%、"角度"为120度、"距离"为9像素、"扩展"为3%、"大小"为2像素，单击"确定"按钮完成设置，如图4-81所示。

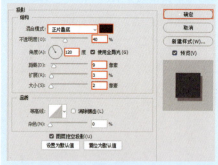

图4-81

13 此时画面效果如图4-82所示。

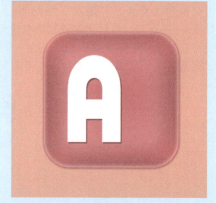

图4-82

14 选择工具箱中的钢笔工具，在工具选项栏中设置绘制模式为"形状"，在文字右侧绘制一个感叹号，接着在选项栏中设置"填充"为白色、"描边"为无,如图4-83所示。

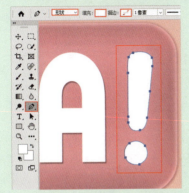

图4-83

15 右击文字图层,在弹出的快捷菜单中执行"拷贝图层样式"命令,在形状图层上右击,在弹出的快捷菜单中执行"粘贴图层样式"命令,如图4-84所示。

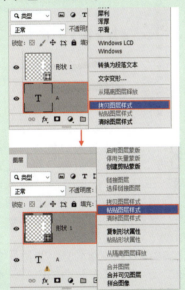

图4-84

16 最终效果如图4-85所示。

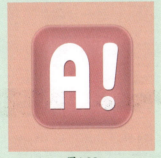

图4-85

实例036 使用画笔工具渐变制作蝴蝶文字海报

文件路径	第4章\使用画笔工具渐变制作蝴蝶文字海报
难易指数	★★★★★
技术掌握	● 渐变工具 ● 钢笔工具 ● 橡皮擦工具 ● 画笔工具 ● "画笔设置"面板 ● 套索工具 ● 文字工具

扫码深度学习

操作思路

渐变工具在填充颜色时可得到从一种颜色过渡到另一种颜色的效果,颜色过渡柔和、自然。本案例主要使用渐变工具制作多彩的背景及图案,接着使用"画笔设置"面板制作飞舞的蝴蝶,使此画面呈现更加饱满的视觉效果。

案例效果

案例效果如图4-86所示。

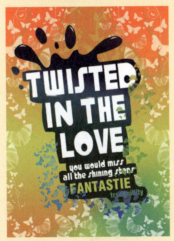

图4-86

操作步骤

01 执行菜单"文件>新建"命令,在弹出的"新建文档"对话框中设置"宽度"为1000像素、"高度"为1390像素、"分辨率"为300像素/英寸、"背景内容"为"自定义"的白色,设置完成后单击"创建"按钮,如图4-87所示。

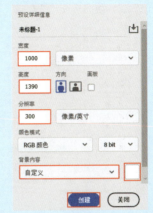

图4-87

02 选择工具箱中的 ■(渐变工具),在工具选项栏中单击渐变色条,在弹出的"渐变编辑器"对话框中编辑一个由橙到黄再到橙的渐变色,然后单击工具选项栏中的"线性渐变"按钮。在画面底部按住鼠标左键向上拖动,如图4-88所示。释放鼠标后,效果如图4-89所示。

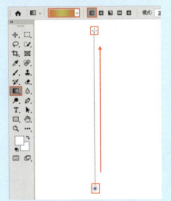

图4-88

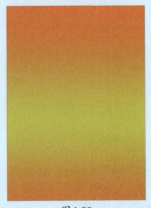

图4-89

03 选择工具箱中的钢笔工具，在工具选项栏中设置绘制模式为"形状"，在画面右下方绘制一个三角形形状，然后单击选项栏中的"填充"按钮，在弹出的面板中单击"渐变"按钮，编辑一个黄绿色系渐变色，设置渐变方式为"线性"、"角度"为-120度，如图4-90所示。效果如图4-91所示。

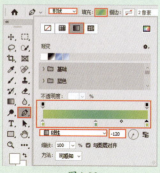
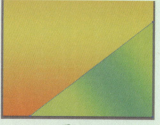

图4-90　　　　　　图4-91

04 执行菜单"图层>栅格化>形状"命令，将该图层转换为普通图层。此时三角形边界过于僵硬，选择工具箱中的（橡皮擦工具），在工具选项栏中打开"画笔预设"选取器，在画笔预设选取器中选择一个柔边圆画笔，设置画笔"大小"为150像素、"不透明度"为40%，在画面中三角形斜边位置处按住鼠标左键拖动进行涂抹，如图4-92所示。涂抹完成后，效果如图4-93所示。

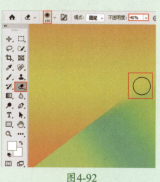
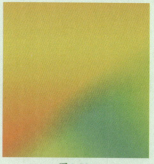

图4-92　　　　　　图4-93

05 执行菜单"文件>置入嵌入对象"命令，置入素材"1.png"，效果如图4-94所示，按Enter键完成置入。接着右击该图层，在弹出的快捷菜单中执行"栅格化图层"命令，将该图层转换为普通图层，如图4-95所示。

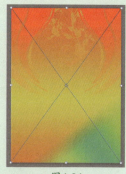
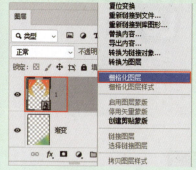

图4-94　　　　　　图4-95

06 接下来导入画笔。找到素材文件夹，选择蝴蝶画笔素材"2.abr"，按住鼠标左键向界面上拖动（拖动到工具箱或选项栏、菜单栏的位置），如图4-96所示。

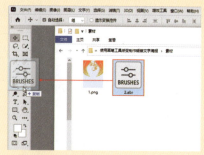

图4-96

07 选择工具箱中的 （画笔工具），在工具选项栏中打开"画笔预设"选取器，在画笔预设选取器中展开组2，选择蝴蝶样本画笔1，设置画笔"大小"为175像素，如图4-97所示。

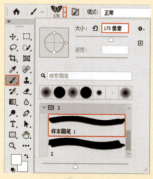

图4-97

08 将前景色设置为白色，接着单击工具选项栏中的"画笔设置面板"按钮，在打开的"画笔设置"面板的左侧列表框中勾选"形状动态"复选框，并设置"大小抖动"为80%、"角度抖动"为25%，如图4-98所示。接着勾选"散布"复选框，设置"散布"为300%，如图4-99所示。

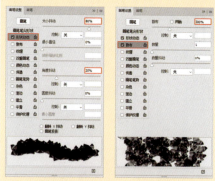

图4-98　　　　图4-99

09 设置完成后新建一个图层，在画面四周使用画笔工具拖动，效果如图4-100所示。在画笔预设选取器中选择另外一个蝴蝶画笔，设置合适的画笔笔尖大小，并在画面中进行绘制，如图4-101所示。

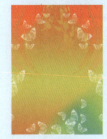 

图4-100　　　　　图4-101

10 在画笔预设选取器中选择一个较小的硬边圆画笔笔尖，然后单击工具选项栏中的"画笔设置面板"按钮，在弹出的面板中勾选"形状动态"复选框，设置"大小抖动"为70%，如图4-102所示。接着勾选"散布"复选框，再勾选"两轴"复选框，设置"散布"为900%，如图4-103所示。

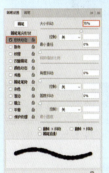 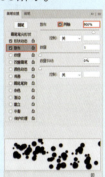

图4-102　　　　　图4-103

11 在画面四周单击鼠标左键，此时画面元素更加丰富，效果如图4-104所示。

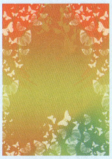

图4-104

12 在"画笔设置"面板中调整硬边圆画笔笔尖"大小"为5像素，勾选"间距"复选框，设置"间距"为

220%，如图4-105所示。接着在画面中拖动进行绘制，如图4-106所示。

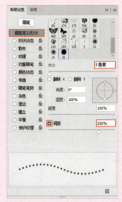 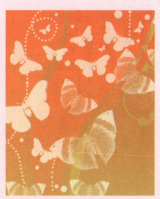

图4-105　　　　　图4-106

13 选择工具箱中的套索工具，在工具选项栏中单击"添加到选区"按钮，接着在画面中绘制不规则选区，如图4-107所示。然后选择工具箱中的渐变工具，在选项栏中单击渐变色条，在弹出的"渐变编辑器"对话框中编辑一个由紫色到蓝色再到绿色的渐变色，单击选项栏中的"线性渐变"按钮，并在选区中拖动，如图4-108所示。

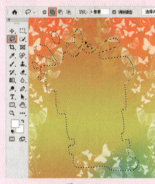 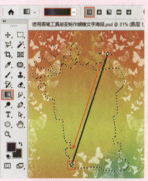

图4-107　　　　　图4-108

14 释放鼠标后，画面效果如图4-109所示。接着使用快捷键Ctrl+D取消选区。继续绘制高光。选择工具箱中的画笔工具，在选项栏中打开画笔预设选取器，选择一个硬边圆画笔笔尖，设置合适的画笔大小，设置前景色为白色，新建一个图层，在画面中合适的位置按住鼠标左键拖动绘制高光形状，如图4-110所示。

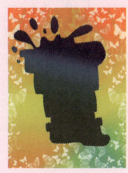 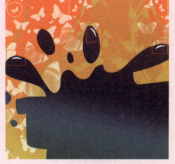

图4-109　　　　　图4-110

15 接下来在不规则渐变形状中输入文字。选择工具箱中的 T（横排文字工具），在选项栏中设置合适的字体、字号，单击"居中对齐文本"按钮，设置"文本颜色"为白色，接着在画面中单击插入光标，输入文字，如图4-111所示。

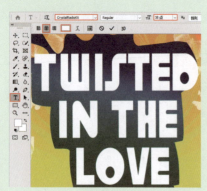

图4-111

16 倾斜的文字效果可以使画面更具活力。使用快捷键Ctrl+T进行自由变换，将光标放在定界框右上角，当光标变为双箭头形状时按住鼠标左键向左侧拖动，调整至合适位置时按Enter键完成操作，此时效果如图4-112所示。

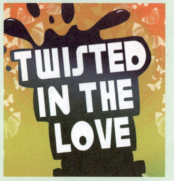

图4-112

17 使用相同的方法，设置合适的字体、字号及文本颜色，在画面中输入其他文字，并使用"自由变换"命令调整文字角度，画面效果如图4-113所示。

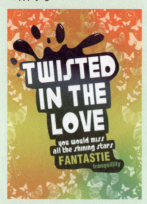

图4-113

18 接下来添加多彩的蝴蝶效果。新建一个图层，选择工具箱中的画笔工具，在选项栏中单击"画笔预设"选取器，在画笔预设选取器中选择蝴蝶画笔笔尖。然后单击选项栏中的"画笔设置面板"按钮，在弹出的"画笔设置"面板的左侧列表框中勾选"形状动态"复选框，设置"大小抖动"为40%、"角度抖动"为30%，如图4-114所示。接着勾选"散布"复选框，再勾选"两轴"复选框，并设置"散布"为400%，如图4-115所示。

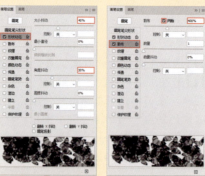

图4-114　　图4-115

19 在文字下方绘制飞舞的蝴蝶，如图4-116所示。此时画面效果过于杂乱，按住Ctrl键单击该图层缩览图，将蝴蝶定义为选区，如图4-117所示。

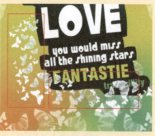

图4-116

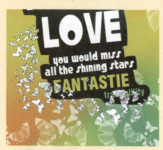

图4-117

20 选择工具箱中的渐变工具，在选项栏中单击渐变色条，在弹出的"渐变编辑器"对话框中编辑一个蓝色系渐变色，然后单击选项栏中的"线性渐变"按钮，接着在选区内部拖动，绘制渐变的蝴蝶，如图4-118所示。绘制完成后使用快捷键Ctrl+D取消选区。

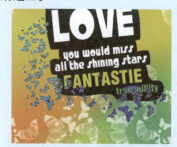

图4-118

21 新建图层。使用同样的方法绘制其他蝴蝶并填充一个黄绿色的渐变色。画面最终效果如图4-119所示。

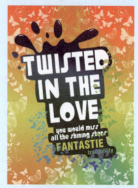

图4-119

实例037　使用选区运算制作反光感按钮

文件路径	第4章\使用选区运算制作反光感按钮
难易指数	★★★★☆
技术掌握	● 填充前景色 ● 渐变工具 ● 椭圆选框工具 ● 钢笔工具 ● 选区运算 ● 滤镜 ● 文字工具 ● 图层样式

扫码深度学习

操作思路

本案例首先使用选区工具与钢笔工具绘制选区，然后使用多种填充方式进行颜色的填充，最后添加文字并为其赋予"内阴影"的图层样式，制作文字内陷的效果。

案例效果

案例效果如图4-120所示。

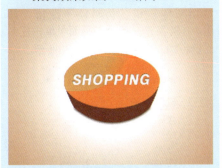

图4-120

操作步骤

01 执行菜单"文件>新建"命令，在弹出的"新建文档"对话框中设置"宽度"为597像素、"高度"为448像素、"分辨率"为300像素/英寸，设置完成后单击"创建"按钮，如图4-121所示。

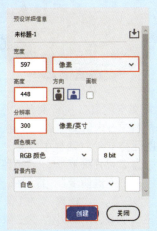

图4-121

02 选择工具箱中的渐变工具，单击选项栏中的渐变色条，在弹出的"渐变编辑器"对话框中编辑一个由橙色到白色的渐变颜色，如图4-122所示。设置渐变类型为"径向渐变"，使用渐变工具在画面中按住鼠标左键拖动进行填充，效果如图4-123所示。

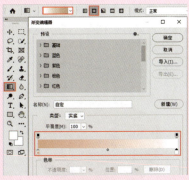

图4-122　　　　　　图4-123

03 新建一个图层，右击工具箱中的选框工具组，在工具列表中选择 ◯（椭圆选框工具），然后在画面中按住鼠标左键拖动绘制一个椭圆形选区，如图4-124所示。接着将前景色设置为橙色，使用前景色进行填充，效果如图4-125所示。

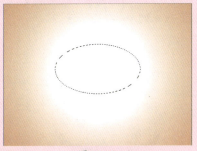 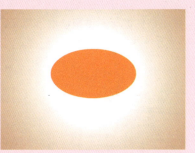

图4-124　　　　　　图4-125

04 制作按钮的底座。选择工具箱中的钢笔工具，在选项栏中设置绘制模式为"形状"，在椭圆偏下位置绘制图形，接着设置"填充"为深橙色、"描边"为无，如图4-126所示。将底座图层移动至椭圆图层的下方，此时画面效果如图4-127所示。

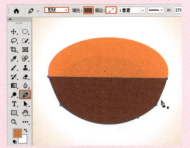 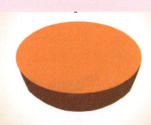

图4-126　　　　　　图4-127

05 制作按钮上的高光。按住Ctrl键单击椭圆图层的缩览图，得到椭圆形选区，如图4-128所示。

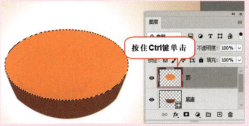

图4-128

06 选择工具箱中的椭圆选框工具，然后单击选项栏中的"与选区交叉"按钮，在椭圆左上角按住鼠标左键拖动绘制选区，如图4-129所示。当释放鼠标后会得到两圆相交部分的选区，如图4-130所示。

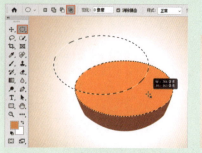
图4-129

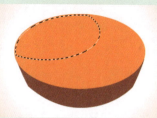
图4-130

07 新建一个图层，选择工具箱中的渐变工具，在选项栏中单击渐变色条，在弹出的"渐变编辑器"对话框中编辑一个由白色到透明的渐变颜色，设置完成后单击"确定"按钮。接着设置渐变类型为"线性渐变"，如图4-131所示。然后按住鼠标左键拖动进行填充，高光效果如图4-132所示。

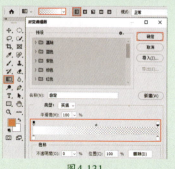
图4-131

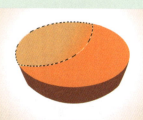
图4-132

08 新建一个图层，选择工具箱中的（椭圆选框工具），在椭圆下方绘制一个椭圆形选区，如图4-133所示。接着设置前景色为深褐色，然后使用前景色进行填充，效果如图4-134所示。

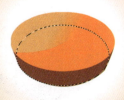
图4-133

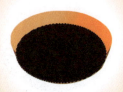
图4-134

09 执行菜单"滤镜>模糊>高斯模糊"命令，在弹出的"高斯模糊"对话框中设置"半径"为10像素，单击"确定"按钮，如图4-135所示。将褐色椭圆图层移动至"底座"图层下方，此时画面效果如图4-136所示。

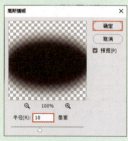
图4-135

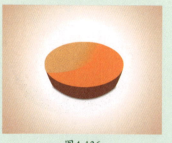
图4-136

10 选择工具箱中的（横排文字工具），单击选项栏中的"切换字符和段落面板"按钮，在弹出的"字符"面板中设置合适的字体、字号，设置文本颜色为白色，单击"仿粗体"和"仿斜体"按钮，如图4-137所示。然后在画面中单击插入光标，输入文字，如图4-138所示。

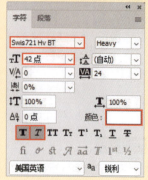
图4-137

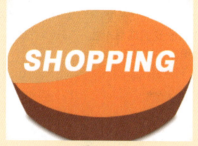
图4-138

11 选择文字图层，执行菜单"图层>图层样式>内阴影"命令，在弹出的"图层样式"对话框中设置"混合模式"为"正片叠底"、"颜色"为深褐色、"不透明度"为75%、"角度"为90度、"距离"为1像素、"阻塞"为0、"大小"为2像素，设置完成后单击"确定"按钮，如图4-139所示。

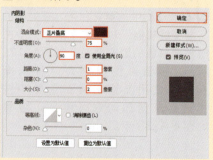
图4-139

12 最终文字效果如图4-140所示。

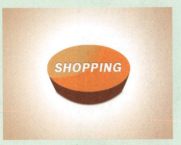

图4-140

实例038 使用渐变工具制作多彩壁纸

文件路径	第4章\使用渐变工具制作多彩壁纸
难易指数	★★★★☆
技术掌握	● 渐变工具 ● 钢笔工具 ● 横排文字工具

扫码深度学习

操作思路

渐变工具可以制作出多种颜色的混合效果。本案例主要使用钢笔工具搭配渐变工具制作既简约又多彩的手机壁纸。在制作过程中，须注意调整"图层"面板中的不透明度，使画面呈现半透明效果。

案例效果

案例效果如图4-141所示。

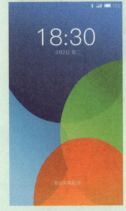

图4-141

操作步骤

01 执行菜单"文件>新建"命令，在弹出的"新建文档"对话框中设置"宽度"为1242像素、"高度"为2208像素、"分辨率"为72像素/英寸、"颜色模式"为"RGB颜色"、"背景内容"为"白色"，单击"创建"按钮，如图4-142所示。

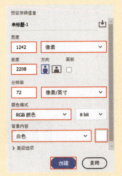

图4-142

02 新建一个图层，选择工具箱中的 ✎（钢笔工具），在选项栏中设置绘制模式为"路径"，接着使用钢笔工具在画面中绘制路径，如图4-143所示。绘制完成后使用快捷键Ctrl+Enter将路径转换为选区，如图4-144所示。

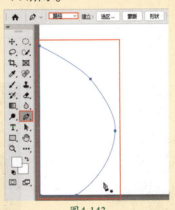

图4-143

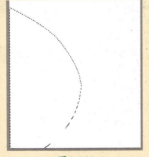

图4-144

03 选择工具箱中的 ■（渐变工具），在选项栏中单击渐变色条，在弹出的"渐变编辑器"对话框中编辑一个蓝色系的渐变颜色，设置完成后单击"确定"按钮，完成渐变颜色的编辑。单击选项栏中的"线性渐变"按钮，如图4-145所示。按住鼠标左键由画面中心位置向画面左下角拖动，完成渐变颜色的填充，效果如图4-146所示。接着按快捷键Ctrl+D取消选区。

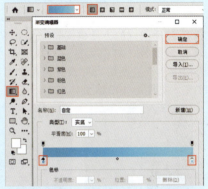

图4-145

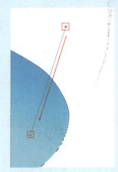

图4-146

04 单击"图层"面板底部的"创建新图层"按钮 ⊞，得到"图层2"，按照上述方法在新建的图层中创建渐变图形，并设置该图层的"不透明度"为90%，如图4-147所示。此时画面效果如图4-148所示。

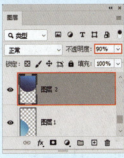

图4-147

67

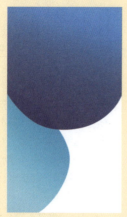

图 4-148

05 使用同样的方法继续新建一个图层,使用钢笔工具绘制路径,转换为选区后填充渐变颜色。制作绿色渐变和橙色渐变图层,并设置这两个图层的"不透明度"为90%,如图4-149和图4-150所示。

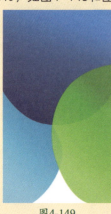

图 4-149

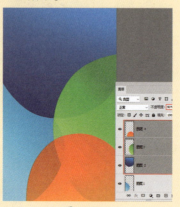

图 4-150

06 选择工具箱中的横排文字工具,在选项栏中设置合适的字体和字号,设置文本颜色为白色,接着在画面顶部输入文字,如图4-151所示。继续在画面不同位置输入其他文字,如图4-152所示。

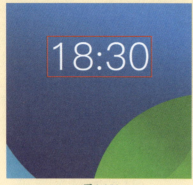

图 4-151

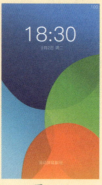

图 4-152

07 执行菜单"文件>置入嵌入对象"命令,置入素材"1.png",将图标素材放置在界面右上角的位置,按Enter键完成置入,最终效果如图4-153所示。

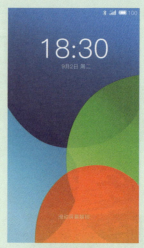

图 4-153

实例039	使用渐变工具制作按钮
文件路径	第 4 章 \ 使用渐变工具制作按钮
难易指数	★★★★☆
技术掌握	● 渐变工具　● 图层样式 ● 多边形套索工具　● 钢笔工具

操作思路

在使用渐变工具时,需要注意工具选项栏中渐变类型的设置,不同的渐变类型会使画面产生不同的效果。本案例主要使用渐变工具为按钮的各个部分填色,在绘制过程中搭配"图层样式"可使效果及层次感更明显。

案例效果

案例效果如图4-154所示。

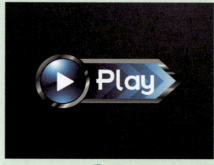

图 4-154

操作步骤

01 执行菜单"文件>新建"命令,在弹出的"新建文档"对话框中设置"宽度"为2002像素、"高度"为1506像素、"分辨率"为300像素/英寸、"背景内容"为"白色",设置完成后单击"创建"按钮,如图4-155所示。

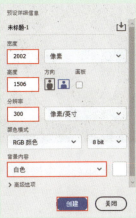

图4-155

02 选择工具箱中的 ■（渐变工具），在选项栏中单击渐变色条，在弹出的"渐变编辑器"对话框中编辑一个由黑色到灰色的渐变色。接着在选项栏中设置渐变类型为"线性渐变"。然后从画面左下角向右上角拖动，如图4-156所示。释放鼠标后画面效果如图4-157所示。

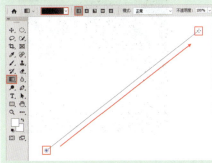

图4-156

图4-157

03 右击工具箱中的套索工具组，在工具列表中选择多边形套索工具，在选项栏中单击"新选区"按钮，接着在画面中绘制一个五边形，如图4-158所示。当首尾控制点相接时，自动生成选区，如图4-159所示。

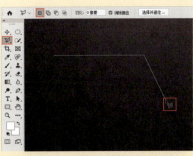

图4-158

图4-159

04 新建一个图层，再选择工具箱中的渐变工具，在选项栏中单击渐变色条，在弹出的"渐变编辑器"对话框中编辑一个由黑、白、灰组成的渐变颜色，如图4-160所示。接着在选项栏中设置渐变类型为"线性渐变"。然后按住鼠标左键在画面中由上到下进行拖动，释放鼠标后画面效果如图4-161所示。最后使用快捷键Ctrl+D取消选区。

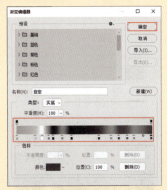

图4-160

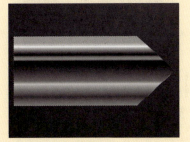

图4-161

05 为该形状添加阴影效果。执行菜单"图层>图层样式>投影"命令，在弹出的"图层样式"对话框中设置"混合模式"为"正片叠底"、颜色为黑色、"不透明度"为100%、"角度"为120度、"距离"为9像素，设置完成后单击"确定"按钮，如图4-162所示。此时画面效果如图4-163所示。

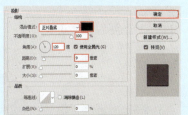

图4-162

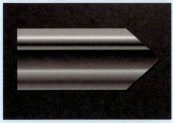

图4-163

06 使用多边形套索工具在五边形上方绘制一个较小的五边形选区，如图4-164所示。然后选择渐变工具，在选项栏中编辑一个蓝色系渐变颜色，并单击"线性渐变"按钮。接着新建一个图层，在画面中填充渐变色，效果如图4-165所示。

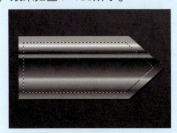

图4-164

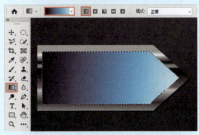

图4-165

07 使用快捷键Ctrl+J复制该渐变图层，按住Ctrl键单击该图层缩览图，此时图形周围出现选区，继续在该选区中填充一个较深的蓝色渐变色，如图4-166所示。取消选区后，选择工具箱中的多边形套索工具，接着单击选项栏中的"添加到选区"按钮，然后在蓝色渐变图形上方绘制多个箭头形状选区，如图4-167所示。

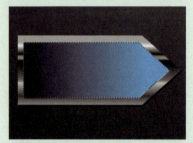

图4-166

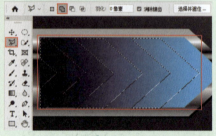

图4-167

08 单击"图层"面板底部的"添加图层蒙版"按钮，此时蒙版效果如图4-168所示。画面效果如图4-169所示。

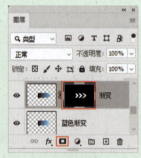

图4-168

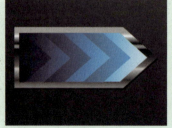

图4-169

09 接下来制作按钮的圆形部分。选择工具箱中的椭圆选框工具，按住快捷键Shift+Alt在画面左侧绘制一个中心等比例的正圆选区。选择工具箱中的渐变工具，单击选项栏中的渐变色条，在弹出的"渐变编辑器"对话框中编辑一个由黑、白、灰组成的具有立体效果的渐变色，接着在圆形选区内拖动进行绘制，渐变圆效果如图4-170所示。

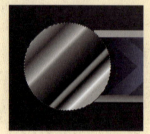

图4-170

10 使用快捷键Ctrl+D取消选区。接着执行菜单"图层>图层样式>描边"命令，在弹出的"图层样式"对话框中设置"大小"为8像素、"位置"为"外部"、填充颜色为黑色，如图4-171所示。此时画面中的描边效果如图4-172所示。

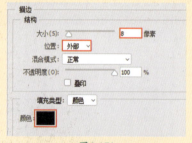

图4-171

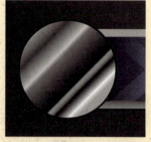

图4-172

11 复制渐变正圆图层。接着使用快捷键Ctrl+T进行自由变换，拖动控制点将其缩小，此时效果如图4-173所示。然后按Enter键确定操作。

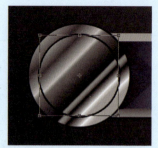

图4-173

12 接下来为小的渐变圆替换渐变颜色。按住Ctrl键单击小正圆图层缩览图，将其创建为选区。然后选择工具箱中的渐变工具，在选项栏中单击渐变色条，在弹出的"渐变编辑器"对话框中编辑一个蓝色系渐变色，设置完成后单击"确定"按钮。接着在选项栏中选择"径向渐变"，在选区中进行填充，如图4-174所示。绘制完成后取消选区。

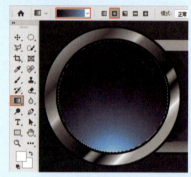

图4-174

13 制作圆内立体效果。新建一个图层，选择工具箱中的钢笔工具，在选项栏中设置绘制模式为"路径"，接着在圆内绘制一个半圆形状的路径，如图4-175所示。使用快捷键Ctrl+Enter将路径转换为选区，并在内部填充一个由白到蓝的径向渐变色，如图4-176所示。创建完成后取消选区。

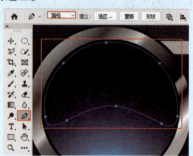

图4-175

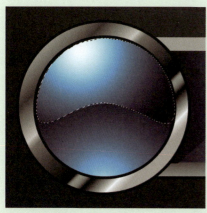

图4-176

14 继续选择钢笔工具,在选项栏中设置绘制模式为"形状",在画面中绘制一个圆角三角形,接着在选项栏中设置"填充"为白色、"描边"为无,如图4-177所示。按Enter键完成操作。

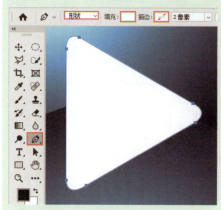

图4-177

15 选择工具箱中的横排文字工具,在选项栏中设置合适的字体和字号,设置文本颜色为白色,接着在画面中单击插入光标,输入文字,如图4-178所示。

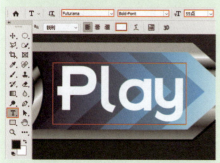

图4-178

16 最终画面效果如图4-179所示。

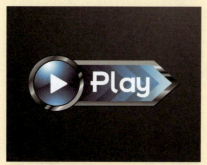

图4-179

实例040 使用多种填充方式制作活动卡片

文件路径	第4章\使用多种填充方式制作活动卡片
难易指数	★★★★★
技术掌握	● 渐变工具 ● 混合模式 ● 画笔工具 ● 矩形选框工具 ● 横排文字工具

扫码深度学习

操作思路

本案例使用渐变工具和矩形选框工具制作卡片。在制作过程中,需要注意调整不透明度及图层的混合模式,然后输入文字并添加素材,制作出多彩的卡片效果。

案例效果

案例效果如图4-180所示。

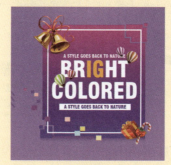

图4-180

操作步骤

01 新建一个宽度、高度均为1000像素的空白文档。将前景色设置为紫色,使用快捷键Alt+Delete进行填充,如图4-181所示。执行"窗口>图案"命令,打开"图案"面板,单击面板右上角的菜单按钮,执行"旧版图案及其他"命令,在弹出的对话框中单击"确定"按钮,将"旧版图案及其他"图案组导入"图案"面板中,如图4-182所示。

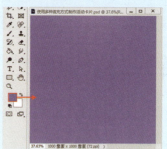

图4-181

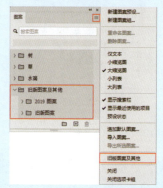

图4-182

02 复制"背景"图层。接着选择工具箱中的油漆桶工具,在选项栏中设置绘制模式为"图案",打开"图案拾色器"面板,展开"旧版图案及其他"图案组中的"Web图案"组,选择对角线图案,如图4-183所示。

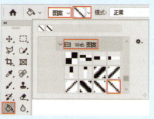

图4-183

03 在选项栏中设置"容差"为20，然后在画面中单击鼠标左键，此时画面效果如图4-184所示。

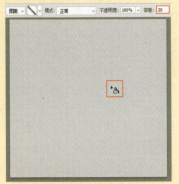

图4-184

04 在"图层"面板中设置该图层的混合模式为"正片叠底"、"不透明度"为20%，如图4-185所示。此时画面效果如图4-186所示。

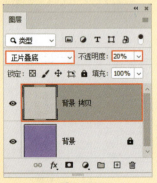

图4-185

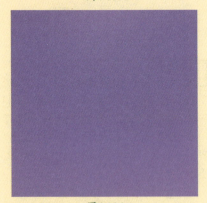

图4-186

05 新建一个图层，选择工具箱中的画笔工具，将前景色设置为深紫色，在选项栏中打开"画笔预设"选取器，在画笔预设选取器中选择一个柔边圆画笔笔尖，设置画笔"大小"为50像素，如图4-187所示。接着在画面底部按住Shift键水平拖动进行绘制，如图4-188所示。

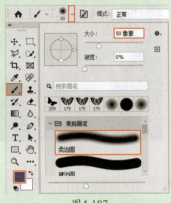

图4-187

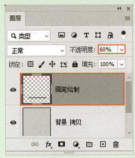

图4-188

06 在"图层"面板中设置该图层"不透明度"为60%，如图4-189所示。此时画面效果如图4-190所示。

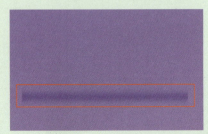

图4-189　　　　图4-190

07 新建一个图层，选择工具箱中的矩形选框工具，在画面中绘制一个矩形选区。再选择工具箱中的渐变工具，在选项栏中单击渐变色条，在弹出的"渐变编辑器"对话框中编辑一个蓝紫渐变颜色，设置完成后单击"确定"按钮。然后在选项栏中设置渐变类型为"线性渐变"，如图4-191所示。接着在矩形选框上方由上至下进行拖动，释放鼠标后画面效果如图4-192所示。最后按快捷键Ctrl+D取消选区。

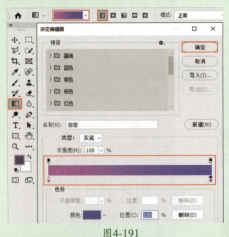

图4-191

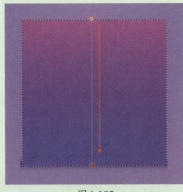

图4-192

08 选择矩形选框工具，在画面中绘制一个矩形选区，按住Ctrl键，此时光标自动切换为移动工具，接着向左下角拖动，如图4-193所示。使用同样的方法继续在其他位置绘制，在绘制过程中，不需要的区域可以按Backspace键进行删除，画面效果如图4-194所示。

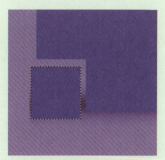

图4-193

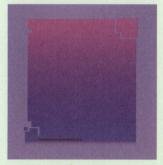

图4-194

09 新建一个图层,在渐变矩形内部继续绘制一个矩形选区并右击,在弹出的快捷菜单中执行"描边"命令,在弹出的"描边"对话框中设置描边"宽度"为10像素、"颜色"为白色、"位置"为居中,单击"确定"按钮,如图4-195所示。此时画面效果如图4-196所示。

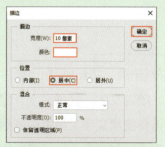

图4-195

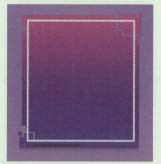

图4-196

10 新建一个图层,接着在画面中继续绘制一个矩形选区,将前景色设置为白色,使用前景色进行填充,如图4-197所示。绘制完成后取消选区。

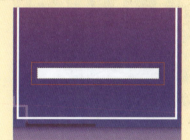

图4-197

11 选择工具箱中的横排文字工具,在选项栏中设置合适的字体和字号,设置对齐方式为"居中对齐文本"、文本颜色为白色,接着在画面中输入文字,如图4-198所示。

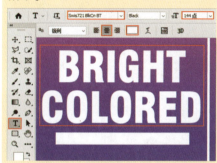

图4-198

12 为中间字母替换颜色。选中这两个字母,在选项栏中将文本颜色设置为橙色,单击"提交"按钮 ✓ 完成操作,如图4-199所示。此时文字效果如图4-200所示。

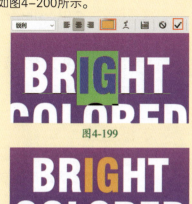

图4-199

图4-200

13 使用同样的方法,设置合适的字体、字号及文本颜色,在画面中输入其他文字,如图4-201所示。

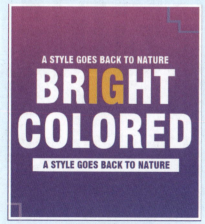

图4-201

14 执行菜单"文件>置入嵌入对象"命令,置入素材"1.png",如图4-202所示。按Enter键确定置入操作,最终效果如图4-203所示。

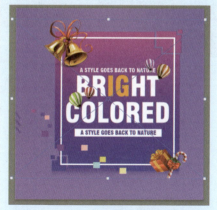

图4-202

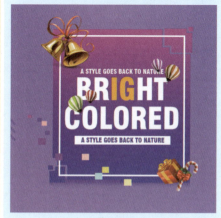

图4-203

第5章

文字的使用

本章概述

在设计作品中，文字是常用的元素。Photoshop能够创建多种文字类型，如创建点文字、段落文字、区域文字、路径文字等。想要创建这些文字，就需要使用文字工具组中的横排文字工具和直排文字工具。本章主要针对文字工具及文字的编辑操作进行讲解。

本章重点

- 掌握文字工具的使用方法
- 掌握文字的编辑方法

实例041 使用文字工具制作对页杂志广告

文件路径	第5章\使用文字工具制作对页杂志广告
难易指数	★★☆☆☆
技术掌握	● 横排文字工具 ● "段落"面板

扫码深度学习

操作思路

本案例主要通过使用横排文字工具，设置不同的字体、字号，在画面相应位置输入文字，并调整其段落属性，制作简约的页面效果。

案例效果

案例效果如图5-1所示。

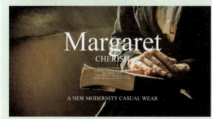
图5-1

操作步骤

01 执行菜单"文件>打开"命令，打开背景素材"1.jpg"，效果如图5-2所示。

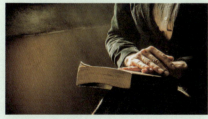
图5-2

02 接下来输入文字。选择工具箱中的 T.（横排文字工具），在选项栏中设置合适的字体，设置字号为200点、文本颜色为白色，然后在画面中间单击插入光标，输入文字，如图5-3所示。

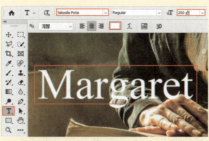
图5-3

03 使用同样的方式，在主标题下方输入不同字体和字号的新文字，如图5-4所示。

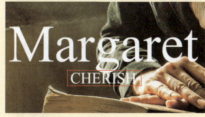
图5-4

04 接下来创建段落文字。继续使用横排文字工具，在选项栏中设置合适的字体，设置字号为15点、文本颜色为白色，然后在操作界面下方按住鼠标左键向右下拖动创建文本框，如图5-5所示。

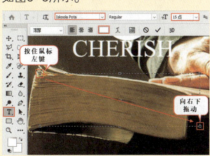
图5-5

05 在文本框中输入文字，如图5-6所示。输入完成后选中文字图层，执行菜单"窗口>段落"命令，在打开的"段落"面板中设置"对齐方式"为"居中对齐文本"，如图5-7所示。

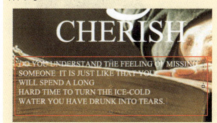
图5-6

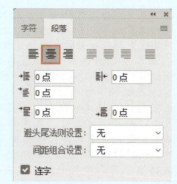
图5-7

06 此时的文字效果如图5-8所示。继续使用横排文字工具，在选项栏中设置合适的字体和字号，设置文本颜色为白色，然后在画面下方单击插入光标，输入文字，最终画面效果如图5-9所示。

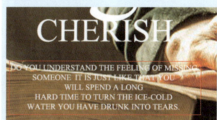
图5-8

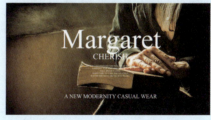
图5-9

要点速查：文字工具选项栏

文字工具选项栏如图5-10所示。

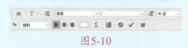
图5-10

➤ 切换文本取向：在工具选项栏中单击"切换文本取向"按钮，可以将横向排列的文字更改为直向排列的文字，也可以执行菜单"文字>文本排列方向>横排/竖排"命令。

➤ 设置字体系列：在工具选项栏中单击"设置字体系列"右侧的倒三角按钮，可以在下拉列表中选择合适的字体。

- ｉT 30点 设置字体大小：输入文字后，如果要更改字体的大小，可以直接在工具选项栏中输入数值，也可以在下拉列表中选择预设的字体大小。若要改变部分字符的大小，则需要选中需要更改的字符后再进行设置。
- aa 锐利 消除锯齿：输入文字后，可以在工具选项栏中为文字指定一种消除锯齿的方式。当选择"无"方式时，Photoshop不会应用消除锯齿；当选择"锐利"方式时，文字的边缘最为锐利；当选择"犀利"方式时，文字的边缘就比较锐利；当选择"浑厚"方式时，文字会变粗一些；当选择"平滑"方式时，文字的边缘会非常平滑。
- 设置文本对齐：根据输入字符时光标的位置来设置文本对齐方式，单击相应的按钮即可。
- 切换字符和段落面板：单击该按钮即可打开"字符"面板和"段落"面板。
- 取消：在创建或编辑文字时，单击该按钮可以取消文字操作状态。
- 提交：文字输入或编辑完成后，单击该按钮可提交操作并退出文字编辑状态。

实例042　创建段落文字制作杂志页面

文件路径	第5章\创建段落文字制作杂志页面
难易指数	★★★★☆
技术掌握	● 横排文字工具 ● 创建段落文字 ● "字符"面板

操作思路

段落文字是在文本框内部创建的文字，当输入的文字超出文本框时，将自动换行，使文字以文本框的大小进行排列。本案例中包含大量文字内容，首先使用横排文字工具创建文本框，然后在文本框中输入文字进行排版。

案例效果

案例效果如图5-11所示。

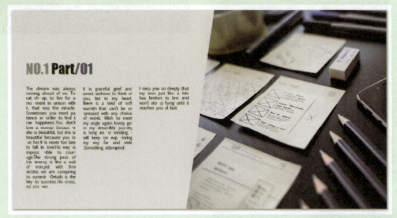

图5-11

操作步骤

01 执行菜单"文件>新建"命令，创建一个"宽度"为1500像素、"高度"为785像素、"方向"为横向、"分辨率"为300像素/英寸的文档。

02 将前景色设置为灰色，然后使用前景色进行填充，此时画面效果如图5-12所示。

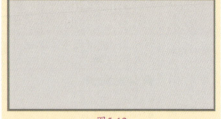

图5-12

03 执行菜单"文件>置入嵌入对象"命令，置入素材"1.jpg"，如图5-13所示。按住鼠标左键，将图片素材拖动到最右侧，然后按Enter键确定置入操作，如图5-14所示。

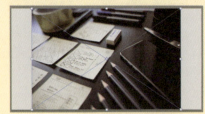

图5-13

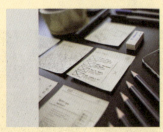

图5-14

04 在置入图片所在图层上右击，在弹出的快捷菜单中执行"栅格化图层"命令，将图层转换为普通图层，如图5-15所示。

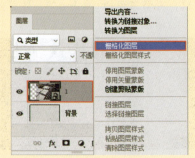

图5-15

05 删除素材上的部分画面。选择工具箱中的钢笔工具，在选项栏中设置绘制模式为"路径"，然后在素材的右侧绘制一个四边形路径，如图5-16所示。绘制完成后使用快捷键Ctrl+Enter将其转换为选区，如图5-17所示。

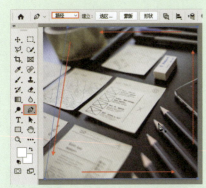

图5-16

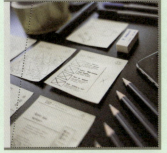

图5-17

06 选择图案素材图层，单击"图层"面板底部的"添加图层蒙版"按钮 ▢，基于选区添加图层蒙版，如图5-18所示。此时画面效果如图5-19所示。

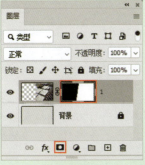

图5-18

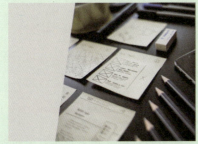

图5-19

07 在画面的左侧添加文字。选择工具箱中的横排文字工具，在选项栏中单击"切换字符和段落面板"按

钮 ▣，打开"字符"面板，设置合适的字体，设置文本"大小"为13点，设置文本"颜色"为深蓝紫色，如图5-20所示。设置完成后，在画面的左侧部分单击鼠标左键插入光标，输入文字，如图5-21所示。

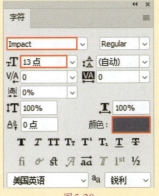

图5-20

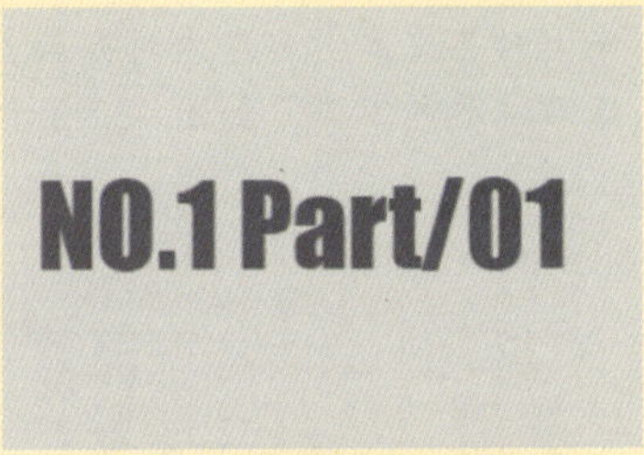

图5-21

08 改变文字的颜色。在数字"1"后面单击鼠标左键插入光标，然后按住鼠标左键拖动选中文字"NO.1"，如图5-22所示。在"字符"面板中设置文本"颜色"为灰色，如图5-23所示。

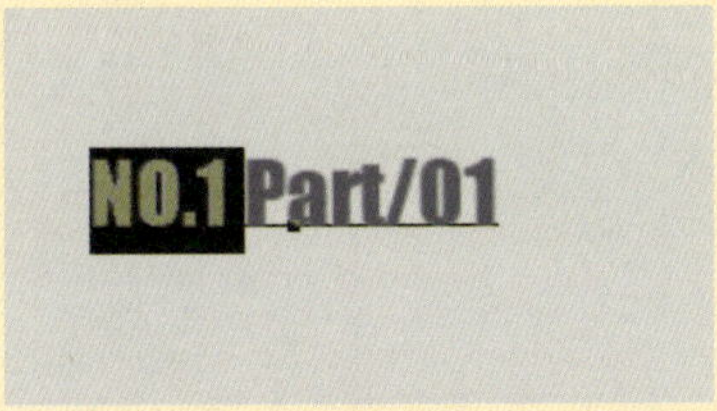

图5-22

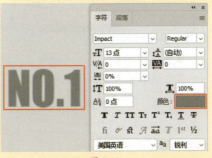

图5-23

09 使用同样的方法将文字"Part"设置为黑色，此时文字效果如图5-24所示。

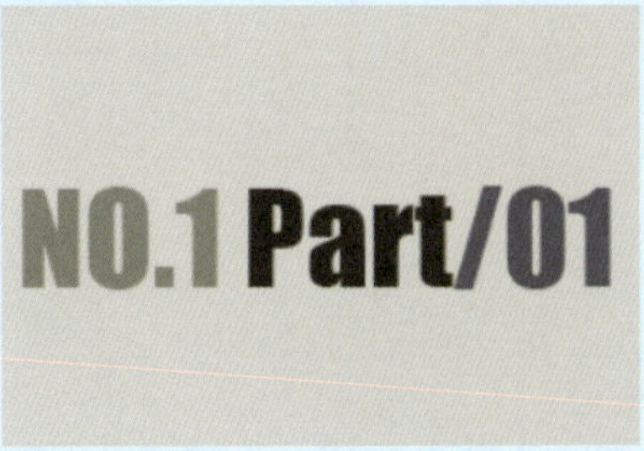

图5-24

10 在画面的左侧添加一段文字。选择工具箱中的横排文字工具，单击选项栏中的"切换字符和段落面板"按钮，打开"字符"面板和"段落"面板。在"字符"面板中设置合适的字体，设置文本"大小"为4点、"行距"为5点、所选字符的"字间距"为-20、文本"颜色"为黑色，如图5-25所示。在"段落"面板中设置段落的"对齐方式"为"最后一行左对齐"，如图5-26所示。

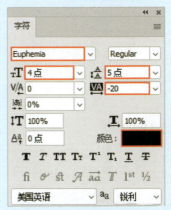

图5-25

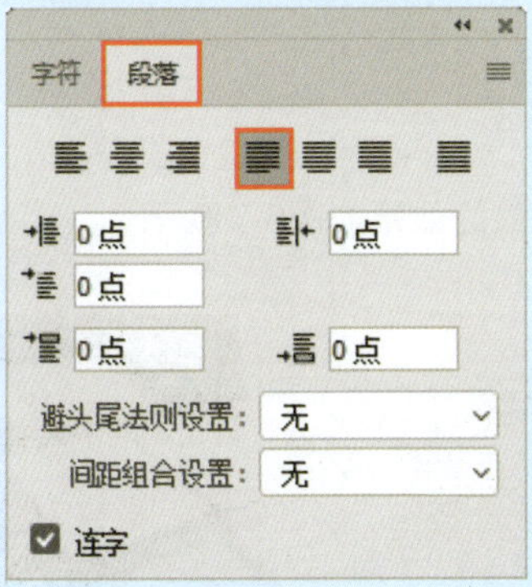

图5-26

11 在画面中按住鼠标左键拖动绘制一个文本框，如图5-27所示。

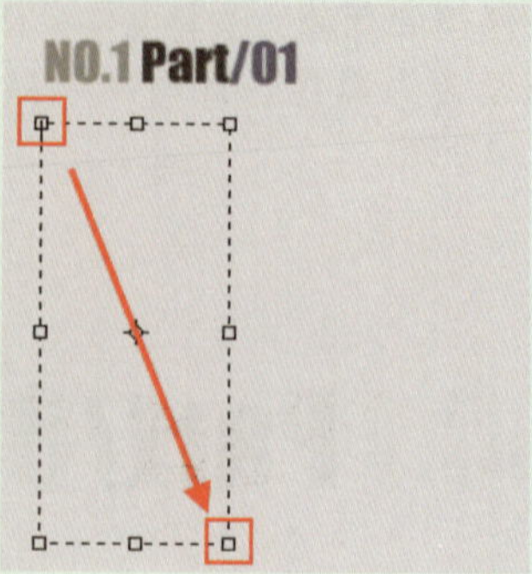

图5-27

12 绘制完成后，在文本框内单击鼠标左键插入光标，输入文字，然后单击选项栏中的"提交"按钮✓完成文字的输入，效果如图5-28所示。使用同样的方法，创建其他两段段落文字，如图5-29所示。

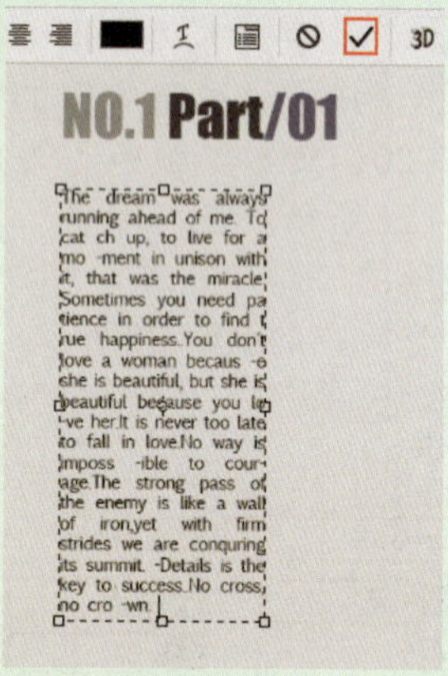

图5-28

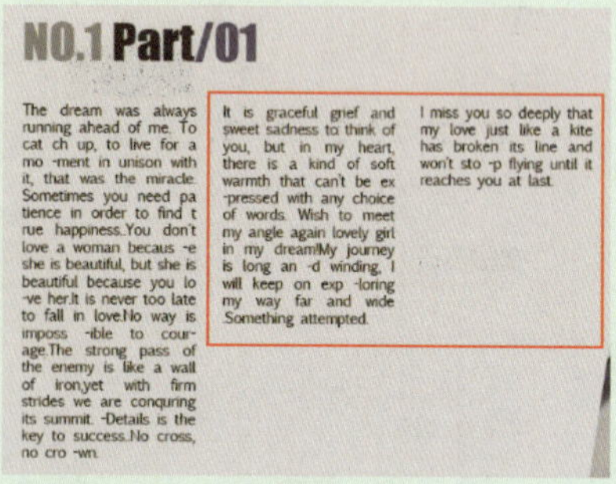

图5-29

13 最终效果如图5-30所示。

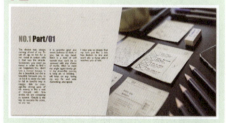

图5-30

要点速查：详解"段落"面板

在"段落"面板中可以对段落文字的"对齐方式""缩进""连字"等选项进行设置。执行菜单"窗口>段落"命令，可以打开"段落"面板，如图5-31所示。

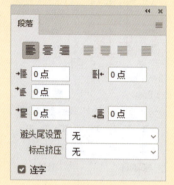

图5-31

➤ ■ 左对齐文本：文字左对齐后，段落右端参差不齐，如图5-32所示。

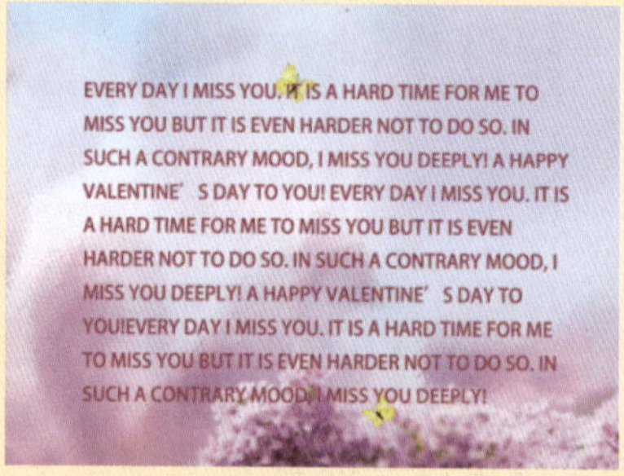

图5-32

➤ ■ 居中对齐文本：文字居中对齐后，段落两端参差不齐，如图5-33所示。

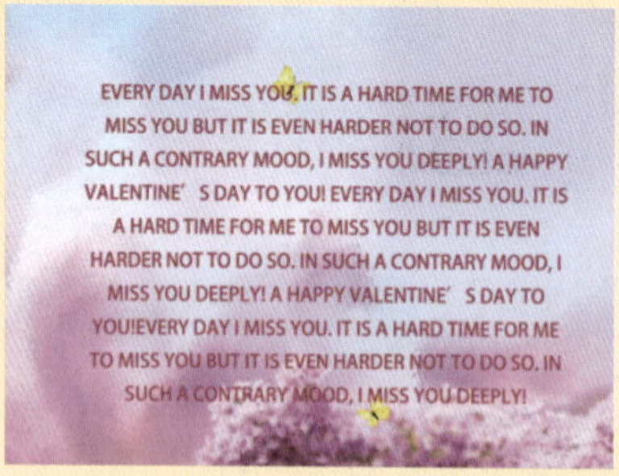

图5-33

➤ ■ 右对齐文本：文字右对齐后，段落左端参差不齐，如图5-34所示。

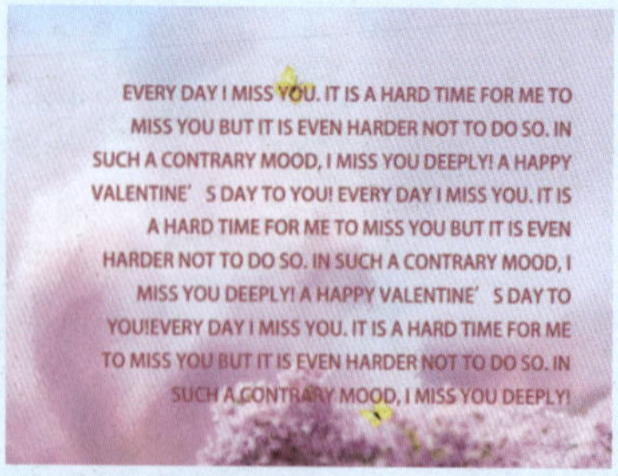

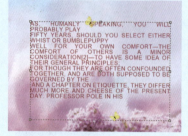

图5-34

➤ ■ 最后一行左对齐：最后一行左对齐后，其他行左右两端强制对齐，如图5-35所示。

图5-35

➤ ■ 最后一行居中对齐：最后一行居中对齐后，其他行左右两端强制对齐，如图5-36所示。

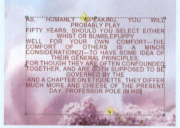

图5-36

➤ ■ 最后一行右对齐：最后一行右对齐后，其他行左右两端强制对齐，如图5-37所示。

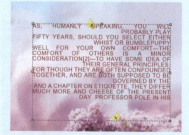

图5-37

➤ ■ 全部对齐：在字符间添加额外的间距，使文本左右两端强制对齐，如图5-38所示。

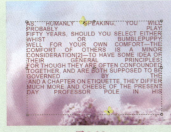

图5-38

> ▸ ⬛ 左缩进：用于设置段落文本向右（横排文字）或向下（直排文字）的缩进量。图5-39所示为设置"左缩进"为20点时的段落效果。

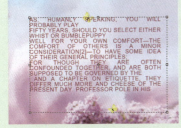

图5-39

> ▸ ⬛ 右缩进：用于设置段落文本向左（横排文字）或向上（直排文字）的缩进量。图5-40所示为设置"右缩进"为20点时的段落效果。

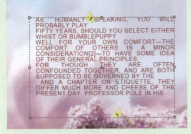

图5-40

> ▸ ⬛ 首行缩进：用于设置段落文本中每个段落的第1行向右（横排文字）或第1列向下（直排文字）的缩进量。图5-41所示为设置"首行缩进"为100点时的段落效果。

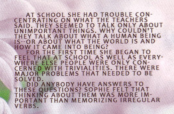

图5-41

> ▸ ⬛ 段前添加空格：设置光标所在段落与前一个段落之间的间隔距离。图5-42所示为设置"段前添加空格"为100点时的段落效果。

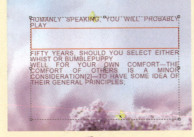

图5-42

> ▸ ⬛ 段后添加空格：设置当前段落与另外一个段落之间的间隔距离。图5-43所示为设置"段后添加空格"为100点时的段落效果。

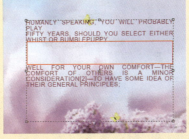

图5-43

> ▸ 避头尾设置：即不能出现在一行的开头或结尾的字符。Photoshop中提供了基于日本工业标准（JIS）的宽松和严格的避头尾集，宽松的避头尾设置忽略长元音字符和小平假名字符。选择"JIS宽松"或"JIS严格"选项时，可以防止在一行的开头或结尾出现不能使用的字母。

> ▸ 标点挤压：间距组合用于设置日语字符、罗马字符、标点和特殊字符在行开头、行结尾和数字的间距文本编排方式。选择"间距组合1"选项，可以对标点使用半角间距；选择"间距组合2"选项，可以对行中除最后一个字符外的大多数字符使用全角间距；选择"间距组合3"选项，可以对行中的大多数字符和最后一个字符使用全角间距；选择"间距组合4"选项，可以对所有字符使用全角间距。

> ▸ 连字：勾选"连字"复选框后，在输入英文单词时，如果段落文本框的宽度不够，英文单词将自动换行，并在单词之间用连字符连接起来。

实例043 使用变形文字制作人像海报

文件路径	第5章\使用变形文字制作人像海报
难易指数	★★★★☆
技术掌握	● 横排文字工具 ● 文字变形

扫码深度学习

💡 操作思路

本案例首先使用渐变工具绘制渐变背景，再使用横排文字工具在背景中输入文字，接着利用文字变形功能制作艺术字效果，最后置入人物素材即可。

🖱 案例效果

案例效果如图5-44所示。

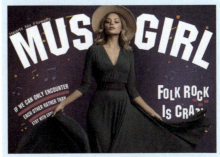

图5-44

🎤 操作步骤

01 执行菜单"文件>新建"命令，新建一个"宽度"为1800像素、"高度"为1273像素、"分辨率"为300像素/英寸的文档。

02 选择工具箱中的渐变工具，单击选项栏中的渐变色条，在弹出的"渐变编辑器"对话框中编辑一个由紫色到蓝色的渐变颜色，设置完成后单击"确定"按钮，如图5-45所示。在选项栏中设置渐变类型为"线性渐变"，使用渐变工具在画面中按住鼠标左键拖动进行填充，效果如图5-46所示。

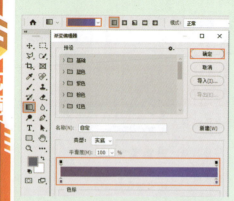

图5-45

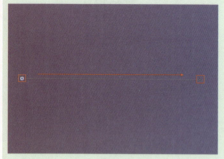

图5-46

03 接下来制作暗角效果。单击"调整"面板中的"曲线"按钮,创建新的"曲线"调整图层。然后在打开的"属性"面板的高光位置上单击添加控制点,并向右下方拖动,降低画面的亮度,曲线形状如图5-47所示。画面效果如图5-48所示。

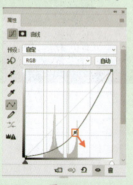

图5-47

图5-48

04 单击"曲线"调整图层的图层蒙版缩览图,然后选择工具箱中的 ✓ (画笔工具),将前景色设置为黑色,在选项栏中打开"画笔预设"选取器,在画笔预设选取器中选择一个柔边圆画笔笔尖,设置画笔"大小"为1500像素,如图5-49所示。在画面中心的位置进行涂抹,效果如图5-50所示。

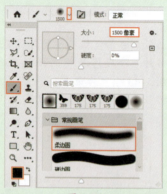

图5-49

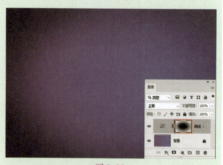

图5-50

05 执行菜单"文件>置入嵌入对象"命令,置入音符素材"1.png",如图5-51所示。选择工具箱中的 ○ (椭圆工具),在选项栏中设置绘制模式为"形状",按住Shift键的同时拖动鼠标左键在画面中绘制一系列大小不一的正圆,接着在选项栏中设置"填充"为橙黄色、"描边"为无,效果如图5-52所示。

图5-51

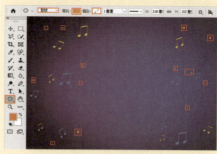

图5-52

06 选择工具箱中的横排文字工具,在选项栏中设置合适的字体和字号,设置文本颜色为白色,然后在画面中单击插入光标,输入文字,如图5-53所示。单击选项栏中的"创建文字变形"按钮 ✓,在弹出的"变形文字"对话框中设置"样式"为"扇形",选中"水平"单选按钮,设置"弯曲"为+30%,设置完成后单击"确定"按钮,如图5-54所示。

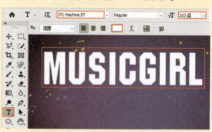

图5-53

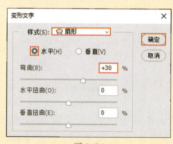

图5-54

07 此时的画面效果如图5-55所示。使用同样的方法,在画面不同位置输入其他文字,并进行文字变形,效果如图5-56所示。

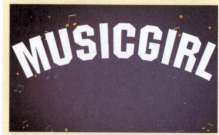

图5-55

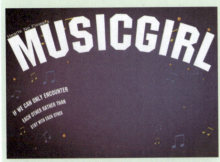

图5-56

08 选择工具箱中的钢笔工具,在选项栏中设置绘制模式为"形状",在画面下方绘制一个有弧度的路径,接着在选项栏中设置"填充"为无、"描边"为粉色、"描边宽度"为25像素,如图5-57所示。然后在"图层"面板中选择粉色线条图层,使用快捷键Ctrl+J将形状复制,然后向下移动。使用快捷键Ctrl+T调出定界框,拖动控制点进行缩放,如图5-58所示。按Enter键结束变换操作。

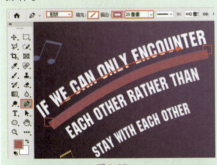

图5-57

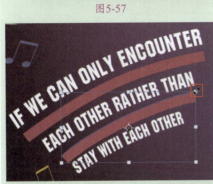

图5-58

09 使用同样的方法,复制和变换另外一个粉色图形,效果如图5-59所示。

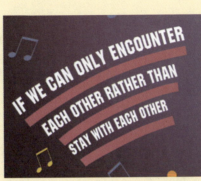

图5-59

10 输入新的文字。选择工具箱中的横排文字工具,在选项栏中设置合适的字体和字号,设置文本颜色为白色,然后在画面右侧单击插入光标,输入字母,如图5-60所示。使用同样的方法,在字母旁边不同位置输入其他字母,效果如图5-61所示。

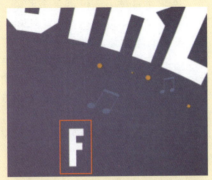

图5-60

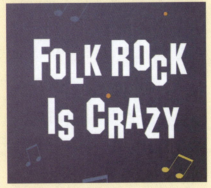

图5-61

11 选择工具箱中的矩形工具,在字母下方绘制多个矩形,然后在选项栏中设置"填充"为粉色、"描边"为无,效果如图5-62所示。

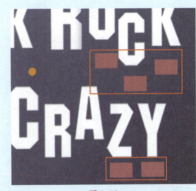

图5-62

12 执行菜单"文件>置入嵌入对象"命令,置入人物素材"2.png",最终画面效果如图5-63所示。

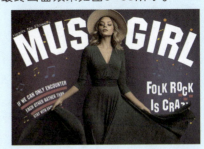

图5-63

实例044	创建路径文字制作甜美版面
文件路径	第5章\创建路径文字制作甜美版面
难易指数	★★★☆☆
技术掌握	● 横排文字工具 ● 文字路径

扫码深度学习

操作思路

想要创建路径文字,首先需要绘制路径,然后使用横排文字工具将光标移动到路径上方,单击并输入文字,即可得到沿着路径排列的文字。

案例效果

案例效果如图5-64所示。

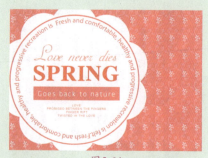

图5-64

🎙️ 操作步骤

01 执行菜单"文件>打开"命令，打开背景素材"1.jpg"，如图5-65所示。

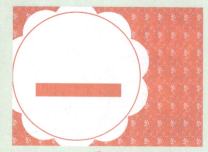

图5-65

02 选择工具箱中的 T.（横排文字工具），在选项栏中设置合适的字体和字号，设置文本颜色为红色，然后在画面左侧单击插入光标，输入文字，如图5-66所示。使用同样的方法，在画面中不同位置输入新的文字，如图5-67所示。

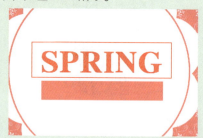

图5-66

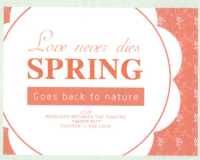

图5-67

03 选择工具箱中的 ◯.（椭圆工具），在选项栏中设置绘制模式为"路径"，然后按住Shift键并拖动鼠标左键绘制正圆路径，如图5-68所示。

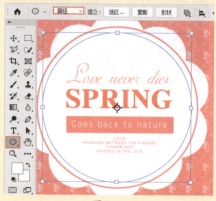

图5-68

04 选择工具箱中的横排文字工具，在选项栏中设置合适的字体和字号，设置文本颜色为粉色，将光标移到路径上方，当光标变为 形状时单击，即可在路径上方插入光标，如图5-69所示。输入文字，然后单击工具选项栏中的"提交"按钮 ✓，此时画面效果如图5-70所示。

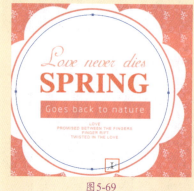

图5-69

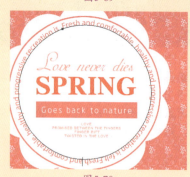

图5-70

05 最终画面效果如图5-71所示。

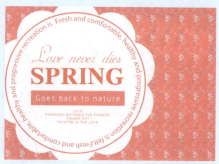

图5-71

实例045　使用文字工具制作趣味字符字

文件路径	第5章\使用文字工具制作趣味字符字
难易指数	★★★★☆
技术掌握	● 横排文字工具 ● 图层样式 ● 滤镜

🔍 扫码深度学习

💡 操作思路

本案例首先使用横排文字工具在画面中输入文字，然后使用图层样式为文字添加渐变效果，最后添加模糊滤镜，使文字呈现出一定的运动感。

🖱️ 案例效果

案例效果如图5-72所示。

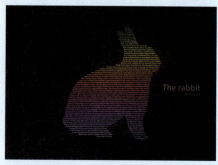

图5-72

🎙️ 操作步骤

01 新建一个"宽度"为1600像素、"高度"为1200像素、"分辨率"为72像素/英寸的文档。

02 接下来为"背景"图层填充颜色。将前景色设置为黑色,然后使用快捷键Alt+Delete进行填充,将"背景"图层填充为黑色,如图5-73所示。

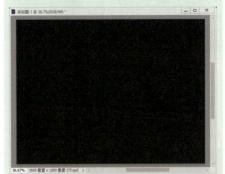

图5-73

03 选择工具箱中的 ❀(自定形状工具),在选项栏中设置绘制模式为"路径",单击"形状"右侧的下拉按钮,在下拉面板中选择一个兔子形状,然后在画面中按住鼠标左键拖动进行绘制,如图5-74所示。

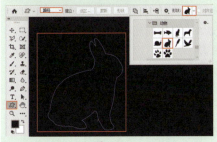

图5-74

04 选择工具箱中的 T (横排文字工具),在选项栏中设置合适的字体和字号,设置文本颜色为白色,然后将光标移到兔子路径中,光标变为 ⓘ 形状后单击,如图5-75所示。输入文字,如图5-76所示。

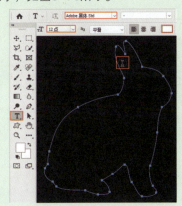

图5-75

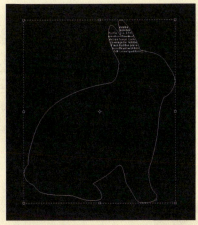

图5-76

05 在路径中输满文字,效果如图5-77所示。文字输入完成后,单击选项栏中的"提交"按钮 ✓。

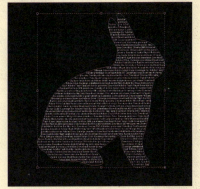

图5-77

06 接下来为文字添加"渐变叠加"效果。选择文字图层,执行菜单"图层>图层样式>渐变叠加"命令,在弹出的"图层样式"对话框中设置"混合模式"为"正常"、"不透明度"为100%、"渐变"为七彩渐变、"样式"为"线性"、"角度"为90度、"缩放"为100%,设置完成后单击"确定"按钮,如图5-78所示。此时画面效果如图5-79所示。

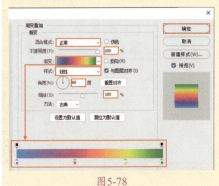

图5-78

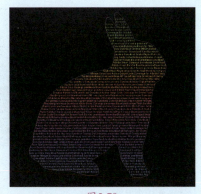

图5-79

07 使用快捷键Ctrl+J复制文字图层,在"图层"面板中右击该图层,在弹出的快捷菜单中执行"栅格化图层样式"命令。接着执行菜单"滤镜>模糊>动感模糊"命令,在弹出的"动感模糊"对话框中设置"角度"为0度、"距离"为500像素,设置完成后单击"确定"按钮,如图5-80所示。此时画面效果如图5-81所示。

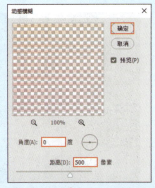

图5-80

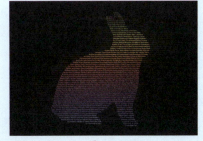

图5-81

08 选择工具箱中的横排文字工具,在选项栏中设置合适的字体和字号,设置文本颜色为白色,在画面右侧单击插入光标,输入文字,如图5-82所示。在"图层"面板中设置该图层的"不透明度"为20%,如图5-83所示。

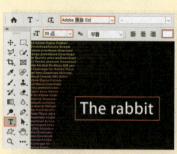
图5-82

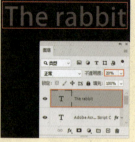
图5-83

09 使用同样的方法，在该文字下方输入绿色文字，如图5-84所示。

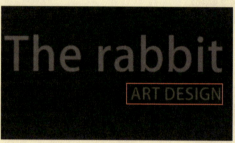
图5-84

10 最终画面效果如图5-85所示。

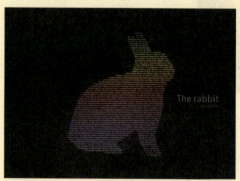
图5-85

实例046　创意文字设计

文件路径	第5章\创意文字设计
难易指数	★★★★☆
技术掌握	● 横排文字工具 ● 钢笔工具 ● 图层样式

扫码深度学习

操作思路

在本案例的制作过程中，首先输入文字，然后利用矢量工具为文字添加绿色和白色元素，并借助图层样式丰富画面效果。

案例效果

案例效果如图5-86所示。

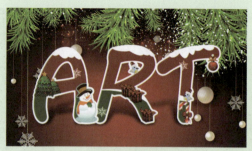
图5-86

操作步骤

01 执行菜单"文件>打开"命令，打开素材"1.jpg"，效果如图5-87所示。

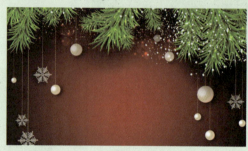
图5-87

02 接下来要进行单个字母"A"的文字设计。在"图层"面板的底部单击"创建新组"按钮，然后双击创建的新组，将其命名为"A组"，如图5-88所示。选择工具箱中的横排文字工具，在选项栏中设置字体和字号，设置消除锯齿方法为"锐利"、"文本颜色"为深红色，在画面中单击输入文字，如图5-89所示。

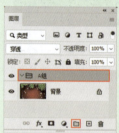
图5-88

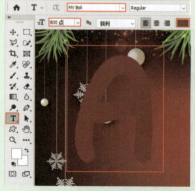
图5-89

03 选择工具箱中的椭圆工具，在选项栏中设置绘制模式为"形状"，在字母"A"下方按住鼠标左键拖动绘制一个椭圆，在选项栏中设置"填充"为深绿色，如图5-90所示。接着执行菜单"图层>创建剪贴蒙版"命令，效果如图5-91所示。

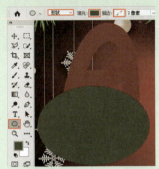

图5-90

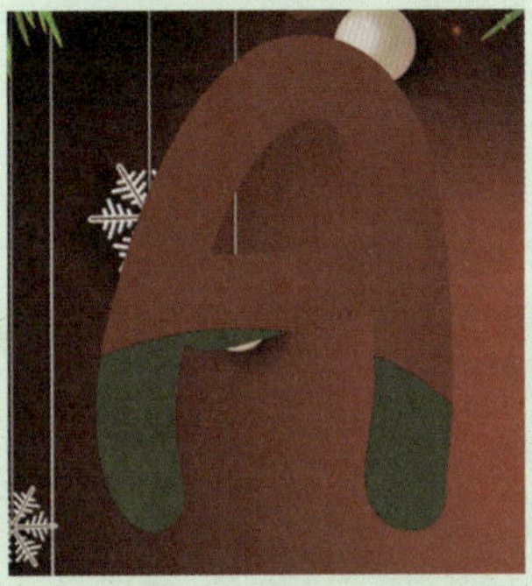

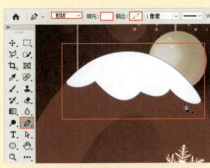

图5-93

06 以上制作的图层全部在"A组"中。在"图层"面板中选择"A组"，执行菜单"图层>图层样式>描边"命令，在弹出的"图层样式"对话框中设置"大小"为13像素、"位置"为"外部"、"混合模式"为"正常"、"不透明度"为100%、"颜色"为白色，如图5-94所示。接着勾选"内发光"复选框，设置"混合模式"为"滤色"、"不透明度"为63%、发光颜色为白色、"方法"为"柔和"、"大小"为7像素、"范围"为50%，单击"确定"按钮完成设置，如图5-95所示。此时画面效果如图5-96所示。

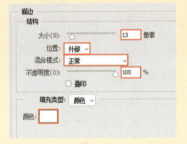

图5-94

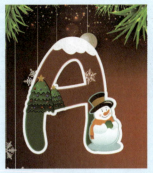

图5-96

07 根据制作字母"A"的方法，制作字母"R"和字母"T"，效果如图5-97所示。

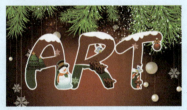

图5-97

08 接下来制作文字的阴影。在"图层"面板中选择"A组"，按住Ctrl键加选"R组""T组"，接着按快捷键Ctrl+J进行复制，再按快捷键Ctrl+E合并图层，如图5-98所示。将合并后的图层拖动到原有文字图层的下方，如图5-99所示。使用快捷键Ctrl+T调出定界框，将文字纵向缩小并移动到适当位置，可以按住Ctrl键拖动控制点进行扭曲，如图5-100所示。变形完成后按Enter键提交操作。

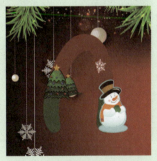

图5-91

04 执行菜单"文件>置入嵌入对象"命令，置入素材"2.png"并将其放置到字母右下角位置，按Enter键完成置入操作，如图5-92所示。

图5-92

05 选择工具箱中的钢笔工具，在选项栏中设置绘制模式为"形状"，在字母"A"上方拖动绘制积雪形状，接着在选项栏中设置"填充"为白色、"描边"为无，如图5-93所示。

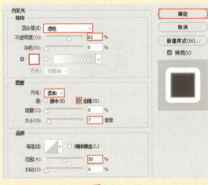

图5-95

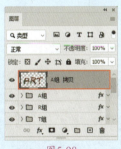

图5-98

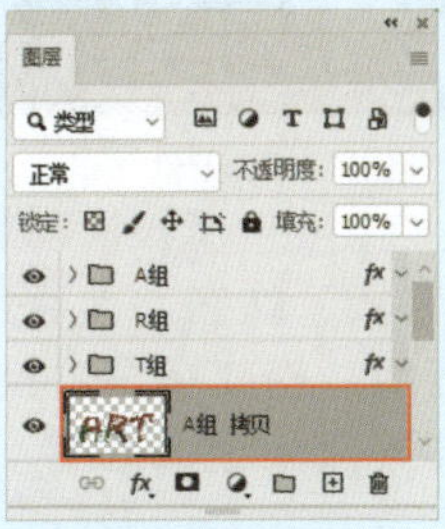

图5-99

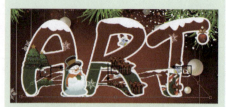

图5-100

09 按住Ctrl键单击该图层缩览图，在工具箱中设置前景色为黑色，使用快捷键Alt+Delete将阴影填充为黑色，如图5-101所示。接着执行菜单"滤镜>模糊>高斯模糊"命令，在弹出的"高斯模糊"对话框中设置"半径"为10.0像素，单击"确定"按钮完成设置，如图5-102所示。效果如图5-103所示。

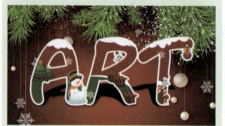

图5-101

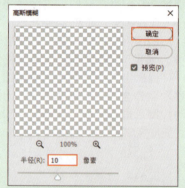

图5-102

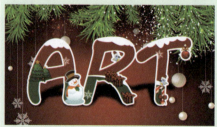

图5-103

10 单击"图层"面板底部的"添加图层蒙版"按钮，然后选中图层蒙版缩览图。在工具箱中选择画笔工具，设置前景色为黑色，在选项栏中单击"画笔预设"选取器，在画笔预设选取器中选择一个柔边圆画笔笔尖，设置"大小"为200像素、"硬度"为0，在画面中按住鼠标左键横向拖动涂抹，如图5-104所示。擦除部分阴影，使阴影效果更真实，最终效果如图5-105所示。

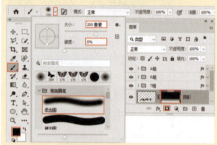

图5-104

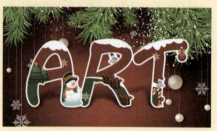

图5-105

实例047　制作多彩破碎效果艺术字

文件路径	第5章\制作多彩破碎效果艺术字
难易指数	★★★★☆
技术掌握	● 横排文字工具 ● 画笔工具 ● 混合模式 ● 图层蒙版

扫码深度学习

操作思路

本案例首先使用椭圆工具、混合模式、图层蒙版等功能制作带有碎片感的背景部分，然后使用横排文字工具和图层样式制作主体文字部分，最后使用剪贴蒙版功能制作文字上的色彩部分。

案例效果

案例效果如图5-106所示。

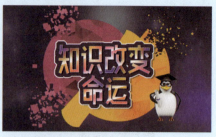

图5-106

操作步骤

01 执行菜单"文件>打开"命令，或按快捷键Ctrl+O，打开素材"1.jpg"，如图5-107所示。首先制作粉色图形。新建一个图层，设置前景色为粉色，选择工具箱中的椭圆工具，在选项栏中设置绘制模式为"像素"，在画面中间位置按住Shift键的同时按住鼠标左键拖动绘制一个正圆，如图5-108所示。

图5-107

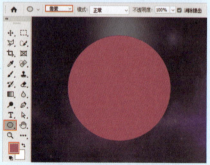

图5-108

02 按住Ctrl键单击该图层缩览图，得到正圆形的选区，如图5-109所示。接着单击"图层"面板底部的"添加图层蒙版"按钮，如图5-110所示。

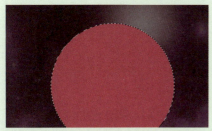

图5-109

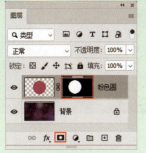

图5-110

03 接下来制作圆形边缘破碎的效果。选择工具箱中的画笔工具，在选项栏中单击"画笔预设"选取器，在画笔预设选取器中单击 按钮，在打开的下拉菜单中执行"旧版画笔"命令，如图5-111所示。在弹出的提示对话框中单击"确定"按钮，如图5-112所示。在画笔预设选取器底部展开"旧版画笔"组，从中选择"方头画笔"组，展开组后选择合适的方头画笔，如图5-113所示。

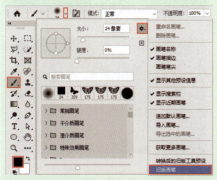

图5-111

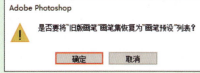

图5-112

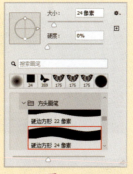

图5-113

04 按F5键，打开"画笔设置"面板，在面板中选择"画笔笔尖形状"，设置"大小"为42像素、"圆度"为100%，勾选"间距"复选框，并将数值设置为146%，如图5-114所示。接着勾选"形状动态"复选框，设置"大小抖动"为100%、"最小直径"为26%、"角度抖动"为52%、"圆度抖动"为63%、"最小圆度"为25%，如图5-115所示。勾选"散布"复选框，设置"散布"为1000%、"数量"为1、"数量抖动"为0，如图5-116所示。

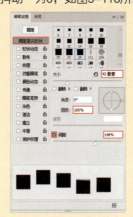

图5-114

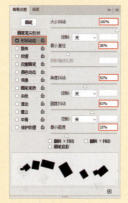

图5-115

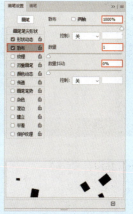

图5-116

05 设置前景色为黑色，接着在画面中粉色正圆左下角按住鼠标左键拖动进行绘制，如图5-117所示。设置前景色为灰色，接着在画面中粉色正圆左上角按住鼠标左键拖动进行绘制，如图5-118所示。

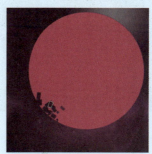

图5-117

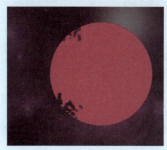

图5-118

06 为粉色正圆添加纹理。执行菜单"文件>置入嵌入对象"命令，置入素材"2.jpg"，将其调整到合适位置后按Enter键完成置入。执行菜单"图层>栅格化>智能对象"命令，将该图层栅格化为普通图层，如图5-119所示。在"图层"面板中设置图层混合模式为"颜色加深"，效果如图5-120所示。接着执行菜单"图层>创建剪贴蒙版"命令，效果如图5-121所示。

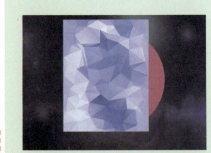

图5-119

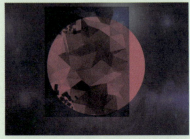

图5-120

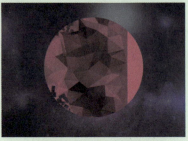

图5-121

07 使用同样的方法，制作一个黄色半圆，如图5-122所示。

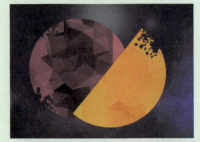

图5-122

08 新建一个图层，选择工具箱中的钢笔工具，在选项栏中设置绘制模式为"路径"，在画面中间位置绘制路径，如图5-123所示。使用快捷键Ctrl+Enter将路径转换为选区，如图5-124所示。新建一个图层，设置前景色为黄色，使用快捷键Alt+Delete为选区填充前景色，使用快捷键Ctrl+D取消选区，如图5-125所示。

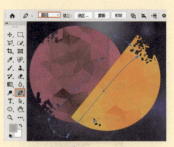

图5-123

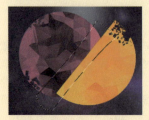

图5-124

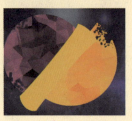

图5-125

09 接下来绘制碎片效果。新建一个图层，将前景色设置为粉色，背景色设置为浅粉色。接着选择画笔工具，调出"画笔设置"面板。在保留之前设置的"形状动态""散布"等画笔参数的基础上勾选"颜色动态"复选框，设置"前景/背景抖动"为100%，如图5-126所示。在画面左侧按住鼠标左键并拖动绘制大量的粉色碎片，如图5-127所示。继续在画面左侧绘制，效果如图5-128所示。

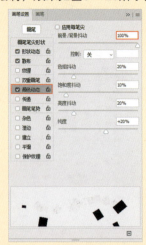

图5-126

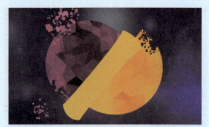

图5-127

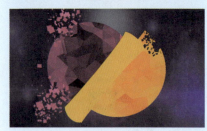

图5-128

10 更改前景色为黄色，背景色为稍浅一些的黄色。使用同样的方法，在画面右侧进行绘制，效果如图5-129所示。执行菜单"文件>置入嵌入对象"命令，置入素材"3.png"，将卡通素材移动到画面的右下角，按Enter键完成置入，效果如图5-130所示。

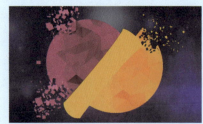

图5-129

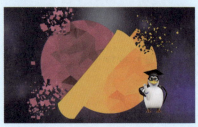

图5-130

11 接下来制作艺术字。选择工具箱中的横排文字工具，在选项栏中设置合适的字体和字号，设置文本颜色为白色，在画面中单击输入文字，如图5-131所示。选择文字图层，执行菜单"图层>图层样式>描边"命令，在弹出的"图层样式"对话框中设置"大小"为2像素、"位置"为"外部"、"混合模式"为"正常"、"不透明度"为

100%、"填充类型"为"颜色"、"颜色"为白色,如图5-132所示。

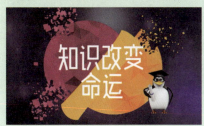

图5-131

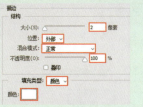

图5-132

12 勾选"投影"复选框,设置"混合模式"为"正常"、投影颜色为黑色、"不透明度"为50%、"角度"为150度、"距离"为14像素、"扩展"为0、"大小"为0像素,单击"确定"按钮完成设置,如图5-133所示。效果如图5-134所示。

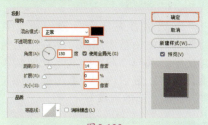

图5-133

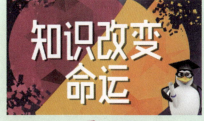

图5-134

13 按住Ctrl键单击文字图层的缩览图,得到文字选区,如图5-135所示。接着执行菜单"选择>修改>扩展"命令,在弹出的"扩展选区"对话框中设置"扩展量"为50像素,单击"确定"按钮完成设置,如图5-136所示。效果如图5-137所示。

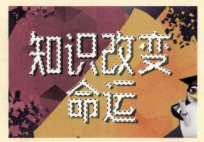

图5-135

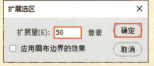

图5-136

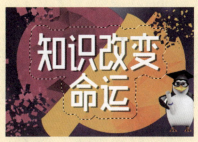

图5-137

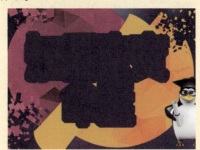

图5-138

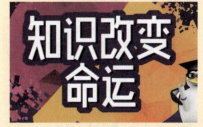

图5-139

14 新建一个图层,设置前景色为深紫色,使用快捷键Alt+Delete为选区填充颜色,使用快捷键Ctrl+D取消选区,如图5-138所示。接着在"图层"面板中将紫色图形的图层移动到文字图层下方,效果如图5-139所示。

15 选择紫色图形的图层,执行菜单"图层>图层样式>描边"命令,

在弹出的"图层样式"对话框中设置"大小"为7像素、"位置"为"外部"、"混合模式"为"正常"、"不透明度"为100%、"填充类型"为"颜色"、"颜色"为白色,如图5-140所示。勾选"投影"复选框,设置"混合模式"为"正片叠底"、投影颜色为黑色、"不透明度"为30%、"角度"为150度、"距离"为18像素、"扩展"为0、"大小"为0像素,单击"确定"按钮完成设置,如图5-141所示。效果如图5-142所示。

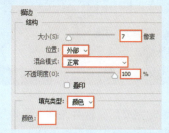

图5-140

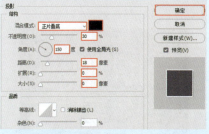

图5-141

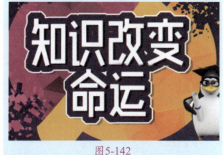

图5-142

16 接下来制作文字上的纹理。在白色文字图层上方新建一个图层。然后选择工具箱中的画笔工具,在选项栏中选择柔角画笔,设置合适的笔尖大小,再将前景色设置为粉色,通过单击的方式进行绘制,如图5-143所示。接着将前景色设置为黄色与紫色,继续进行绘制,如图5-144所示。

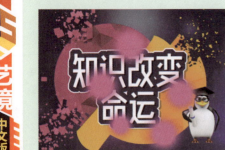

图5-143

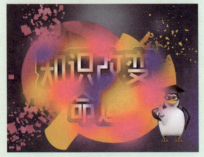

图5-144

17 绘制完成后，选择该图层，执行菜单"图层>创建剪贴蒙版"命令，此时文字表面出现了不同的颜色，效果如图5-145所示。

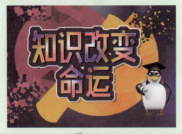

图5-145

18 新建一个图层，选择工具箱中的矩形选框工具，在画面中按住鼠标左键拖动绘制矩形选区，如图5-146所示。选择工具箱中的渐变工具，在选项栏中单击渐变色条，在弹出的"渐变编辑器"对话框中编辑一个白色到透明色的渐变色，接着单击"对称渐变"按钮，将光标移动到矩形选区中，按住鼠标左键拖动填充渐变色，如图5-147所示。

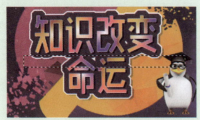

图5-146

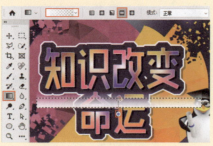

图5-147

19 使用快捷键Ctrl+T调出定界框，将光标定位在定界框一角处，按住鼠标左键拖动进行旋转并移动到合适的位置，效果如图5-148所示。执行菜单"图层>创建剪贴蒙版"命令，效果如图5-149所示。

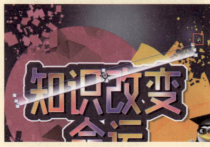

图5-148

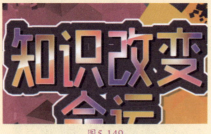

图5-149

20 选择该图层，使用快捷键Ctrl+J进行复制，并使用同样的方法为文字图层创建剪贴蒙版。接着将该图层移动位置，效果如图5-150所示。使用同样的方法再次复制另外两份，并移动到下方文字上。最终完成效果如图5-151所示。

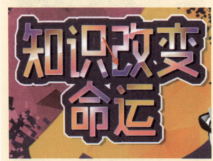

图5-150

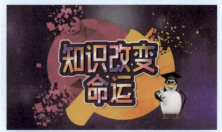

图5-151

实例048	制作喜庆风格创意广告
文件路径	第5章\制作喜庆风格创意广告
难易指数	★★★★☆
技术掌握	● 横排文字工具 ● 图层样式 ● 钢笔工具 ● 椭圆工具

扫码深度学习

操作思路

本案例首先使用多款矢量工具绘制画面中的基本图形，然后使用横排文字工具与"图层样式"功能制作主体文字，最后添加一些卡通装饰元素，完成画面的制作。

案例效果

案例效果如图5-152所示。

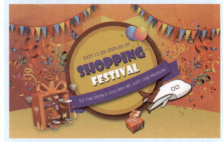

图5-152

操作步骤

01 执行菜单"文件>打开"命令或按快捷键Ctrl+O，打开素材"1.jpg"，如图5-153所示。

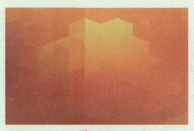

图5-153

02 首先制作基础背景。新建一个图层，选择工具箱中的钢笔工具，在选项栏中设置绘制模式为"路径"，接着在画面的下方绘制一个闭合路径，如图5-154所示。使用快捷键Ctrl+Enter将路径转换为选区，如图5-155所示。使用渐变工具为其填充黄色系的线性渐变色，然后在选区中按住鼠标左键拖动进行填充，再使用快捷键Ctrl+D取消选区，如图5-156所示。

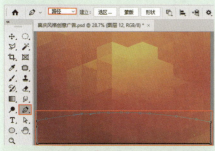

图5-154

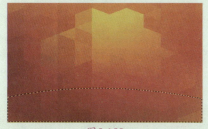

图5-155

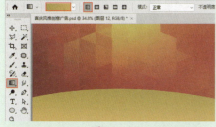

图5-156

03 执行菜单"文件>置入嵌入对象"命令，置入素材"2.png"，将其调整到合适位置后按Enter键完成置入，如图5-157所示。继续使用同样的方法置入素材"3.png"，如图5-158所示。

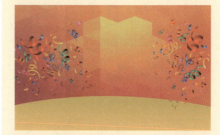

图5-157

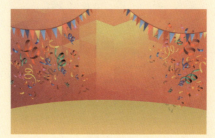

图5-158

04 为了使彩旗更具立体感，我们为彩旗制作投影效果。选择彩旗图层，执行菜单"图层>图层样式>投影"命令，在弹出的"图层样式"对话框中设置"混合模式"为"正片叠底"、投影颜色为深棕色、"不透明度"为75%、"角度"为130度、"距离"为14像素、"扩展"为0、"大小"为19像素，单击"确定"按钮完成设置，如图5-159所示。效果如图5-160所示。

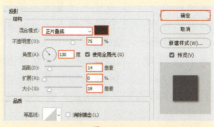

图5-159

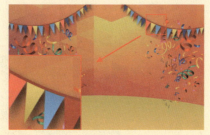

图5-160

05 接下来制作主体图形。选择工具箱中的椭圆工具，在选项栏中设置绘制模式为"形状"，在画面中间位置按住Shift键拖动鼠标绘制正圆，在选项栏中设置"填充"为深红色、"描边"为无，如图5-161所示。接着选择彩旗所在的图层，执行菜单"图层>图层样式>拷贝图层样式"命令；然后选择深红色正圆图层，执行菜单"图层>图层样式>粘贴图层样式"命令，使之具有相同的图层样式，效果如图5-162所示。

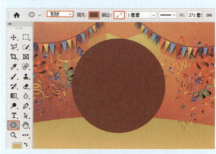

图5-161

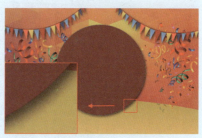

图5-162

06 选择工具箱中的椭圆工具，在选项栏中设置绘制模式为"形状"，在画面中间位置绘制正圆，在选项栏中设置"填充"为黄色、"描边"为橙黄色、"描边宽度"为7点，如图5-163所示。使用同样的方法，为其粘贴投影效果，如图5-164所示。

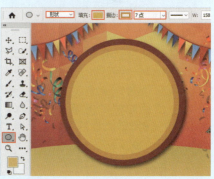

图5-163

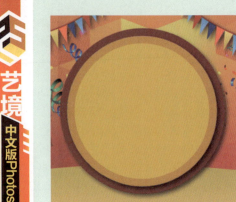

图5-164

07 选择工具箱中的钢笔工具，在选项栏中设置绘制模式为"形状"，在正圆右侧位置绘制不规则形状，接着在选项栏中设置"填充"为紫色、"描边"为无，如图5-165所示。使用同样的方法，在正圆的左侧绘制形状，如图5-166所示。

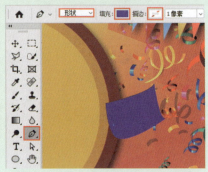

图5-165

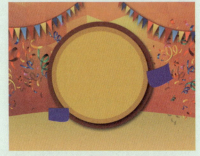

图5-166

08 继续使用钢笔工具在紫色图形上方绘制一组形状，在选项栏中设置"填充"为深紫色，如图5-167所示。使用同样的方法绘制形状，如图5-168所示。接着为该图形添加投影效果（使用粘贴的方法即可）。此时画面效果如图5-169所示。

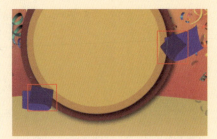

图5-167

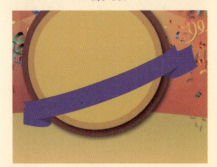

图5-168

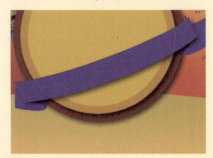

图5-169

09 接下来添加文字。选择工具箱中的横排文字工具，在选项栏中设置合适的字体和字号，设置文本颜色为紫色，在画面中单击输入文字，如图5-170所示。接着使用快捷键Ctrl+T调出定界框，将光标定位在定界框外，按住鼠标左键拖动进行旋转，然后将文字移动到适当位置，按Enter键完成变换，如图5-171所示。

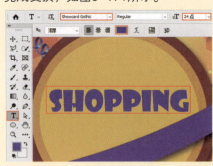

图5-170

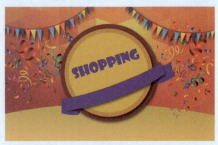

图5-171

10 将投影图层样式粘贴到文字图层，文字效果如图5-172所示。使用同样的方法，制作其他文字，效果如图5-173所示。

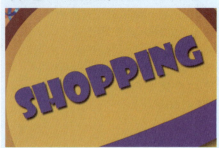

图5-172

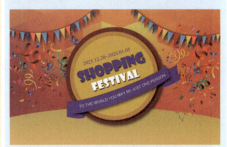

图5-173

11 最后置入前景素材"4.png"，调整到合适位置后按Enter键完成置入，最终效果如图5-174所示。

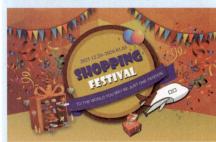

图5-174

第6章

矢量绘图

本章概述

矢量图由线条和像素点组成，不会因为放大或缩小使像素受损，从而影响清晰度。钢笔工具与形状工具都是典型的矢量绘图工具。在平面设计制作过程中，应尽量使用矢量绘图工具进行绘制，这样可以保证在适应不同尺寸的打印要求时，对图像缩放不会使画面元素变得模糊。除此之外，矢量绘图因其明快的色彩、动感的线条，也常用于插画或者时装画的绘制。

本章重点

- 熟练掌握钢笔工具的使用方法
- 熟练掌握形状工具的使用方法

实例049　使用钢笔工具制作App标志

文件路径	第6章\使用钢笔工具制作App标志
难易指数	★★★☆☆
技术掌握	● 钢笔工具 ● 路径的运算 ● 文字工具

扫码深度学习

操作思路

钢笔工具可以绘制"路径"对象和"形状"对象。本案例首先使用钢笔工具在画面中绘制形状，然后在形状上方输入文字，完成标志的制作。

案例效果

案例效果如图6-1所示。

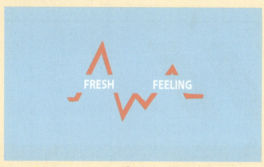

图6-1

操作步骤

01 新建一个"宽度"为1200像素、"高度"为702像素、"分辨率"为72像素/英寸、"颜色模式"为"RGB颜色"、"背景内容"为"白色"的文档。单击工具箱中的"前景色"按钮，在弹出的"拾色器（前景色）"对话框中设置颜色为蓝色（R:183、G:239、B:255），单击"确定"按钮完成设置，如图6-2所示。

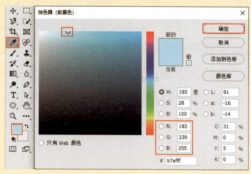

图6-2

02 使用前景色填充画布为蓝色，如图6-3所示。

03 选择工具箱中的 （钢笔工具），在选项栏中设置绘制模式为"形状"、"填充"为粉色、"描边"为无，单击"路径操作"按钮，在下拉菜单中选择"减去顶层形状"命令，在画面中以单击的方式绘制折线形状，如图6-4所示。

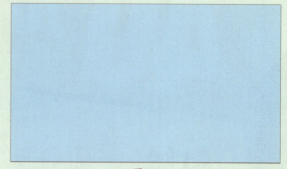

图6-3

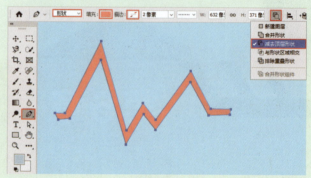

图6-4

04 继续使用钢笔工具绘制一个矩形，使这部分被删除，此时画面效果如图6-5所示。

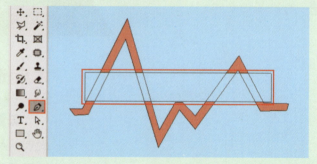

图6-5

05 选择工具箱中的横排文字工具，然后在选项栏中设置适合的字体和字号，设置文本颜色为白色，接着在画面中单击并输入文字，此时画面效果如图6-6所示。

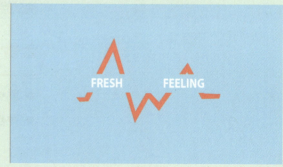

图6-6

要点速查：路径的运算

选区可以进行运算，路径同样也可以进行运算。首先绘制一个形状，如图6-7所示。默认状态下，工具选项栏中的"路径操作"按钮为（新建图层）。单击该按钮，在下拉菜单中选择一种运算方式，如图6-8所示。图6-9所示为不同运算方式产生的运算效果。

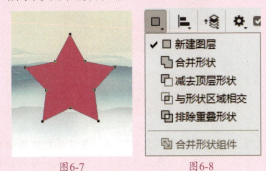

图6-7　　　　　图6-8

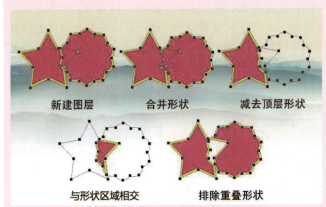

图6-9

实例050　使用钢笔工具绘制简单图形海报

文件路径	第6章\使用钢笔工具绘制简单图形海报
难易指数	★★★☆☆
技术掌握	● 渐变工具 ● 将路径转换为选区 ● 文字工具

操作思路

本案例首先使用钢笔工具在画面中绘制路径，然后将路径转换为选区并填充合适的颜色，最后在合适位置输入文字，完成图形海报的制作。

案例效果

案例效果如图6-10所示。

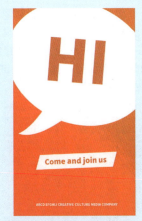

图6-10

操作步骤

01 新建一个"宽度"为638像素、"高度"为1063像素、"分辨率"为300像素/英寸的文档。选择工具箱中的渐变工具，单击选项栏中的渐变色条，在弹出的"渐变编辑器"对话框中编辑一个橙黄渐变颜色，设置渐变类型为"线性渐变"，如图6-11所示。使用渐变工具在画面中由左下角至右上角进行拖动，填充渐变色，效果如图6-12所示。

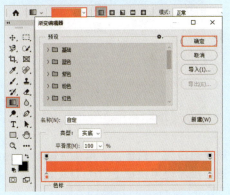

图6-11

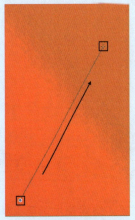

图6-12

第6章　矢量绘图

02 单击"图层"面板底部的"创建新图层"按钮,新建一个图层。选择工具箱中的钢笔工具,在选项栏中设置绘制模式为"路径",在画面上方位置按住鼠标左键拖动绘制路径,如图6-13所示。使用快捷键Ctrl+Enter将路径转换为选区,如图6-14所示。

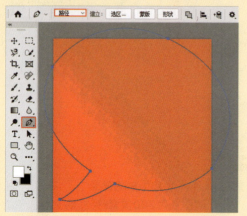

图6-13

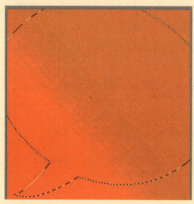

图6-14

03 将前景色设置为白色,使用快捷键Alt+Delete进行填充,接着使用快捷键Ctrl+D取消选区,画面效果如图6-15所示。

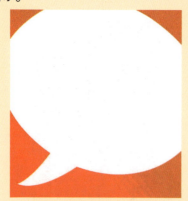

图6-15

04 新建一个图层,继续使用钢笔工具在画面下方位置绘制路径并将其转换为选区,然后为其填充白色,效果如图6-16所示。

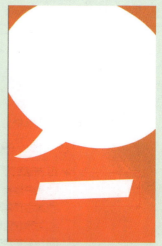

图6-16

05 选择工具箱中的横排文字工具,在选项栏中设置合适的字体、字号,设置文本颜色为橙红色,在对话图形中间的位置单击,输入文字,如图6-17所示。选择文字所在的图层,使用快捷键Ctrl+T进行自由变换,将鼠标指针移动到定界框外侧,拖动控制点进行旋转,至合适角度时按Enter键提交操作,效果如图6-18所示。

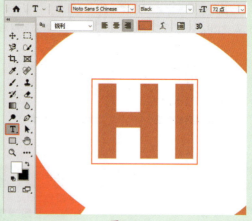

图6-17

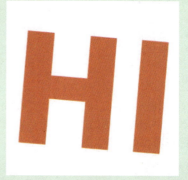

图6-18

06 使用同样的方法,在画面的合适位置输入其他文字并进行旋转操作,最终效果如图6-19所示。

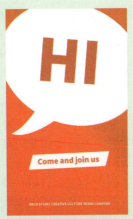

图6-19

实例051　使用形状工具与形状运算制作引导页

文件路径	第6章\使用形状工具与形状运算制作引导页
难易指数	★★★★☆
技术掌握	● 形状工具 ● 形状运算

扫码深度学习

操作思路

本案例主要使用工具箱中的各种形状工具在画面中绘制图案，在绘制过程中要合理使用形状运算，利用形状运算的原理制作外形奇特的图形。

案例效果

案例效果如图6-20所示。

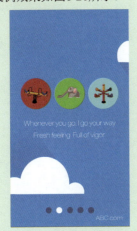

图6-20

操作步骤

01 执行菜单"文件>新建"命令，创建一个新文档。单击工具箱中的"前景色"按钮，在弹出的"拾色器（前景色）"对话框中设置颜色为蓝色，单击"确定"按钮完成设置，如图6-21所示。

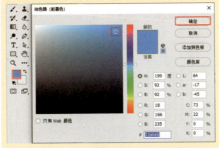

图6-21

02 使用前景色填充画布为蓝色，如图6-22所示。右击工具箱中的形状工具组，在工具组列表中选择椭圆工具，在选项栏中设置绘制模式为"形状"，按住Shift键的同时按住鼠标左键拖动，在画面左侧位置绘制正圆，接着在选项栏中设置"填充"为红色、"描边"为无，如图6-23所示。

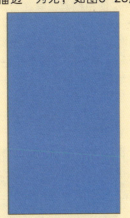

图6-22

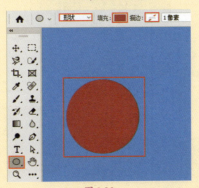

图6-23

03 在"图层"面板中选中形状图层并将其拖动到"创建新图层"按钮上，进行复制，如图6-24所示。选择复制的图层，选择椭圆工具，在选项栏中设置"填充"为绿色，然后将复制的圆移动到红色正圆右侧，此时画面效果如图6-25所示。

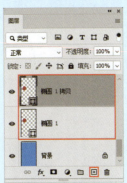

图6-24

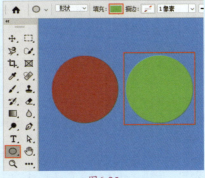

图6-25

04 使用同样的方法制作蓝色正圆，效果如图6-26所示。

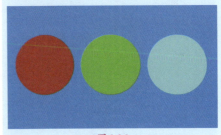

图6-26

05 选择工具箱中的 ✎ （钢笔工具），在选项栏中设置绘制模式为"形状"，在画面中绘制形状，然后在选项栏中设置"填充"为白色、"描边"为无，如图6-27所示。继续使用钢笔工具在右侧白色图形下方绘制一个三角形，在选项栏中设置"填充"为稍深的蓝色、"描边"为无，如图6-28所示。

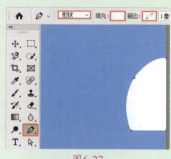

图6-27

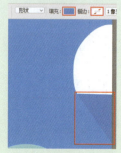

图6-28

06 继续使用钢笔工具，在选项栏中设置绘制模式为"形状"，在画面的左下角绘制形状，单击选项栏中的"填充"按钮，在下拉面板中单击"渐变"按钮，然后编辑一个蓝色系的渐变颜色，如图6-29所示。选择工具箱中的椭圆工具，在选项栏中设置绘制模式为"形状"，设置"填充"为白色、"描边"为无，单击"路径操作"按钮，在下拉菜单中选择"合并形状"命令，然后按住鼠标左键拖动，绘制3个不同大小的圆形，如图6-30所示。

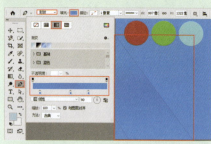

图6-29

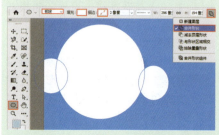

图6-30

07 继续在当前图层操作，在使用椭圆工具的状态下，单击选项栏中的"路径操作"按钮，在下拉菜单中选择"减去顶层形状"命令，如图6-31所示。接着选择工具箱中的矩形工具，在选项栏中设置绘制模式为"形状"，设置"填充"为白色，在白色图形的下方按住鼠标左键拖动绘制一个矩形，如图6-32所示。

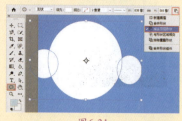

图6-31

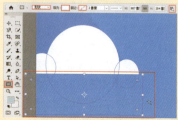

图6-32

08 再次使用椭圆工具在云朵图形下方绘制深蓝色正圆，并将其复制，如图6-33所示。在"图层"面板中按住Ctrl键选中多个深蓝色正圆图层，在选项栏中单击"对齐并分布"按钮，在下拉面板中单击"垂直居中对齐"按钮与"水平居中分布"按钮，此时画面效果如图6-34所示。

图6-33

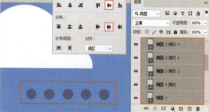

图6-34

09 在"图层"面板中选择第二个圆所在的图层，然后在选项栏中设置"填充"为白色，此时该圆变成白色正圆，如图6-35所示。选择工具箱中的横排文字工具，在选项栏中设置合适的字体和字号，设置"对齐方式"为"居中对齐文本"，设置文本颜色为白色，然后在画面中单击并输入文字，如图6-36所示。

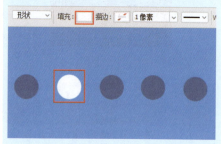

图6-35

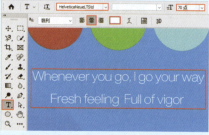

图6-36

10 使用同样的方法在画面右下角输入其他文字，如图6-37所示。

11 执行菜单"文件>置入嵌入对象"命令，置入素材"1.png"，将素材调整到合适位置，按Enter键完成置入，最终效果如图6-38所示。

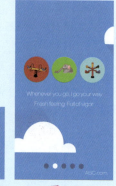

图6-37　　　　图6-38

实例052	使用椭圆工具制作画面创意效果
文件路径	第6章\使用椭圆工具制作画面创意效果
难易指数	★★★★★
技术掌握	● 椭圆工具 ● 横排文字工具

扫码深度学习

操作思路

本案例首先使用椭圆工具在画面中按住Shift键的同时按住鼠标左键拖动绘制矢量圆形,然后在上方输入合适的文字,完成最终的操作。

案例效果

案例效果如图6-39所示。

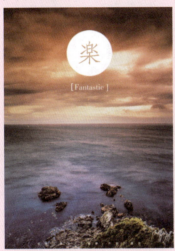

图6-39

操作步骤

01 执行菜单"文件>打开"命令,打开素材"1.jpg",如图6-40所示。

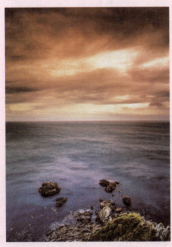

图6-40

02 选择工具箱中的 ◯.(椭圆工具),在选项栏中设置绘制模式为"形状",在画面中按住Shift键的同时按住鼠标左键拖动绘制一个正圆,接着在选项栏中设置"填充"为白色、"描边"为无,如图6-41所示。

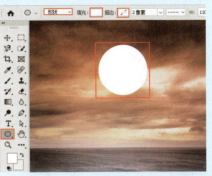

图6-41

03 接下来在画面中制作文字部分。选择工具箱中的 T.(横排文字工具),在选项栏中设置合适的字体、字号和文本颜色。然后在白色正圆位置单击插入光标,输入文字。输入完成后按快捷键Ctrl+Enter提交操作,如图6-42所示。

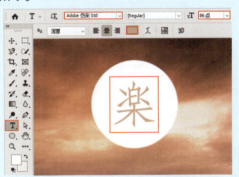

图6-42

04 使用同样的方法,在选项栏中设置其他的字体、字号和文本颜色,继续在圆形下方输入剩余文字,最终效果如图6-43所示。

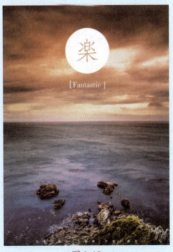

图6-43

实例053　极简风格图标设计

文件路径	第6章\极简风格图标设计
难易指数	★★★☆☆
技术掌握	● 矩形工具 ● 钢笔工具 ● 自定形状工具 ● 图层样式

扫码深度学习

操作思路

本案例首先使用矩形工具制作图标背景部分，其次运用钢笔工具绘制矢量的蓝色形状，最后使用自定形状工具添加其他元素。

案例效果

案例效果如图6-44所示。

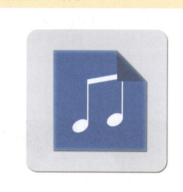

图6-44

操作步骤

01 创建一个"宽度"为1600像素、"高度"为1400像素、"分辨率"为72像素/英寸的文档。

02 绘制按钮底色。选择工具箱中的矩形工具，在选项栏中设置绘制模式为"形状"，在画面中按住Shift键的同时按住鼠标左键拖动绘制一个正方形，在选项栏中设置"填充"为亮灰色、"描边"为无，接着在"属性"面板中设置"圆角半径"为80像素，如图6-45所示。

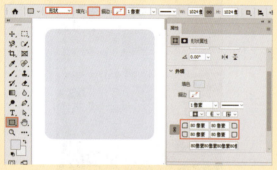

图6-45

03 执行菜单"图层>图层样式>投影"命令，在弹出的"图层样式"对话框中设置"混合模式"为"正片叠底"、颜色为黑色、"不透明度"为60%、"角度"为120度、"距离"为5像素、"扩展"为0、"大小"为8像素，设置完成后单击"确定"按钮，如图6-46所示。此时效果如图6-47所示。

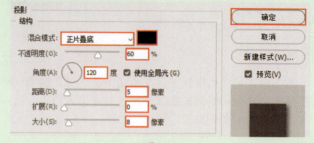

图6-46

图6-47

04 选择工具箱中的 ✎（钢笔工具），在选项栏中设置绘制模式为"形状"，在圆角矩形框上方绘制一个多边形，在选项栏中设置"填充"为蓝色、"描边"为无，如图6-48所示。使用同样的方法，在多边形右上角绘制一个深蓝色三角形，如图6-49所示。

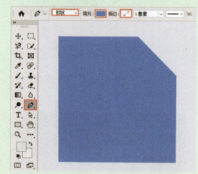

图6-48

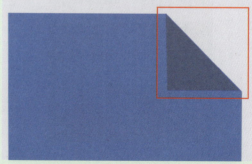

图6-49

05 选择工具箱中的 (自定形状工具)，在选项栏中设置绘制模式为"形状"、"填充"为白色、"描边"为无，单击"自定形状拾色器"按钮，在下拉面板中选择一个音符形状，然后在画面中按住鼠标左键拖动进行绘制，如图6-50所示。将得到的形状图层移动至三角形图层下方，效果如图6-51所示。

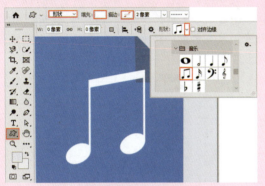

图6-50

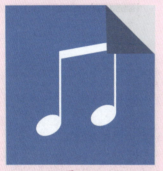

图6-51

06 单击"图层"面板底部的"创建新组"按钮，创建一个图层组。将多边形图层、音符图层和三角形图层拖动至该组内。选择这个图层组，执行菜单"图层>图层样式>内发光"命令，在弹出的"图层样式"对话框中设置内发光的"混合模式"为"滤色"、"不透明度"为40%、颜色为白色、"方法"为"柔和"、"源"为"边缘"、"阻塞"为0、"大小"为40像素、"范围"为50%、"抖动"为0，设置完成后勾选"预览"复选框进行查看，如图6-52所示。此时画面效果如图6-53所示。

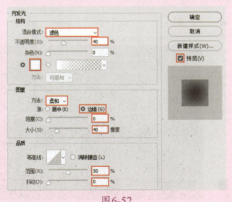

图6-52

图6-53

07 在"图层样式"对话框中勾选"投影"复选框，然后设置投影的"混合模式"为"正片叠底"、颜色为黑色、"不透明度"为60%、"角度"为120度、"距离"为5像素、"扩展"为0、"大小"为8像素，设置完成后单击"确定"按钮，如图6-54所示。最终画面效果如图6-55所示。

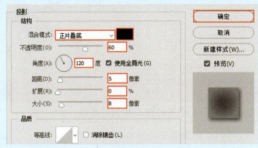

图6-54

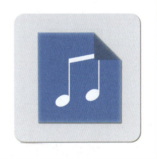

图6-55

要点速查：建立选区的方式

绘制路径的目的往往是抠图或填充颜色。当路径绘制完成后，使用快捷键Ctrl+Enter即可得到选区。也可以在路径上右击，在弹出的快捷菜单中执行"建立选区"命令，如图6-56所示。然后在弹出的"建立选区"对话框中可以进行选区"羽化"的设置，如果想要得到精确的选区，那么将"羽化半径"设置为0像素即可。如果想要得到边缘模糊的选区，则可以设置一定的羽化数值，设置完成后单击"确定"按钮，如图6-57所示。得到的选区如图6-58所示。

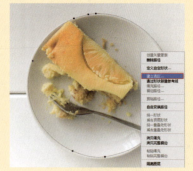

图6-56

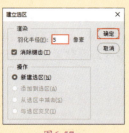

图6-57

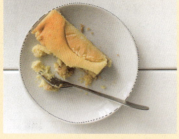

图6-58

实例054　使用形状工具制作质感按钮

文件路径	第6章\使用形状工具制作质感按钮
难易指数	★★★☆☆
技术掌握	● 形状工具　● 钢笔工具 ● 渐变工具　● 图层样式 ● 椭圆工具　● 图层蒙版

扫码深度学习

操作思路

本案例在操作中多次运用到形状工具，使用该工具绘图时要注意形状的运算和工具选项栏中的绘制模式。

案例效果

案例效果如图6-59所示。

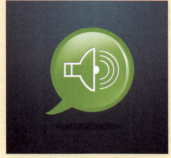

图6-59

操作步骤

01 新建一个"宽度"为2604像素、"高度"为2413像素、"分辨率"为72像素/英寸的文档。

02 选择工具箱中的渐变工具，单击选项栏中的渐变色条，在弹出的"渐变编辑器"对话框中编辑一个蓝色系的渐变颜色，设置完成后单击"确定"按钮，然后在选项栏中设置渐变类型为"线性渐变"，如图6-60所示。使用渐变工具在画面中按住鼠标左键由下至上拖动进行填充，效果如图6-61所示。

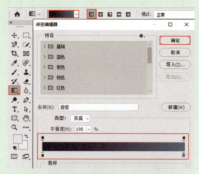

图6-60

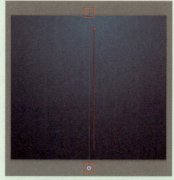

图6-61

03 新建图层，选择工具箱中的椭圆选框工具，在选项栏中设置绘制"羽化"为15像素，在画面底部位置按住鼠标左键拖动绘制椭圆形选区，将前景色设置为黑色，使用快捷键Ctrl+Delete进行填充，如图6-62所示。在"图层"面板中将该图层的"不透明度"设置为20%，如图6-63所示。

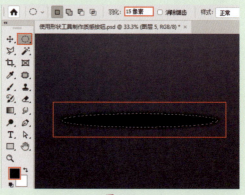

图6-62

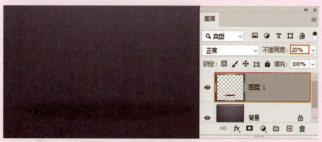

图6-63

04 执行菜单"窗口>形状"命令，打开"形状"面板，在面板菜单中执行"旧版形状及其他"命令，载入旧版形状，如图6-64所示。然后单击工具箱中的 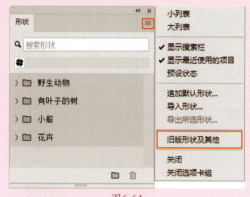（自定形状工具），在选项栏中设置绘制模式为"形状"，单击"自定形状拾色器"按钮，在下拉面板中展开"旧版形状及其他-所有旧版默认形状.csh-台词框"组，在其中选择一个合适的形状，在画面中按住鼠标左键拖动进行绘制，接着在选项栏中设置"填充"为绿色、"描边"为无，如图6-65所示。

图6-64

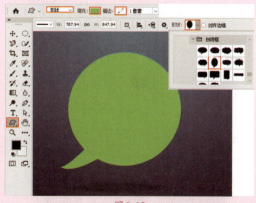

图6-65

05 选择工具箱中的椭圆工具，在选项栏中设置绘制模式为"形状"，在对话形状上面按住Shift键的同时按住鼠标左键拖动绘制正圆，在选项栏中设置"填充"为白色、"描边"为无，如图6-66所示。在"图层"面板中设置该图层的"不透明度"为35%，效果如图6-67所示。

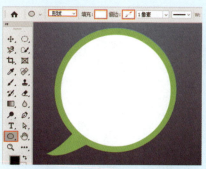

图6-66

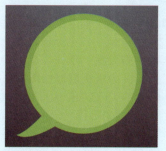

图6-67

06 选择正圆图层，单击"图层"面板底部的"添加图层蒙版"按钮，为该图层添加图层蒙版，如图6-68所示。选择工具箱中的 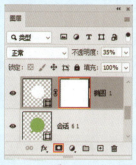（画笔工具），将前景色设置为黑色，在蒙版中涂抹左下方位置，只保留右上方的部分区域，效果如图6-69所示。

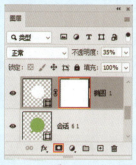

图6-68

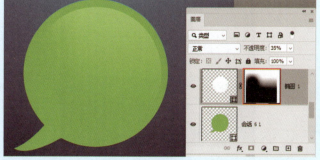

图6-69

07 在"图层"面板中选择正圆图层，使用快捷键Ctrl+J进行复制，单击复制图层的图层蒙版缩览图，选择工具箱中的画笔工具，将前景色设置为白色，然后按住鼠标左键在画面下方涂抹，在"图层"面板中设置"不透明度"为90%，效果如图6-70所示。

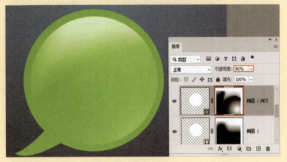

图6-70

08 选择工具箱中的 ，在选项栏中设置绘制模式为"形状"，在形状右侧绘制一个月牙形状，接着在选项栏中设置"填充"为白色、"描边"为无，如图6-71所示。为该图层添加图层蒙版，然后选择工具箱中的画笔工具，在选项栏中打开"画笔预设"选取器，在画笔预设选取器中选择一个柔边圆画笔，设置画笔"大小"为1500像素，将前景色设置为黑色，设置完成后，在画面下方位置按住鼠标左键拖动进行涂抹，效果如图6-72所示。

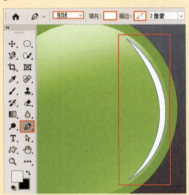

图6-71

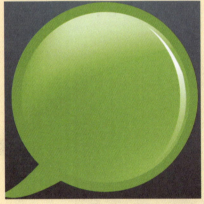

图6-72

09 绘制声音形状。选择工具箱中的自定形状工具，在选项栏中设置绘制模式为"形状"，在形状选取面板中展开"旧版形状及其他-所有旧版默认形状.csh-Web"

组，选择一个"声音"形状，然后在正圆中间位置按住鼠标左键拖动进行绘制，在选项栏中设置"填充"为白色、"描边"为无，如图6-73所示。

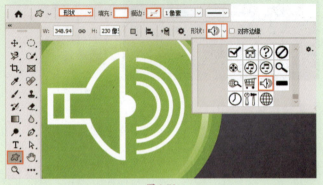

图6-73

10 选择声音形状图层，执行菜单"图层>图层样式>斜面和浮雕"命令，在弹出的"图层样式"对话框中设置"样式"为"内斜面"、"方法"为"平滑"、"深度"为100%、"方向"为"上"、"大小"为10像素、"软化"为0像素、"角度"为-48度、"高度"为21度、"高光模式"为"滤色"、颜色为白色、"不透明度"为75%、"阴影模式"为"正片叠底"、颜色为黑色、"不透明度"为30%，设置完成后单击"确定"按钮，如图6-74所示。最终效果如图6-75所示。

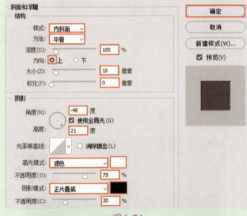

图6-74

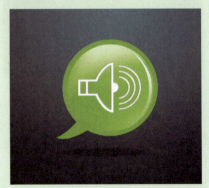

图6-75

提示 **基于选区添加图层蒙版**
如果当前图像中存在选区，选中某图层，单击"图层"面板底部的"添加图层蒙版"按钮，可以基于当前选区为任何图层添加图层蒙版，选区以外的图像将被蒙版隐藏。

提示 **蒙版的使用技巧**
要使用图层蒙版，首先要选对图层，其次要选择蒙版。默认情况下，添加图层蒙版后就是选中的状态。如果要重新选择图层蒙版，单击相应的图层蒙版缩览图即可。

实例055　使用矢量工具制作活动标志

文件路径	第6章\使用矢量工具制作活动标志
难易指数	
技术掌握	● 转换点工具 ● 自定形状工具 ● 钢笔工具 ● 矩形工具 ● 横排文字工具 ● 自由变换

🔍 扫码深度学习

操作思路
转换点工具可以调节路径的弯曲度。本案例首先利用这一工具将直角五角星转换为圆角的五角星，然后使用钢笔工具绘制五角星的内部图案，最后在其上方输入文字，最终完成案例的制作。

案例效果
案例效果如图6-76所示。

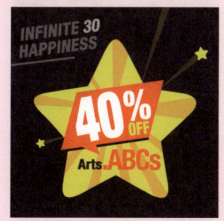

图6-76

操作步骤

01 新建一个"宽度"为1500像素、"高度"为1500像素、"分辨率"为72像素/英寸、"颜色模式"为"RGB颜色"、"背景内容"为"白色"的文档。将前景色设置为深蓝色，使用前景色填充画布，如图6-77所示。

图6-77

02 选择工具箱中的自定形状工具，在选项栏中设置绘制模式为"形状"，单击右侧的"自定形状拾色器"按钮，展开"旧版形状及其他-所有旧版默认形状.csh-形状"组，在下拉面板中选择一个五角星形状，然后在画面中按住Shift键的同时按住鼠标左键拖动绘制一个正五角星，接着设置"填充"为白色、"描边"为无，如图6-78所示。

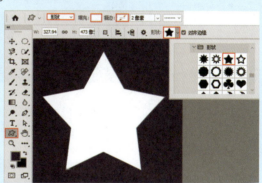

图6-78

03 右击工具箱中的钢笔工具组，在工具组列表中选择（转换点工具），按住五角星的一角拖动，改变五角星一角的形状，如图6-79所示。

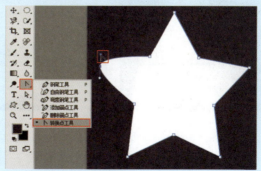

图6-79

04 使用同样的方法制作其他角，如图6-80所示。

05 执行菜单"文件>置入嵌入对象"命令，置入素材"1.jpg"，将素材旋转，调整到合适位置后按Enter键完成置入。然后执行菜单"图层>栅格化>智能对象"命令，此时画面效果如图6-81所示。

图6-80
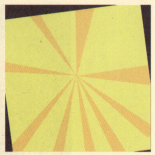
图6-81

06 在"图层"面板中选择素材"1.jpg"所在的图层并右击，在弹出的快捷菜单中执行"创建剪贴蒙版"命令，如图6-82所示。此时画面效果如图6-83所示。

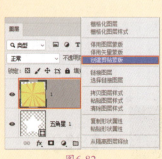
图6-82

图6-83

07 选择工具箱中的矩形工具，在选项栏中设置绘制模式为"形状"，在星形中下部按住鼠标左键拖动绘制一个矩形，接着在选项栏中设置"填充"为深蓝色、"描边"为无，如图6-84所示。使用快捷键Ctrl+T调出定界框，然后将矩形旋转一定的角度，按Enter键完成变换，效果如图6-85所示。

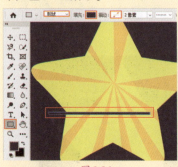
图6-84
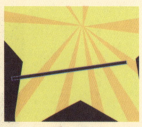
图6-85

08 选择工具箱中的 ✎（钢笔工具），在选项栏中设置绘制模式为"形状"，在画面右上角绘制一个三角形，接着在选项栏中设置"填充"为黄色、"描边"为无，如

图6-86所示。在"图层"面板中选中该图层，设置"不透明度"为30%，如图6-87所示。

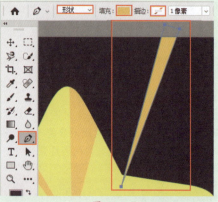
图6-86

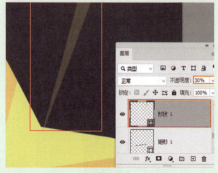
图6-87

09 在"图层"面板中选中三角形图层，按快捷键Ctrl+J进行复制，使用快捷键Ctrl+T调出定界框，然后将其进行适当的旋转、缩放，并将其移动到适当位置，效果如图6-88所示。

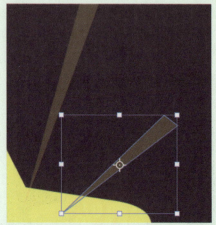
图6-88

10 使用同样的方法再制作另外一个三角形，如图6-89所示。

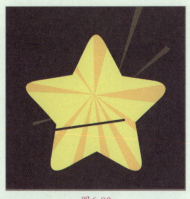

图6-89

11 继续使用钢笔工具,在选项栏中设置绘制模式为"形状",在星形中间位置绘制一个如图6-90所示的形状,接着在选项栏中设置"填充"为橘红色、"描边"为无。

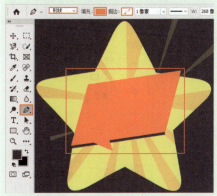

图6-90

12 选择工具箱中的横排文字工具,在选项栏中设置合适的字体和字号,设置文本颜色为白色,在画面中单击输入文字,如图6-91所示。使用同样的方法输入右侧的文字,如图6-92所示。

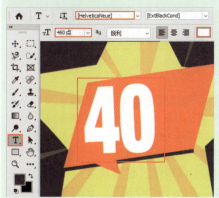

图6-91

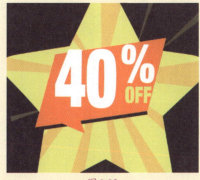

图6-92

13 按住Ctrl键单击加选3个文字图层,使用快捷键Ctrl+T调出定界框,然后进行适当的旋转,效果如图6-93所示。继续使用横排文字工具在画面中输入相应的文字,效果如图6-94所示。

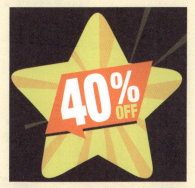

图6-93

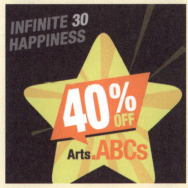

图6-94

14 选择工具箱中的矩形工具,在选项栏中设置绘制模式为"形状",在画面左上方按住鼠标左键拖动绘制一个细长的矩形,接着在选项栏中设置"填充"为灰蓝色、"描边"为无,如图6-95所示。使用快捷键Ctrl+T对矩形进行自由变换,旋转一定角度后按Enter键完成变换,效果如图6-96所示。

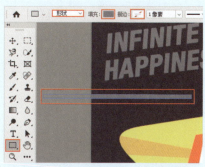

图6-95

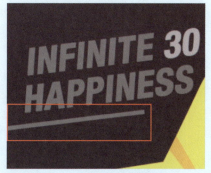

图6-96

15 在画面右侧绘制一个稍小一些的五角星,并适当旋转,如图6-97所示。复制一个五角星并移动到合适的位置,画面最终效果如图6-98所示。

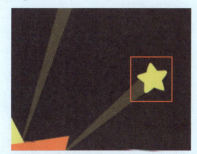

图6-97

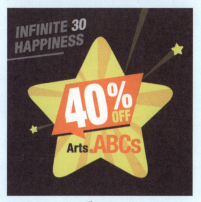

图6-98

第 ⑥ 章 矢量绘图

实例056　天气时钟小组件界面设计

文件路径	第6章\天气时钟小组件界面设计
难易指数	★★★★☆
技术掌握	● 形状工具　● 横排文字工具

扫码深度学习

操作思路

本案例首先使用形状工具绘制矢量小组件图形，在绘制时要注意调整图层的混合模式，最后在画面中合适的位置输入文字，从而制作出天气时钟小组件界面。

案例效果

案例效果如图6-99所示。

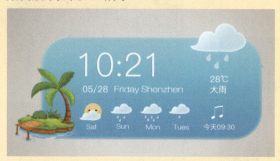

图6-99

操作步骤

01 新建一个"宽度"为1800像素、"高度"为1178像素、"分辨率"为96像素/英寸、"颜色模式"为"RGB颜色"的文档。

02 选择工具箱中的 ■（渐变工具），单击选项栏中的渐变色条，在弹出的"渐变编辑器"对话框中编辑一个灰色系的渐变色，设置完成后单击"确定"按钮，设置渐变类型为"线性渐变"，如图6-100所示。在画面中按住鼠标左键由左至右拖动填充渐变色，如图6-101所示。

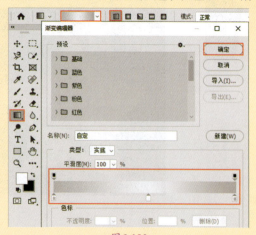

图6-100

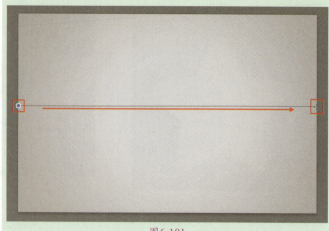

图6-101

03 选择工具箱中的矩形工具，在选项栏中设置绘制模式为"形状"，在画面中间位置绘制一个矩形，单击选项栏中的"填充"按钮，在下拉面板中单击"渐变"按钮，编辑一个蓝色系的渐变颜色，在"属性"面板中设置"圆角半径"为154像素，如图6-102所示。

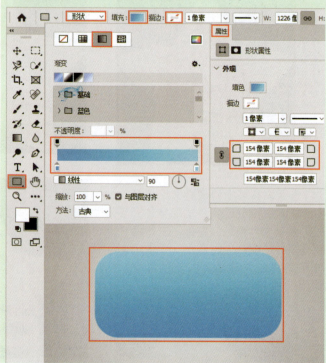

图6-102

04 在"图层"面板中选择蓝色圆角矩形图层，执行菜单"图层>图层样式>内发光"命令，在弹出的"图层样式"对话框中设置"混合模式"为"滤色"、"不透明度"为60%、发光颜色为蓝色、"大小"为18像素、"范围"为50%，如图6-103所示。然后勾选"投影"复选框，设置"混合模式"为"正片叠底"、阴影颜色为深青色、"不透明度"为15%、"角度"为30度、"距离"为6像素、"大小"为1像素，单击"确定"按钮完成设置，如图6-104所示。效果如图6-105所示。

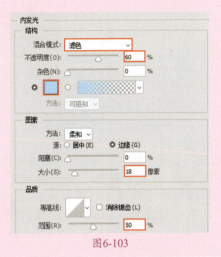

图6-103

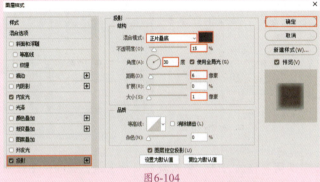

图6-104

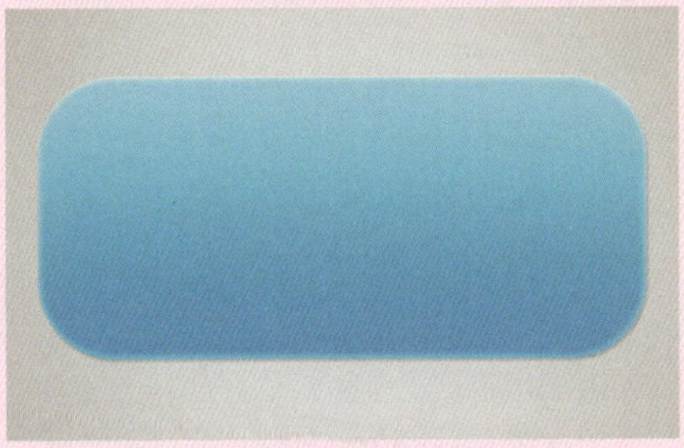

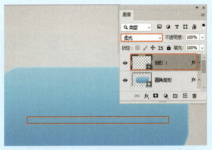

图6-107

06 在选中"矩形1"图层的状态下，执行菜单"图层>图层样式>投影"命令，在弹出的"图层样式"对话框中设置"混合模式"为"正片叠底"、阴影颜色为深青色、"不透明度"为15%、"角度"为30度、"距离"为3像素、"大小"为1像素，设置完成后单击"确定"按钮，如图6-108所示。效果如图6-109所示。

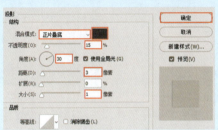

图6-108

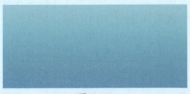

图6-109

07 接下来要绘制位于画面左下角的卡通太阳图案。选择工具箱中的椭圆工具，在选项栏中设置绘制模式为"形状"，在圆角矩形左下角位置按住Shift键的同时按住鼠标左键拖动绘制正圆形，在选项栏中设置"填充"为淡黄色、"描边"为无，如图6-110所示。

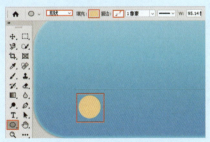

图6-110

图6-105

05 选择工具箱中的矩形工具，在选项栏中设置绘制模式为"形状"，在圆角矩形中间偏下位置按住鼠标左键拖动绘制一个矩形作为分割线，接着在选项栏中设置"填充"为灰色、"描边"为无，如图6-106所示。在"图层"面板中选中灰色矩形图层，设置其混合模式为"柔光"，如图6-107所示。

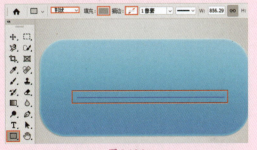

图6-106

08 绘制太阳的"红脸蛋"。使用同样的方法，在淡黄色正圆左侧绘制一个由粉色至黄色渐变的正圆形，效果如图6-111所示。

09 在"图层"面板中选中粉色正圆图层，将其拖动到"创建新图层"按钮上进行复制，并将复制的粉色正圆移动到右侧脸颊处，效果如图6-112所示。

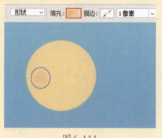
图6-111
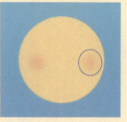
图6-112

10 最后要绘制太阳的"眼睛"。继续使用椭圆工具，在渐变正圆上方位置绘制一个较小的黑色正圆，如图6-113所示。选择黑色正圆图层，使用快捷键Ctrl+J进行复制，并将其移动至右侧位置，效果如图6-114所示。

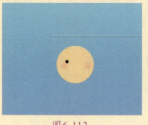
图6-113
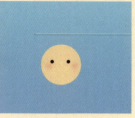
图6-114

11 选择工具箱中的钢笔工具，在选项栏中设置绘制模式为"形状"，在画面右上角位置绘制一个云朵形状，单击选项栏中的"填充"按钮，在下拉面板中单击"渐变"按钮，编辑一个浅蓝色系的渐变颜色，如图6-115所示。选中"云"图层，执行菜单"图层>图层样式>内发光"命令，在弹出的"图层样式"对话框中设置"混合模式"为"滤色"、"不透明度"为75%、发光颜色为黄色、"大小"为18像素、"范围"为50%，单击"确定"按钮完成设置，如图6-116所示。此时云朵效果如图6-117所示。

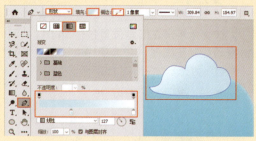
图6-115

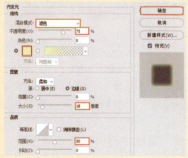
图6-116

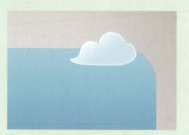
图6-117

12 在"图层"面板中选中云朵图层，将其拖动到"创建新图层"按钮上进行复制，如图6-118所示。使用快捷键Ctrl+T调出定界框，对复制的云朵进行适当的缩放并移动到合适位置，按Enter键确认操作，效果如图6-119所示。

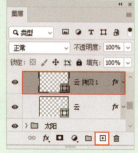
图6-118
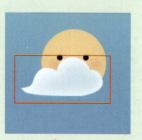
图6-119

13 使用同样的方法，依次复制其他云朵，此时画面效果如图6-120所示。

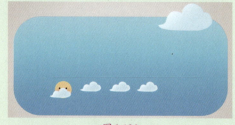
图6-120

14 选择工具箱中的自定形状工具，在选项栏中设置绘制模式为"形状"，在形状选取面板中展开"旧版形状及其他-所有旧版默认形状.csh-音乐"组，选择一个合适的音符形状，在圆角矩形右下角位置按住鼠标左键拖动绘制一个音符形状，接着设置"填充"为白色、"描边"为无，如图6-121所示。

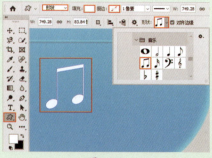
图6-121

15 选择工具箱中的钢笔工具，在选项栏中设置绘制模式为"形状"，在画面右上角云朵的下方位置绘制一个雨滴形状，在选项栏中设置"填充"为浅蓝色，如图6-122所示。

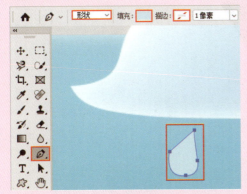

图6-122

16 在"图层"面板中选中雨滴图层，将其拖动到"创建新图层"按钮 上进行复制，将复制的雨滴图形移动到右侧适当位置，如图6-123所示。使用同样的方法，依次制作其他雨滴图形，此时画面效果如图6-124所示。

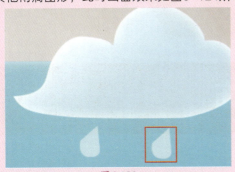

图6-123

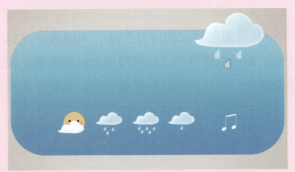

图6-124

17 选择工具箱中的横排文字工具，在选项栏中设置合适的字体和字号，设置文本颜色为白色，在画面中单击并输入文字，如图6-125所示。选择文字图层，执行菜单"图层>图层样式>投影"命令，在弹出的"图层样式"对话框中设置"混合模式"为"正片叠底"、阴影颜色为深青色、"不透明度"为15%、"角度"为30度、"距离"为3像素、"大小"为1像素，设置完成后单击"确定"按钮，如图6-126所示。文字效果如图6-127所示。

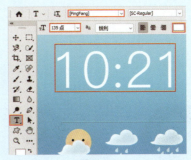

图6-125

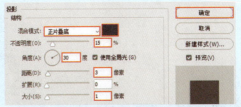

图6-126

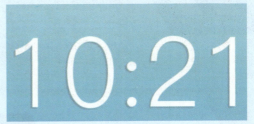

图6-127

18 继续使用横排文字工具在画面其他位置输入不同的文字，输入完成后画面效果如图6-128所示。

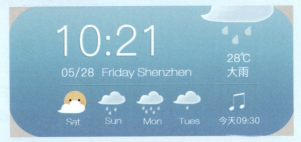

图6-128

19 执行菜单"文件>置入嵌入对象"命令，置入卡通素材"1.png"，将素材放置在适当的位置，按Enter键完成置入，最终画面效果如图6-129所示。

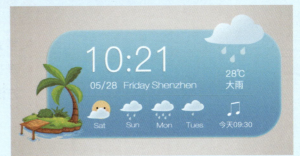

图6-129

第7章

图像修饰

本章概述

Photoshop是目前世界上应用最广泛、功能最强大的图形图像处理软件。使用该软件可以非常方便地绘制图像、调色润色、修复图像瑕疵，以及制作各种图像特效。本章主要围绕"图像修饰"这个主题进行介绍。

本章重点

- 学会使用修复图像瑕疵的多种工具
- 掌握减淡工具、加深工具、海绵工具、模糊工具的使用方法

7.1 去除瑕疵

当拿到一张图片时,可能它并不完美。这时就需要对它进行美化,例如去除瑕疵、调整位置等。在Photoshop中可以使用仿制图章工具、污点修复画笔工具、修补工具等轻松处理此类问题。

实例057 使用仿制图章工具去除照片中的杂物

文件路径	第7章\使用仿制图章工具去除照片中的杂物
难易指数	★★☆☆☆
技术掌握	仿制图章工具

操作思路

仿制图章工具是一个既好用又神奇的工具,它能复制拾取区域的内容及纹理效果,并将其涂抹到特定位置。在绘制过程中可多次取样,选择最接近的位置进行拾取,将瑕疵降到最小化,以达到完美的画面效果。本案例就是利用仿制图章工具去除照片中的杂物,从而制作出风景优美的海边景色。

案例效果

案例对比效果如图7-1和图7-2所示。

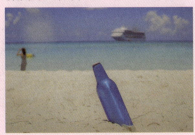
图7-1

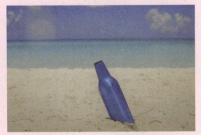
图7-2

操作步骤

01 执行菜单"文件>打开"命令,打开素材"1.jpg",如图7-3所示。选择工具箱中的仿制图章工具,在选项栏中单击"画笔预设"选取器,在画笔预设选取器中选择一个柔边圆画笔,设置画笔"大小"为50像素、"硬度"为0。在选项栏中设置"模式"为"正常"、"不透明度"为40%,如图7-4所示。

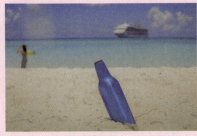
图7-3

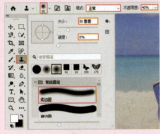
图7-4

02 设置完成后按住Alt键在人物周围的海面处拾取内容,拾取完成后在人物身体处进行涂抹,如图7-5所示。在涂抹过程中可以看出人物渐渐被海面内容所覆盖,不断拾取最接近人物的海面位置,此时画面效果如图7-6所示。

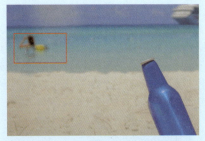
图7-5

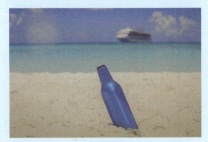
图7-6

03 继续使用仿制图章工具去除远处海面上的轮船。首先调整仿制图章工具的画笔"大小"为80像素、"不透明度"为60%。接下来将光标移动到轮船周围的天空处按住Alt键进行取样,按上述相同方法进行涂抹绘制,画面最终效果如图7-7所示。

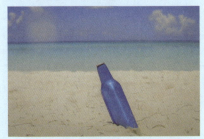
图7-7

实例058 使用仿制图章工具去除细纹

文件路径	第7章\使用仿制图章工具去除细纹
难易指数	★★☆☆☆
技术掌握	仿制图章工具

操作思路

仿制图章工具是一个较为方便的

图像修饰工具，使用频率非常高。本案例使用仿制图章工具按住Alt键拾取眼睛周围平滑的皮肤进行取样，以画笔绘制的方式，将光标移至眼袋处按住鼠标左键拖动涂抹，此时将会出现新的皮肤覆盖在眼袋上方。

案例效果

案例对比效果如图7-8和图7-9所示。

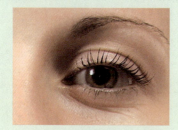

图7-8

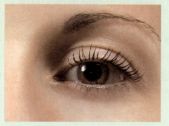

图7-9

操作步骤

01 执行菜单"文件>打开"命令，打开素材"1.jpg"，如图7-10所示。

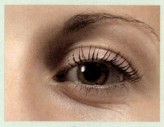

图7-10

02 选择工具箱中的 ♣.（仿制图章工具），在选项栏中单击"画笔预设"选取器，在画笔预设选取器中选择一个柔边圆画笔，设置画笔"大小"为30像素、"硬度"为0，在选项栏中设置"模式"为"正常"、"不透明度"为60%，如图7-11所示。

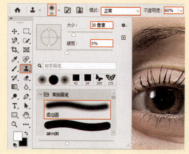

图7-11

03 在眼睛周围没有皱纹的位置按住Alt键并单击，对眼睛周围的皮肤进行拾取。然后在眼袋处按住鼠标左键拖动，如图7-12所示。为了让效果更加自然，在修补的过程中可以适当调整笔尖的"大小"及"不透明度"，也可以随时进行皮肤取样，画面最终效果如图7-13所示。

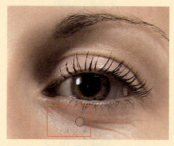

图7-12

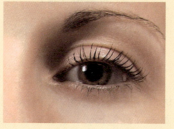

图7-13

实例059　使用图案图章工具制作印花手提包

文件路径	第7章\使用图案图章工具制作印花手提包
难易指数	★★★★★
技术掌握	● 图案图章工具 ● 导入图案素材

扫码深度学习

操作思路

 ♣.（图案图章工具）是通过涂抹的方式绘制预先选择好的图案。本案例主要通过使用图案图章工具为画面的局部添加图案，因为Photoshop自带的图案有限，所以需要导入外挂的图案素材，以合适的混合模式在画面中添加图案。

案例效果

案例对比效果如图7-14和图7-15所示。

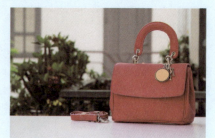

图7-14

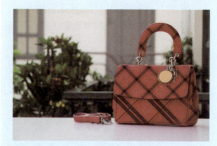

图7-15

操作步骤

01 执行菜单"文件>打开"命令，打开素材"1.jpg"，如图7-16所示。然后在"图层"面板中使用快捷键Ctrl+J复制"背景"图层。

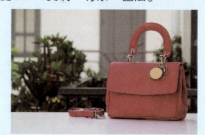

图7-16

02 打开素材文件夹，选择其中的"2.pat"素材，按住鼠标左键向界面上拖动（拖动到工具箱或选项栏、菜单栏的位置）进行导入，如图7-17所示。

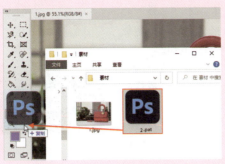

图7-17

03 选择工具箱中的 ■（图案图章工具），在选项栏中单击"画笔预设"选取器，在画笔预设选取器中选择一个柔边圆画笔，设置画笔"大小"为25像素。在选项栏中设置"模式"为"正片叠底"、"不透明度"为100%。然后打开"图案拾色器"面板，展开图案组，选择合适的图案，如图7-18所示。

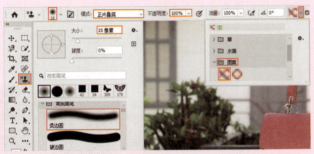

图7-18

04 在复制得到的背景图层中绘制图案。将光标移到包的下半部分，按住鼠标左键进行细致的涂抹，涂抹效果如图7-19所示。

05 绘制手提包上部分。选择该图层，使用快捷键Ctrl+J进行复制，接着打开选项栏中的"图案拾色器"面板，选择另一种图案。继续按住鼠标左键在手提包上部分进行涂抹，涂抹细节部位时须减小画笔大小，最终效果如图7-20所示。

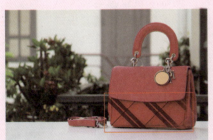

图7-19

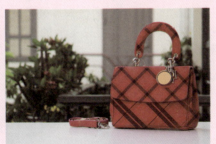

图7-20

实例060　使用污点修复画笔工具去除斑点

文件路径	第7章\使用污点修复画笔工具去除斑点
难易指数	★★☆☆☆
技术掌握	污点修复画笔工具

操作思路

污点修复画笔工具是照片处理中常用的工具之一。在不需要定义原点的前提下，调整画笔大小，将画笔置于污点之上，单击或按住鼠标左键移动，此时修复位置将会自动匹配相似的像素。本案例将使用污点修复画笔工具去除人物面部的斑点。

案例效果

案例对比效果如图7-21和图7-22所示。

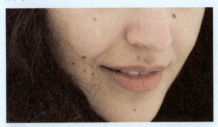

图7-21

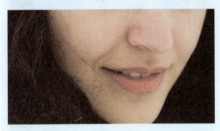

图7-22

操作步骤

01 执行菜单"文件>打开"命令，或按快捷键Ctrl+O，打开素材"1.jpg"，如图7-23所示。可以看到画面中人物的面部有较多的斑点，下面就来去除斑点。选择工具箱中的 ■（污点修复画笔工具），在选项栏中单击"画笔选项"下拉按钮，在"画笔选项"面板中设置"大小"为20像素、"硬度"为0，设置"模式"为"正常"，如图7-24所示。

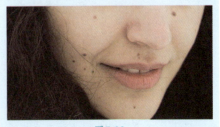

图7-23

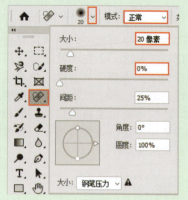

图7-24

02 将光标定位在脸部的一个斑点上，使斑点在圆形光标内，如图7-25所示。单击鼠标左键，效果如图7-26所示。使用同样的方法去除其他斑点，最终效果如图7-27所示。

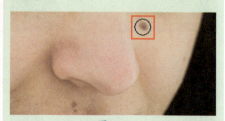

图7-25

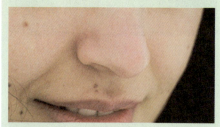

图7-26

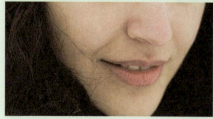

图7-27

要点速查：污点修复画笔工具选项栏

在污点修复画笔工具选项栏中可以进行以下参数的设置。

➢ 模式：在设置修复图像的混合模式

时，除"正常""正片叠底"等常用模式外，还有一个"替换"模式，该模式可以保留画笔描边边缘处的杂色、胶片颗粒和纹理。

➢ 近似匹配：可以使用选区边缘周围的像素来查找要用作选定区域修补的图像区域。

➢ 创建纹理：可以使用选区中的所有像素创建一种用于修复该区域的纹理。

➢ 内容识别：可以使用选区周围的像素进行修复。

实例061　使用修复画笔工具去除飞鸟

文件路径	第7章\使用修复画笔工具去除飞鸟
难易指数	★★☆☆☆
技术掌握	修复画笔工具

扫码深度学习

操作思路

本案例主要练习使用修复画笔工具。首先在画面中按住Alt键单击进行取样，然后可以将样本像素的纹理、光照、透明度和阴影与所修复的像素进行匹配，使修复后的像素与源图像融合得更好，从而完成飞鸟的去除操作。

案例效果

案例对比效果如图7-28和图7-29所示。

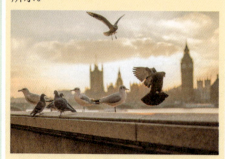

图7-28

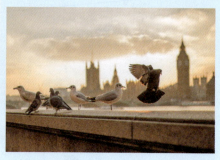

图7-29

操作步骤

01 执行菜单"文件>打开"命令，打开素材"1.jpg"，如图7-30所示。然后在"图层"面板中使用快捷键Ctrl+J复制"背景"图层。

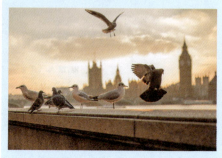

图7-30

02 在工具箱中右击"修复工具组"，在工具组列表中选择 （修复画笔工具），在选项栏中单击"画笔选项"下拉按钮，在"画笔选项"面板中设置画笔"大小"为40像素，在选项栏中设置"模式"为"正常"，设置修复区域的"源"为"取样"，如图7-31所示。然后在画面中与飞鸟相近的天空位置按住Alt键单击进行取样，在飞鸟上方按住鼠标左键拖动进行涂抹，如图7-32所示。

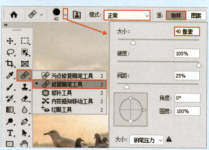

图7-31

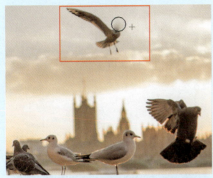

图7-32

03 在涂抹过程中不断拾取飞鸟周围的天空部分，使修复内容更自然，最终画面效果如图7-33所示。

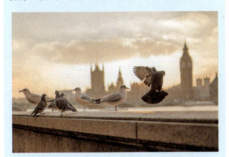

图7-33

要点速查：修复画笔工具选项栏

在修复画笔工具选项栏中可以进行以下参数的设置，如图7-34所示。

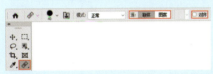

图7-34

- 源：设置用于修复像素的源。当选择"取样"选项时，可以使用当前图像的像素来修复图像；当选择"图案"选项时，可以使用某个图案作为取样点。
- 对齐：勾选该复选框后，可以连续对像素进行取样，即使释放鼠标也不会丢失当前的取样点；取消勾选该复选框后，则会在每次停止并重新开始绘制时使用初始取样点中的样本像素。

实例062 使用修补工具去除沙滩上的游客

文件路径	第7章\使用修补工具去除沙滩上的游客
难易指数	★★☆☆☆
技术掌握	修补工具

扫码深度学习

操作思路

在Photoshop中，修补工具是一个简单实用的工具。该工具可以使用图像中的部分内容覆盖修复特定区域。本案例首先使用修补工具建立沙滩上游客的选区，然后将选区移至颜色相近无人的位置，释放鼠标即可自动识别出沙滩内容。

案例效果

案例对比效果如图7-35和图7-36所示。

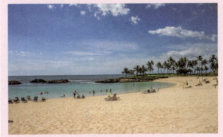

图7-35

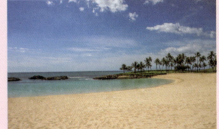

图7-36

操作步骤

01 执行菜单"文件>打开"命令或按快捷键Ctrl+O，打开素材"1.jpg"，如图7-37所示。在画面中可以看到沙滩上有很多游客，需要使用修补工具将画面中的人物去除。首先观察锁定到人的位置，选择工具箱中的缩放工具，将光标移动到画面中单击放大显示比例，以方便观察并准确去除人物，如图7-38所示。

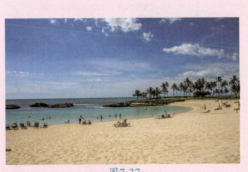

图7-37

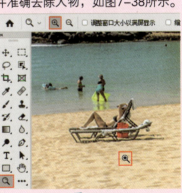

图7-38

02 选择工具箱中的修补工具，在选项栏中单击"新选区"按钮，设置"修补"为"正常"，并选中"源"单选按钮，接着将光标移动到画面中，按住鼠标左键沿着要修补的部分拖动绘制选区，如图7-39所示。释放鼠标即可得到选区，如图7-40所示。

第7章 图像修饰

117

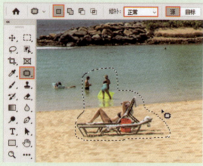

图7-39

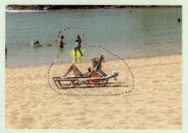

图7-40

03 将光标定位在选区中，如图7-41所示。按住鼠标左键将选区向颜色相近无人的区域拖动，如图7-42所示。释放鼠标完成修补，如图7-43所示。

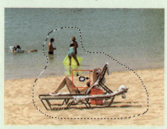

图7-41

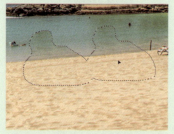

图7-42

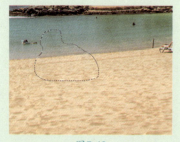

图7-43

04 继续使用同样的方法修补其他区域，最后使用缩放工具将画面的显示比例调整回来，最终效果如图7-44所示。

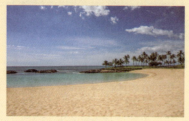

图7-44

要点速查：修补工具选项栏

在修补工具选项栏中可以进行以下参数的设置。

- 修补：创建选区后，选中"源"单选按钮时，将选区拖动到要修补的区域以后，释放鼠标左键就会用当前选区中的图像修补原来选中的内容；选中"目标"单选按钮时，则会将选中的图像复制到目标区域。
- 透明：勾选该复选框后，可以使修补的图像与原始图像产生透明的叠加效果。该选项适用于修补清晰分明的纯色背景或渐变背景。
- 使用图案：使用修补工具创建选区后，单击"使用图案"按钮，可以使用图案修补选区内的图像。

实例063 使用内容感知移动工具移动人物

文件路径	第7章\使用内容感知移动工具移动人物
难易指数	★★★★★
技术掌握	内容感知移动工具

扫码深度学习

操作思路

内容感知移动工具非常神奇，它可以将选区中的像素"移动"到其他位置，而原来位置将会被智能填充，并与周围像素融为一体。本案例将使用该工具将人物从画面一侧轻松"移动"到画面的另一侧。

案例效果

案例对比效果如图7-45~图7-47所示。

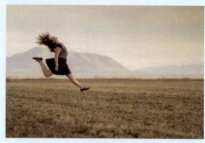

图7-45

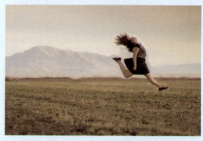

图7-46

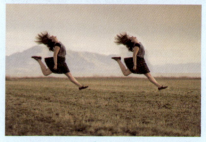

图7-47

操作步骤

01 执行菜单"文件>打开"命令或按快捷键Ctrl+O，打开素材"1.jpg"，如图7-48所示。选择工具箱中的内容感知移动工具，在选项栏中单击"新选区"按钮，设置"模式"为"移动"，接着在人物边缘处按住鼠标左键进行拖动，如图7-49所示。

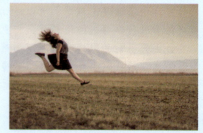

图7-48

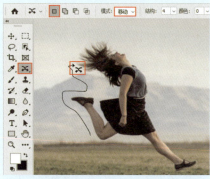

图7-49

02 当所画的线首尾相接时便会形成选区,如图7-50所示。将光标放置在选区内部,按住鼠标左键并拖动,如图7-51所示。移动到适当的位置后释放鼠标左键,按Enter键提交操作,使用快捷键Ctrl+D取消选区,可以看到原位置人物已消失,新位置出现了人物图像,如图7-52所示。

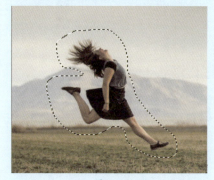

图7-50

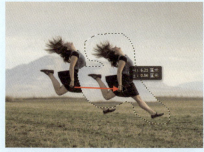

图7-51

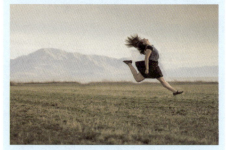

图7-52

03 内容感知移动工具不仅可以将人物移动,还可以移动并复制,使画面中出现两个与画面融合的主体。继续使用内容感知移动工具,在选项栏中将"模式"设置为"扩展",然后使用该工具绘制选区并向右拖动,如图7-53所示。释放鼠标即可看到移动并复制的人像效果,如图7-54所示。

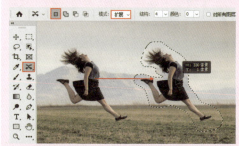

图7-53

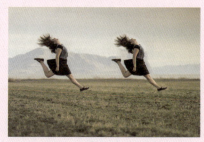

图7-54

提示 内容感知移动工具的"模式"选项

在工具箱中选择内容感知移动工具,在选项栏中可以进行参数的设置。当选项栏中的"模式"设置为"移动"时,选择的对象将被移动。当"模式"设置为"扩展"时,选择的对象将被移动并复制。

实例064 使用红眼工具矫正瞳孔颜色

文件路径	第7章\使用红眼工具矫正瞳孔颜色
难易指数	★☆☆☆☆
技术掌握	红眼工具

扫码深度学习

操作思路

在Photoshop中,（红眼工具）是一个非常简单实用的工具。"红眼"问题是闪光灯摄影中常见的问题。在光线较暗的环境中使用闪光灯进行拍照,经常会造成黑眼球变红的情况,也就是通常所说的"红眼"。本案例将通过红眼工具去除人物的"红眼"。

案例效果

案例对比效果如图7-55和图7-56所示。

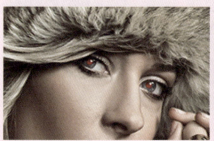

图7-55

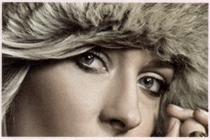

图7-56

操作步骤

01 执行菜单"文件>打开"命令或按快捷键Ctrl+O，打开素材"1.jpg"，如图7-57所示。可以看到画面中人物的瞳孔颜色为红色，下面要对瞳孔颜色进行矫正。选择工具箱中的红眼工具，在选项栏中设置"瞳孔大小"和"变暗量"均为50%，可以看到光标变成了眼睛形状，如图7-58所示。

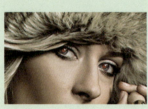
图7-57

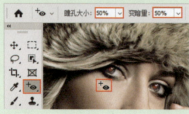
图7-58

02 选择工具箱中的缩放工具，在画面中单击，将画面显示比例放大，以方便更准确地矫正瞳孔颜色，如图7-59所示。接着将光标定位在瞳孔处，按住鼠标左键拖动绘制矩形框，将人物瞳孔定位在矩形框中间位置，如图7-60所示。释放鼠标左键矫正完成，如图7-61所示。

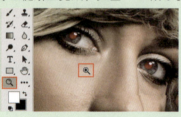
图7-59

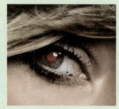
图7-60

03 使用同样的方法矫正另一个瞳孔，最后使用快捷键Ctrl+0将画面显示到合适屏幕大小，效果如图7-62所示。

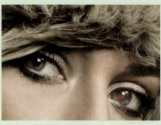
图7-61

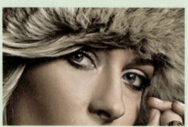
图7-62

实例065　使用"内容识别"去除钉子

文件路径	第7章\使用"内容识别"去除钉子
难易指数	★★☆☆☆
技术掌握	内容识别

扫码深度学习

操作思路

在修饰图片的过程中，"内容识别"功能为人们创造了很多捷径。本案例中，首先针对画面左侧的钉子进行框选，然后执行菜单"编辑>填充"命令，并设置填充方式为"内容识别"，此时钉子将会自动被去除。

案例效果

案例对比效果如图7-63和图7-64所示。

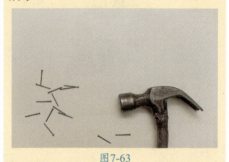
图7-63

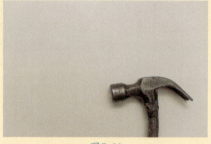
图7-64

操作步骤

01 执行菜单"文件>打开"命令，打开素材"1.jpg"，如图7-65所示。

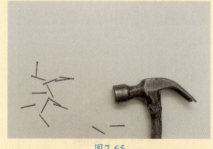
图7-65

02 接下来去除画面左侧的钉子。首先选择工具箱中的（矩形选框工具），然后在选项栏中单击"添加到选区"按钮，将想要去除的钉子部分进行框选，如图7-66所示。执行菜单"编辑>填充"命令，在弹出的"填充"对话框中设置"内容"为"内容识别"，勾选"颜色适应"复选框，设置完成后单击"确定"按钮，如图7-67所示。

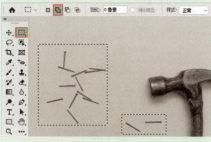

图7-66

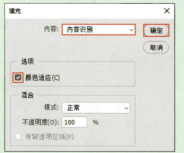

图7-67

03 此时选区内的钉子将自动填充为灰色背景,如图7-68所示。按快捷键Ctrl+D取消选区。画面最终效果如图7-69所示。

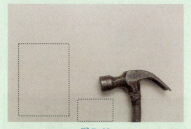

图7-68

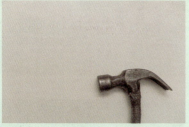

图7-69

7.2 细节修饰

在Photoshop的工具箱中,还包括多个可用于图像细节调整的工具,可以对局部区域进行加深、减淡、弱化色彩、强化色彩、模糊处理、锐化处理等操作。

实例066 使用模糊工具柔化表面质感

文件路径	第7章\使用模糊工具柔化表面质感
难易指数	★★☆☆☆
技术掌握	模糊工具

扫码深度学习

操作思路

运用 (模糊工具)可以增强画面的层次感,也可以起到强化主体物、隐藏瑕疵的作用。模糊工具通常作为磨皮处理工具使用,能有效降低画面锐度,使表面粗糙的物体呈现光滑质感,操作起来既方便又快捷。本案例就是使用该工具将画面中粗糙的地方进行模糊处理,使其表面的质感较为柔和。

案例效果

案例对比效果如图7-70和图7-71所示。

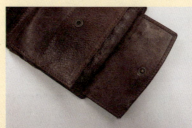

图7-70

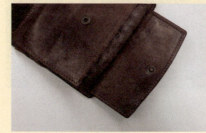

图7-71

操作步骤

01 执行菜单"文件>打开"命令或按快捷键Ctrl+O,打开素材"1.jpg",如图7-72所示。

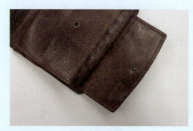

图7-72

02 接下来将皮包的质感进行模糊处理。选择工具箱中的 (模糊工具),在选项栏中单击"画笔预设"选取器,在画笔预设选取器中选择一个柔边圆画笔,设置画笔"大小"为150像素、"硬度"为0。在选项栏中设置"模式"为"正常"、"强度"为100%,如图7-73所示。设置完成后,在画面中皮包表面位置按住鼠标左键拖动进行涂抹,如图7-74所示。

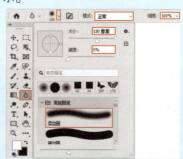

图7-73

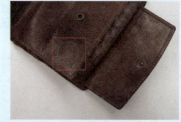

图7-74

03 被涂抹的区域细节变得越来越模糊,表面呈现出较为光滑的质感。继续在其他粗糙的位置进行涂抹,最终效果如图7-75所示。

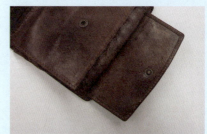

图7-75

实例067 使用模糊工具将环境处理模糊

文件路径	第7章\使用模糊工具将环境处理模糊
难易指数	★☆☆☆☆
技术掌握	模糊工具

扫码深度学习

操作思路

模糊工具可以降低相邻像素的对比度，使画面更显柔和。本案例使用模糊工具将画面周围环境进行模糊处理，呈现出景深效果，增强画面纵深感。

案例效果

案例对比效果如图7-76和图7-77所示。

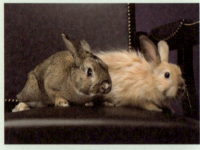
图7-76

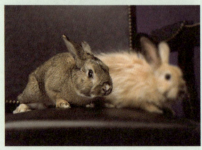
图7-77

操作步骤

01 执行菜单"文件>打开"命令或按快捷键Ctrl+O，打开素材"1.jpg"，如图7-78所示。为了使画面中灰色兔子更突出，需要将黄色兔子进行模糊处理。选择工具箱中的模糊工具，在选项栏中单击"画笔预设"下拉按钮，在画笔预设选取器中选择一个柔边圆画笔，设置"大小"为100像素、"硬度"为0，设置"模式"为"正常"、"强度"为100%。将光标移动到画面右侧，在黄色兔子身上进行涂抹，此时黄色兔子由清晰变为模糊，如图7-79所示。

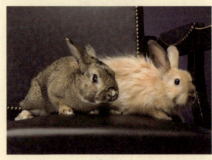
图7-78

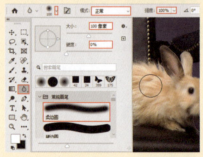
图7-79

02 继续使用模糊工具在黄色兔子周围进行涂抹，使黄色兔子的周围也变得模糊一些，使画面整体更自然，最终效果如图7-80所示。

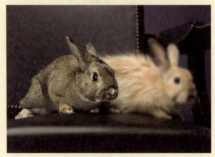
图7-80

> **提示** 通过设置"强度"调整模糊程度
>
> 可以通过"强度"数值来设置模糊的程度。在画面中涂抹即可使局部变得更加模糊，涂抹的次数越多，该区域就越模糊。

实例068 使用锐化工具增强照片细节感

文件路径	第7章\使用锐化工具增强照片细节感
难易指数	★☆☆☆☆
技术掌握	锐化工具

扫码深度学习

操作思路

△（锐化工具）可以增强图像局部的清晰度。使用锐化工具可以快速聚焦模糊边缘，能够进一步提升画面清晰度，使图片质感或色彩更加鲜明。在操作过程中要合理设置锐化参数，参数过大，不但会破坏画面质感美，还会给人一种烦躁、干裂和不真实的感觉。本案例将使用锐化工具对画面进行锐化处理，增强画面清晰度。

案例效果

案例对比效果如图7-81和图7-82所示。

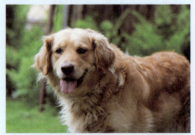
图7-81

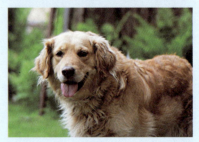
图7-82

操作步骤

01 执行菜单"文件>打开"命令或按快捷键Ctrl+O，打开素材

"1.jpg"，如图7-83所示。

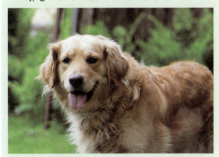

图7-83

02 为了突出动物皮毛细节感，针对画面中的动物进行锐化处理。右击工具箱中的"模糊工具组"，在工具组列表中选择 △.（锐化工具），在选项栏中单击"画笔预设"选取器，在画笔预设选取器中选择一个柔边圆画笔，设置画笔"大小"为150像素，设置"硬度"为0。在选项栏中设置"模式"为"正常"、"强度"为100%，如图7-84所示。设置完成后，将光标移动到动物的身体上，按住鼠标左键拖动进行涂抹，如图7-85所示。

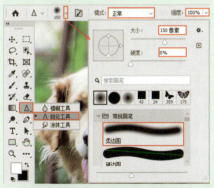

图7-84

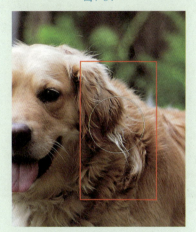

图7-85

03 涂抹过的毛发逐渐趋于清晰，如图7-86所示。按此方法继续在动物身体其他位置进行涂抹，最终效果如图7-87所示。

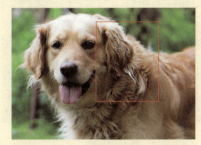

图7-86

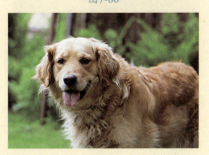

图7-87

实例069	使用涂抹工具制作绘画感
文件路径	第7章\使用涂抹工具制作绘画感
难易指数	★★☆☆☆
技术掌握	涂抹工具

扫码深度学习

操作思路

涂抹工具可以模拟手指划过湿油漆时所产生的效果。通常在画面中使用涂抹工具，用"强度"数值来设置颜色展开的衰减程度，这不仅会增强画面的艺术感，还会有效地改变图片风格。本案例将使用涂抹工具对画面进行适当的涂抹，使画面呈现油画效果。

案例效果

案例对比效果如图7-88和图7-89所示。

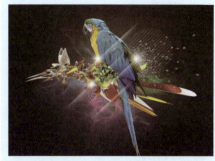

图7-88

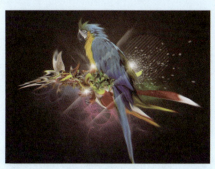

图7-89

操作步骤

01 执行菜单"文件>打开"命令，打开素材"1.jpg"，如图7-90所示。

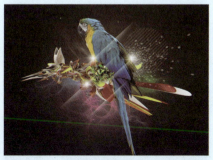

图7-90

02 右击工具箱中的"模糊工具组"，在工具组列表中选择 ❷.（涂抹工具），在选项栏中单击"画笔预设"选取器，在画笔预设选取器中选择一个柔边圆画笔，设置画笔"大小"为50像素，设置"硬度"为0。在选项栏中设置"模式"为"正常"、"强度"为50%，如图7-91所示。设置完成后，按住鼠标左键在画面中尾部羽毛处按羽毛走向进行拖动涂抹，如图7-92所示。

第7章 图像修饰

123

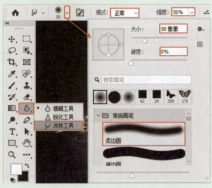

图7-91

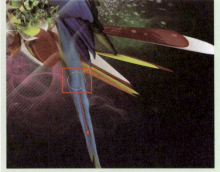

图7-92

03 涂抹后的尾部羽毛效果如图7-93所示。继续调整涂抹工具选项栏中画笔"大小"及"强度"参数，在鹦鹉身体羽毛处进行涂抹，如图7-94所示。

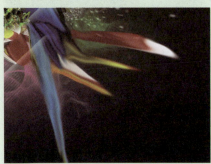

图7-93

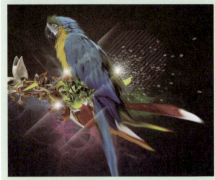

图7-94

04 继续对鹦鹉及周边图形进行涂抹，最终效果如图7-95所示。

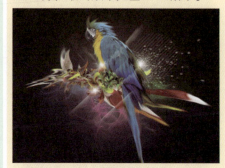

图7-95

要点速查：涂抹工具选项栏

涂抹工具选项栏如图7-96所示。

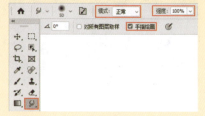

图7-96

- 强度：用来设置颜色展开的衰减程度。
- 模式：设置涂抹位置颜色的混合模式。
- 手指绘画：勾选该复选框后，可以使用前景色进行涂抹绘制。

实例070　使用减淡工具制作纯白背景

文件路径	第7章\使用减淡工具制作纯白背景
难易指数	★☆☆☆☆
技术掌握	减淡工具

扫码深度学习

操作思路

使用 🔍（减淡工具）在画面中按住鼠标左键拖动即可提高涂抹区域的亮度。本案例使用减淡工具，以画笔的形式在画面中背景位置进行涂抹，使画面更换为白色背景。

案例效果

案例对比效果如图7-97和图7-98所示。

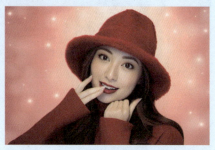

图7-97

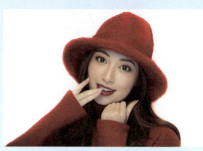

图7-98

操作步骤

01 执行菜单"文件>打开"命令或按快捷键Ctrl+O，打开素材"1.jpg"，如图7-99所示。选择工具箱中的减淡工具，在选项栏中单击"画笔预设"选取器，在画笔预设选取器中设置"大小"为150像素、"硬度"为0，设置"范围"为"高光"、"曝光度"为100%，取消勾选"保护色调"复选框，接着将光标移动到画面中，对左侧背景进行涂抹，可以看到左侧背景变白了，如图7-100所示。

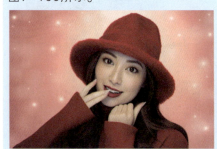

图7-99

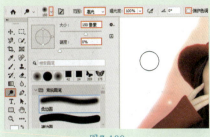

图7-100

02 继续对画面右侧进行涂抹,效果如图7-101所示。接着在选项栏中将画笔"大小"调整为50像素,在画面中人物手指处进行涂抹,如图7-102所示。最终效果如图7-103所示。

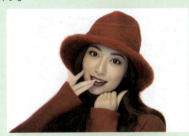

图7-101

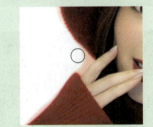

图7-102

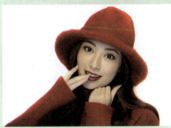

图7-103

要点速查:减淡工具选项栏

在减淡工具选项栏中可以进行以下参数的设置。

- 范围:该选项用来设置减淡操作针对的色调区域是"中间调"还是"阴影"或"高光"。例如,要提亮灰色背景的亮度,就设置"范围"为"中间调",因为这个颜色

相对于整个画面中的其他颜色来说属于中间调。

- 曝光度:该选项用于控制颜色减淡的强度,数值设置得越大,在画面中涂抹时对画面减淡的程度也就越强。
- 保护色调:如果勾选该复选框,可以在使画面内容变亮的同时,保证色相不会更改。设置完成后在画面中涂抹,即可看到颜色减淡的效果。

实例071 使用减淡工具和海绵工具处理宠物照片

文件路径	第7章\使用减淡工具和海绵工具处理宠物照片
难易指数	★☆☆☆☆
技术掌握	● 减淡工具 ● 海绵工具

扫码深度学习

操作思路

在Photoshop中,减淡工具不仅在绘制背景时方便好用,在提亮画面局部区域方面也可以发挥强大的作用。本案例中,主要使用减淡工具将猫咪的毛色提亮,并利用海绵工具对背景进行去色,使主体更突出。

案例效果

案例对比效果如图7-104和图7-105所示。

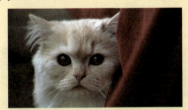

图7-104

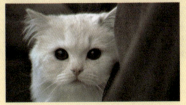

图7-105

操作步骤

01 执行菜单"文件>打开"命令或按快捷键Ctrl+O,打开素材"1.jpg",如图7-106所示。首先要将猫的脸部变得白一些。选择工具箱中的减淡工具,在选项栏中单击"画笔预设"选取器,在画笔预设选取器中设置"大小"为150像素、"硬度"为0,设置"范围"为"中间调"、"曝光度"为45%,取消勾选"保护色调"复选框,接着将光标移动到画面中猫咪头顶的位置进行涂抹,可以看到光标经过的位置变白了,如图7-107所示。

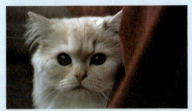

图7-106

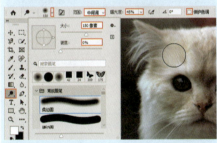

图7-107

02 继续对猫咪的脸部进行涂抹,效果如图7-108所示。由于画面中红色的布颜色过于鲜明,使主体的猫不能凸显出来,需要对红色的布进行调整。选择工具箱中的海绵工具,在选项栏中设置合适的笔尖大小,设置"模式"为"去色"、"流量"为100%,取消勾选"自然饱和度"复选框,接着将光标移动到画面中,对红色的布进行涂抹,如图7-109所示。

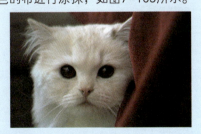

图7-108

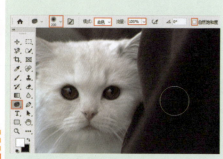

图7-109

03 选择工具箱中的减淡工具,在选项栏中单击"画笔预设"选取器,在画笔预设选取器中设置"大小"为150像素、"硬度"为0,设置"范围"为"阴影"、"曝光度"为15%,取消勾选"保护色调"复选框,接着将光标移动到画面右侧,对右侧部分进行涂抹,使之变亮一些,最终效果如图7-110所示。

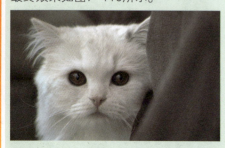

图7-110

实例072　使用加深工具制作纯黑背景

文件路径	第7章\使用加深工具制作纯黑背景
难易指数	★☆☆☆☆
技术掌握	加深工具

扫码深度学习

操作思路

本案例主要使用加深工具制作出黑色背景效果。在操作过程中,首先要调整选项栏中的"范围"选项,其次调整"曝光度",然后即可使用画笔绘制的形式在背景中进行涂抹,呈现出宁静的黑色背景。

案例效果

案例对比效果如图7-111和图7-112所示。

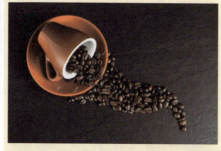

图7-111

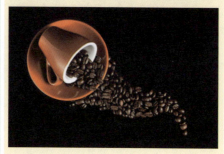

图7-112

操作步骤

01 执行菜单"文件>打开"命令或按快捷键Ctrl+O,打开素材"1.jpg",如图7-113所示。选择工具箱中的加深工具,在选项栏中单击"画笔预设"选取器,在画笔预设选取器中设置"大小"为200像素、"硬度"为100%,设置"范围"为"阴影"、"曝光度"为100%,取消勾选"保护色调"复选框,接着将光标移动到画面中,在画面右上角进行涂抹,可以看到画面右上角变为黑色,如图7-114所示。

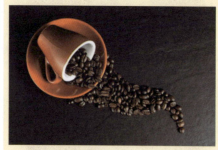

图7-113

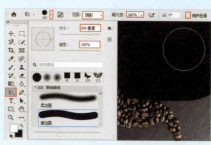

图7-114

02 继续使用加深工具在画面中其他背景区域进行涂抹,当涂抹到咖啡豆和杯子边缘时,要注意与光标中心位置保持距离,如图7-115所示。将画面中背景区域全部涂抹完成,就制作出纯黑背景了,如图7-116所示。

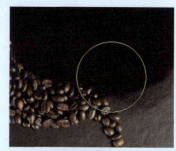

图7-115

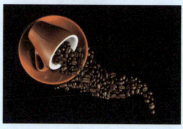

图7-116

实例073　使用海绵工具增强花环颜色

文件路径	第7章\使用海绵工具增强花环颜色
难易指数	★☆☆☆☆
技术掌握	海绵工具

扫码深度学习

操作思路

在Photoshop中,海绵工具发挥着提高或降低画面局部色彩饱和度的作用，能很好地增强画面感染力。在操作过程中须设置选项栏中的绘制模式和流量，选择合适的画笔笔尖，将光标移至画面中进行涂抹绘制，完成所需要的效果。

案例效果

案例对比效果如图7-117和图7-118所示。

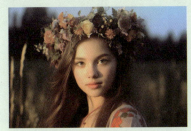

图7-117

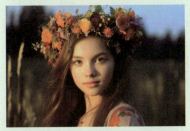

图7-118

01 执行菜单"文件>打开"命令或按快捷键Ctrl+O，打开素材"1.jpg"，如图7-119所示。可以看到画面中花环部分饱和度较低，需要增强画面的色彩感。选择工具箱中的海绵工具，在选项栏中单击"画笔预设"选取器，在画笔预设选取器中选择一个柔边圆画笔，设置画笔"大小"为100像素，设置"硬度"为0。在选项栏中设置"模式"为"加色"、"流量"为100%，勾选"自然饱和度"复选框，设置完成后将光标移动到画面中，按住鼠标左键拖动对花环中的花朵进行涂抹，可以看到此处的颜色变得更浓，如图7-120所示。

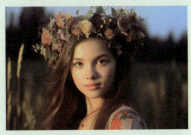

图7-119

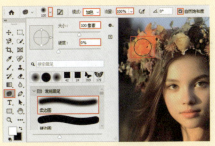

图7-120

02 继续使用海绵工具在花环其他位置进行涂抹，可以看到花环的色彩感明显增强了，最终效果如图7-121所示。

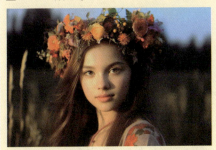

图7-121

实例074　使用海绵工具增强画面颜色感

文件路径	第7章\使用海绵工具增强画面颜色感
难易指数	★☆☆☆☆
技术掌握	海绵工具

扫码深度学习

操作思路

在Photoshop中，海绵工具可以增强或减弱颜色感，与减淡工具不同，它能在不改变原有形态的同时增强或降低原有饱和度，并且只吸取黑、白色以外的色彩。在去色和加色过程中，去色深浅也可自由掌握，操作较灵活。本案例中使用海绵工具，设置模式为"加色"，通过涂抹的方式增强画面局部的色彩饱和度。

案例效果

案例对比效果如图7-122和图7-123所示。

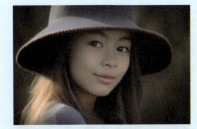

图7-122

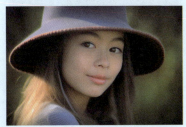

图7-123

操作步骤

01 执行菜单"文件>打开"命令或按快捷键Ctrl+O，打开素材"1.jpg"，如图7-124所示。可以看到画面中人物色彩饱和度较低，需要增强画面的色彩感。选择工具箱中的海绵工具，在选项栏中单击"画笔预设"选取器，在画笔预设选取器中设置"大小"为200像素、"硬度"为0，设置"模式"为"加色"、"流量"为60%，勾选"自然饱和度"复选框，接着将光标移动到画面中，对人物面部进行涂抹，可以看到面部的色彩感增强了，如图7-125所示。

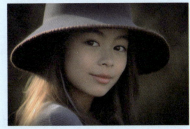

图7-124

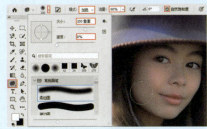

图7-125

02 继续使用海绵工具在帽子、头发、背景部分进行适当涂抹，最终效果如图7-126所示。

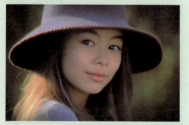

图7-126

实例075 使用颜色替换工具更改局部颜色

文件路径	第7章\使用颜色替换工具更改局部颜色
难易指数	★★☆☆☆
技术掌握	颜色替换工具

扫码深度学习

操作思路

（颜色替换工具）是一款比较"初级"的调色工具，它通过手动涂抹的方式进行颜色的调整。例如，在图像编辑过程中，需要将画面局部更改为不同的配色方案时，不妨使用颜色替换工具进行颜色的调整。本案例主要使用颜色替换工具为画面局部更换颜色。在更换颜色之前，要选择合适的前景色，并在选项栏中设置合适的参数，最后在涂抹时要围绕画面细节变换画笔大小，最终替换原有颜色。

案例效果

案例对比效果如图7-127和图7-128所示。

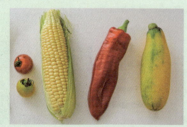

图7-127

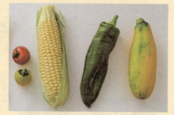

图7-128

操作步骤

01 执行菜单"文件>打开"命令或按快捷键Ctrl+O，打开素材"1.jpg"，如图7-129所示。

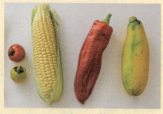

图7-129

02 右击工具箱中的"画笔工具组"，在工具组列表中选择 （颜色替换工具），在选项栏中单击"画笔预设"选取器，在画笔预设选取器中设置画笔"大小"为200像素、"硬度"为0。在选项栏中设置"模式"为"颜色"，单击"取样:连续"按钮，设置"限制"为"不连续"，"容差"为"20%"，然后将前景色设置为绿色，设置完成后将光标移动到画面中间的辣椒位置，如图7-130所示。在该位置按住鼠标左键拖动进行涂抹，效果如图7-131所示。

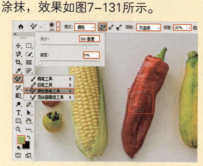

图7-130

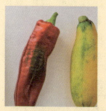

图7-131

03 继续在辣椒上方涂抹，在涂抹边缘时可以适当调整画笔笔尖大小，画面最终效果如图7-132所示。

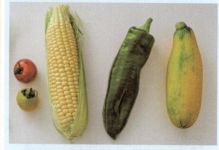

图7-132

要点速查：颜色替换工具选项栏

颜色替换工具的选项栏如图7-133所示。

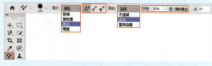

图7-133

➤ 模式：选择替换颜色的模式，包括"色相""饱和度""颜色"和"明度"。当选择"颜色"模式时，可以同时替换色相、饱和度和明度。

➤ 取样：用来设置颜色的取样方式。激活"取样:连续"按钮后，在拖动光标时，可以对颜色进行取样；激活"取样:一次"按钮后，只替换包含第一次单击的颜色区域中的目标颜色；激活"取样:背景色板"按钮后，只替换包含当前背景色的区域。

➤ 限制：当选择"不连续"选项时，可以替换出现在光标下任何位置的样本颜色；当选择"连续"选项时，只替换与光标下的颜色接近的颜色；当选择"查找边缘"选项时，可以替换包含样本颜色的连接区域，同时保留形状边缘的锐化程度。

➤ 容差：选取较低的百分比，可以替换与所点按像素非常相似的颜色；而增加该百分比，可替换范围更广的颜色。

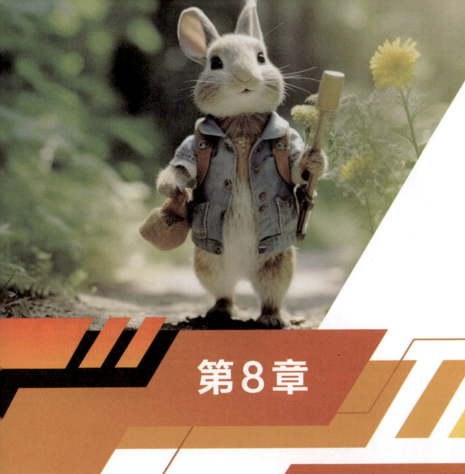

第8章

调色

本章概述

  Photoshop作为一款专业的图像处理软件，调色技术是非常强大的。在Photoshop中提供了多种调色命令，与此同时，还提供了两种使用命令的方法：执行菜单"图像>调整"命令，可以在子菜单中选择适合的命令，对画面进行调整；也可以执行菜单"图层>新建调整图层"命令，创建调整图层对画面进行调色。

本章重点

- 掌握调色命令的使用方法
- 综合使用多种调色命令完成调色操作

8.1 基本的调色命令与操作

实例076 使用"亮度/对比度"调整画面

文件路径	第8章\使用"亮度/对比度"调整画面
难易指数	★★★☆☆
技术掌握	● 创建调整图层 ● "亮度/对比度"调整图层

扫码深度学习

操作思路

本案例通过创建"亮度/对比度"调整图层增强图像亮度，并适当增大画面对比度，使图像整体视觉冲击力增强。

案例效果

案例对比效果如图8-1和图8-2所示。

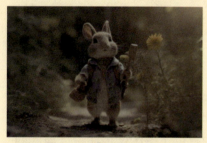

图8-1

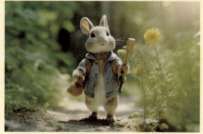

图8-2

操作步骤

01 执行菜单"文件>打开"命令，打开素材"1.jpg"，如图8-3所示。由于画面中图像整体偏灰，需要进行校正。单击"调整"面板中

"亮度/对比度"按钮，创建新的"亮度/对比度"调整图层，如图8-4所示。

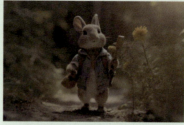

图8-3

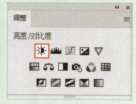

图8-4

02 在弹出的"属性"面板中设置"亮度"数值为100，如图8-5所示。此时画面变亮，效果如图8-6所示。

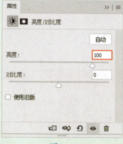

图8-5

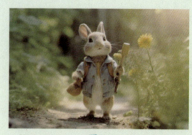

图8-6

03 继续在"属性"面板中设置"对比度"数值为50，如图8-7所示。画面对比度明显增强，最终效果如图8-8所示。

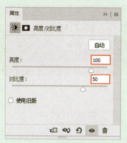

图8-7

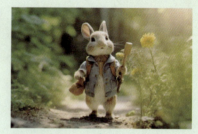

图8-8

要点速查："亮度/对比度"选项

➢ 亮度：用来设置图像的整体亮度。数值为负值时，表示降低图像的亮度；数值为正值时，则表示提高图像的亮度。

➢ 对比度：用于设置图像亮度对比的强烈程度。数值为负值时，表示降低对比度；数值为正值时，则表示增加对比度。

实例077 使用"色阶"更改画面亮度与色彩

文件路径	第8章\使用"色阶"更改画面亮度与色彩
难易指数	★★★☆☆
技术掌握	"色阶"调整图层

扫码深度学习

操作思路

Photoshop中的色阶是通过调整图像的阴影、中间调和高光的强度级别，从

而校正图像的色调范围和色彩平衡。色阶不仅可以对整个图像的明暗进行调整，还可以作用于图像的某一范围或者各个通道、图层，单独进行调整。在本案例中，通过"色阶"调整图层将原本色调偏暗的照片提亮，然后在此基础上调整画面色彩倾向，使画面更具有情调。

案例效果

案例对比效果如图8-9和图8-10所示。

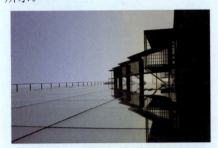

图8-9

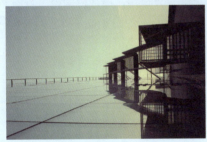

图8-10

操作步骤

01 执行菜单"文件>打开"命令，打开素材"1.jpg"，如图8-11所示。首先针对素材图像进行明暗对比的调整。

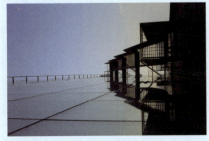

图8-11

02 单击"调整"面板中的"色阶"按钮，创建新的"色阶"调整图层，接着在弹出的"属性"面板中将灰色滑块向左拖动，提高画面中间调的亮度，如图8-12所示。此时画面效果如图8-13所示。

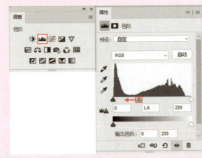

图8-12

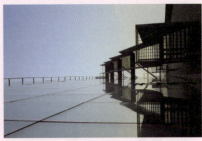

图8-13

> **提示** 认识"色阶"面板中的3个吸管工具
>
> ➢ 在图像中取样以设置黑场：使用该吸管工具在图像中单击取样，可以将单击点处的像素调整为黑色，同时图像中比该单击点暗的像素也会变成黑色。
> ➢ 在图像中取样以设置灰场：使用该吸管工具在图像中单击取样，可以根据单击点像素的亮度来调整其他中间调的平均亮度。
> ➢ 在图像中取样以设置白场：使用该吸管工具在图像中单击取样，可以将单击点处的像素调整为白色，同时图像中比该单击点亮的像素也会变成白色。

03 此时画面的亮度虽然提高了，但是缺乏对比，接着将黑色滑块向右拖动，压暗暗部的亮度，如图8-14所示。画面效果如图8-15所示。

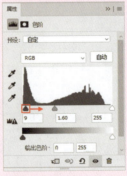

图8-14

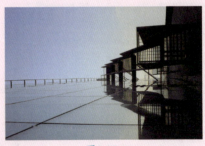

图8-15

04 将白色滑块向左拖动，提高亮部区域的亮度，如图8-16所示。此时画面的明暗调整完成，效果如图8-17所示。

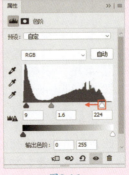

图8-16

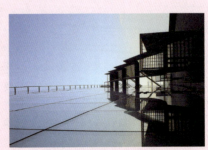

图8-17

05 接下来可以对画面的颜色进行调整。继续在"属性"面板中设置通道为"蓝",并设置输入色阶的数值为17、1.34、226,如图8-18所示。最终效果如图8-19所示。

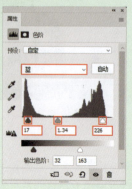

图8-18

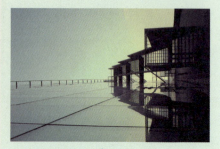

图8-19

实例078 使用"曲线"打造青色调

文件路径	第8章\使用"曲线"打造青色调
难易指数	★★★☆☆
技术掌握	● "曲线"调整图层 ● 调整单个通道色彩倾向

扫码深度学习

操作思路

在Photoshop中,曲线被誉为"调色之王",它的色彩控制能力在Photoshop所有调色工具中是最强大的。曲线可以调整画面的亮度,也可以进行色调的调整。在本案例中,通过"曲线"调整图层先增加画面的亮度和对比度,然后进行调色,最后制作暗角效果,为画面增加神秘气氛。

案例效果

案例对比效果如图8-20和图8-21所示。

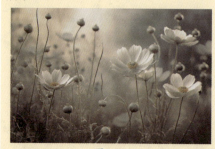

图8-20

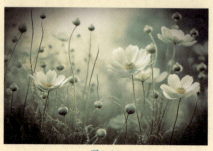

图8-21

操作步骤

01 执行菜单"文件>打开"命令,打开素材"1.jpg",如图8-22所示。

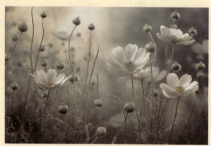

图8-22

02 素材图像存在整体偏红、对比度低的问题,因此首先进行明暗的校正。单击"调整"面板中的"曲线"按钮,创建新的"曲线"调整图层,弹出"属性"面板,按住鼠标左键向右拖动曲线图左下角的黑色控制点(此为控制画面暗部区域的部分),降低暗部的亮度,如图8-23所示,效果如图8-24所示。

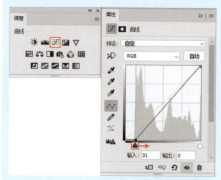

图8-23

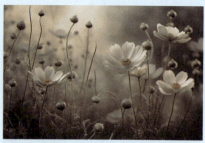

图8-24

03 在曲线左下段添加控制点并向左上方拖动,增加中间调区域的亮度,如图8-25所示。效果如图8-26所示。

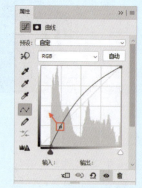

图8-25

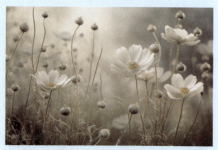

图8-26

04 接下来解决偏色问题。在"属性"面板中设置通道为"红",在曲线上添加多个控制点,并调整曲线的形态,如图8-27所示。此时画面效果如图8-28所示。

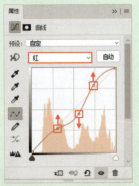

图8-27

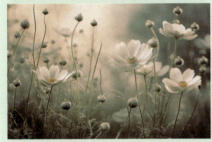

图8-28

05 设置通道为"绿"，在曲线上添加两个控制点，按住鼠标左键向上拖动控制点，增加画面中亮部区域的绿色成分，如图8-29所示。此时画面效果如图8-30所示。

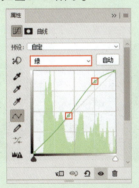

图8-29

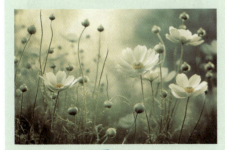

图8-30

06 使用同样的方法创建新的"曲线"调整图层，在"属性"面板中按住鼠标左键向下拖动曲线图右上角的控制点，降低画面亮度，如图8-31所示。画面效果如图8-32所示。

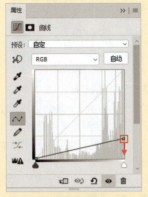

图8-31

图8-32

07 为画面添加暗角效果。单击"曲线"调整图层的图层蒙版缩览图，设置前景色为黑色，选择工具箱中的画笔工具，在选项栏的画笔预设选取器中选择一个柔边圆画笔，设置"大小"为800像素、"硬度"为0，如图8-33所示。接着在画面中间位置按住鼠标左键拖动进行涂抹，使画面产生暗角效果，如图8-34所示。最终效果如图8-35所示。

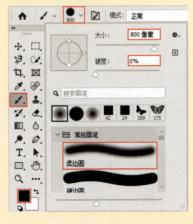

图8-33

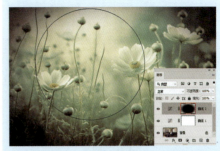

图8-34

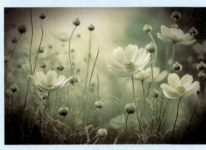

图8-35

要点速查：详解"曲线"面板

- 预设：在"预设"下拉列表中有9种曲线预设效果，选中相应的选项即可自动生成调整效果。
- 通道：在"通道"下拉列表中可以选择一个通道来对图像进行调整，以校正图像的颜色。
- 在图像上单击并拖动可修改曲线：选择该工具后，将光标放置在图像上，曲线上会出现一个圆圈，表示光标处的色调在曲线上的位置，拖动鼠标左键可以添加控制点以调整图像的色调。向上调整表示提亮，向下调整表示压暗。
- 编辑点以修改曲线：使用该工具在曲线上单击，可以添加新的控制点，通过拖动控制点可以改变曲线的形状，从而达到调整图像的目的。
- 通过绘制来修改曲线：使用该工具可以以手绘的方式自由绘制曲线，绘制好曲线后，单击"编辑点以修改曲线"按钮，可以显示曲线上的控制点。
- 输入/输出："输入"即"输入色阶"，显示的是调整前的像素值；"输出"即"输出色阶"，显示的是调整后的像素值。

实例079 使用"自然饱和度"增强照片色感

文件路径	第8章\使用"自然饱和度"增强照片色感
难易指数	★★★★★
技术掌握	"自然饱和度"调整图层

扫码深度学习

操作思路

饱和度是指画面颜色的鲜艳程度。使用"自然饱和度"调整图层能够增强或减弱画面中颜色的饱和度，调整效果细腻、自然，不会造成因饱和度过高出现溢色状况。在本案例中，通过"自然饱和度"调整图层将颜色不够鲜艳的照片调整得更艳丽、饱满。

案例效果

案例对比效果如图8-36和图8-37所示。

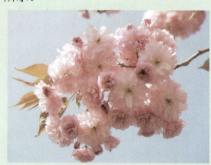
图8-36

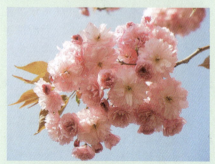
图8-37

操作步骤

01 执行菜单"文件>打开"命令，打开素材"1.jpg"，如图8-38所示。

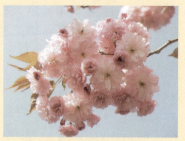
图8-38

02 打开的素材图片颜色发白，花朵颜色不饱和，因此可以通过"自然饱和度"调整图层增强图像的饱和度，同时有效防止图像过于饱和。单击"调整"面板中的"自然饱和度"按钮▽，创建新的"自然饱和度"调整图层，在"属性"面板中设置"自然饱和度"为+100、"饱和度"为+15，如图8-39所示。最终效果如图8-40所示。

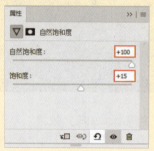
图8-39

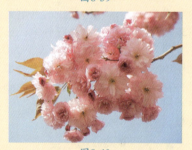
图8-40

> **提示** "自然饱和度"和"饱和度"选项的区别
>
> "自然饱和度"和"饱和度"选项都是用来调整颜色饱和度的，这两个选项的区别在于："自然饱和度"选项主要针对图像中饱和度过低的区域增强饱和度，不会造成因饱和度过高出现的溢色状况；而"饱和度"选项对色彩的饱和度起主要作用，数值越大，饱和度效果越强，同时会出现溢色的情况。

要点速查："自然饱和度"对话框的参数设置

打开一张图片，如图8-41所示。接着执行菜单"图像>调整>自然饱和度"命令，在弹出的"自然饱和度"对话框中调整"自然饱和度"和"饱和度"数值，如图8-42所示。

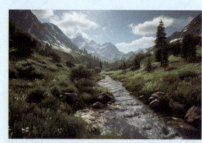
图8-41

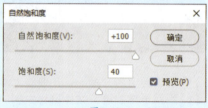
图8-42

➢ 自然饱和度：向左拖动滑块，可以减弱颜色的饱和度，如图8-43所示；向右拖动滑块，则可以增强颜色的饱和度，如图8-44所示。

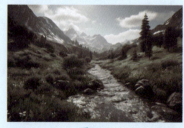
图8-43

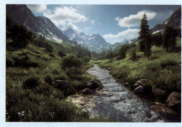
图8-44

➢ 饱和度：向左拖动滑块，可以减弱所有颜色的饱和度，如图8-45所示；向右拖动滑块，则可以增强所有颜色的饱和度，如图8-46所示。

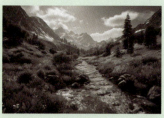

图8-45

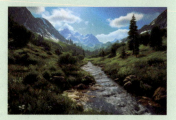

图8-46

实例080 使用"色相/饱和度"打造多彩苹果

文件路径	第8章\使用"色相/饱和度"打造多彩苹果
难易指数	★★★☆☆
技术掌握	"色相/饱和度"调整图层

扫码深度学习

操作思路

颜色的三要素包括色相、明度与饱和度。在Photoshop中,"色相/饱和度"调整图层就是对色彩三要素进行调整。该功能既可以对画面整体进行颜色调整,还可以对画面中单独的颜色进行调整。本案例通过"色相/饱和度"命令分别将画面中的苹果调整为不同的颜色。

案例效果

案例对比效果如图8-47和图8-48所示。

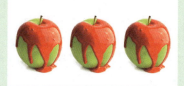

图8-47

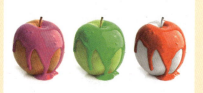

图8-48

操作步骤

01 执行菜单"文件>打开"命令,打开素材"1.psd",如图8-49所示。本案例的素材文件中包含3个苹果图层。

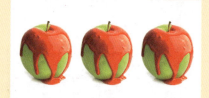

图8-49

02 选中第一个苹果所在的图层,单击"调整"面板中的"色相/饱和度"按钮,创建新的"色相/饱和度"调整图层,在弹出的"属性"面板中设置通道为"全图"、"色相"数值为-40。单击面板底部的"此调整剪切到此图层"按钮,如图8-50所示。此时苹果和表面的油漆颜色均发生了变化,效果如图8-51所示。

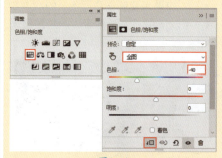

图8-50

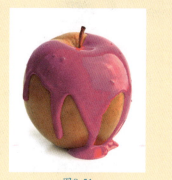

图8-51

03 选中第二个苹果所在的图层,使用同样的方法创建新的"色相/饱和度"调整图层,在弹出的"属性"面板中设置通道为"红色"、"色相"数值为+100。单击面板底部的"此调整剪切到此图层"按钮,如图8-52所示。此时红色的油漆变为绿色,效果如图8-53所示。

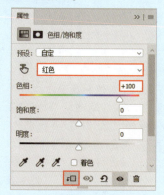

图8-52

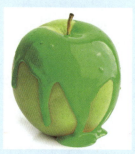

图8-53

04 选中第三个苹果所在的图层,继续创建新的"色相/饱和度"调整图层,在"属性"面板中设置通道为"黄色"、"饱和度"数值为-100、"明度"为+100。单击面板底部的"此调整剪切到此图层"按钮,如图8-54所示。此时第三个苹果变为白色,最终效果如图8-55所示。

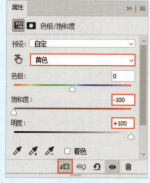

图8-54

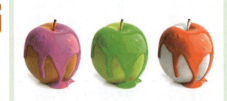

图8-55

要点速查：详解"色相/饱和度"面板

- 预设：在"预设"下拉列表中提供了8种色相/饱和度预设。
- 通道：在"通道"下拉列表中可以选择"全图""红色""黄色""绿色""青色""蓝色""洋红"通道进行调整。选择好通道后，拖动下面的"色相""饱和度"和"明度"滑块，可以对该通道的色相、饱和度和明度进行调整。
- 在图像上单击并拖动可修改饱和度：使用该工具在图像上单击设置取样点后，按住鼠标左键并向左拖动鼠标可以减弱图像的饱和度；向右拖动鼠标则可以增强图像的饱和度。
- 着色：勾选该复选框后，图像会整体偏向单一的红色调，还可以通过拖动3个滑块来调节图像的色调。

实例081　使用"色彩平衡"制作梦幻冷调

文件路径	第8章\使用"色彩平衡"制作梦幻冷调
难易指数	★★☆☆☆
技术掌握	"色彩平衡"调整图层

扫码深度学习

操作思路

"色彩平衡"常用于校正图像的偏色情况，它的工作原理是通过"补色"校正偏色。用户还可以根据自己的喜好利用"色彩平衡"调整图层对画面进行调色。本案例将一张普通的照片通过"色彩平衡"调整图层调整为蓝色调，制作出冷艳之感。

案例效果

案例对比效果如图8-56和图8-57所示。

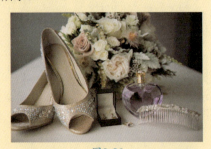

图8-56

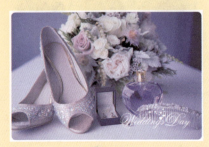

图8-57

操作步骤

01 执行菜单"文件>打开"命令，打开素材"1.jpg"，如图8-58所示。如果想要制作青蓝色系的冷调效果，可以使用"色彩平衡"调整图层来制作。

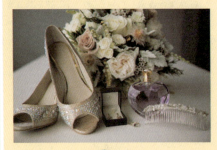

图8-58

02 单击"调整"面板中的"色彩平衡"按钮，创建新的"色彩平衡"调整图层，在弹出的"属性"面板中设置"色调"为"阴影"，设置"洋红-绿色"数值为+60、"黄色-蓝色"数值为+100，如图8-59所示。此时画面效果如图8-60所示。

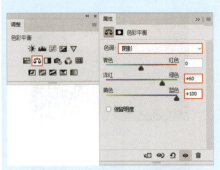

图8-59

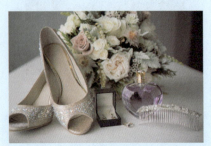

图8-60

03 继续在"属性"面板中设置"色调"为"中间调"，调整"青色-红色"数值为+20、"黄色-蓝色"数值为+100，如图8-61所示。此时画面效果如图8-62所示。

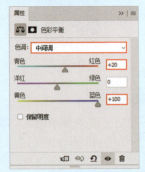

图8-61

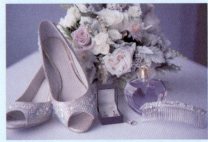

图8-62

04 执行菜单"文件>置入嵌入对象"命令，置入素材"2.png"，最终效果如图8-63所示。

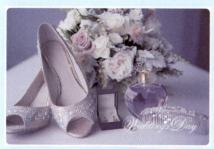

图8-63

要点速查："色彩平衡"对话框的参数设置

打开一张图片，如图8-64所示。接着执行菜单"图像>调整>色彩平衡"命令，在弹出的"色彩平衡"对话框中可以进行参数的设置，如图8-65所示。

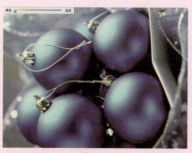

图8-66

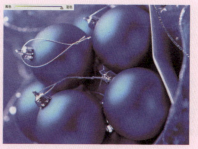

图8-67

> 色调平衡：选择调整色彩平衡的方式，包含"阴影""中间调"和"高光"3个选项。图8-68所示为选中"阴影"单选按钮时的调色效果，图8-69所示为选中"中间调"单选按钮时的调色效果，图8-70所示为选中"高光"单选按钮时的调色效果。

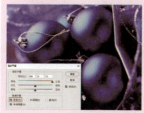

图8-68

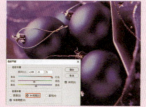

图8-69

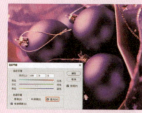

图8-70

> 保持明度：勾选该复选框，可以保持图像的色调不变，以防止亮度值随着颜色的改变而改变。

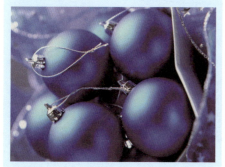

图8-64

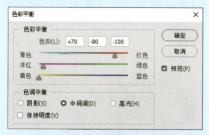

图8-65

> 色彩平衡：用于调整"青色-红色""洋红-绿色"以及"黄色-蓝色"在图像中所占的比例，可以手动输入，也可以通过拖动滑块来进行调整。比如，向左拖动"黄色-蓝色"滑块，可以在图像中增加黄色，同时减少其补色蓝色，如图8-66所示；反之，向右拖动该滑块，可以在图像中增加蓝色，同时减少其补色黄色，如图8-67所示。

实例082　使用"黑白"制作复古画面

文件路径	第8章\使用"黑白"制作复古画面
难易指数	★★☆☆☆
技术掌握	"黑白"调整图层

扫码深度学习

操作思路

"黑白"调整图层可以将画面中的颜色丢弃，使图像以黑白颜色显示，还可以制作单一颜色的图像。在本案例中通过"黑白"调整图层将一张有色彩的照片制作成单色图片的效果。

案例效果

案例对比效果如图8-71和图8-72所示。

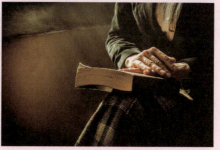

图8-71

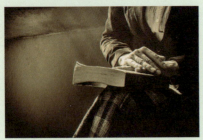

图8-72

操作步骤

01 执行菜单"文件>打开"命令，打开素材"1.jpg"，如图8-73所示。单击"调整"面板中的"黑白"按钮，创建新的"黑白"调整图层，如图8-74所示。此时图像自动变为黑白效果，如图8-75所示。

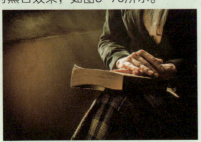

图8-73

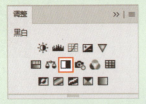

图8-74

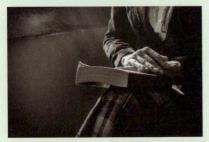

图8-75

02 如果想要调整画面中不同区域的明暗程度，可以通过设置各种颜色的数值进行调整。例如，在"属性"面板中增加"黄色"的数值，如图8-76所示。画面中带有黄色成分的图像区域的明度会被提高，效果如图8-77所示。

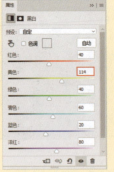

图8-76

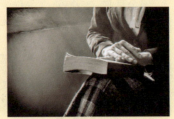

图8-77

03 如果想要制作单色图像，可以在"属性"面板中勾选"色调"复选框，然后单击右侧的色块，在弹出的"拾色器"对话框中设置合适的颜色，如图8-78所示。图像会产生一个与所选颜色接近的色调，效果如图8-79所示。

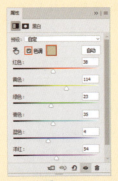

图8-78

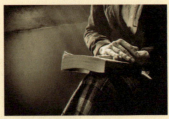

图8-79

要点速查："黑白"对话框的参数设置

打开一张图片，如图8-80所示。

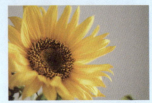

图8-80

执行菜单"图像>调整>黑白"命令或按快捷键Alt+Shift+Ctrl+B，弹出"黑白"对话框，如图8-81所示。默认情况下，打开该对话框后图片会自动变为黑白图片。

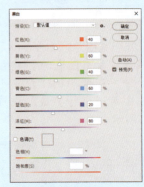

图8-81

➢ 预设：在"预设"下拉列表中提供了12种预设效果，可以直接选择相应的预设来创建黑白图像。

➢ 颜色：这6个选项用来调整图像中特定颜色的灰色色调。例如，向左拖动"红色"滑块，可以使由红色转换而来的灰度色变暗，效果如图8-82所示；向右拖动"红色"滑块，则可以使灰度色变亮，效果如图8-83所示。

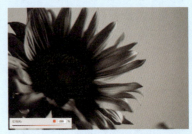

图8-82

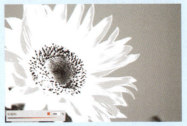

图8-83

➤ 色调：勾选"色调"复选框，可以为黑色图像着色，以创建单色图像。另外，还可以调整单色图像的色相、饱和度。图8-84和图8-85所示为设置不同色调的效果。

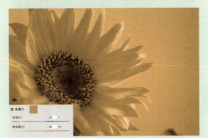

图8-84

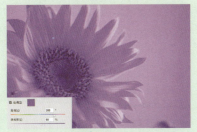

图8-85

实例083　使用"照片滤镜"改变画面色温

文件路径	第8章\使用"照片滤镜"改变画面色温
难易指数	★★☆☆☆
技术掌握	"照片滤镜"调整图层

扫码深度学习

操作思路

颜色是有温度的。蓝色调通常给人寒冷、冰凉的感受，被称为冷色调；黄色或者红色为暖色调，给人温暖、和煦的感觉。"照片滤镜"调整图层可以轻松改变图像的"温度"。本案例中，将一张暖色调的照片通过"照片滤镜"调整图层制作成冷色调的效果。

案例效果

案例对比效果如图8-86和图8-87所示。

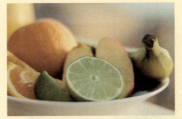

图8-86

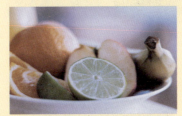

图8-87

操作步骤

01 执行菜单"文件>打开"命令，打开素材"1.jpg"，如图8-88所示。素材图像整体倾向于暖色调，下面使用"照片滤镜"调整图层将画面转换为冷色调。

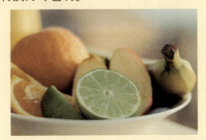

图8-88

02 单击"调整"面板中的"照片滤镜"按钮，创建新的"照片滤镜"调整图层，在"属性"面板中设置"滤镜"为"冷却滤镜（80）"、"密度"为50%，勾选"保留明度"复选框，如图8-89所示。最终效果如图8-90所示。

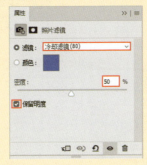

图8-89

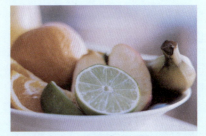

图8-90

要点速查：详解"照片滤镜"面板

➤ 滤镜：在"滤镜"下拉列表中可以选择一种预设的效果应用到图像中。
➤ 颜色：选中"颜色"单选按钮，可以自行设置滤镜颜色。
➤ 密度：该数值可以调整滤镜颜色应用到图像中的颜色百分比。数值越大，应用到图像中的颜色浓度就越高；数值越小，应用到图像中的颜色浓度就越低。
➤ 保留明度：勾选该复选框后，可以保留图像的明度不变。

实例084　使用"颜色查找"打造风格化色彩

文件路径	第8章\使用"颜色查找"打造风格化色彩
难易指数	★★★★☆
技术掌握	● "颜色查找"调整图层 ● "智能锐化"命令 ● "阴影/高光"命令 ● "曲线"调整图层

扫码深度学习

操作思路

"颜色查找"调整图层集合了多种预设的调色效果，在弹出的"属性"面板中可以从"3DLUT文件""摘要"和"设备链接"中选择用于颜色查找的方式，并在每种方式的下拉列表中选择合适的类型，选择完成后可以看到图像整体颜色产生了风格化的效果。

案例效果

案例对比效果如图8-91和图8-92所示。

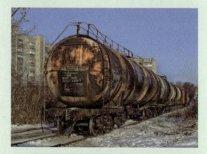

图8-91

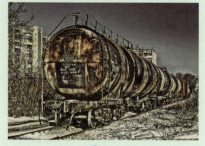

图8-92

操作步骤

01 执行菜单"文件>打开"命令,打开素材"1.jpg",如图8-93所示。

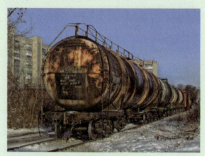

图8-93

02 执行菜单"滤镜>锐化>智能锐化"命令,在弹出的"智能锐化"对话框中设置"数量"为114%、"半径"为2.4像素,设置阴影的"渐隐量"为0、"色调宽度"为50%、"半径"为1像素,设置高光的"渐隐量"为0、"色调宽度"为50%、"半径"为1像素,单击"确定"按钮完成设置,如图8-94所示。此时画面效果如图8-95所示。

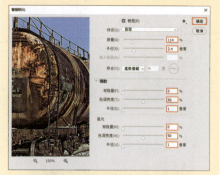

图8-94

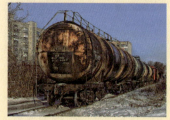

图8-95

03 执行菜单"图像>调整>阴影/高光"命令,弹出"阴影/高光"对话框,如图8-96所示。勾选"显示更多选项"复选框后,设置阴影的"数量"为49%、"色调"为56%、"半径"为27像素,设置高光的"数量"为62%、"色调"为52%、"半径"为339像素,单击"确定"按钮,如图8-97所示。效果如图8-98所示。

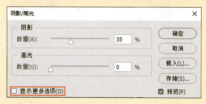

图8-96

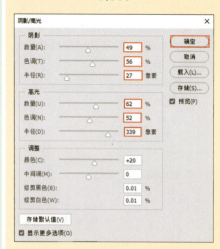

图8-97

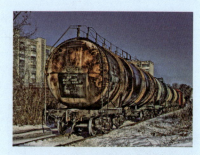

图8-98

04 单击"调整"面板中的"颜色查找"按钮,创建新的"颜色查找"调整图层,弹出"属性"面板,在"3DLUT文件"下拉列表中选择FuturisticBleak.3DL,如图8-99所示。此时画面效果如图8-100所示。

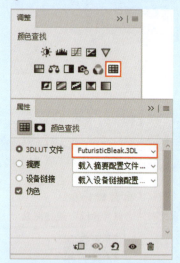

图8-99

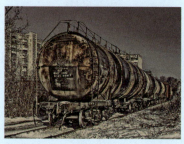

图8-100

05 单击"调整"面板中的"曲线"按钮,创建新的"曲线"调整图层,在弹出的"属性"面板的曲线上方单击添加控制点并拖动,将曲线调整为S形,增加画面对比度,如图8-101所示。最终效果如图8-102所示。

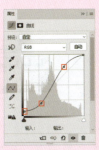

图8-101   图8-102

8.2 特殊的调色命令与操作

实例085　使用"色调分离"制作绘画效果

文件路径	第8章\使用"色调分离"制作绘画效果
难易指数	★★☆☆☆
技术掌握	● "色调分离"调整图层 ● 设置混合模式

操作思路

"色调分离"是将图像中每个通道的色调级数目或亮度值指定级别,然后将其余的像素映射到最接近的匹配级别。在"属性"面板中可以进行"色阶"数量的设置,"色阶"值越小,分离的色调越多;"色阶"值越大,保留的图像细节就越多。在本案例中,将一张正常的摄影作品通过"色调分离"调整图层制作成绘画效果。

案例效果

案例对比效果如图8-103和图8-104所示。

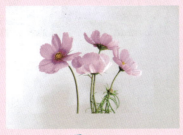
图8-103

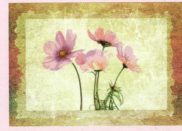
图8-104

操作步骤

01 执行菜单"文件>打开"命令,打开素材"1.jpg",如图8-105所示。本案例使用"色调分离"调整图层减少图像中的色调数目,从而制作出绘画感的效果。

02 单击"调整"面板中的"色调分离"按钮,创建新的"色调分离"调整图层,此时会自动弹出"属性"面板,设置"色阶"为8,如图8-106所示。此时画面效果如图8-107所示。

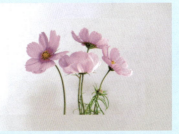
图8-105

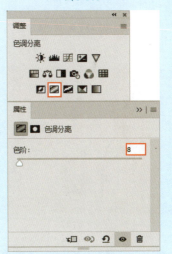
图8-106

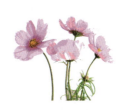
图8-107

03 执行菜单"文件>置入嵌入对象"命令,置入素材"2.jpg",然后将该图层栅格化,效果如图8-108所示。在"图层"面板中选中新置入素材的图层,设置图层混合模式为"线性加深",如图8-109所示。最终效果如图8-110所示。

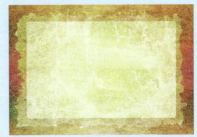
图8-108

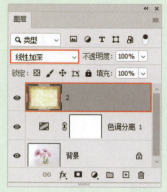

图8-109

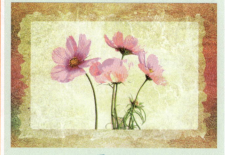

图8-110

实例086　使用"阈值"制作彩色绘画效果

文件路径	第8章\使用"阈值"制作彩色绘画效果
难易指数	★★★☆☆
技术掌握	● "阈值"调整图层 ● 设置混合模式

扫码深度学习

操作思路

在本案例中，首先使用"阈值"调整图层将静物摄影作品制作成矢量效果；然后通过设置图层的混合模式将绘画图片混合到图像上方，制作出彩色绘画的效果。

案例效果

案例对比效果如图8-111和图8-112所示。

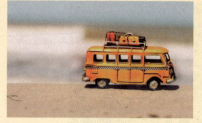

图8-111

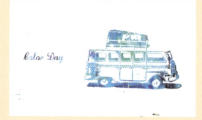

图8-112

操作步骤

01 执行菜单"文件>打开"命令或按快捷键Ctrl+O，打开素材"1.jpg"，如图8-113所示。

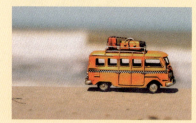

图8-113

02 单击"调整"面板中的"阈值"按钮，创建新的"阈值"调整图层，在弹出的"属性"面板中设置"阈值色阶"为142，如图8-114所示。效果如图8-115所示。

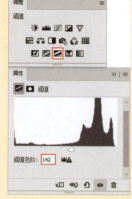

图8-114

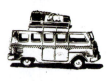

图8-115

03 选择工具箱中的横排文字工具，在选项栏中设置合适的字体和字号，设置文本颜色为黑色，在画面中单击输入文字，如图8-116所示。执行菜单"文件>置入嵌入对象"命令，置入素材"2.jpg"，按Enter键完成置入操作。执行菜单"图层>栅格化>智能对象"命令，将该图层栅格化为普通图层，如图8-117所示。

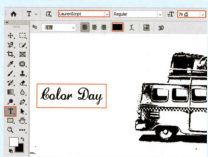

图8-116

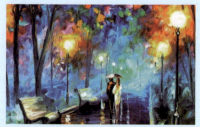

图8-117

04 在"图层"面板中设置该图层的混合模式为"滤色"，如图8-118所示。最终效果如图8-119所示。

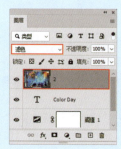

图8-118

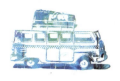

图8-119

实例087　使用"渐变映射"制作怀旧双色效果

文件路径	第8章\使用"渐变映射"制作怀旧双色效果
难易指数	★★★☆☆
技术掌握	"渐变映射"调整图层

扫码深度学习

操作思路

"渐变映射"命令可以根据图像的明暗关系将渐变颜色映射到图像不同亮度的区域中。本案例是将一张普通的照片通过"渐变映射"调整图层制作成复古色调。

案例效果

案例对比效果如图8-120和图8-121所示。

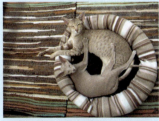

图8-120

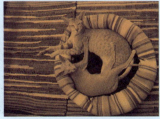

图8-121

操作步骤

01 执行菜单"文件>打开"命令，打开素材"1.jpg"，如图8-122所示。单击"调整"面板中的"渐变映射"按钮，创建新的"渐变映射"调整图层，如图8-123所示。

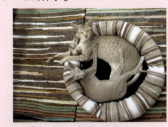

图8-122

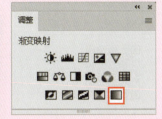

图8-123

02 此时会弹出"属性"面板，单击渐变色条，如图8-124所示。在弹出的"渐变编辑器"对话框中编辑一种由紫色到土黄色的渐变色，单击"确定"按钮完成设置，如图8-125所示。

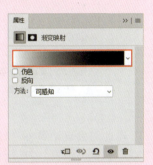

图8-124　　图8-125

03 最终效果如图8-126所示。

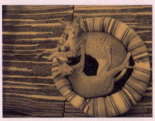

图8-126

提示：制作自然的"渐变映射"效果

在编辑渐变色时，色相的排列顺序很关键，相邻色标的色相最好也相邻，不要跨色相区域挑选颜色。色相的排列顺序是红、橙、黄、绿、青、蓝、紫，如果某一个色标是绿色相，那么与它相邻的色标最好就是黄色相或青色相，这两者都能形成比较自然的映射效果。

要点速查："渐变映射"面板中的选项

➢ 仿色：勾选该复选框后，Photoshop会添加一些随机的杂色来平滑渐变效果。

➢ 反向：勾选该复选框后，可以反转渐变的填充方向，映射出的渐变效果也会发生变化。

实例088 使用"可选颜色"制作浓郁的电影色

文件路径	第8章\使用"可选颜色"制作浓郁的电影色
难易指数	★★☆☆☆
技术掌握	"可选颜色"调整图层

扫码深度学习

操作思路

"可选颜色"是一种常用的调色命令，通过创建"可选颜色"调整图层可以单独对图像的红、黄、绿、青、蓝、洋红、白色、中性色以及黑色中各种颜色所占的百分比进行调整。在"属性"面板中，可以在"颜色"下拉列表中选择需要调整的颜色，然后拖动下方的滑块，控制各种颜色的百分比。在本案例中，通过"可选颜色"调整图层添加画面中的黄色和紫色数量，使画面色调更有质感。

案例效果

案例对比效果如图8-127和图8-128所示。

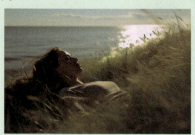

图8-127

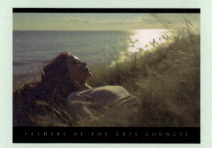

图8-128

操作步骤

01 执行菜单"文件>打开"命令，打开素材"1.jpg"，如图8-129所示。对图像进行颜色调整。单击"调整"面板中的"可选颜色"按钮，创建新的"可选颜色"调整图层，如图8-130所示。

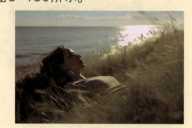

图8-129

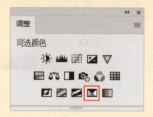

图8-130

02 此时会自动弹出"属性"面板，设置"颜色"为"白色"，接着调整"黄色"数值为+100%，然后选中"相对"单选按钮，如图8-131所示。这时画面中亮部区域黄色的成分有所增加，效果如图8-132所示。

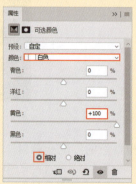

图8-131

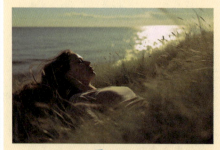

图8-132

03 继续在"属性"面板中设置"颜色"为"黑色"，并设置"黄色"数值为-27%，如图8-133所示。此时画面暗部将产生偏紫色的效果，如图8-134所示。

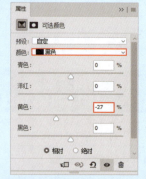

图8-133

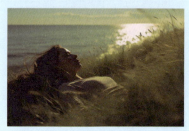

图8-134

04 继续在"属性"面板中设置"颜色"为"中性色"，并设置"黄色"数值为-20%，如图8-135所示。此时画面中紫色的范围增大，效果如图8-136所示。

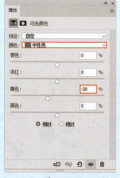

图8-135

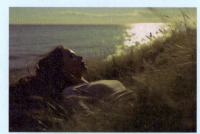

图8-136

05 执行菜单"文件>置入嵌入对象"命令，置入素材"2.png"，按Enter键完成置入操作。最终效果如图8-137所示。

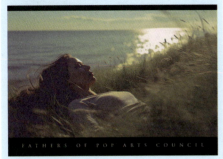

图8-137

要点速查："可选颜色"对话框的参数设置

打开一张图片，如图8-138所示。执行菜单"图像>调整>可选颜色"命令，弹出"可选颜色"对话框，如图8-139所示。在"颜色"下拉列表中可以选择需要调整的颜色，然后拖动下方的滑块，控制各种颜色的百分比。

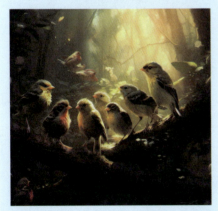

图8-138

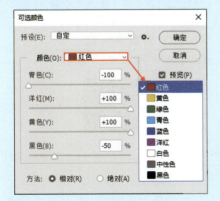

图8-139

> 颜色：在"颜色"下拉列表中选择要修改的颜色，然后在下方拖动滑块进行调整，可以调整该颜色中青色、洋红、黄色和黑色所占的百分比。图8-140所示为设置"颜色"为黑色的调色效果，图8-141所示为设置"颜色"为黄色的调色效果。

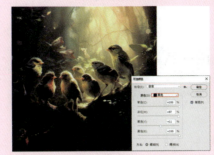

图8-140　　　　　图8-141

> 方法：选择"相对"方式，可以根据颜色总量的百分比来修改青色、洋红、黄色和黑色的数量；选择"绝对"方式，可以采用绝对值来调整颜色。

实例089　使用"匹配颜色"快速更改画面色调

文件路径	第8章\使用"匹配颜色"快速更改画面色调
难易指数	★★★☆☆
技术掌握	● "匹配颜色"命令 ● 画笔工具

操作思路

"匹配颜色"命令能够以一个素材图像颜色为样本，对另一个素材图像颜色进行匹配融合，使二者达到统一或者相似的色调效果。本案例就是通过"匹配颜色"命令进行调色，制作出甜美色调的效果。

案例效果

案例对比效果如图8-142和图8-143所示。

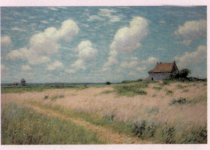 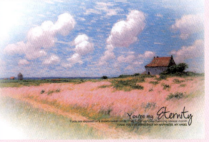

图8-142　　　　　图8-143

操作步骤

01 执行菜单"文件>打开"命令，打开素材"1.jpg"，如图8-144所示。接着执行菜单"文件>置入嵌入对象"命令，置入素材"2.jpg"，如图8-145所示。选中置入的素材"2.jpg"所在的图层，执行菜单"图层>栅格化>智能对象"命令，并隐藏素材"2.jpg"所在的图层。本案例将图像

"1.jpg"作为源图像,图像"2.jpg"作为目标图像,然后以源图像的颜色与目标图像的颜色进行匹配。

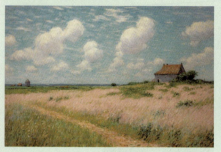
图8-144

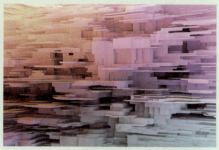
图8-145

02 在"图层"面板中选中"背景"图层,执行菜单"图像>调整>匹配颜色"命令,在弹出的"匹配颜色"对话框中设置"源"为"1.jpg"、"图层"为2,设置"明亮度"为130、"颜色强度"为200、"渐隐"为60,单击"确定"按钮完成设置,如图8-146所示。效果如图8-147所示。

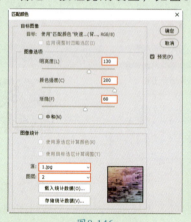
图8-146

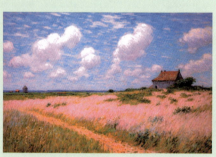
图8-147

03 在"图层"面板中新建一个图层,设置前景色为白色。选择工具箱中的画笔工具,在选项栏的画笔预设选取器中选择一个柔边圆画笔,设置"大小"为120像素、"硬度"为0、"不透明度"为50%,如图8-148所示。在画面四角处按住鼠标左键拖动绘制朦胧的白色边缘效果,如图8-149所示。

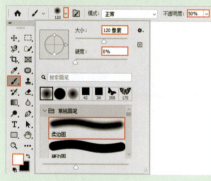
图8-148

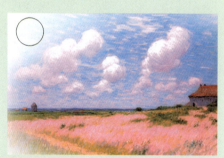
图8-149

04 执行菜单"文件>置入嵌入对象"命令,置入素材"3.png",最终效果如图8-150所示。

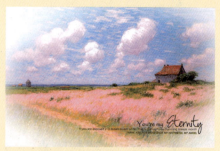
图8-150

要点速查:详解"匹配颜色"对话框

- 目标:这里显示要修改图像的名称及颜色模式。
- 应用调整时忽略选区:如果目标图像(即被修改的图像)中存在选区,勾选该复选框,Photoshop将忽视选区的存在,会将调整应用到整个图像。如果不勾选该复选框,那么调整只针对选区内的图像。
- 渐隐:该选项类似于图层蒙版,它决定了有多少源图像的颜色匹配到目标图像的颜色中。
- 使用源选区计算颜色:该选项可以使用源图像中的选区图像的颜色来计算匹配颜色。
- 使用目标选区计算调整:该选项可以使用目标图像中的选区图像的颜色来计算匹配颜色。注意,这种情况必须选择源图像为目标图像。
- 源:该选项用来选择源图像,即将颜色匹配到目标图像的图像。

实例090 使用"替换颜色"更改局部颜色

文件路径	第8章\使用"替换颜色"更改局部颜色
难易指数	★★★☆☆
技术掌握	"替换颜色"命令

扫码深度学习

操作思路

如果要更改画面中某个区域的颜

色，常规的方法是先得到选区，然后为选区填充其他颜色。而使用"替换颜色"命令可以免去很多麻烦，可以通过在画面中单击拾取的方式，直接对图像中指定的颜色进行色相、饱和度及明度的修改，从而达到替换某一颜色的目的。在本案例中，将使用"替换颜色"命令将红色部分调整为紫色。

案例效果

案例对比效果如图8-151和图8-152所示。

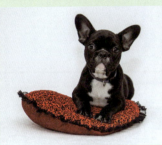

图8-151

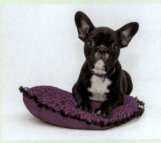

图8-152

操作步骤

01 执行菜单"文件>打开"命令，打开素材"1.jpg"，如图8-153所示。当前垫子的颜色为红色，下面使用"替换颜色"命令将其更换为紫色。

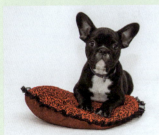

图8-153

02 执行菜单"图像>调整>替换颜色"命令，在弹出的"替换颜色"对话框中设置"颜色容差"为40，然后在红色垫子上单击，在缩览图中可以发现被选中的部分会显示为白色，如图8-154所示。

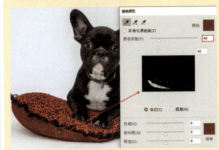

图8-154

03 单击"添加到取样"按钮，然后设置"颜色容差"为60，继续在红色垫子上单击进行颜色取样，直至缩览图中垫子部分颜色变为白色，如图8-155所示。

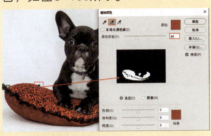

图8-155

04 调整选中的颜色。设置"色相"为-60、"饱和度"为+20、"明度"为-30，单击"确定"按钮完成设置，如图8-156所示。垫子被替换为紫色，最终效果如图8-157所示。

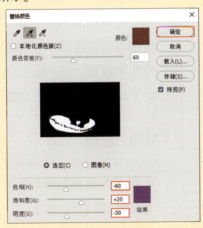

图8-156

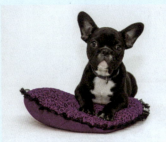

图8-157

要点速查：详解"替换颜色"对话框

➤ **本地化颜色簇**：该选项主要用来在图像上同时选择多种颜色。

➤ **吸管工具**：利用吸管工具可以选中被替换的颜色。使用（吸管工具）在图像上单击，可以选中单击点处的颜色，同时在"选区"缩览图中也会显示出选中的颜色区域（白色代表选中的颜色，黑色代表未选中的颜色）；使用（添加到取样）在图像上单击，可以将单击点处的颜色添加到选中的颜色中；使用（从取样中减去）在图像上单击，可以将单击点处的颜色从选定的颜色中减去。

➤ **颜色容差**：该选项用来控制选中颜色的范围。数值越大，选中的颜色范围就越广。

➤ **选区/图像**：选择"选区"方式，可以以蒙版方式进行显示，其中白色表示选中的颜色，黑色表示未选中的颜色，灰色表示只选中了部分颜色；选择"图像"方式，则只显示图像。

➤ **替换**："替换"包括3个选项，这3个选项与"色相/饱和度"对话框中的3个选项相同，可以调整选定颜色的色相、饱和度和明度。调整完成后，画面选区部分即可变成替换的颜色。

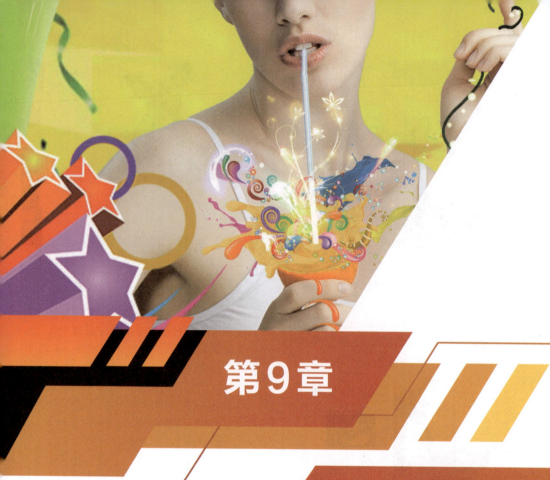

第9章

蒙版与合成

本章概述

在之前的章节中已经学习了多种可用于图像局部提取的方法，提取画面的局部并不是最终目的，提取的内容主要用于合成在其他的画面中，形成完整的作品。在合成的过程中经常会使用到蒙版，在Photoshop中包括4种蒙版，不同的蒙版功能也不同，可以应用在合成画面的不同情况中。

本章重点

- 熟练掌握图层蒙版的使用方法
- 熟练使用剪贴蒙版

9.1 使用蒙版功能

蒙版功能主要用于隐藏画面中的局部区域，该功能能够保留图层原始内容不受影响。相当于暂时将图像某个部分"藏"起来了，需要使用被隐藏的部分时，还可进行还原。在Photoshop中有4种蒙版：图层蒙版、剪贴蒙版、矢量蒙版和快速蒙版，但并不是每种蒙版都适合于画面合成的操作。

实例091	使用图层蒙版制作缤纷水果
文件路径	第9章\使用图层蒙版制作缤纷水果
难易指数	★★★☆☆
技术掌握	● 图层蒙版 ● 快速选择工具 ● 混合模式

扫码深度学习

操作思路

本案例首先使用快速选择工具建立人物选区，然后使用图层蒙版隐藏人物的背景，最后嵌入素材并调整素材的混合模式，使其很好地融入画面中。

案例效果

案例效果如图9-1所示。

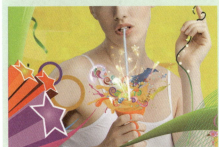

图9-1

操作步骤

01 执行菜单"文件>打开"命令，打开背景素材"1.jpg"，如图9-2所示。

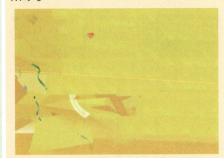

图9-2

02 执行菜单"文件>置入嵌入对象"命令，置入人物素材"2.jpg"，将其放置在画面右侧，按Enter键确认操作，如图9-3所示。选择该图层并右击，在弹出的快捷菜单中执行"栅格化图层"命令。

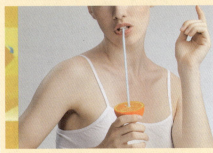

图9-3

03 选择工具箱中的 （快速选择工具），在选项栏中设置选区模式为"添加到选区"，在人物处按住鼠标左键拖动得到选区，连续拖动得到整个人物的选区，如图9-4所示。如果在创建人物选区时将背景部分也划入选区内，则设置选区模式为"从选区减去"，并在多余区域拖动即可。

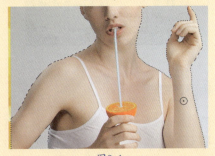

图9-4

04 单击"图层"面板底部的"添加图层蒙版"按钮，基于选区添加图层蒙版，如图9-5所示。此时画面效果如图9-6所示。

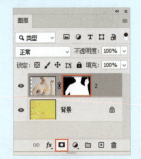

图9-5

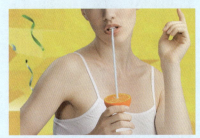

图9-6

05 置入花边素材"3.png"，按Enter键确认置入操作，如图9-7所示。

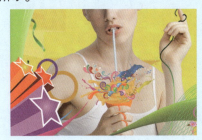

图9-7

06 继续置入光效素材"4.jpg"，按Enter键确认置入操作，然后将该图层栅格化，如图9-8所示。在"图层"面板中设置该图层的混合模式为"滤色"，如图9-9所示。

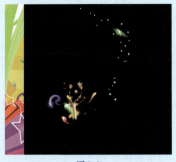

图9-8

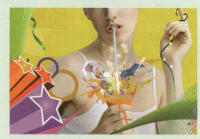

图9-9

07 最终画面效果如图9-10所示。

图9-10

> **提示** 图层蒙版的基本操作
>
> ➢ 停用与删除图层蒙版：在创建图层蒙版后，可以控制图层蒙版的显示与停用来观察使用图像的对比效果。停用后的图层蒙版仍然存在，只是暂时失去图层蒙版的作用。在图层蒙版缩览图上右击，在弹出的快捷菜单中选择"停用图层蒙版"命令，即可停用图层蒙版。如果要重新启用图层蒙版，可以在蒙版缩览图上右击，在弹出的快捷菜单中选择"启用图层蒙版"命令。
>
> ➢ 删除图层蒙版：在蒙版缩览图上右击，在弹出的快捷菜单中选择"删除图层蒙版"命令即可。
>
> ➢ 移动图层蒙版：在要移动的图层蒙版缩览图上按住鼠标左键将蒙版拖动到其他图层上，即可将该图层的蒙版移动到其他图层上。
>
> ➢ 应用图层蒙版：应用图层蒙版是指将图层蒙版效果应用到当前图层中，也就是说，图层蒙版中黑色的区域将会被删除，白色区域将会保留下来，并且删除图层蒙版。在图层蒙版缩览图上右击，在弹出的快捷菜

单中选择"应用图层蒙版"命令，即可应用图层蒙版。需注意的是，应用图层蒙版后，不能再还原图层蒙版。

实例092 使用剪贴蒙版制作中式饭店招贴

案例文件	第9章\使用剪贴蒙版制作中式饭店招贴
难易指数	★★★★☆
技术要点	● 创建剪贴蒙版 ● 钢笔工具 ● 图层样式 ● 横排文字工具

扫码深度学习

操作思路

"剪贴蒙版"是通过下方图层的形状来控制上方图层的显示状态。本案例通过置入一些素材，首先使用钢笔工具将素材抠出并使用"图层样式"为素材添加效果；然后使用横排文字工具在画面中心输入文字并为其添加描边和阴影效果；最后置入辣椒素材，使用"剪贴蒙版"制作文字的辣椒填充效果，从而制作出具有中式风格的饭店招贴。

案例效果

案例效果如图9-11所示。

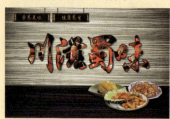

图9-11

操作步骤

01 执行菜单"文件>打开"命令，打开背景素材"1.jpg"，如图9-12所示。执行菜单"文件>置入嵌入对象"

命令，置入素材"2.jpg"，将素材放置在画面的右下角，按Enter键完成置入。执行菜单"图层>栅格化>智能对象"命令，将该图层栅格化为普通图层，如图9-13所示。

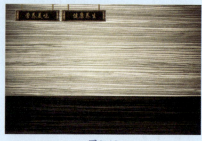

图9-12

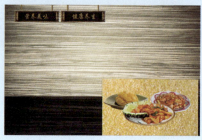

图9-13

02 接下来要将素材中的背景去掉，只显示食物。选择工具箱中的钢笔工具，在选项栏中设置绘制模式为"路径"，在画面中食物边缘处绘制路径，如图9-14所示。使用快捷键Ctrl+Enter将路径转换为选区，如图9-15所示。

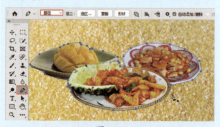

图9-14

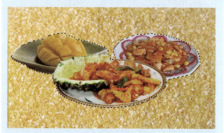

图9-15

03 使用快捷键Ctrl+Shift+I将选区反选，如图9-16所示。按Delete键删除选区，使用快捷键Ctrl+D取消

选区，效果如图9-17所示。

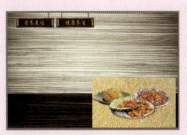

图9-16

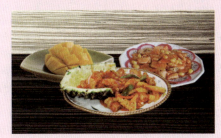

图9-17

04 为了使画面更具立体感，需要为食物素材添加投影效果。选择食物素材所在图层，执行菜单"图层>图层样式>投影"命令，在弹出的"图层样式"对话框中设置"混合模式"为"正片叠底"、投影颜色为黑色、"不透明度"为75%、"角度"为120度、"距离"为13像素、"扩展"为0、"大小"为14像素，设置完成后单击"确定"按钮，如图9-18所示。此时盘子效果如图9-19所示。

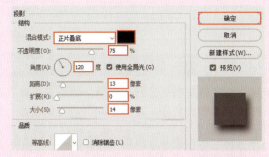

图9-18

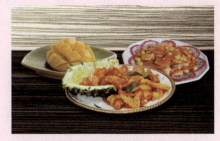

图9-19

05 创建文字。选择工具箱中的横排文字工具，在选项栏中设置适当的字体和字号，设置文本颜色为白色，在画面中间位置单击并输入文字，如图9-20所示。

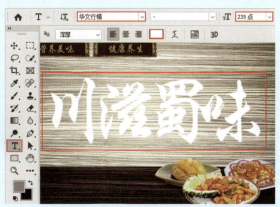

图9-20

06 选择文字图层，执行菜单"图层>图层样式>描边"命令，在弹出的"图层样式"对话框中设置描边的"大小"为4像素、"位置"为"外部"、"混合模式"为"正常"、"不透明度"为100%、"填充类型"为"渐变"、"渐变"为棕色系渐变、"样式"为"线性"、"角度"为90度、"缩放"为100%，如图9-21所示。然后勾选"预览"复选框进行预览，此时画面效果如图9-22所示。

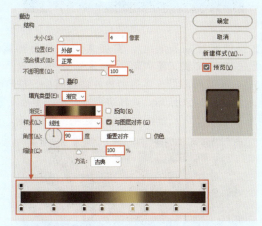

图9-21

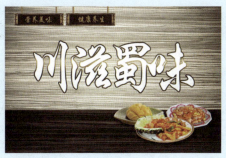

图9-22

07 在"图层样式"对话框中勾选"投影"复选框，设置"混合模式"为"正常"、投影颜色为黑色、"不透明度"为70%、"角度"为145度、"距离"为7像素、"扩展"为0、"大小"为8像素，单击"确定"按钮完成设置，如图9-23所示。此时画面效果如图9-24所示。

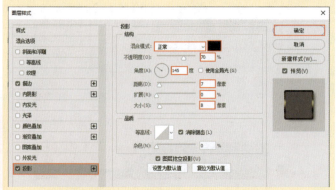

图9-23

9.2 女装广告

文件路径	第9章\女装广告
难易指数	★★★☆☆
技术掌握	● 钢笔工具 ● 图层蒙版 ● 横排文字工具

扫码深度学习

操作思路

本案例首先使用钢笔工具抠图制作人像选区，使用图层蒙版将人物背景隐藏。右侧图形部分则使用多边形套索工具绘制选区并填充合适的颜色。然后从人物照片中提取部分内容粘贴到此处，最后添加文字完成广告的制作。

案例效果

案例效果如图9-27所示。

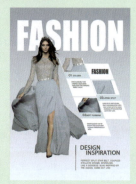

图9-27

实例093　女装广告——制作背景及人物部分

01 新建一个空白文档。选择工具箱中的渐变工具，在选项栏中单击渐变色条，在弹出的"渐变编辑器"对话框中编辑一个蓝色系渐变色，单击"确定"按钮完成设置，在选项栏中设置渐变类型为"线性渐变"，如图9-28所示。接着将光标移动到画面顶部，按住鼠标左键向下拖动填充渐变，如图9-29所示。

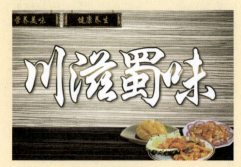

图9-24

08 想要使文字更具特色，需要为文字赋予图案。执行菜单"文件>置入嵌入对象"命令，置入素材"3.jpg"，将其移动到文字的上方并适当缩小，按Enter键完成置入，如图9-25所示。选择该图层，执行菜单"图层>创建剪贴蒙版"命令，最终画面效果如图9-26所示。

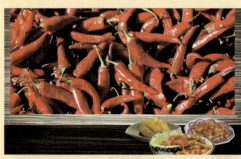

图9-25

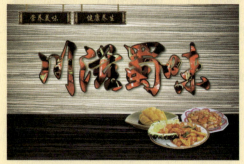

图9-26

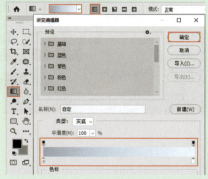

图9-28

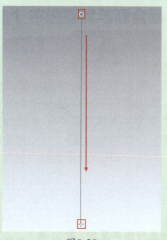

图9-29

02 首先制作主体文字。选择工具箱中的横排文字工具，在选项栏中设置字体和字号，设置文本颜色为白色，接着在画面顶部单击输入文字，如图9-30所示。执行菜单"文件>置入嵌入对象"命令，置入人物素材"1.jpg"，将素材放置在适当位置，按Enter键完成置入。然后执行菜单"图层>栅格化>智能对象"命令，将该图层栅格化为普通图层，如图9-31所示。

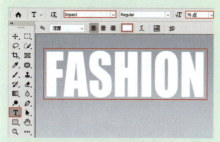

图9-30

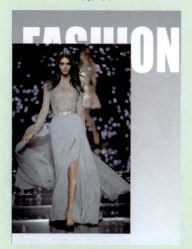

图9-31

03 接下来使用钢笔工具进行抠图。选择工具箱中的钢笔工具，在选项栏中设置绘制模式为"路径"，然后沿着人像边缘处绘制路径，如图9-32所示。

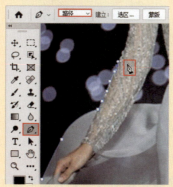

图9-32

04 继续进行绘制，路径绘制完成后，使用快捷键Ctrl+Enter将路径转换为选区，如图9-33所示。接着选择人物图层，单击"图层"面板底部的"添加图层蒙版"按钮，基于选区添加图层蒙版，如图9-34所示。使多余部分隐藏，如图9-35所示。

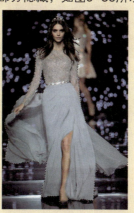

图9-33

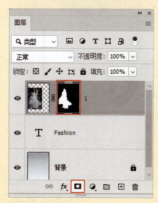

图9-34

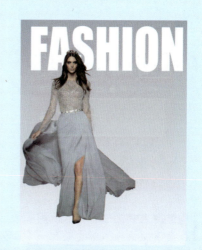

图9-35

实例094 女装广告——制作右侧图形文字

01 新建一个图层，选择工具箱中的多边形套索工具，在画面右侧绘制四边形选区，如图9-36所示，设置前景色为白色，使用快捷键Alt+Delete为四边形填充颜色，如图9-37所示。继续使用多边形套索工具绘制四边形，并填充相应的颜色，如图9-38所示。

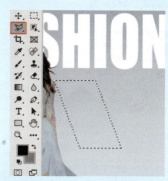

图9-36

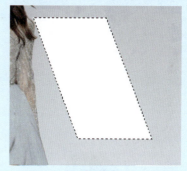

图9-37

第9章 蒙版与合成

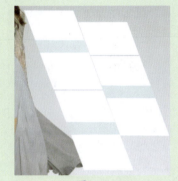

图9-38

02 选择人物图层，再次使用多边形套索工具在人像上绘制一个四边形选区，如图9-39所示。使用快捷键Ctrl+Shift+C进行复制，使用快捷键Ctrl+V进行粘贴，然后将其移动到右侧的白色多边形上，如图9-40所示。

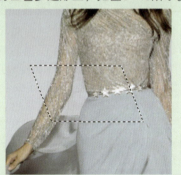

图9-39

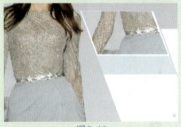

图9-40

03 使用同样的方法制作另外两个图案，如图9-41所示。使用文字工具输入其他的文字，如图9-42所示。

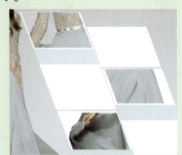

图9-41

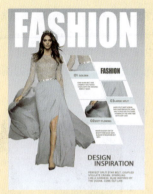

图9-42

04 最后为说明版面添加文字导航线。新建一个图层，选择工具箱中的矩形选框工具，在画面底部按住鼠标左键并拖动绘制矩形选框，如图9-43所示。设置前景色为深青色，使用快捷键Alt+Delete填充颜色，如图9-44所示。使用同样的方法制作下半部分浅色分割线，如图9-45所示。

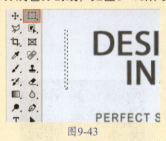

图9-43

图9-44

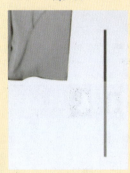

图9-45

05 最终完成效果如图9-46所示。

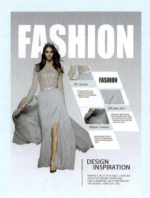

图9-46

9.3 品牌服饰宣传广告

文件路径	第9章 \ 品牌服饰宣传广告
难易指数	★★★★☆
技术掌握	● 钢笔工具 ● 矩形工具 ● 图层蒙版 ● 横排文字工具

扫码深度学习

操作思路

本案例首先使用矩形工具及钢笔工具绘制背景形状，然后使用钢笔工具绘制人物选区，为该图层添加图层蒙版，隐藏人物的背景，完成抠图操作，最后输入文字，丰富画面效果。

案例效果

案例效果如图9-47所示。

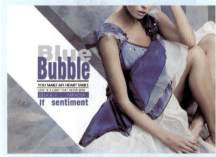

图9-47

实例095　品牌服饰宣传广告——制作广告背景

01 新建一个空白文档。执行菜单"文件>置入嵌入对象"命令，置入素材"1.jpg"，调整大小后按Enter键确定置入操作，然后将该图层栅格化，如图9-48所示。

图9-48

02 在"图层"面板中设置该图层的"不透明度"为35%，如图9-49所示。此时画面效果如图9-50所示。

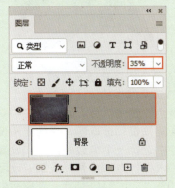

图9-49

图9-50

03 使用同样的方法置入素材"2.jpg"，调整大小后按Enter键确定置入操作，如图9-51所示。

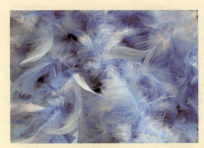

图9-51

04 在"图层"面板中设置该图层的"不透明度"为37%，如图9-52所示。此时画面效果如图9-53所示。

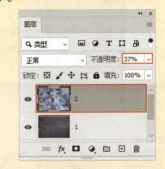

图9-52

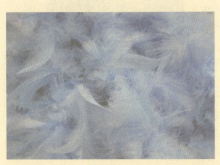

图9-53

05 在画面中绘制一个四边形。选择工具箱中的矩形工具，在选项栏中设置绘制模式为"形状"，在画面右侧绘制一个矩形，在选项栏中设置"填充"为深蓝色、"描边"为无，如图9-54所示。

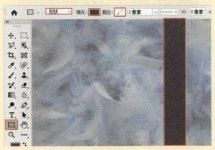

图9-54

06 在"图层"面板中设置矩形所在图层的混合模式为"颜色加深"、"不透明度"为50%，如图9-55所示。此时画面效果如图9-56所示。

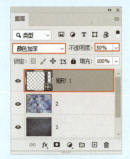

图9-55

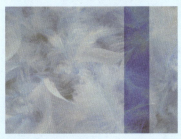

图9-56

07 使用同样的方法，在画面的最右侧绘制一个蓝灰色矩形，如图9-57所示。然后在"图层"面板中设置矩形的"不透明度"为67%，如图9-58所示。画面效果如图9-59所示。

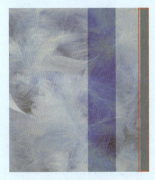

图9-57

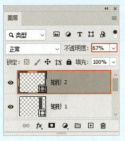

图9-58

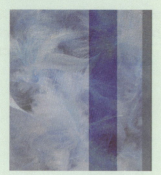

图9-59

08 选择工具箱中的 ◊.（钢笔工具），设置绘制模式为"形状"，在画面中绘制一个倾斜的多边形，在选项栏中设置"填充"为白色、"描边"为无，如图9-60所示。使用同样的方法，在白色多边形的右上方绘制一个深蓝色的四边形，如图9-61所示。

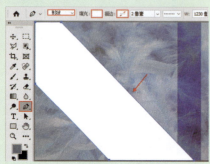

图9-60

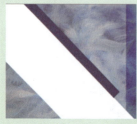

图9-61

09 在"图层"面板中设置深蓝色形状的混合模式为"正片叠底"、"不透明度"为50%，如图9-62所示。

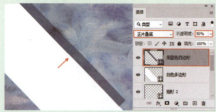

图9-62

实例096 品牌服饰宣传广告——制作人物部分

01 执行菜单"文件>置入嵌入对象"命令，置入人物素材"3.jpg"，按Enter键确定置入操作。然后将人物素材栅格化，如图9-63所示。选择工具箱中的钢笔工具，设置绘制模式为"路径"，然后沿着人物边缘绘制路径，如图9-64所示。

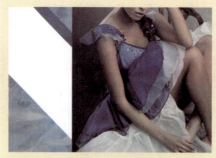

图9-63

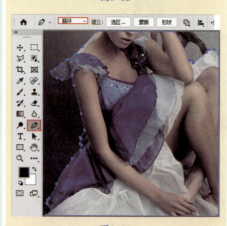

图9-64

02 使用快捷键Ctrl+Enter将路径转换为选区，得到人物选区，如图9-65所示。

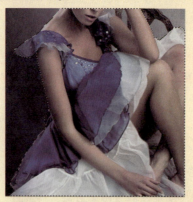

图9-65

03 单击"图层"面板底部的"添加图层蒙版"按钮 ▢，基于选区添加图层蒙版，如图9-66所示。将人物素材的背景去掉，效果如图9-67所示。

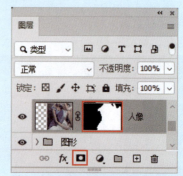

图9-66

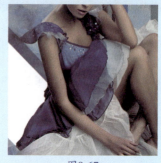

图9-67

04 单击图层蒙版缩览图，然后选择工具箱中的 ✏.（画笔工具），将前景色设置为黑色。在选项栏中单击"画笔预设"选取器，在画笔预设选取器中选择一个柔边圆画笔，设置画笔"大小"为30像素，设置"硬度"为20%，如图9-68所示。在蒙版中残留背景的区域进行涂抹，如图9-69所示。画面效果如图9-70所示。

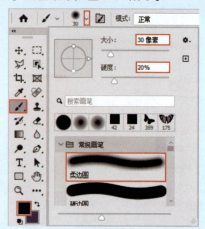

图9-68

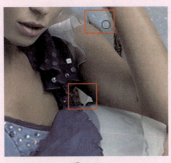

图9-69　　　　　　　图9-70

05 单击"调整"面板中的"曲线"按钮，创建新的"曲线"调整图层，在弹出的"属性"面板的曲线中间位置单击添加一个控制点，将其向左上拖动提高画面整体的亮度；然后在曲线下半部分添加一个控制点，将其向右下拖动压暗画面暗部区域，单击"此调整剪切到此图层"按钮，如图9-71所示。此时画面明暗对比增强，提高了人物的亮度，效果如图9-72所示。

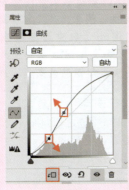 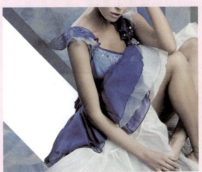

图9-71　　　　　　　图9-72

实例097　品牌服饰宣传广告——制作艺术字部分

01 在画面的左侧添加文字。选择工具箱中的 T（横排文字工具），在选项栏中设置合适的字体和字号，设置文本颜色为蓝色，然后在画面中白色形状的上方单击插入光标，输入文字，如图9-73所示。选择文字图层，执行菜单"图层>图层样式>投影"命令，在弹出的"图层样式"对话框中设置"混合模式"为"正片叠底"、阴影颜色为深灰色、"不透明度"为72%、"角度"为120度，勾选"使用全局光"复选框，设置"距离"为4像素、"扩展"为0、"大小"为4像素，设置完成后单击"确定"按钮，如图9-74所示。

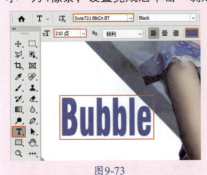 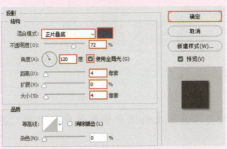

图9-73　　　　　　　图9-74

02 此时文字效果如图9-75所示。使用同样的方法，在选项栏中设置合适的字体、字号及文本颜色，输入其他文字，如图9-76所示。

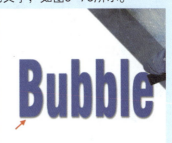

图9-75

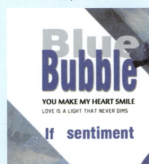

图9-76

03 选择工具箱中的矩形工具，设置绘制模式为"形状"，在文字Bubble的下方绘制一个矩形，在选项栏中设置"填充"为黑色、"描边"为无，如图9-77所示。使用同样的方法，绘制文字间的另外两个矩形，如图9-78所示。

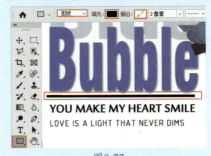

图9-77

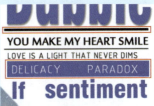

图9-78

04 最终完成效果如图9-79所示。

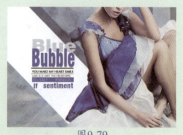

图9-79

9.4 饮料创意广告

文件路径	第9章\饮料创意广告
难易指数	★★★★☆
技术掌握	● 画笔工具 ● "色相/饱和度"调整图层 ● "曲线"调整图层 ● 图层蒙版 ● 自由变换 ● 混合模式

扫码深度学习

操作思路

本案例首先使用画笔工具与水花素材通过一系列的调色操作制作画面背景;接着置入饮品素材,使用快速选择工具制作饮料瓶的选区,并使用"图层蒙版"隐藏饮品素材背景;最后添加装饰素材,增强画面效果。

案例效果

案例效果如图9-80所示。

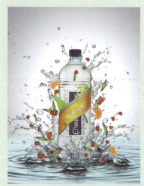

图9-80

实例098 饮料创意广告——制作水花背景

01 新建一个空白文档,然后将前景色设置为灰蓝色,使用快捷键Alt+Delete进行填充,画面效果如图9-81所示。

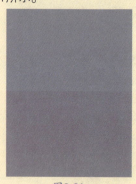

图9-81

02 新建一个图层,选择工具箱中的 (画笔工具),在选项栏中单击"画笔预设"选取器,在画笔预设选取器中选择一个柔边圆画笔,设置画笔"大小"为1500像素,将前景色设置为白色,如图9-82所示。在画面中心位置按住鼠标左键拖动进行涂抹,效果如图9-83所示。

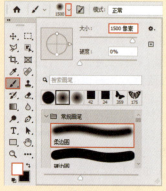

图9-82

图9-83

03 执行菜单"文件>置入嵌入对象"命令,置入水面素材"1.jpg",按Enter键确认置入操作。选择该图层并右击,在弹出的快捷菜单中执行"栅格化图层"命令,效果如图9-84所示。

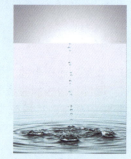

图9-84

04 选择水面图层,单击"图层"面板底部的"添加图层蒙版"按钮 ,然后选择工具箱中的画笔工具,在选项栏中单击"画笔预设"选取器,在画笔预设选取器中选择一个柔边圆画笔,设置画笔"大小"为1000像素,将前景色设置为黑色,如图9-85所示。在蒙版上方位置进行涂抹,蒙版如图9-86所示。

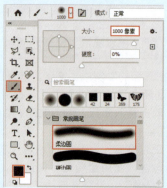

图9-85

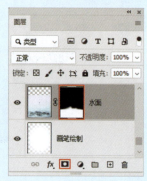

图9-86

05 此时画面效果如图9-87所示。将水花素材"2.png"置入文档中，按Enter键确认置入操作，效果如图9-88所示。

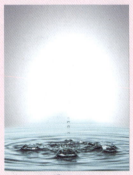
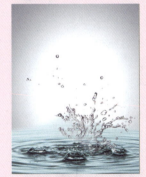

图9-87　　　　　图9-88

06 单击"调整"面板中的"色相/饱和度"按钮，创建新的"色相/饱和度"调整图层，在弹出的"属性"面板中设置"色相"为-65、"饱和度"为+44、"明度"为-5，为了使效果只针对水花图层，单击"此调整剪切到此图层"按钮，如图9-89所示。将水花色调调整为蓝色，此时画面效果如图9-90所示。

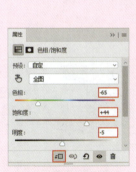
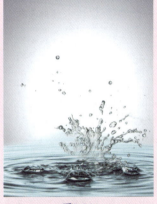

图9-89　　　　　图9-90

07 选择水花图层并按住Shift键加选"色相/饱和度 1"图层，使用快捷键Ctrl+J将其复制，使用快捷键Ctrl+T调出定界框并右击，在弹出的快捷菜单中执行"水平翻转"命令，如图9-91所示。然后将其适当向左移动，按Enter键结束操作，效果如图9-92所示。

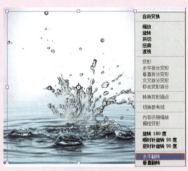
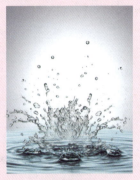

图9-91　　　　　图9-92

08 使用同样的方法，再次复制一个水花图层和一个"色相/饱和度"图层，然后将新复制的水花移动至画面上方，如图9-93所示。

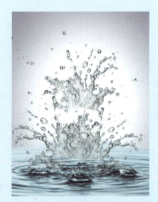

图9-93

实例099　饮料创意广告——制作瓶身部分

01 将水瓶素材"3.jpg"置入文档中，按Enter键确认置入操作，将其栅格化，如图9-94所示。

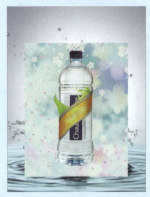

图9-94

02 选择工具箱中的（快速选择工具），在选项栏中设置选区模式为"添加到选区"，在画面瓶身处按住鼠标左键拖动得到选区，如图9-95所示。连续拖动得到整个水瓶的选区，如图9-96所示。

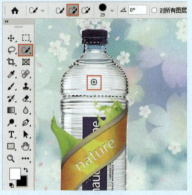

图9-95

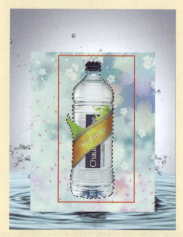

图9-96

03 单击"图层"面板底部的"添加图层蒙版"按钮，基于选区添加图层蒙版，如图9-97所示。此时画面效果如图9-98所示。

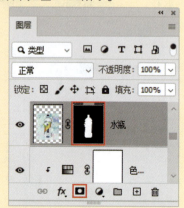

图9-97

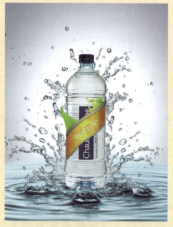

图9-98

04 将水果素材"4.png"置入文档中，按Enter键确认置入操作，如图9-99所示。继续将水滴皇冠素材"5.jpg"置入文档中，按Enter键确认置入操作，然后将其栅格化，如图9-100所示。

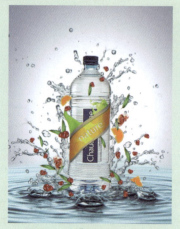

图9-99

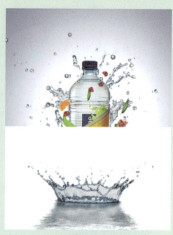

图9-100

05 在"图层"面板中设置混合模式为"正片叠底"，如图9-101所示。此时画面效果如图9-102所示。

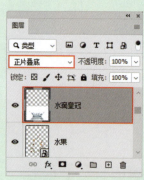

图9-101

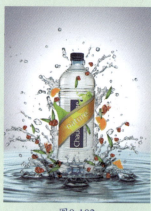

图9-102

06 选择该图层，单击"图层"面板底部的"添加图层蒙版"按钮，选择工具箱中的画笔工具，在选项栏中单击"画笔预设"选取器，在画笔预设选取器中选择一个柔边圆画笔，设置画笔"大小"为200像素，将前景色设置为黑色，如图9-103所示。在画面下方位置按住鼠标左键拖动进行涂抹，蒙版效果如图9-104所示。

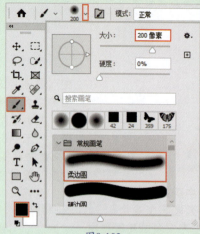

图9-103

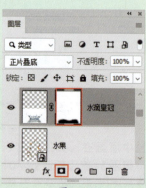

图9-104

07 此时画面效果如图9-105所示。

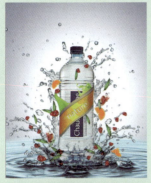

图9-105

08 接下来调整水滴皇冠的亮度，使其与背景融合。单击"调整"面板中的"曲线"按钮，创建新的"曲线"调整图层，在弹出的"属性"面板中的曲线上单击添加控制点，向上拖动提升画面的亮度，然后单击"此调整剪切到此图层"按钮，如图9-106所示。此时画面效果如图9-107所示。

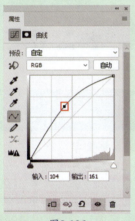

图9-106

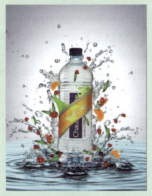

图9-107

09 使用快捷键Ctrl+J将水花图层和"色相/饱和度1"图层再复制一次，将新复制的图层拖动至图层最上方，如图9-108所示。然后将新复制的水花移动至画面合适的位置，最终画面效果如图9-109所示。

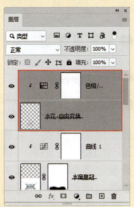

图9-108

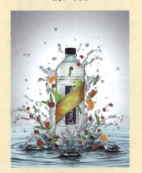

图9-109

9.5 芝士蛋糕海报设计

文件路径	第9章\芝士蛋糕海报设计
难易指数	★★★★★
技术掌握	● 横排文字工具 ● 图层样式 ● 形状工具

扫码深度学习

操作思路

本案例背景部分使用到了纯色填充、为素材图层添加图层蒙版等操作。主体内容部分使用横排文字工具在画面中输入文字，然后使用"图层样式"为文字添加合适的效果，最后使用形状工具制作信息文字底部的图形。

案例效果

案例效果如图9-110所示。

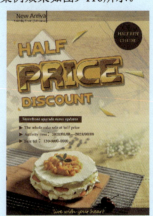

图9-110

实例100 芝士蛋糕海报设计——制作海报的背景

01 新建一个空白文档，然后为背景填充颜色。设置前景色为米黄色，使用快捷键Alt+Delete进行填充，效果如图9-111所示。

图9-111

02 执行菜单"文件>置入嵌入对象"命令，置入食物素材"1.jpg"，将其放置在画面下方，按Enter键确认操作，如图9-112所示。然后选择食物图层，单击"图层"面板底部的"添加图层蒙版"按钮，为该图层添加图层蒙版。选择工具箱中的（画笔工具），在选项栏中单击"画笔预设"选取器，在画笔预设选取器中选择一个柔边圆画笔，设置画笔"大小"为1500像素，如图9-113所示。

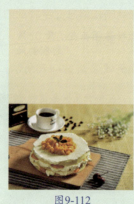

图9-112

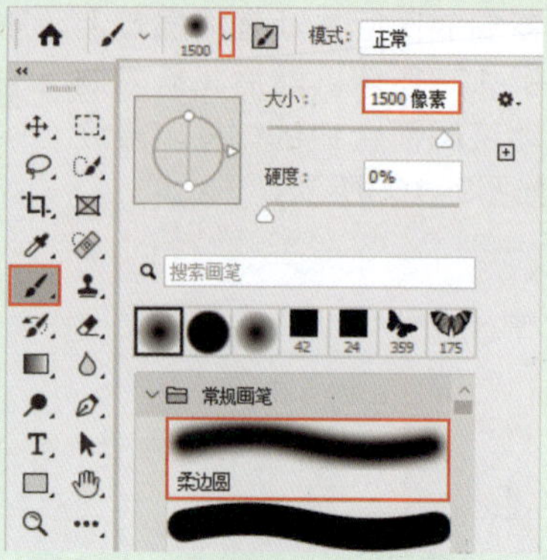

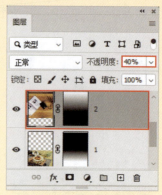

图9-117

03 将前景色设置为黑色，在画面上方的位置按住鼠标左键拖动进行涂抹，使上半部分隐藏，效果如图9-114所示。

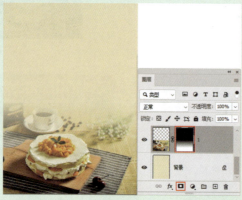

图9-113

图9-114

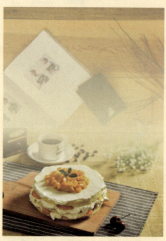

图9-118

实例101 芝士蛋糕海报设计——制作主体文字

04 置入新素材。使用同样的方法，置入素材"2.jpg"并将其放置在画面上方，按Enter键确认操作，如图9-115所示。然后为本图层添加图层蒙版，选择工具箱中的画笔工具，在选项栏的画笔预设选取器中选择一个柔边圆画笔，设置画笔"大小"为1500像素。将前景色设置为黑色，设置完成后，在画面下方位置按住鼠标左键拖动进行涂抹，效果如图9-116所示。

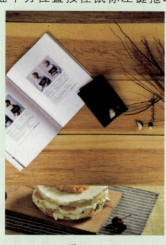

图9-115 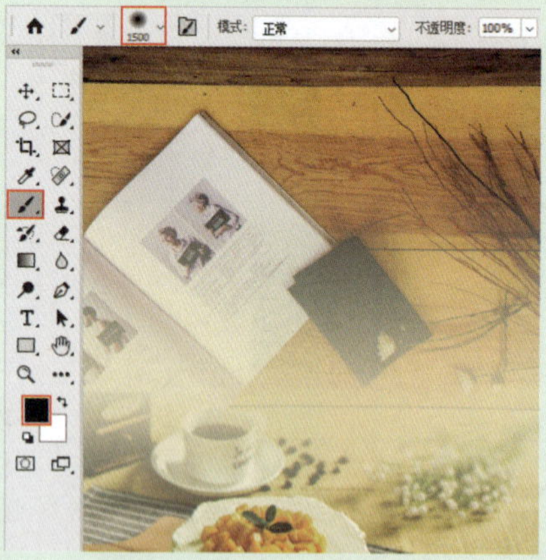   图9-116

05 在"图层"面板中选中该图层，并设置该图层的"不透明度"为40%，如图9-117所示。此时画面效果如图9-118所示。

01 输入主体文字。选择工具箱中的 T.（横排文字工具），在选项栏中设置合适的字体和字号，设置文本颜色为黄色，然后在画面中单击插入光标，输入文字，如图9-119所示。

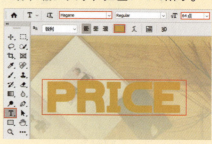

图9-119

02 导入样式素材。打开素材文件夹，选择素材文件"3.asl"，按住鼠标左键向界面上拖动（拖动到工具箱或选项栏、菜单栏的位置），将样式素材导入，如图9-120所示。

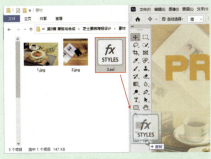

图9-120

03 为文字添加效果。选择文字图层，执行菜单"窗口>样式"命令，在弹出的"样式"面板中单击刚刚导入的样式图标，如图9-121所示。文字效果如图9-122所示。

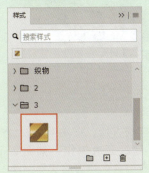

图9-121

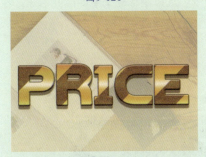

图9-122

04 调整文字位置。选择文字图层，使用快捷键Ctrl+T调出定界框，如图9-123所示。将鼠标指针移动到右下角的控制点边缘，然后拖动控制点进行旋转并移动，按Enter键结束变换操作，效果如图9-124所示。

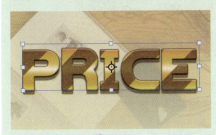

图9-123

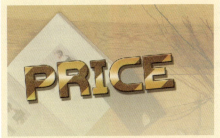

图9-124

05 制作文字轮廓。选择文字图层，按住Ctrl键单击文字图层的缩览图，得到文字选区，如图9-125所示。执行菜单"选择>修改>扩展"命令，在弹出的"扩展选区"对话框中设置"扩展量"为15像素，设置完成后单击"确定"按钮，如图9-126所示。

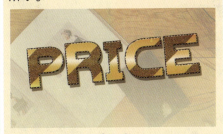

图9-125

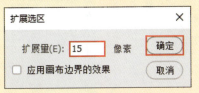

图9-126

06 此时文字效果如图9-127所示。

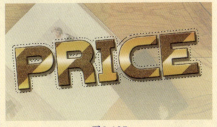

图9-127

07 加选轮廓选区。选择工具箱中的 ▽（多边形套索工具），然后在选项栏中单击"添加到选区"按钮 ▣，在文字选区中按住鼠标左键绘制多边形，如图9-128所示。效果如图9-129所示。

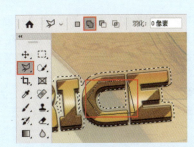

图9-128

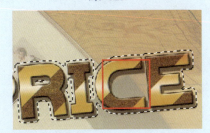

图9-129

08 使用同样的方法，在其他字母选区内绘制多边形，得到完整的文字轮廓，如图9-130所示。

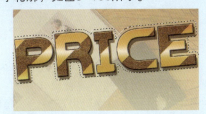

图9-130

09 新建一个图层，将前景色设置为黄色，使用前景色进行填充，效果如图9-131所示。然后使用快捷键Ctrl+D取消选区，将轮廓图层拖动至文字图层下方，效果如图9-132所示。

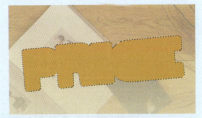

图9-131

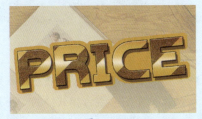

图9-132

10 为轮廓图层添加效果。选择轮廓图层，执行菜单"图层>图层样式>描边"命令，在弹出的"图层样式"对话框中设置描边的"大小"为3像素、"位置"为"外部"、"混合模式"为"正常"、"不透明度"为100%、"填充类型"为"颜色"、"颜色"为深褐色，如图9-133所示。此时文字效果如图9-134所示。

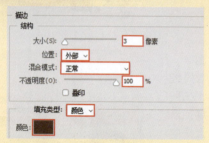

图9-133

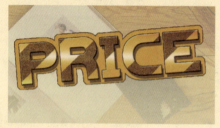

图9-134

11 在"图层样式"对话框中勾选"内阴影"复选框，然后设置内阴影的"混合模式"为"正片叠底"、颜色为橙色、"不透明度"为75%、"角度"为120度、"距离"为5像素、"阻塞"为0、"大小"为5像素，如图9-135所示。此时文字效果如图9-136所示。

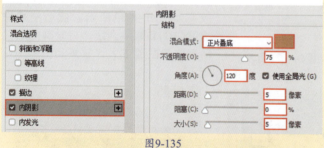

图9-135

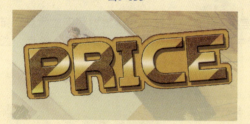

图9-136

12 在"图层样式"对话框中勾选"投影"复选框，然后设置投影的"混合模式"为"正片叠底"、颜色为灰褐色、"不透明度"为58%、"角度"为120度、"距离"为17像素、"扩展"为18%、"大小"为3像素，设置完成后单击"确定"按钮，如图9-137所示。此时文字效果如图9-138所示。

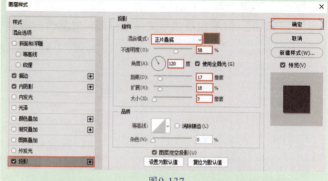

图9-137

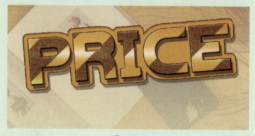

图9-138

13 输入副标题。使用同样的方法，在主标题上方输入副标题文字，并进行自由变换操作，如图9-139所示。选择文字轮廓图层并右击，在弹出的快捷菜单中执行"拷贝图层样式"命令。选择副标题文字图层并右击，在弹出的快捷菜单中执行"粘贴图层样式"命令，效果如图9-140所示。

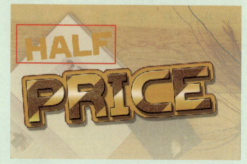

图9-139

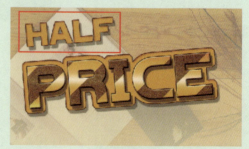

图9-140

14 使用同样的方法，在主标题下方输入文字并为其复制、粘贴文字轮廓图层的图层样式，效果如图9-141所示。

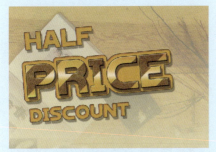

图9-141

实例102 芝士蛋糕海报设计
——制作辅助文字

01 选择工具箱中的椭圆工具,在选项栏中设置绘制模式为"形状",在画面右上角位置按住Shift键的同时按住鼠标左键拖动绘制正圆,接着在选项栏中设置"填充"为深褐色、"描边"为无,如图9-142所示。选择工具箱中的横排文字工具,在选项栏中设置合适的字体和字号,设置文本颜色为浅黄色,然后在正圆上方单击插入光标,输入文字,效果如图9-143所示。

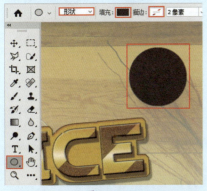

图9-142

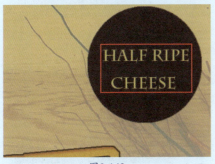

图9-143

02 继续使用横排文字工具在画面左上方输入文字,如图9-144所示。选择该文字图层并右击,在弹出的快捷菜单中执行"转换为形状"命令,然后选择工具箱中的 ▸ (直接选择工具),在文字上单击即可显示锚点,如图9-145所示。

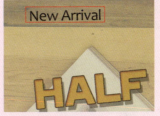

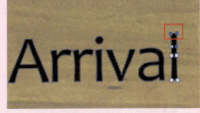

图9-144

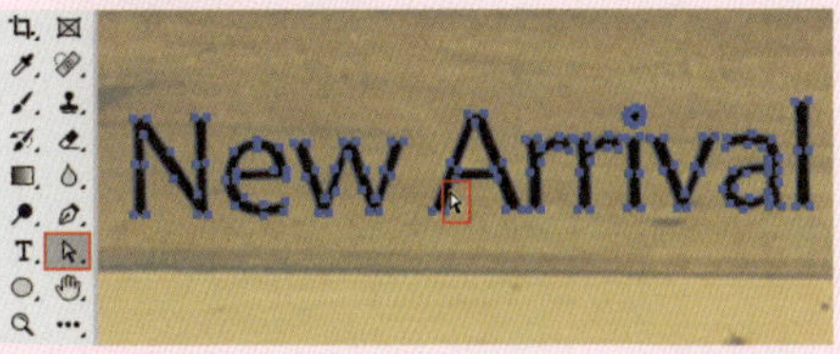

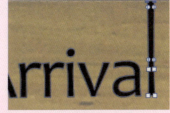

图9-145

03 使用直接选择工具框选字母"l"的上半部锚点,如图9-146所示。然后按住鼠标左键向上拖动将字母变形,如图9-147所示。

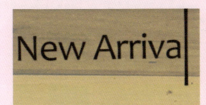

图9-146

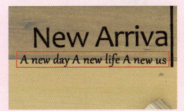

图9-147

04 使用同样的方法,框选字母"l"的下半部并向下拖动将字母变形。此时的文字效果如图9-148所示。继续使用横排文字工具,在文字下方输入一行字号较小的文字,如图9-149所示。

图9-148

图9-149

05 选择工具箱中的钢笔工具,在选项栏中设置绘制模式为"形状",在画面副标题右上角绘制一个三角形形状,在选项栏中设置"填充"为黄色、"描边"为无,如图9-150所示。执行菜单"图层>图层样式>渐变叠加"命令,在弹出的"图层样式"对话框中设置"混合模式"为"正常"、"不透明度"为100%、"渐变"为黄色系的渐变颜色、"样式"为"线性"、"角度"为90度、"缩放"为100%,如图9-151所示。

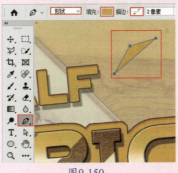

图9-150

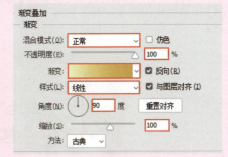

图9-151

06 勾选"预览"复选框进行查看,此时三角形效果如图9-152所示。

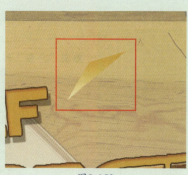

图9-152

07 在"图层样式"对话框中勾选"投影"复选框,然后设置"混合模式"为"正片叠底"、颜色为黑色、不透明度为37%、角度为120度、距离为12像素、扩展为0、大小为5像素,设置完成后单击"确定"按钮,如图9-153所示。效果如图9-154所示。

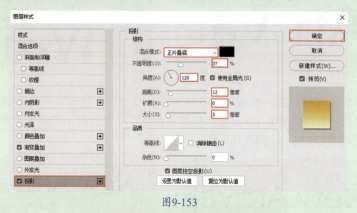

图9-153

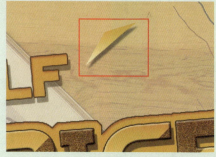

图9-154

08 使用同样的方法,在文字的右侧绘制两个三角形,如图9-155所示。将第一个三角形的图层样式复制给另外两个三角形,效果如图9-156所示。

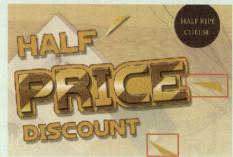

图9-155

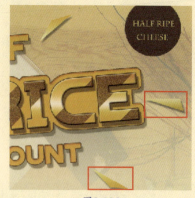

图9-156

09 继续使用钢笔工具在文字左侧绘制两个黄色三角形,效果如图9-157所示。

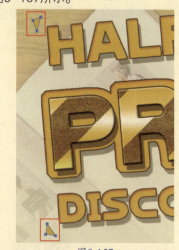

图9-157

实例103 芝士蛋糕海报设计——制作信息文字

01 选择工具箱中的矩形工具,在选项栏中设置绘制模式为"形状",在画面的副标题下方绘制一个矩形,在选项栏中设置"填充"为褐色、"描边"为无,如图9-158所示。

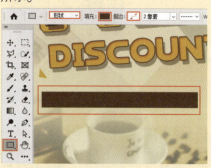

图9-158

02 绘制三角形标志。选择工具箱中的钢笔工具，在矩形左下角绘制3个褐色的三角形标志，如图9-159所示。

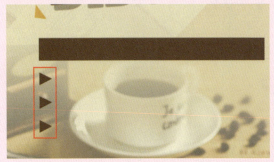

图9-159

03 选择工具箱中的横排文字工具，在选项栏中设置合适的字体和字号，设置文本颜色为白色，然后在矩形中输入文字，如图9-160所示。使用同样的方法，将文本颜色改为褐色，在三角形标志右侧输入文字，如图9-161所示。

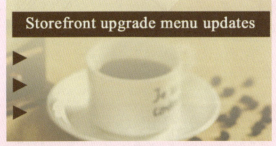

图9-160

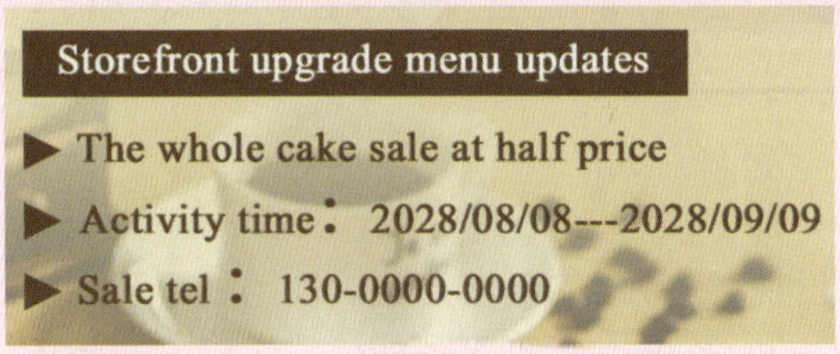

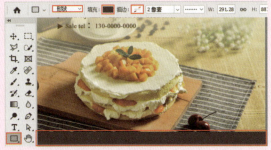

图9-161

04 绘制画面底部图形。选择工具箱中的矩形工具，在选项栏中设置绘制模式为"形状"，在画面的底部拖动鼠标左键绘制一个矩形，在选项栏中设置"填充"为灰褐色、"描边"为无，如图9-162所示。在"图层"面板中设置图层"不透明度"为80%，效果如图9-163所示。

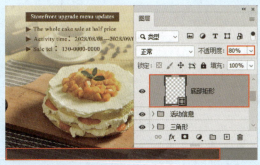

图9-162

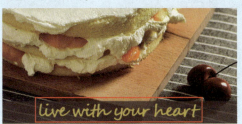

图9-163

05 选择工具箱中的横排文字工具，在选项栏中设置合适的字体和字号，设置文本颜色为黄色，然后在底部矩形中间位置插入光标，输入文字，如图9-164所示。最终效果如图9-165所示。

图9-164

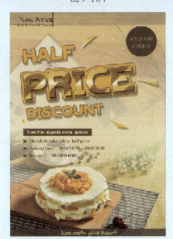

图9-165

第10章

混合模式与图层样式

本章概述

本章介绍几种特殊效果的制作方法。使用图层混合模式不仅可以制作多个图层内容重叠混合的效果,还可以对图像进行调色。使用图层样式则可以为图层中的内容模拟阴影、发光、描边、浮雕等特殊效果。

本章重点

- 设置图层不透明度与混合模式
- 图层样式的综合使用

10.1 不透明度与混合模式

在"图层"面板中可以对图层的不透明度与混合模式进行设置。不透明度用来设置图层的半透明效果。混合模式则是一个图层与其下方图层的色彩叠加方式。图层的不透明度与混合模式被广泛应用在Photoshop中。

实例104　设置不透明度制作图形招贴

文件路径	第10章\设置不透明度制作图形招贴
难易指数	★★★★★
技术掌握	不透明度设置

扫码深度学习

操作思路

本案例首先通过使用多边形套索工具绘制图形并填充颜色,制作色块图层,然后设置其不透明度得到招贴上的半透明色块,最后使用文字工具输入文字即可。

案例效果

案例效果如图10-1所示。

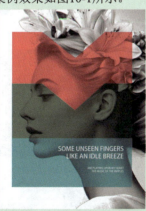

图10-1

操作步骤

01 执行菜单"文件>打开"命令或按快捷键Ctrl+O,打开素材"1.jpg",如图10-2所示。

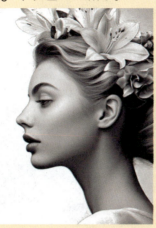

图10-2

02 选择工具箱中的多边形套索工具,在选项栏中单击"新选区"按钮,在画面中多次单击绘制选区,如图10-3所示。新建一个图层,设置前景色为红色,使用快捷键Alt+Delete为其填充红色,如图10-4所示。

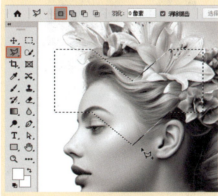

图10-3

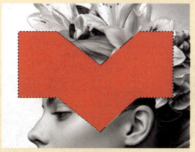

图10-4

03 在"图层"面板中设置"不透明度"为60%,如图10-5所示。效果如图10-6所示。使用快捷键Ctrl+D取消选区。

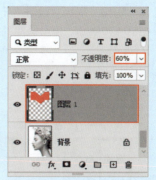

图10-5

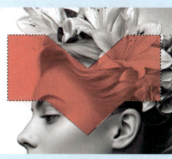

图10-6

04 继续使用多边形套索工具在红色图形下方绘制另外一个选区,如图10-7所示。新建图层,设置前景色为绿色,使用快捷键Alt+Delete为其填充绿色,效果如图10-8所示。

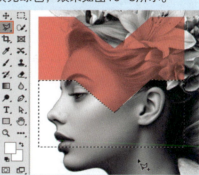

图10-7

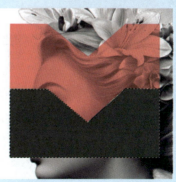

图10-8

05 在"图层"面板中设置"不透明度"为60%,如图10-9所示。效果如图10-10所示。使用快捷键Ctrl+D取消选区。

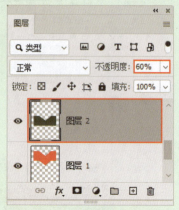
图10-9

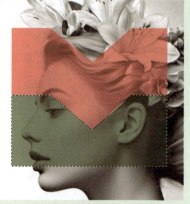
图10-10

06 使用同样的方法制作青蓝色形状,并在"图层"面板中设置图层的"不透明度"为60%,如图10-11所示。效果如图10-12所示。

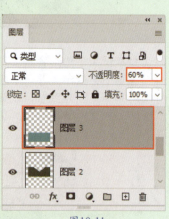
图10-11

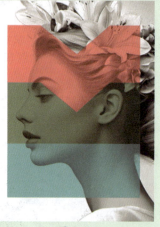
图10-12

07 选择工具箱中的横排文字工具,在选项栏中设置合适的字体和字号,设置对齐方式为"右对齐文本"、文本颜色为白色,在画面中单击输入文字,如图10-13所示。使用同样的方法输入其他文字,最终效果如图10-14所示。

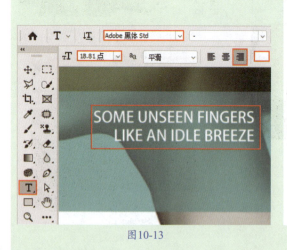
图10-13

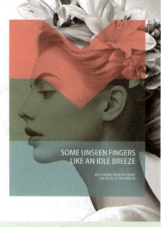
图10-14

实例105 使用混合模式制作旧照片

文件路径	第10章\使用混合模式制作旧照片
难易指数	★★☆☆☆
技术掌握	混合模式

扫码深度学习

操作思路

本案例主要使用混合模式调整风景素材的混合效果,制作带有复古感的照片。

案例效果

案例效果如图10-15所示。

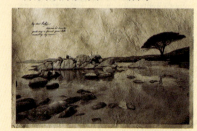
图10-15

操作步骤

01 执行菜单"文件>打开"命令或按快捷键Ctrl+O,打开素材"1.jpg",如图10-16所示。执行菜单"文件>置入嵌入对象"命令,置入素材"2.jpg",按Enter键确认置入操作。执行菜单"图层>栅格化>智能对象"命令,将该图层栅格化为普通图层,如图10-17所示。

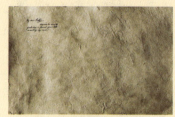
图10-16

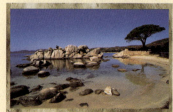
图10-17

02 在"图层"面板中设置图层混合模式为"正片叠底",如图10-18所示。效果如图10-19所示。

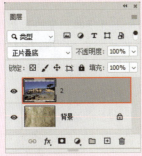

图10-18

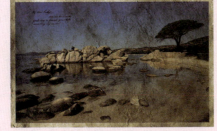

图10-19

> 变暗:两个图层中较暗的颜色将作为混合的颜色保留,比混合色亮的像素将被替换,而比混合色暗的像素保持不变,如图10-24所示。

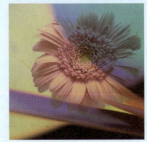

图10-24

> 正片叠底:任何颜色与黑色混合产生黑色,任何颜色与白色混合保持不变,如图10-25所示。

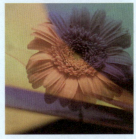

图10-25

提示 多种混合模式的选择

通常设置混合模式时不会一次成功,需要进行多次尝试。此时可以先选择一种混合模式,然后滚动鼠标中轮即可快速更改混合模式,这样就能非常方便地查看每一种混合模式的效果了。

03 单击"调整"面板中的"黑白"按钮,创建新的"黑白"调整图层,在弹出的"属性"面板中设置"红色"为32、"黄色"为67、"绿色"为22、"青色"为219、"蓝色"为116、"洋红"为56,并单击"此调整剪贴到此图层"按钮,如图10-20所示。效果如图10-21所示。

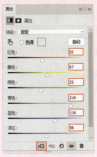

图10-20

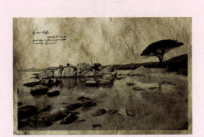

图10-21

> 颜色加深:通过增加上下层图像之间的对比度来使像素变暗,与白色混合后不产生变化,如图10-26所示。

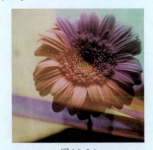

图10-26

要点速查:认识各种混合模式

在混合模式下拉列表中包括多种可选模式。

> 正常:默认的混合模式,当前图层不与下方图层产生任何混合效果,图层不透明度为100%,完全遮盖下面的图像,如图10-22所示。
> 溶解:当图层为半透明时,选择该选项可以创建像素点状效果,如图10-23所示。

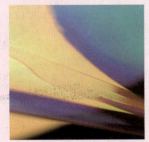

图10-22

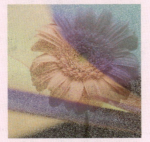

图10-23

> 线性加深:通过减小亮度使像素变暗,与白色混合后不产生变化,如图10-27所示。

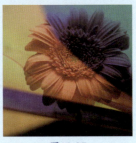

图10-27

➤ 深色：通过比较两个图像所有通道的数值总和，然后显示数值较小的颜色，如图10-28所示。

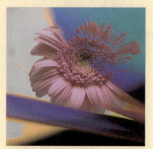

图10-28

➤ 变亮：使上方图层的暗调区域变为透明，通过下方的较亮区域使图像更亮，如图10-29所示。

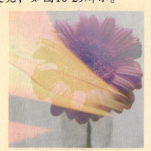

图10-29

➤ 滤色：与黑色混合时颜色保持不变，与白色混合时产生白色，如图10-30所示。

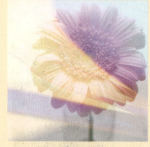

图10-30

➤ 颜色减淡：通过减小上下层图像之间的对比度来提亮底层图像的像素，如图10-31所示。

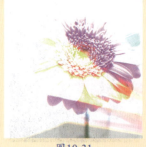

图10-31

➤ 线性减淡（添加）：根据每一个颜色通道的颜色信息，加亮所有通道的基色，并通过降低其他颜色的亮度来混合颜色，此模式对黑色无效，如图10-32所示。

➤ 浅色：该选项与"深色"混合模式的效果相反，可根据图像的饱和度，用上方图层中的颜色直接覆盖下方图层中的高光区域颜色，如图10-33所示。

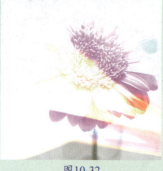 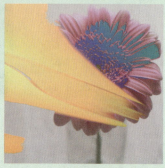

图10-32　　　　　　　图10-33

➤ 叠加：此选项的图像最终效果取决于下方图层，上方图层的高光区域和暗调将不变，只是混合了中间调，如图10-34所示。

➤ 柔光：使颜色变亮或变暗让图像具有非常柔和的效果，亮于中性灰底的区域将更亮，暗于中性灰底的区域将更暗，如图10-35所示。

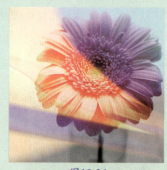 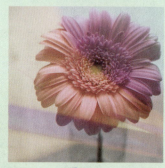

图10-34　　　　　　　图10-35

➤ 强光：此选项和"柔光"混合模式的效果类似，但其程度远远大于"柔光"效果，适用于为图像增加强光照射效果。如果上层图像比50%灰色亮，那么图像变亮；如果上层图像比50%灰色暗，则图像变暗，如图10-36所示。

➤ 亮光：通过增加或减小对比度来加深或减淡颜色，具体取决于上层图像的颜色。如果上层图像比50%灰色亮，那么图像变亮；如果上层图像比50%灰色暗，则图像变暗，如图10-37所示。

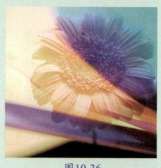 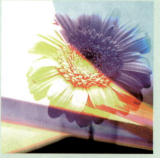

图10-36　　　　　　　图10-37

➤ 线性光：通过减小或增加亮度来加深或减淡颜色，具体取决于上层图像的颜色。如果上层图像比50%灰色亮，那么图像变亮；如果上层图像比50%灰色暗，则图像变暗，如图10-38所示。

- 点光：根据上层图像的颜色来替换颜色。如果上层图像比50%灰色亮，那么替换比较暗的像素；如果上层图像比50%灰色暗，则替换比较亮的像素，如图10-39所示。

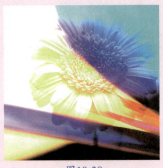
图10-38

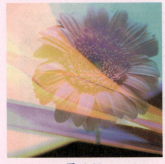
图10-39

- 实色混合：将上层图像的RGB通道值添加到底层图像的RGB通道值。如果上层图像比50%灰色亮，就使底层图像变亮；如果上层图像比50%灰色暗，则使底层图像变暗，如图10-40所示。
- 差值：上方图层的亮区将下方图层的颜色进行反相，暗区则将颜色正常显示出来，效果与原图像是完全相反的颜色，如图10-41所示。

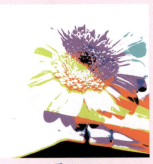
图10-40

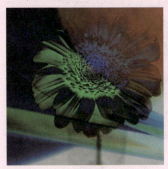
图10-41

- 排除：创建一种与"差值"混合模式相似，但对比度更低的混合效果，如图10-42所示。
- 减去：从目标通道中相应的像素上减去源通道中的像素值，如图10-43所示。

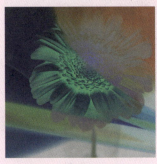
图10-42

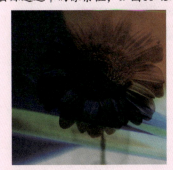
图10-43

- 划分：比较每个通道中的颜色信息，然后从底层图像中划分上层图像，如图10-44所示。
- 色相：使用底层图像的明亮度和饱和度及上层图像的色相来创建结果色，如图10-45所示。

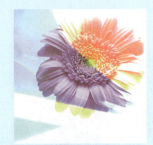
图10-44

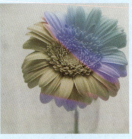
图10-45

- 饱和度：使用底层图像的明亮度和色相及上层图像的饱和度来创建结果色，在饱和度为0的灰度区域应用该模式不会产生任何变化，如图10-46所示。

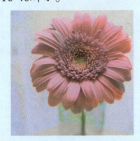
图10-46

- 颜色：使用底层图像的明亮度及上层图像的色相和饱和度来创建结果色，这样可以保留图像中的灰阶，对于为单色图像上色或给彩色图像着色非常有用，如图10-47所示。

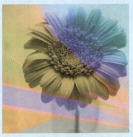
图10-47

- 明度：使用底层图像的色相和饱和度及上层图像的明亮度来创建结果色，如图10-48所示。

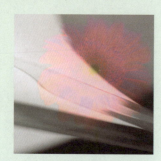

图10-48

实例106　使用混合模式制作奇幻天空

文件路径	第10章\使用混合模式制作奇幻天空
难易指数	
技术掌握	混合模式

扫码深度学习

操作思路

本案例操作比较简单，首先置入素材，然后设置素材图层的混合模式，使天空呈现出奇幻天空效果。

案例效果

案例对比效果如图10-49和图10-50所示。

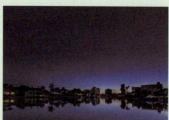

图10-49

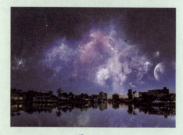

图10-50

操作步骤

01 执行菜单"文件>打开"命令，打开素材"1.jpg"，如图10-51所示。

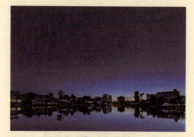

图10-51

02 执行菜单"文件>置入嵌入对象"命令，置入星空素材"2.jpg"，按Enter键确定置入操作，如图10-52所示。在"图层"面板中选择星空图层并右击，在弹出的快捷菜单中执行"栅格化图层"命令，将该图层转换为普通图层，如图10-53所示。

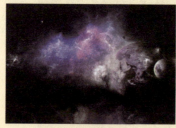

图10-52

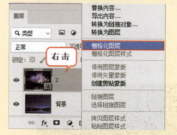

图10-53

03 设置星空图层的混合模式为"滤色"，如图10-54所示。此时画面效果如图10-55所示。

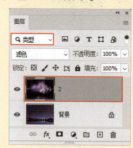

图10-54

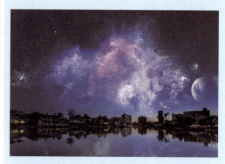

图10-55

实例107　设置混合模式将光效元素混合到画面中

文件路径	第10章\设置混合模式将光效元素混合到画面中
难易指数	
技术掌握	混合模式

扫码深度学习

操作思路

本案例主要通过对图层设置混合模式，使光效素材中的黑色部分隐藏，得到绚丽的画面效果。

案例效果

案例效果如图10-56所示。

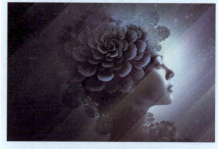

图10-56

操作步骤

01 执行菜单"文件>打开"命令或按快捷键Ctrl+O，打开素材"1.jpg"，效果如图10-57所示。

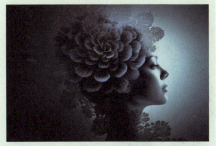

图10-57

02 执行菜单"文件>置入嵌入对象"命令，置入光效素材"2.jpg"，按Enter键完成置入。选择光效素材图层，执行菜单"图层>栅格化>智能对象"命令，将该图层栅格化为普通图层，如图10-58所示。

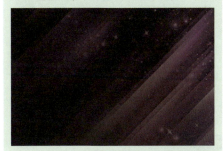

图10-58

03 在"图层"面板中选择置入的光效素材图层，设置图层混合模式为"滤色"，如图10-59所示。光效素材中黑色的部分被滤除，最终效果如图10-60所示。

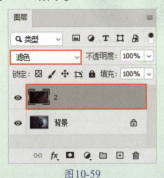

图10-59

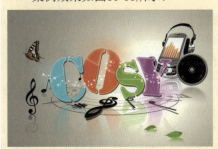

图10-60

10.2 图层样式

图层样式可以为图层内容模拟特殊效果。图层样式的使用方法十分简单，可以为普通图层、文本图层和形状图层应用图层样式。为图层添加图层样式具有快速、精准和可编辑的优势，因而在设计中图层样式是常用的功能之一。例如，制作带有描边的文字、水晶按钮、凸起等效果时，都会使用到图层样式。

实例108 使用多种图层样式制作晶莹质感文字

文件路径	第10章\使用多种图层样式制作晶莹质感文字
难易指数	★★★★☆
技术要点	● 图层样式 ● 图层蒙版 ● 剪贴蒙版

扫码深度学习

操作思路

本案例首先使用横排文字工具输入其中一个文字，然后使用图层样式为文字添加效果，并适当调整角度，最后使用同样的方法制作其他颜色不同的文字。

案例效果

案例效果如图10-61所示。

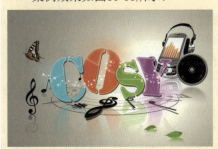

图10-61

操作步骤

01 执行菜单"文件>打开"命令或按快捷键Ctrl+O，打开素材"1.jpg"，如图10-62所示。选择工具箱中的横排文字工具，在选项栏中设置适当的字体和字号，设置文本颜色为红色，在画面中间的位置单击输入文字，如图10-63所示。

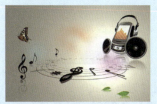

图10-62

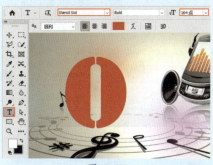

图10-63

02 接下来为文字添加图层样式，使文字具有光泽立体感。执行菜单"图层>图层样式>描边"命令，在弹出的"图层样式"对话框中设置"大小"为3像素、"位置"为"外部"、"混合模式"为"正常"、"不透明度"为100%、"填充类型"为"颜色"、"颜色"为黄色，如图10-64所示。在左侧样式列表框中勾选"内发光"复选框，设置"混合模式"为"滤色"、"不透明度"为75%、"杂色"为0、发光颜色为黄色、"方法"为"柔和"、"大小"为10像素、"范围"为50%，如图10-65所示。

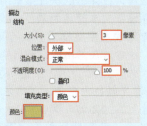

图10-64

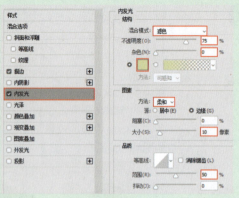

图10-65

示。效果如图10-70所示。

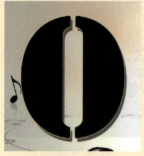

图10-68

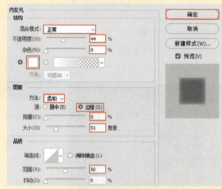

图10-69

03 继续在左侧样式列表框中勾选"投影"复选框,设置"混合模式"为"正常"、投影颜色为深棕色、"不透明度"为80%、"角度"为120度、"距离"为18像素、"扩展"为0、"大小"为0像素,单击"确定"按钮完成设置,如图10-66所示。效果如图10-67所示。

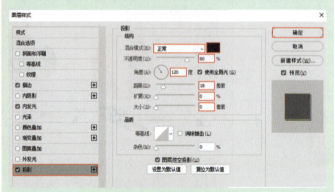

图10-66

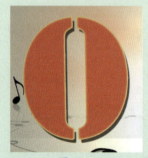

图10-67

04 接下来为文字制作晶莹质感。选择该文字图层,使用快捷键Ctrl+J进行复制,接着选择复制的文字图层并右击,在弹出的快捷菜单中执行"清除图层样式"命令,并设置文本颜色为黑色,效果如图10-68所示。为该文字重新设置图层样式。执行菜单"图层>图层样式>内发光"命令,在弹出的"图层样式"对话框中设置"混合模式"为"正常"、"不透明度"为44%、"杂色"为0、内发光颜色为白色、"方法"为"柔和"、"源"为"边缘"、"阻塞"为0、"大小"为51像素、"范围"为50%,设置完成后单击"确定"按钮,如图10-69所示

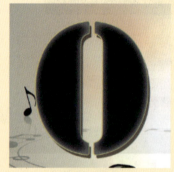

图10-70

05 在"图层"面板中设置图层混合模式为"减去",此时文字中黑色的部分被隐藏,效果如图10-71所示。

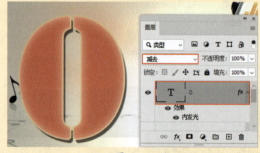

图10-71

06 选择工具箱中的多边形套索工具,在画面中绘制一个多边形选区,如图10-72所示。在"图层"面板中选择复制的文字图层,并单击底部的"添加图层蒙版"按钮,为该图层创建图层蒙版,如图10-73所示。效果如

图10-74所示。

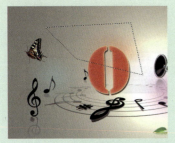

图10-72

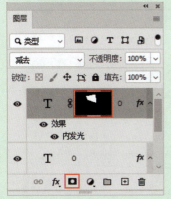

图10-73

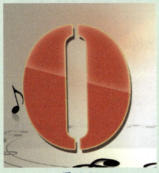

图10-74

07 将文字进行适当的旋转，使文字摆放更美观。在"图层"面板中选择文字图层和复制的文字图层，使用快捷键Ctrl+T调出定界框，在画面中进行旋转，按住Enter键完成变换，效果如图10-75所示。使用同样的方法制作其他文字，效果如图10-76所示。

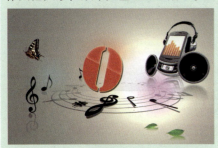

图10-75

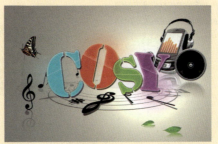

图10-76

08 在创建完所有文字后，为文字制作镜像投影。在"图层"面板中选择所有文字图层，按快捷键Ctrl+J进行复制，再按快捷键Ctrl+E合并图层，并将该图层拖动到"背景"图层上方，如图10-77所示。接着使用快捷键Ctrl+T进入自由变换状态，右击，执行"垂直翻转"命令，并将其旋转到适当位置，作为文字的倒影，按Enter键完成变换，效果如图10-78所示。

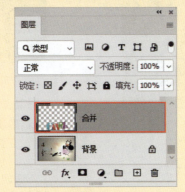

图10-77

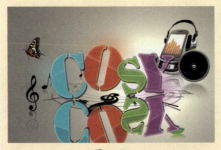

图10-78

09 在"图层"面板中选择文字倒影图层，单击底部的"添加图层蒙版"按钮，为文字倒影图层建立图层蒙版，如图10-79所示。单击图层蒙版缩览图，选择工具箱中的渐变工具，在选项栏中单击渐变色条，在弹出的"渐变编辑器"对话框中编辑一个黑白渐变色，设置渐变类型为"线性渐变"，在画面下方按住鼠标左键并向上拖动绘制渐变，在图层蒙版中可看到填充的渐变，如图10-80所示。此时倒影图层也变为半透明效果，如图10-81所示。

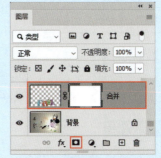

图10-79

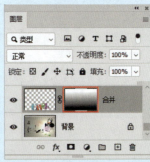

图10-80

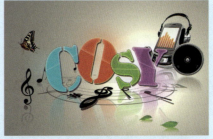

图10-81

10 执行菜单"文件>置入嵌入对象"命令，置入素材"2.png"，将素材移动到合适的位置，按Enter键完成置入。接着执行菜单"图层>栅格化>智能对象"命令，将其栅格化为普通图层，最终效果如图10-82所示。

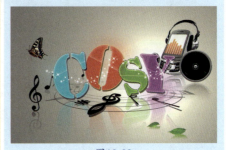

图10-82

实例109　使用图层样式制作卡通风格海报

文件路径	第10章\使用图层样式制作卡通风格海报
难易指数	★★★★★
技术掌握	多种图层样式的使用

扫码深度学习

操作思路

本案例的制作重点在于为背景图形、文字部分应用不同的图层样式，从而制作卡通风格的海报效果。

案例效果

案例效果如图10-83所示。

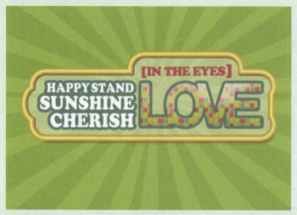

图10-83

操作步骤

01 执行菜单"文件>打开"命令，打开素材"1.jpg"，如图10-84所示。

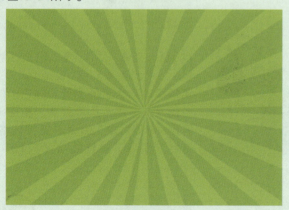

图10-84

02 选择工具箱中的矩形工具，在选项栏中设置绘制模式为"形状"、"填充"为白色、"描边"为无、"路径操作"为"合并形状"、"半径"为40像素，在画面中的合适位置拖动鼠标左键绘制多个圆角矩形，如图10-85所示。在"图层"面板中选择该图层，设置"填充"为50%，效果如图10-86所示。

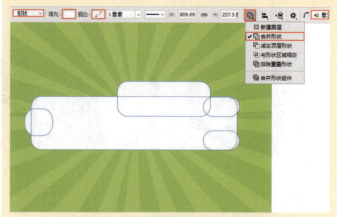

图10-85

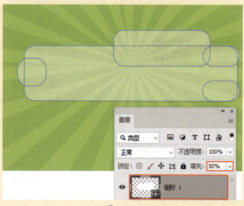

图10-86

03 选择该形状图层，执行菜单"图层>图层样式>描边"命令，在弹出的"图层样式"对话框中设置"大小"为19像素、"位置"为"外部"、"混合模式"为"正常"、"不透明度"为100%、"填充类型"为"渐变"，编辑一个橙色系渐变色，设置"样式"为"迸发状"、"角度"为90度、"缩放"为100%，如图10-87所示。

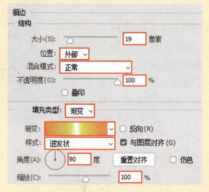

图10-87

04 在"图层样式"对话框的左侧列表框中勾选"内阴影"复选框，设置"混合模式"为"正片叠底"、颜色为深红色、"不透明度"为50%、"角度"为120度、"距离"为2像素、"阻塞"为20%、"大小"为5像素，如图10-88所示。

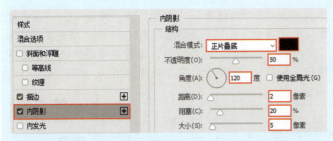

图10-88

05 在"图层样式"对话框的左侧列表框中勾选"投影"复选框,设置投影的"混合模式"为"正片叠底"、颜色为深黄色、"不透明度"为100%、"角度"为113度、"距离"为24像素、"扩展"为0、"大小"为11像素,设置完成后单击"确定"按钮,如图10-89所示。此时形状效果如图10-90所示。

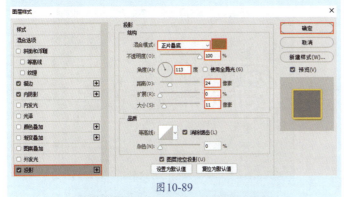

图10-89

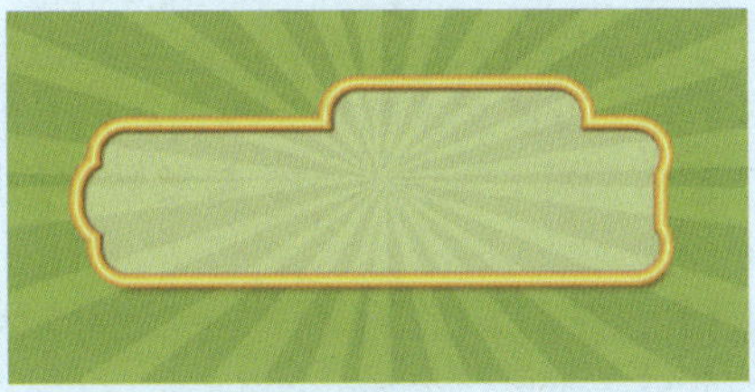

图10-90

06 选择工具箱中的横排文字工具,在选项栏中设置合适的字体和字号,设置文本颜色为白色,然后在圆角矩形的右侧单击插入光标,输入文字,在"字符"面板中调整字符间距,效果如图10-91所示。

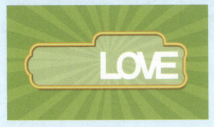

图10-91

07 选择该文字图层,执行菜单"图层>图层样式>斜面和浮雕"命令,在弹出的"图层样式"对话框中设置"样式"为"内斜面"、"方法"为"平滑"、"深度"为42%、"方向"为"上"、"大小"为86像素、"角

度"为90度、"高度"为70度、"高光模式"为"滤色"、颜色为白色、"不透明度"为75%、"阴影模式"为"正片叠底"、颜色为黑色、"不透明度"为75%,如图10-92所示。

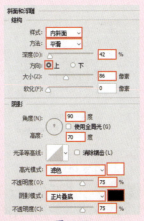

图10-92

08 在"图层样式"对话框的左侧列表框中勾选"描边"复选框,设置描边的"大小"为9像素、"位置"为"外部"、"混合模式"为"正常"、"不透明度"为100%、"填充类型"为"颜色"、"颜色"为青绿色,如图10-93所示。

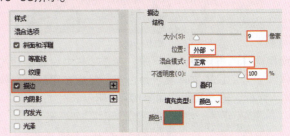

图10-93

09 在"图层样式"对话框的左侧列表框中勾选"渐变叠加"复选框,设置渐变叠加的"混合模式"为"深色"、"不透明度"为100%、"渐变"为黄色到绿色的渐变、"样式"为"线性"、"角度"为90度、"缩放"为100%,如图10-94所示。

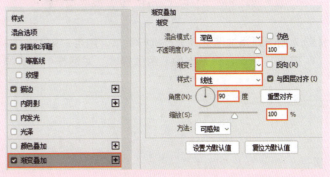

图10-94

10 在"图层样式"对话框的左侧列表框中勾选"图案叠加"复选框,设置图案叠加的"混合模式"为"正

常"、"不透明度"为100%，在"图案"下拉面板中选择一个合适的图案，设置"缩放"为34%，设置完成后单击"确定"按钮，如图10-95所示。文字效果如图10-96所示。注意，如果没有该图案可更换其他图案。

边的"大小"为9像素、"位置"为"外部"、"混合模式"为"正常"、"不透明度"为100%、"填充类型"为"颜色"、"颜色"为青绿色，设置完成后单击"确定"按钮，如图10-98所示。文字效果如图10-99所示。

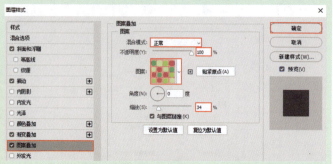

图10-95

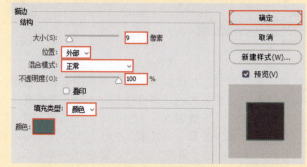

图10-98

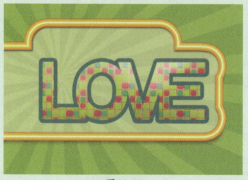

图10-96

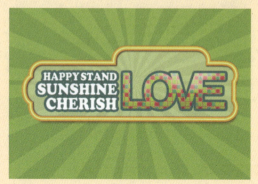

图10-99

11 使用同样的方法输入副标题，在选项栏中设置合适的字体和字号，设置文本颜色为白色，然后在图形的左侧单击插入光标，输入文字，如图10-97所示。

13 使用同样的方法输入新文字，在选项栏中设置合适的字体和字号，设置文本颜色为玫瑰红色，然后在主标题上方单击插入光标，输入文字，最终效果如图10-100所示。

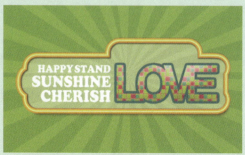

图10-97

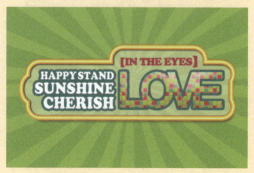

图10-100

12 为副标题添加图层样式。执行菜单"图层>图层样式>描边"命令，在弹出的"图层样式"对话框中设置描

第11章

滤镜

本章概述

Photoshop中的滤镜主要用来实现图像的各种特殊效果。添加滤镜的方法比较简单，但如果要将滤镜效果发挥到极致，需要融会贯通，以及发挥自身的想象力。此外，还需要搭配混合模式、图层样式及调色命令等共同完成。

本章重点

- 掌握添加滤镜的方法
- 掌握特殊滤镜的使用方法
- 了解滤镜组中滤镜的效果

实例110 使用"液化"滤镜美化人物面部

文件路径	第11章\使用"液化"滤镜美化人物面部
难易指数	★★☆☆☆
技术掌握	"液化"滤镜

扫码深度学习

操作思路

"液化"滤镜是修饰图像和创建艺术效果的强大工具,常用于修饰数码照片,如人像身形调整、面部结构调整等。其使用方法比较简单,但功能相当强大,可以创建推、拉、旋转、扭曲、收缩等变形效果,修改图像的任何区域("液化"滤镜只能应用于8位/通道或16位/通道的图像)。本案例通过"液化"滤镜中的向前变形工具针对咬肌、下颚、嘴唇等部分进行处理,完成瘦脸操作,从而达到美化人物面部的效果。

案例效果

案例对比效果如图11-1和图11-2所示。

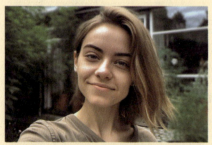
图11-1

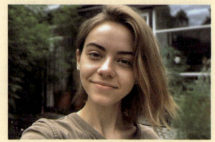
图11-2

操作步骤

01 执行菜单"文件>打开"命令,打开人物素材"1.jpg",如图11-3所示。

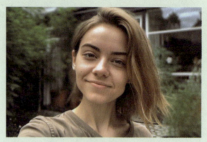
图11-3

02 执行菜单"滤镜>液化"命令,在弹出的"液化"对话框中单击"向前变形工具"按钮,在右侧设置画笔"大小"为187、"密度"为50、"压力"为24、"蒙版颜色"为"红色"。然后将光标放置在右侧脸部凹陷处,按住鼠标左键由内向外拖动,将凹陷部位向外拉,如图11-4所示。接着调整左侧脸部凹陷位置。重新设置画笔"大小"为96,然后将光标放置在左侧脸部凹陷处,按住鼠标左键由内向外拖动,将凹陷部位向外拉,如图11-5所示。

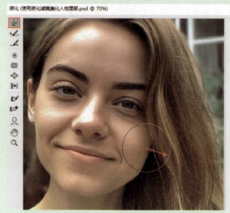 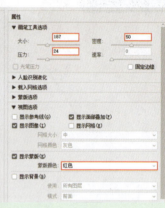
图11-4

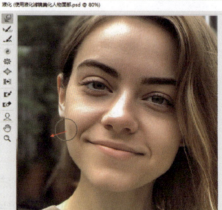 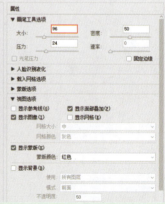
图11-5

03 因为人物脸颊两侧的下颚与咬肌部位较大,所以接下来进行瘦脸。在选择向前变形工具的状态下,在"液化"对话框右侧设置画笔"大小"为391、"密度"为50、"压力"为24、"蒙版颜色"为"红色"。然后将光标放置在右侧脸颊边缘处,按住鼠标左键由外向内拖动,如图11-6所示。使用同样的方法,调整左侧脸颊的相应部位,如图11-7所示。

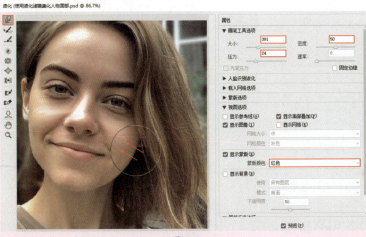

图11-6

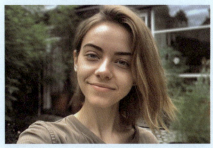

图11-9

要点速查:"液化"滤镜常用工具详解

在"液化"对话框的左侧有很多常用工具,包括变形工具、蒙版工具、视图平移缩放工具等。当勾选"液化"对话框右侧的"高级模式"复选框时,可以显示更全面的液化参数。

- 向前变形工具:在画面中按住鼠标左键并拖动,可以向前推动像素。
- 重建工具:用于恢复变形的图像,类似于撤销。在变形区域单击或拖动鼠标进行涂抹时,可以使变形区域的图像恢复原来的效果。
- 平滑工具:在画面中按住鼠标左键并拖动,可以将不平滑的边界区域变得平滑。
- 顺时针旋转扭曲工具:按住鼠标左键拖动鼠标可以顺时针旋转像素。如果按住Alt键并按住鼠标左键进行操作,则可以逆时针旋转像素。
- 褶皱工具:按住鼠标左键并拖动可以使像素向画笔区域的中心移动,使图像产生内缩效果。
- 膨胀工具:按住鼠标左键并拖动可以使像素向画笔区域中心以外的方向移动,使图像产生向外膨胀的效果。
- 左推工具:使用该工具,当向上拖动鼠标时,像素会向左移动;当向下拖动鼠标时,像素则会向右移动。
- 冻结蒙版工具:在进行液化调整细节时,有可能附近的部分也被液化了,此时就需要把某些区域冻结,这样就不会影响这部分区域

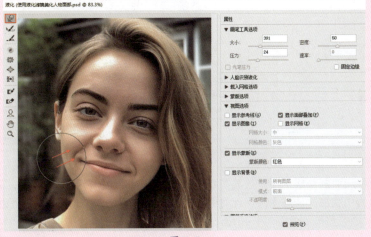

图11-7

04 最后调整唇部,使唇部更饱满。在选择向前变形工具的状态下,在"液化"对话框的右侧设置画笔"大小"为111、"密度"为50、"压力"为24、"蒙版颜色"为"红色"。然后将光标放置在嘴角处,按住鼠标左键向下拖动。调整完成后单击"确定"按钮,如图11-8所示。最终效果如图11-9所示。

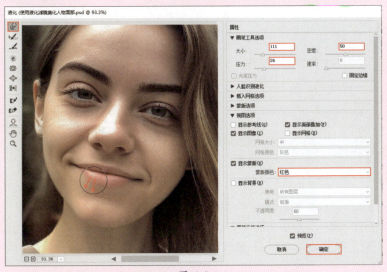

图11-8

了。该工具可以绘制出冻结区域，在调整时，该区域内的图像不会受影响。

- ▶ 解冻蒙版工具：使用该工具在冻结区域涂抹，可以将其解冻。

实例111 使用滤镜库制作水墨画效果

文件路径	第11章\使用滤镜库制作水墨画效果
难易指数	
技术要点	● 滤镜库 ● 混合模式

扫码深度学习

操作思路

本案例主要使用调色命令与滤镜库将风景图像处理为绘画效果，并通过混合模式的设置为图像赋予一定的色彩。

案例效果

案例对比效果如图11-10和图11-11所示。

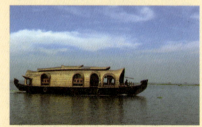

图11-10

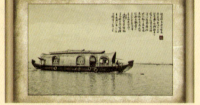

图11-11

操作步骤

01 执行菜单"文件>打开"命令或按快捷键Ctrl+O，打开素材"1.jpg"，如图11-12所示。执行菜单"文件>置入嵌入对象"命令，置入素材"2.jpg"，将素材进行等比缩放并放置在适当位置，按Enter键完成置入，如图11-13所示。

图11-12

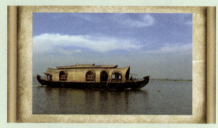
图11-13

02 可以看到画面的暗部偏暗，所以要将画面暗部的亮度适当提高。执行菜单"图像>调整>阴影/高光"命令，在弹出的"阴影/高光"对话框中设置阴影"数量"为100%、"色调"为50%、"半径"为30像素，单击"确定"按钮，如图11-14所示。效果如图11-15所示。

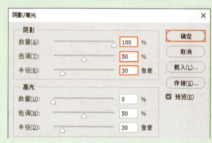
图11-14

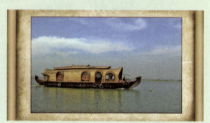
图11-15

03 将画面制作成水墨画效果。单击"调整"面板中的"黑白"按钮，创建新的"黑白"调整图层，此时画面变为黑白色。接着单击"属性"面板底部的"此调整剪贴到此图层"按钮，如图11-16所示。效果如图11-17所示。

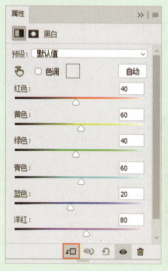
图11-16

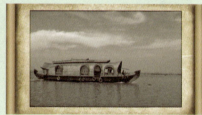
图11-17

04 单击"调整"面板中的"曲线"按钮，创建新的"曲线"调整图层，在弹出的"属性"面板的曲线上单击添加控制点，并按住鼠标左键向上拖动，单击"此调整剪贴到此图层"按钮，如图11-18所示。效果如图11-19所示。

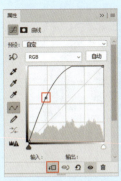
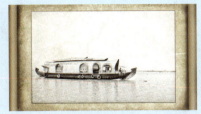

图11-18　　　　　　　图11-19

05 在"图层"面板中按住Ctrl键选择"2"图层、"黑白1"图层和"曲线1"图层，使用快捷键Ctrl+J对选择的图层进行复制，继续使用快捷键Ctrl+E合并图层。选择合并的图层，执行菜单"滤镜>滤镜库"命令，在弹出的对话框中单击"艺术效果"滤镜组，选择"水彩"滤镜，设置"画笔细节"为14、"阴影强度"为0、"纹理"为1，单击"确定"按钮完成设置，如图11-20所示。效果如图11-21所示。

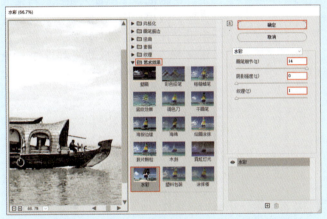

图11-20

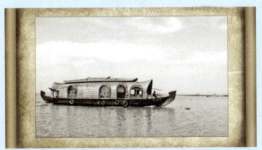

图11-21

06 最后将画面做旧并添加文字素材。选择工具箱中的矩形工具，在选项栏中设置绘制模式为"形状"，在画面中卷框边缘处按住鼠标左键拖动绘制矩形，在选项栏中设置"填充"为黄色、"描边"为无，如图11-22所示。接着在"图层"面板中设置图层混合模式为"线性加深"、"不透明度"为28%，如图11-23所示。效果如图11-24所示。

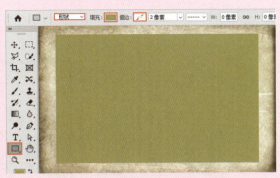

图11-22

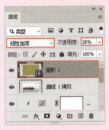
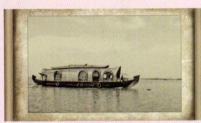

图11-23　　　　　　　图11-24

07 执行菜单"文件>置入嵌入对象"命令，置入素材"3.jpg"，按Enter键完成置入。将素材摆放在右上角，然后设置该图层的混合模式为"正片叠底"，如图11-25所示。最终效果如图11-26所示。

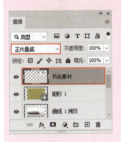
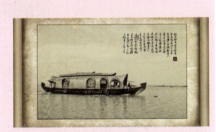

图11-25　　　　　　　图11-26

实例112　使用滤镜制作波普风人像

文件路径	第11章\使用滤镜制作波普风人像
难易指数	★★★★☆
技术掌握	● "木刻"滤镜 ● 横排文字工具 ● "字符"面板 ● "描边"命令

操作思路

"木刻"滤镜可以使图像产生类似由粗糙剪切的彩纸组成的效果。本案例通过使用"木刻"滤镜将人像照片制作出具有波普风格的艺术人像，并在右下角输入文字。

案例效果

案例对比效果如图11-27和图11-28所示。

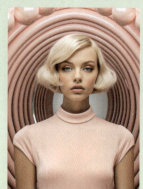
图11-27

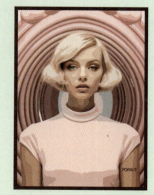
图11-28

操作步骤

01 执行菜单"文件>打开"命令，打开人物素材"1.jpg"，如图11-29所示。

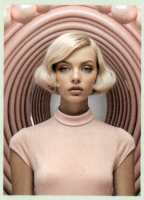
图11-29

02 执行菜单"滤镜>滤镜库"命令，在弹出的对话框中单击"艺术效果"滤镜组，选择"木刻"滤镜，在右侧设置"色阶数"为8、"边缘简化度"为3、"边缘逼真度"为1，设置完成后单击"确定"按钮，如图11-30所示。此时画面效果如图11-31所示。

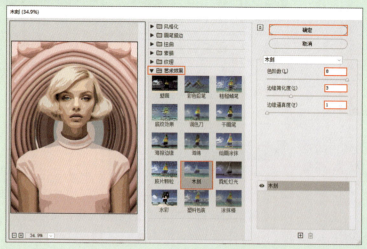
图11-30

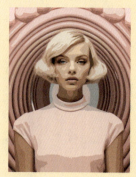
图11-31

03 接下来在图片右下方输入文字，点缀画面。选择工具箱中的 T（横排文字工具），在选项栏中单击"切换字符和段落面板"按钮，打开"字符"面板，设置合适的字体，设置字号为7点、行距为"自动"，将所选字符的字距调整为-56，设置文本颜色为深酒红色，如图11-32所示。在画面中单击插入光标，再输入文字，效果如图11-33所示。然后在字母"R"的右侧单击插入光标，按住鼠标左键向左拖动将其选中，更改其颜色为深粉色，效果如图11-34所示。

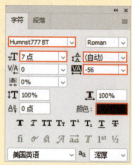
图11-32

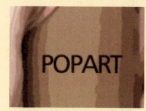
图11-33

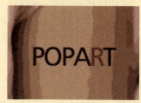
图11-34

04 最后绘制图片边框。单击"图层"面板底部的"创建新图层"按钮，添加新图层，如图11-35所示。选择工具箱中的（矩形选框工具），然后将光标移到画面中，沿图片边缘按住鼠标左键拖动建立选区，如图11-36所示。

操作思路

"海报边缘"滤镜的作用是增强图像对比度并沿边缘的细微层次加上黑色，使图像产生具有招贴画边缘的效果。本案例通过使用滤镜库中的"海报边缘"和"彩色半调"滤镜制作漫画风格的插画效果。

案例效果

案例对比效果如图11-39和图11-40所示。

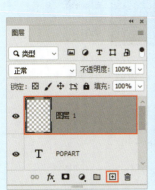
图11-35

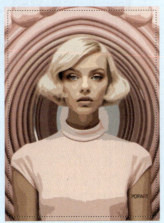
图11-36

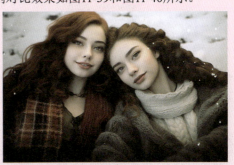
图11-39

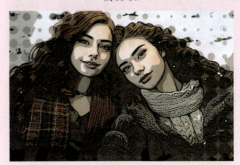
图11-40

05 在画面中右击，在弹出的快捷菜单中执行"描边"命令，在弹出的"描边"对话框中设置"宽度"为23像素、"颜色"为深酒红色、"位置"为"内部"、"不透明度"为100%，设置完成后单击"确定"按钮，如图11-37所示。使用快捷键Ctrl+D取消选区，最终效果如图11-38所示。

操作步骤

01 执行菜单"文件>打开"命令，打开素材"1.jpg"，如图11-41所示。使用快捷键Ctrl+J复制"背景"图层。

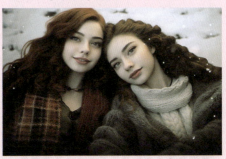
图11-41

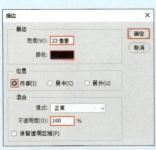
图11-37

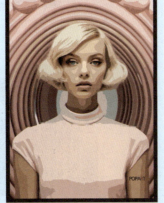
图11-38

实例113	使用"海报边缘"滤镜制作插画效果
文件路径	第11章\使用"海报边缘"滤镜制作插画效果
难易指数	★★☆☆☆
技术掌握	● "海报边缘"滤镜 ● "彩色半调"滤镜 ● 画笔工具

02 制作插画效果。执行菜单"滤镜>滤镜库"命令，在弹出的对话框中单击"艺术效果"滤镜组，选择"海报边缘"滤镜，然后在对话框右侧设置"边缘厚度"为7、"边缘强度"为2、"海报化"为1，设置完成后单击"确定"按钮，如图11-42所示。画面效果如图11-43所示。

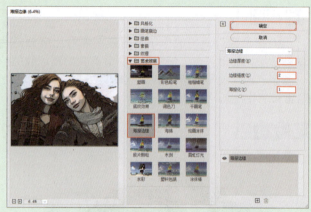

图11-42

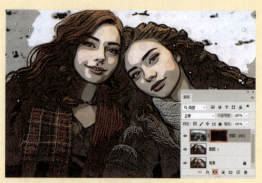

图11-46

05 选择工具箱中的画笔工具，在选项栏中单击"画笔预设"选取器，在画笔预设选取器中选择一个硬边圆画笔，设置画笔"大小"为500像素，设置"硬度"为100%。在选项栏中设置画笔"不透明度"为5%，如图11-47所示。然后将前景色设置为白色，设置完成后，在画面四周按住鼠标左键拖动进行涂抹，此时蒙版的黑白关系如图11-48所示。

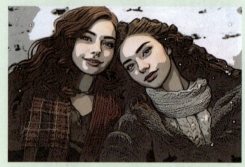

图11-43

03 接下来使用"彩色半调"滤镜调整画面氛围。使用快捷键Ctrl+J将该图层复制，执行菜单"滤镜>像素化>彩色半调"命令，在弹出的"彩色半调"对话框中设置"最大半径"为50像素，设置完成后单击"确定"按钮，如图11-44所示。此时画面效果如图11-45所示。

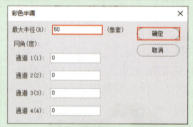

图11-44

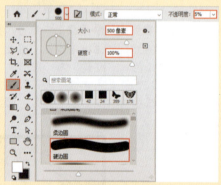

图11-47

图11-48

06 "图层"面板中的图层蒙版效果如图11-49所示。最终画面效果如图11-50所示。

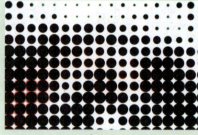

图11-45

04 单击"图层"面板底部的"添加图层蒙版"按钮，为该图层添加图层蒙版，将前景色设置为黑色，然后使用前景色进行填充，此时画面中彩色半调效果将被隐藏，如图11-46所示。

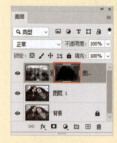

图11-49

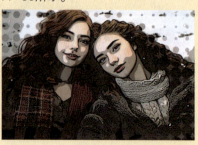

图11-50

实例114 使用滤镜库制作欧美风格插画效果

文件路径	第11章\使用滤镜库制作欧美风格插画效果
难易指数	★☆☆☆☆
技术掌握	滤镜库

扫码深度学习

操作思路

在Photoshop中有很多滤镜，它将一部分滤镜整合在一起，作为一个"滤镜库"。在"滤镜库"中可以为图层添加一个滤镜效果，也可以添加多个滤镜效果。本案例使用滤镜库中的"海报边缘"滤镜进行图像处理。

案例效果

案例对比效果如图11-51和图11-52所示。

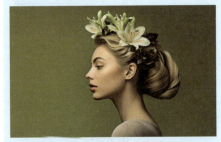

图11-51

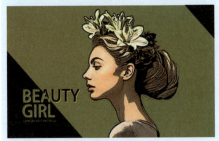

图11-52

操作步骤

01 执行菜单"文件>打开"命令或按快捷键Ctrl+O，打开素材"1.jpg"，如图11-53所示。首先制作插画效果。执行菜单"滤镜>滤镜库"命令，在弹出的"滤镜库"对话框中单击"艺术效果"滤镜组，选择"海报边缘"滤镜，并设置"边缘厚度"为10、"边缘强度"为2、"海报化"为0，单击"确定"按钮，如图11-54所示。

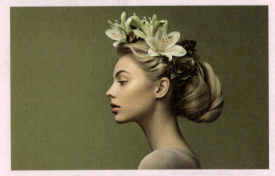

图11-53

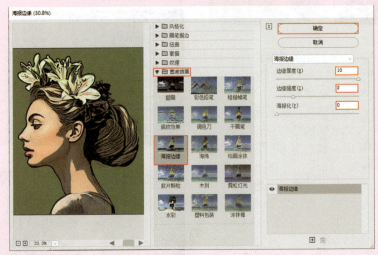

图11-54

02 然后为画面添加装饰板块。新建一个图层，选择工具箱中的多边形套索工具，在选项栏中单击"新选区"按钮，在画面中单击绘制选区，如图11-55所示。设置前景色为黑色，使用快捷键Alt+Delete为选区填充颜色，再使用快捷键Ctrl+D取消选区，如图11-56所示。

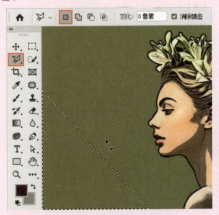

图11-55

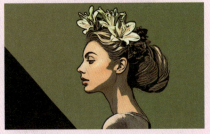

图11-56

03 选择该图层，使用快捷键Ctrl+J进行复制，复制图层如图11-57所示。接着使用快捷键Ctrl+T调出定界框，对其进行缩放旋转，然后放置在画面右上角，按Enter键完成变换，效果如图11-58所示。

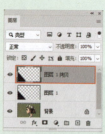

图11-57

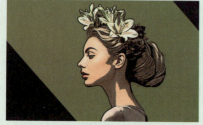

图11-58

04 选择工具箱中的横排文字工具，在选项栏中设置合适的字体和字号，单击"左对齐文本"按钮，设置文本颜色为绿色，在画面左下角单击并输入文字，如图11-59所示。选择文字图层，执行菜单"图层>图层样式>投影"命令，在弹出的"图层样式"对话框中设置"混合模式"为"正常"、投影颜色为黄色、"不透明度"为100%、"角度"为130度、"距离"为6像素、"扩展"为0、"大小"为0像素，单击"确定"按钮完成设置，如图11-60所示。效果如图11-61所示。

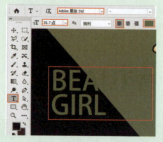

图11-59

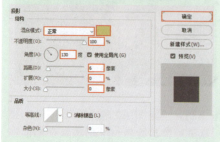

图11-60

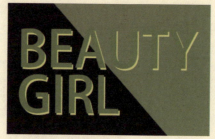

图11-61

05 使用快捷键Ctrl+J复制文字图层，然后更改文字颜色，效果如图11-62所示。选择工具箱中的多边形套索工具，在画面中绘制选区，如图11-63所示。

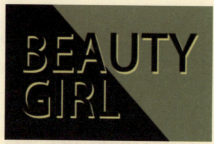

图11-62

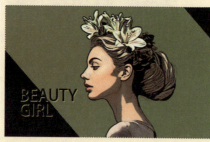

图11-63

06 单击"图层"面板底部的"添加图层蒙版"按钮，以当前选区创建蒙版，如图11-64所示。效果如图11-65所示。

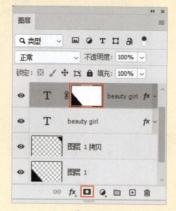

图11-64

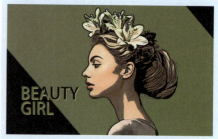

图11-65

07 继续使用横排文字工具在下方输入另外一行文字，最终效果如图11-66所示。

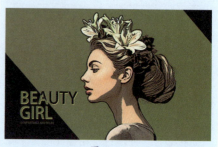

图11-66

实例115 使用滤镜制作移轴摄影效果

文件路径	第11章\使用滤镜制作移轴摄影效果
难易指数	★★☆☆☆
技术掌握	● "移轴模糊"滤镜 ● "曲线"调整图层

扫码深度学习

操作思路

移轴效果通过变化景深聚焦位置，将真实世界拍成像"假的"一样，营造出"微观世界"或"人造都市"的感觉。制作移轴效果的方法有两种，一种是通过移轴镜头进行拍摄，另一种是使用"移轴模糊"滤镜进行后期制作。本案例通过使用"移轴模糊"滤镜，强化图片中的主体物，模糊画面上部和水面区域，从而将照片制作出具有移轴摄影的艺术效果。

案例效果

案例对比效果如图11-67和图11-68所示。

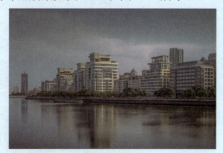

图11-67

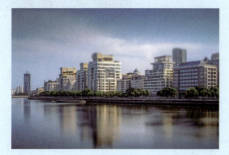

图11-68

操作步骤

01 执行菜单"文件>打开"命令或按快捷键Ctrl+O，打开素材"1.jpg"，如图11-69所示。

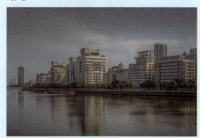

图11-69

02 执行菜单"滤镜>模糊画廊>移轴模糊"命令，在对话框右侧"模糊工具"面板中展开"倾斜偏移"选项，设置"模糊"为8像素、"扭曲度"为0，如图11-70所示。

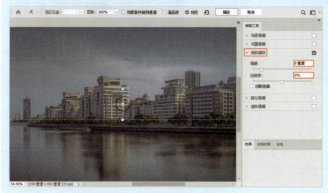

图11-70

03 将光标定位在画面中圆形图标的位置，如图11-71所示。接着按住鼠标左键向下拖动改变"轴"的位置，如图11-72所示。单击"确定"按钮完成设置，效果如图11-73所示。

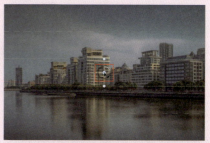

图11-71

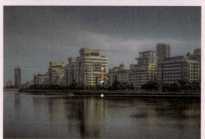

图11-72

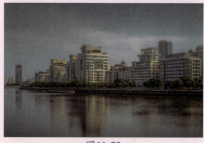

图11-73

04 可以看到画面中颜色比较暗沉，接下来调整画面的亮度和饱和度。单击"调整"面板中的"曲线"按钮，创建新的"曲线"调整图层，在弹出的"属性"面板中的曲线上单击添加控制点，按住鼠标左键向上拖动，继续添加控制点并向下拖动，如图11-74所示。效果如图11-75所示。

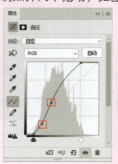

图11-74

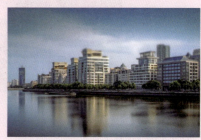

图11-75

05 单击"调整"面板中的"自然饱和度"按钮，创建新的"自然饱和度"调整图层，在弹出的"属性"面板中设置"自然饱和度"为+60，如图11-76所示。效果如图11-77所示。

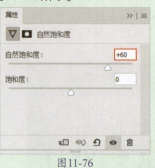
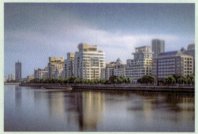

图11-76　　　　　　　图11-77

要点速查："移轴模糊"滤镜选项设置

- 模糊：用于设置模糊强度。
- 扭曲度：用于控制模糊扭曲的形状。
- 对称扭曲：勾选该复选框，可以从两个方向应用扭曲。

实例116	将背景处理为马赛克效果
文件路径	第11章\将背景处理为马赛克效果
难易指数	★★★☆☆
技术掌握	● "马赛克"滤镜 ● 选择主体 ● 图层蒙版

扫码深度学习

操作思路

本案例想要隐藏画面的背景。将"背景"图层复制后，先得到人物的选区，然后利用图层蒙版隐藏人物，只对人物背景部分添加"马赛克"滤镜。

案例效果

案例对比效果如图11-78和图11-79所示。

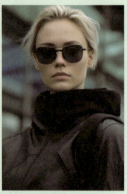
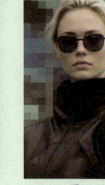

图11-78　　　　　　图11-79

操作步骤

01 执行菜单"文件>打开"命令，打开素材"1.jpg"，如图11-80所示。使用快捷键Ctrl+J复制"背景"图层。

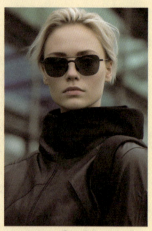

图11-80

02 接下来制作马赛克效果。选中复制得到的图层，单击"图层"面板底部的"添加图层蒙版"按钮，为图层添加图层蒙版，如图11-81所示。

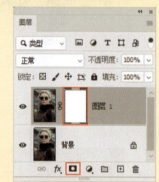

图11-81

03 执行菜单"选择>主体"命令，此时人物周围出现选区，效果如图11-82所示。将前景色设置为黑色，使用快捷键Alt+Delete进行填充，此时蒙版如图11-83所示。

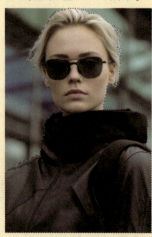

图11-82

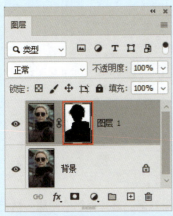

图11-83

04 此时图像只显示"背景"图层。选择该图层,执行菜单"滤镜>像素化>马赛克"命令,在弹出的"马赛克"对话框中设置"单元格大小"为60方形,设置完成后单击"确定"按钮,如图11-84所示。最终画面效果如图11-85所示。

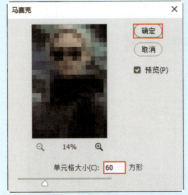

图11-84

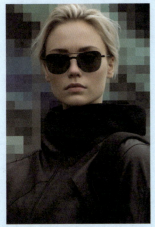

图11-85

实例117 使用"置换"滤镜制作水晶心效果

文件路径	第11章\使用"置换"滤镜制作水晶心效果
难易指数	★★★☆☆
技术掌握	"置换"滤镜

操作思路

"置换"滤镜经常用来制作特殊的效果。在置换之前需要先准备两张图片,其中用于"置换"滤镜操作中拾取的素材必须为PSD格式。本案例通过"置换"滤镜制作水晶心效果。

案例效果

案例对比效果如图11-86和图11-87所示。

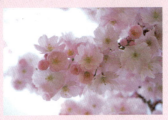   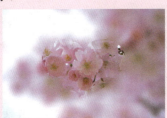

图11-86   图11-87

操作步骤

01 执行菜单"文件>打开"命令,打开花朵素材"1.jpg",如图11-88所示。使用快捷键Ctrl+J复制"背景"图层,并将"背景"图层隐藏。

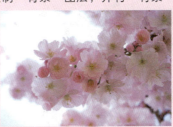

图11-88

02 执行菜单"滤镜>扭曲>置换"命令,在弹出的"置换"对话框中设置"水平比例"和"垂直比例"均为100,并选中"伸展以适合"和"重复边缘像素"单选按钮,设置完成后单击"确定"按钮,如图11-89所示。在弹出的"选取一个置换图"对话框中选择之前存储的"2.psd"素材文件,单击"打开"按钮,如图11-90所示。

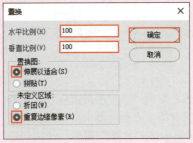

图11-89

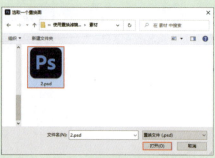

图11-90

03 此时画面效果如图11-91所示。

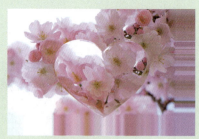

图11-91

04 选择工具箱中的钢笔工具，在选项栏中设置绘制模式为"路径"，在画面中沿心形外部轮廓绘制路径，如图11-92所示。使用快捷键Ctrl+Enter将路径转换为选区，如图11-93所示。

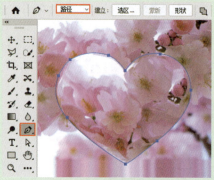

图11-92

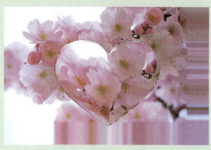

图11-93

05 单击"图层"面板底部的"添加图层蒙版"按钮 ，为该图层添加图层蒙版，心形外多余部分将被隐藏，如图11-94所示。此时显示出"背景"图层，使用快捷键Ctrl+J将其进行复制。

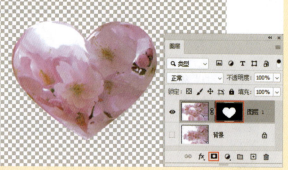

图11-94

06 接下来制作背景模糊效果。选择复制的图层，执行菜单"滤镜>模糊>高斯模糊"命令，在弹出的"高斯模糊"对话框中设置"半径"为20像素，单击"确定"按钮完成设置，如图11-95所示。画面最终效果如图11-96所示。

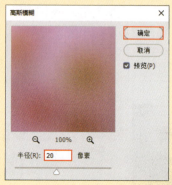

图11-95

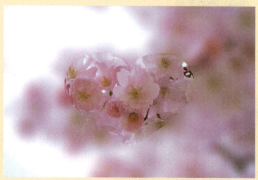

图11-96

📖 **要点速查：**"置换"滤镜选项设置

➢ 水平比例/垂直比例：用来设置水平方向/垂直方向所移动的距离。单击"确定"按钮可以载入PSD格式的文件，然后用该文件扭曲图像。

➢ 置换图：用来设置置换图像的方式，包括"伸展以适合"和"拼贴"两种。

实例118　使用"极坐标"滤镜制作奇幻感星球

文件路径	第11章\使用"极坐标"滤镜制作奇幻感星球
难易指数	★★★★☆
技术掌握	● "极坐标"滤镜 ● 自由变换

扫码深度学习

操作思路

"极坐标"滤镜可使图片通过转化坐标的形式达到扭曲效果。本案例通过"极坐标"滤镜将普通的图片制作出奇幻感星球的效果。

案例效果

案例对比效果如图11-97和图11-98所示。

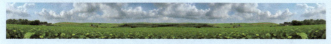

图11-97

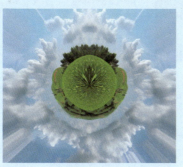

图11-98

操作步骤

01 执行菜单"文件>打开"命令,打开素材"1.jpg",如图11-99所示。使用快捷键Ctrl+J复制"背景"图层,并将"背景"图层隐藏。

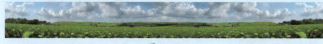

图11-99

02 选择复制的图层,使用快捷键Ctrl+T进行自由变换,然后在画面中右击,在弹出的快捷菜单中执行"垂直翻转"命令,按Enter键确定此操作,此时效果如图11-100所示。

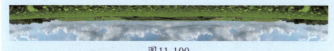

图11-100

03 执行菜单"滤镜>扭曲>极坐标"命令,在弹出的"极坐标"对话框中选中"平面坐标到极坐标"单选按钮,然后单击"确定"按钮,如图11-101所示。此时画面效果如图11-102所示。

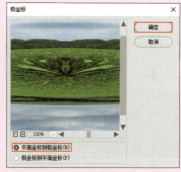

图11-101

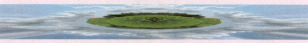

图11-102

04 再次使用快捷键Ctrl+T进行自由变换,将其长度适当收缩使画面形成正方形,按Enter键确定此操作,卡通星球最终效果如图11-103所示。

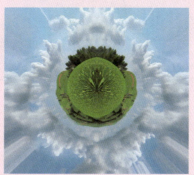

图11-103

实例119　使用"高斯模糊"滤镜制作有趣的照片

文件路径	第11章\使用"高斯模糊"滤镜制作有趣的照片
难易指数	★★★★☆
技术掌握	● "高斯模糊"滤镜 ● 图层蒙版

扫码深度学习

操作思路

"高斯模糊"滤镜可以向图像中添加低频细节,使图像产生一种朦胧的模糊效果。本案例通过"高斯模糊"滤镜将背景进行模糊处理,然后从原始图像中提取部分内容,将其合成到手持的纸片中,制作有趣的照片效果。

案例效果

案例对比效果如图11-104和图11-105所示。

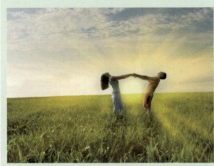

图11-104

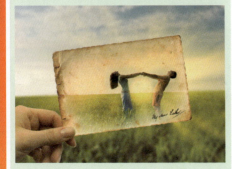

图11-105

操作步骤

01 执行菜单"文件>打开"命令或按快捷键Ctrl+O，打开素材"1.jpg"，如图11-106所示。

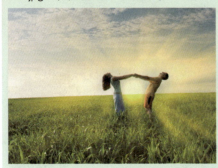

图11-106

02 使背景模糊的画面有纵深感。使用快捷键Ctrl+J复制"背景"图层。执行菜单"滤镜>模糊>高斯模糊"命令，在弹出的"高斯模糊"对话框中设置"半径"为10像素，单击"确定"按钮完成设置，如图11-107所示。效果如图11-108所示。

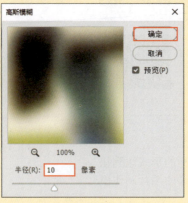

图11-107

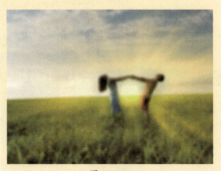

图11-108

03 制作卡片素材。执行菜单"文件>置入嵌入对象"命令，置入素材"2.png"，将素材移动到画面中间位置，按Enter键完成置入。执行菜单"图层>栅格化>智能对象"命令，将该图层栅格化为普通图层，如图11-109所示。

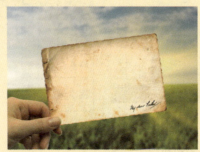

图11-109

04 接下来制作卡片中的清晰画面。再次复制"背景"图层，并在"图层"面板中将复制出的清晰照片图层移动到最上层，画面效果如图11-110所示。接着在"图层"面板中设置图层混合模式为"正片叠底"，效果如图11-111所示。

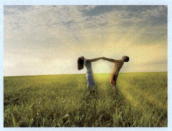

图11-110

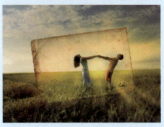

图11-111

05 单击"图层"面板底部的"添加图层蒙版"按钮，如图11-112所示。单击图层蒙版缩览图，设置前景色为黑色，选择工具箱中的画笔工具，在选项栏的画笔预设选取器中选择一个柔边圆画笔，设置画笔"大小"为100像素、"硬度"为0。接着在画面中黄色卡片外部及边缘处按住鼠标左键拖动进行涂抹，可在图层蒙版缩览图中看到被涂抹的区域变为黑色的区域被隐藏，如图11-113所示。画面最终效果如图11-114所示。

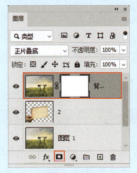

图11-112

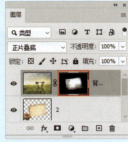

图11-113

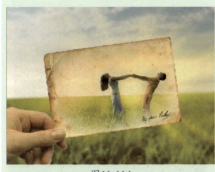

图11-114

实例120 使用"添加杂色"滤镜制作雪景效果

文件路径	第11章\使用"添加杂色"滤镜制作雪景效果
难易指数	★★★☆☆
技术掌握	● "添加杂色"滤镜 ● "动感模糊"滤镜

扫码深度学习

操作思路

本案例中,首先使用"添加杂色"滤镜为画面制作一些带有杂点的效果。然后通过设置混合模式将画面中的黑色部分滤掉,只保留白色的杂点。最后通过"动感模糊"滤镜制作飞舞的雪景效果。

案例效果

案例对比效果如图11-115和图11-116所示。

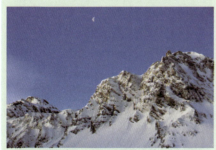

图11-115

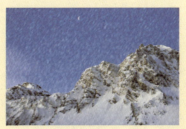

图11-116

操作步骤

01 执行菜单"文件>打开"命令或按快捷键Ctrl+O,打开素材"1.jpg",如图11-117所示。

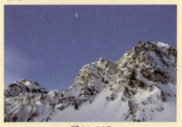

图11-117

02 首先制作雪的效果。新建一个图层,设置前景色为黑色,使用快捷键Alt+Delete进行填充,效果如图11-118所示。执行菜单"滤镜>杂色>添加杂色"命令,在弹出的"添加杂色"对话框中设置"数量"为60%,选择"分布"为"平均分布",勾选"单色"复选框,单击"确定"按钮,如图11-119所示。效果如图11-120所示。

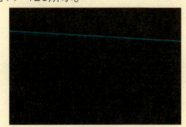

图11-118

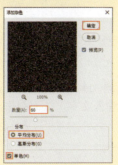

图11-119

图11-120

03 发现此时的杂色斑点太小,下面选择工具箱中的矩形选框工具,在画面中间位置按住鼠标左键拖动绘制选区,如图11-121所示。接着使用快捷键Ctrl+C进行复制,使用快捷键Ctrl+V进行粘贴,隐藏之前的杂色图层,效果如图11-122所示。

图11-121

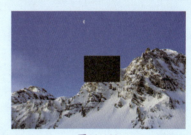

图11-122

04 选择复制的图层,使用快捷键Ctrl+T调出定界框,将光标定位在定界框边缘,将其放大到覆盖整个画面,按Enter键完成变换,效果如图11-123所示。在"图层"面板中设置图层混合模式为"滤色",如图11-124所示。效果如图11-125所示。

图11-123

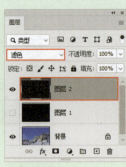

图11-124　　　　图11-125

05 为了使雪花更真实，需要为雪花制作动感效果。选择雪花图层，执行菜单"滤镜>模糊>动感模糊"命令，在弹出的"动感模糊"对话框中设置"角度"为60度、"距离"为20像素，单击"确定"按钮完成设置，如图11-126所示。最终效果如图11-127所示。

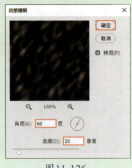
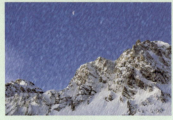

图11-126　　　　图11-127

要点速查："添加杂色"滤镜选项设置

- 数量：用来设置添加到图像中杂点的数量。
- 分布：选择"平均分布"选项，可以随机向图像中添加杂点，杂点效果比较柔和；选择"高斯分布"选项，可以沿一条曲线分布杂点的颜色值，以获得斑点状的杂点效果。
- 单色：勾选该复选框后，杂点只影响原有像素的亮度，像素的颜色不会发生变化。

实例121　使用滤镜制作老电影效果

文件路径	第11章\使用滤镜制作老电影效果
难易指数	★★☆☆☆
技术掌握	● "添加杂色"滤镜 ● "黑白"调整图层 ● "字符"面板

操作思路

本案例首先使用"添加杂色"滤镜为画面增加颗粒感；然后使用"黑白"调整图层制作出胶片效果；最后在画面下方输入文字，从而制作出老电影效果。

案例效果

案例对比效果如图11-128和图11-129所示。

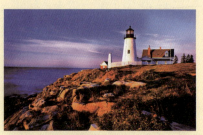

图11-128

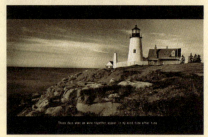

图11-129

操作步骤

01 新建一个"宽度"为1200像素、"高度"为777像素、"分辨率"为300像素/英寸的文档。将前景色设置为黑色，使用前景色进行填充，效果如图11-130所示。

图11-130

02 执行菜单"文件>置入嵌入对象"命令，置入风景素材"1.jpg"，按Enter键确定置入操作。选择该图层并右击，在弹出的快捷菜单中执行"栅格化图层"命令，将其转换为普通图层，效果如图11-131所示。

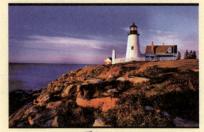

图11-131

03 因为上下空间留黑处较小，缺少电影胶片感，所以需要扩展黑色的面积。选择工具箱中的矩形选框工具，在选项栏中单击"新选区"按钮，然后在画面中按住鼠标左键拖动绘制矩形选区，如图11-132所示。单击"图层"面板底部的"添加图层蒙版"按钮，以当前选区添加蒙版，如图11-133所示。选区以外的部分将被隐藏，增加了黑色边框的面积，效果如图11-134所示。

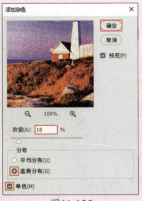

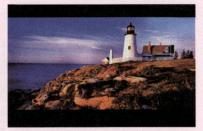

图11-135　　　　　　　图11-136

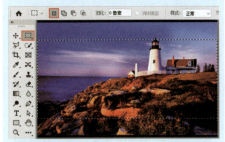

图11-132

05 制作电影的老旧效果。单击"调整"面板中的"黑白"按钮，创建新的"黑白"调整图层，在弹出的"属性"面板中勾选"色调"复选框，设置色调颜色为米色。设置"红色"为40、"黄色"为60、"绿色"为40、"青色"为60、"蓝色"为20、"洋红"为80，如图11-137所示。此时画面变为单色，如图11-138所示。

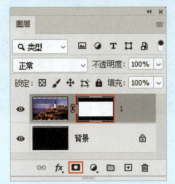

图11-133

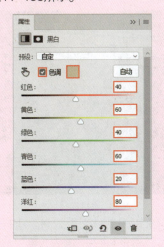

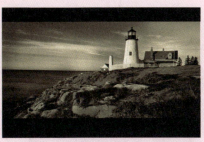

图11-137　　　　　　　图11-138

06 最后输入图片下方的文字。选择工具箱中的横排文字工具，单击选项栏中的"切换字符和段落面板"按钮，打开"字符"面板，设置合适的字体、字号，设置行距为"自动"，将所选字符的字距调整为100，设置文本颜色为白色，如图11-139所示。在画面中单击插入光标，然后输入文字，最终效果如图11-140所示。

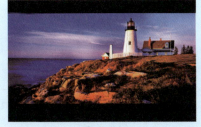

图11-134

04 接下来制作老电影效果。单击照片图层缩览图，执行菜单"滤镜>杂色>添加杂色"命令，在弹出的"添加杂色"对话框中设置"数量"为10%，选中"高斯分布"单选按钮，并勾选"单色"复选框，设置完成后单击"确定"按钮，如图11-135所示。画面效果如图11-136所示。

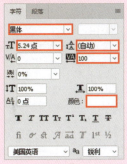

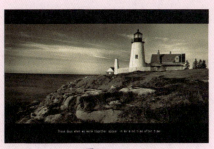

图11-139　　　　　　　图11-140

199

实例122 使用"镜头光晕"滤镜制作光晕效果

文件路径	第11章\使用"镜头光晕"滤镜制作光晕效果
难易指数	★★★★★
技术掌握	"镜头光晕"滤镜

扫码深度学习

操作思路

"镜头光晕"滤镜主要用来模拟亮光照射到相机中所产生的光晕效果,并通过单击图像的缩览图改变光晕中心的位置。本案例就是通过"镜头光晕"滤镜将正常曝光的照片制作成具有镜头光晕的画面效果。

案例效果

案例对比效果如图11-141和图11-142所示。

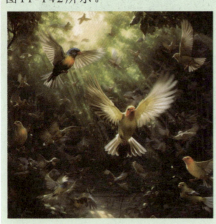

图11-141

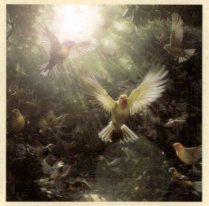

图11-142

操作步骤

01 执行菜单"文件>打开"命令或按快捷键Ctrl+O,打开素材"1.jpg",如图11-143所示。

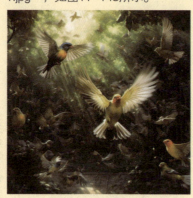

图11-143

02 接下来制作光晕效果。执行菜单"滤镜>渲染>镜头光晕"命令,在弹出的"镜头光晕"对话框中设置"亮度"为160%,设置"镜头类型"为"35毫米聚焦",将缩览图中的十字控制点移动到左上方,单击"确定"按钮完成设置,如图11-144所示。效果如图11-145所示。

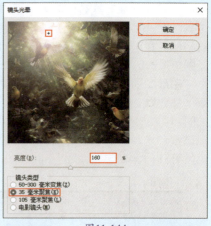

图11-144

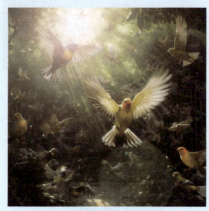

图11-145

要点速查:"镜头光晕"滤镜选项设置

- 预览窗口:在该窗口中可以确定镜头光晕添加的位置。
- 亮度:用来控制镜头光晕的亮度。
- 镜头类型:用来选择镜头光晕的类型,包括"50-300毫米变焦""35毫米聚焦""105毫米聚焦""电影镜头"4种类型。

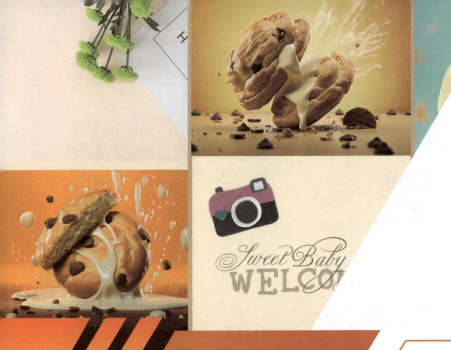

第12章

实用图像处理技巧

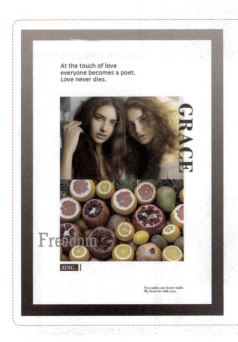
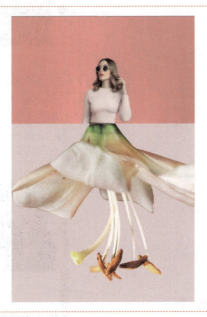
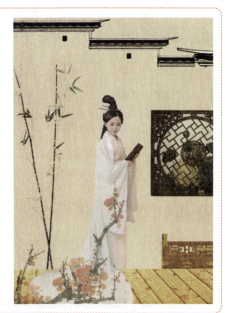

12.1 日常照片的常用处理

实例123　简单的图片拼版

文件路径	第12章\简单的图片拼版
难易指数	★★☆☆☆
技术掌握	● 渐变工具 ● 矩形选框工具 ● 文字工具 ● "字符"面板

扫码深度学习

操作思路

本案例首先使用渐变工具制作图片的背景，接着置入素材图片，然后使用文字工具在画面中相应的位置输入横排和直排文字，增强画面的美感，从而制作出简单的图片拼版。

案例效果

案例对比效果如图12-1和图12-2所示。

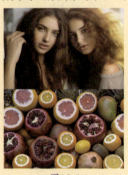

图12-1　　　　　　　图12-2

操作步骤

01 新建一个竖向空白文档。选择工具箱中的 ■ （渐变工具），单击选项栏中的渐变色条，弹出"渐变编辑器"对话框，编辑一个灰酒红色系的渐变颜色，然后单击"确定"按钮。在选项栏中设置渐变类型为"径向渐变"，如图12-3所示。

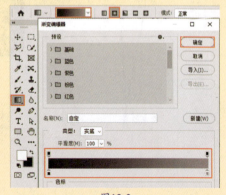

图12-3

02 在画面中按住鼠标左键由下向上进行拖动，如图12-4所示。释放鼠标后完成渐变填充的操作，效果如图12-5所示。

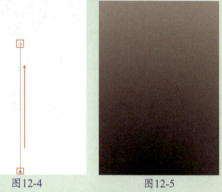

图12-4　　　　　　　图12-5

03 单击"图层"面板底部的"创建新图层"按钮 ■，新建一个图层。选择工具箱中的矩形选框工具，在选项栏中单击"新选区"按钮，在画面中按住鼠标左键拖动绘制选区，如图12-6所示。然后将前景色设置为白色，使用前景色进行填充，填充后使用快捷键Ctrl+D取消选区，效果如图12-7所示。

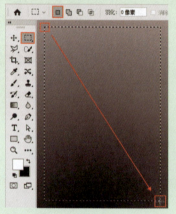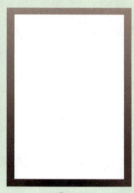

图12-6　　　　　　　图12-7

04 执行菜单"文件>置入嵌入对象"命令，置入素材"1.jpg"，如图12-8所示。调整其位置与大小，按Enter键确认置入操作，效果如图12-9所示。

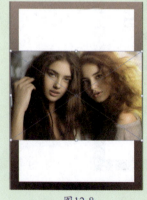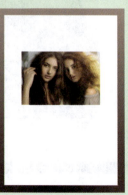

图12-8　　　　　　　图12-9

05 接着置入素材"2.jpg",然后调整图片的位置和大小,效果如图12-10所示。

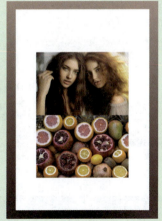

图12-10

06 选择工具箱中的横排文字工具,单击选项栏中的"切换字符和段落面板"按钮,打开"字符"面板,设置合适的字体,设置文字大小为10点、行距为10点,将所选字符的字距调整为10,设置颜色为深酒红色,如图12-11所示。在选项栏中单击"左对齐文本"按钮,然后在画面左上角单击插入光标,输入文字,如图12-12所示。

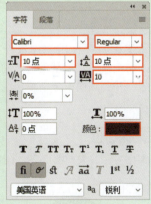

图12-11

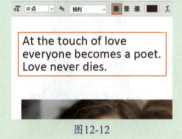

图12-12

07 在工具箱中右击"文字工具组",在工具组列表中选择（直排文字工具）,然后在"字符"面板中进行字体、字号等参数的设置,如图12-13所示。在画面中单击插入光标,然后输入文字,如图12-14所示。

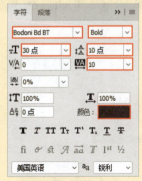

图12-13

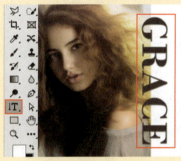

图12-14

08 新建一个图层,使用矩形选框工具在图片的左下角绘制一个矩形选区,如图12-15所示。然后将前景色设置为深酒红色,使用前景色进行填充,效果如图12-16所示。

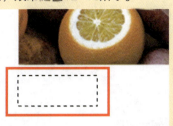

图12-15

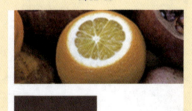

图12-16

09 继续使用矩形选框工具在矩形右侧绘制一个小矩形选区,然后填充同样的颜色,效果如图12-17所示。

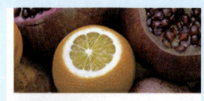

图12-17

10 选择工具箱中的横排文字工具,在选项栏中设置合适的字体、字号与文本颜色,然后在画面的相应位置输入文字,效果如图12-18所示。最终效果如图12-19所示。

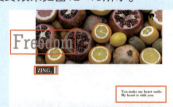

图12-18

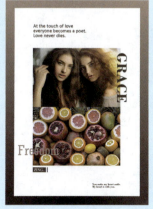

图12-19

实例124	套用模板
文件路径	第12章\套用模板
难易指数	★★☆☆☆
技术掌握	创建剪贴蒙版

扫码深度学习

操作思路

本案例首先根据背景模板样式在相应位置置入图片，然后针对不同的模块使用剪贴蒙版将素材中多余的部分去掉，呈现出完整的版式效果。

案例效果

案例效果如图12-20所示。

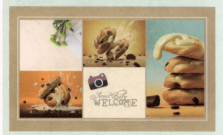

图12-20

操作步骤

01 执行菜单"文件>打开"命令，打开背景模板"1.psd"，如图12-21所示。在该文档中有4个图层，如图12-22所示。

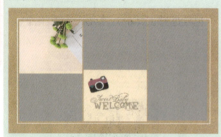

图12-21

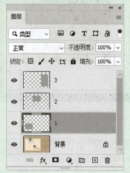

图12-22

02 选择图层"1"，执行菜单"文件>置入嵌入对象"命令，置入素材"2.jpg"，放在图层"1"上方，如图12-23所示。按住鼠标左键拖动控制点，将素材等比缩放，按Enter键结束操作，如图12-24所示。

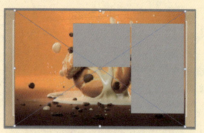

图12-23

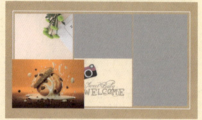

图12-24

03 选择素材图层，执行菜单"图层>创建剪贴蒙版"命令，此时画面效果如图12-25所示。

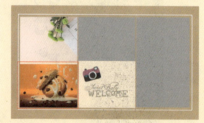

图12-25

04 使用同样的方法，置入素材"3.jpg"，将其缩放，并将其移动至图层"2"之上，按Enter键结束操作，如图12-26所示。执行菜单"图层>创建剪贴蒙版"命令，此时画面效果如图12-27所示。

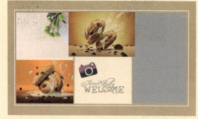

图12-26

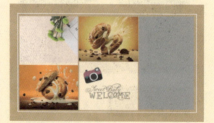

图12-27

05 使用同样的方法，将素材"4.jpg"置入画面中，将其缩放并移动至合适的位置，执行菜单"图层>创建剪贴蒙版"命令，最终画面效果如图12-28所示。

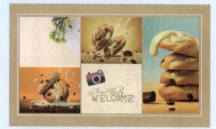

图12-28

实例125　制作红、蓝底证件照

文件路径	第12章\制作红、蓝底证件照
难易指数	★★★☆☆
技术掌握	● 快速选择工具 ● 图层蒙版 ● 填充颜色

扫码深度学习

操作思路

本案例首先使用快速选择工具绘制人物选区，然后基于选区添加图层蒙版，并在画面中分别填充红色和蓝色背景。

案例效果

案例对比效果如图12-29～图12-31所示。

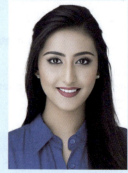

图12-29

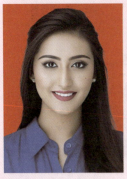

图12-30　　　　　图12-31

操作步骤

01 新建一个宽度为2.5厘米、高度为3.5厘米的空白文档。首先制作蓝色背景。新建一个图层，设置前景色为蓝色，使用前景色进行填充，此时画面效果如图12-32所示。

02 制作红色背景。再次新建一个图层，设置前景色为红色，使用前景色进行填充，此时画面效果如图12-33所示。

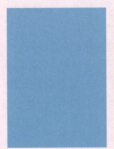 

图12-32　　　　　图12-33

03 接下来置入相片。执行菜单"文件>置入嵌入对象"命令，置入素材"1.jpg"，适当调整素材大小，按Enter键确定置入操作，如图12-34所示。选择该图层，执行菜单"图层>栅格化>智能对象"命令，将智能图层转换为普通图层，如图12-35所示。

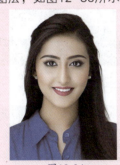 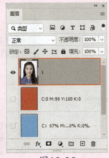

图12-34　　　　　图12-35

04 制作人像选区。选择工具箱中的 （快速选择工具），在选项栏中设置合适的笔尖大小，然后按住鼠标左键在画面中的人像位置进行拖动得到人物选区，如图12-36所示。单击"图层"面板底部的"添加图层蒙版"按钮，基于选区为该图层添加蒙版，如图12-37所示。

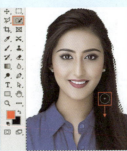 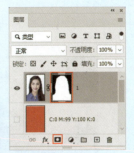

图12-36　　　　　图12-37

05 将红色图层显示出来，此时画面效果如图12-38所示。执行"文件>存储副本"命令，设置"保存类型"为JPEG，即可将当前效果存储为单独的图像文件。如需蓝色背景照片，隐藏红色图层即可，效果如图12-39所示。

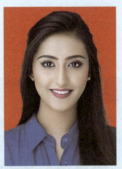 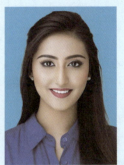

图12-38　　　　　图12-39

实例126　为图片添加防盗水印

文件路径	第12章\为图片添加防盗水印
难易指数	★★★★★
技术掌握	● 横排文字工具 ● 不透明度

操作思路

本案例中，首先使用横排文字工具在画面中输入文字，然后复制多个图层，并将其放置在图层组中以便于管理，最后调整文字的不透明度，为图片添加防盗水印。

案例效果

案例对比效果如图12-40和图12-41所示。

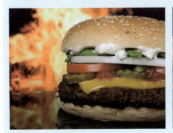 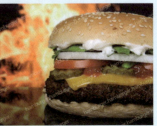

图12-40　　　　　图12-41

操作步骤

01 执行菜单"文件>打开"命令，打开素材"1.jpg"，如图12-42所示。

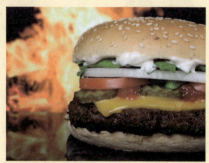

图12-42

02 选择工具箱中的 T.（横排文字工具），在选项栏中设置合适的字体和字号，设置文本颜色为白色，设置完成后在画面中单击插入光标，然后输入文字，如图12-43所示。接着多次使用快捷键Ctrl+J复制该文字图层，并将文字移动到画面合适的位置，效果如图12-44所示。

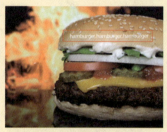
图12-43

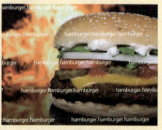
图12-44

03 单击"图层"面板底部的"创建新组"按钮 ▢，然后按住Ctrl键依次选择所有文字图层并按住鼠标左键将其拖动至该组内，如图12-45所示。选择该组，使用快捷键Ctrl+T调出定界框，然后拖动控制点将其旋转，旋转完成后按Enter键确定变换操作，效果如图12-46所示。

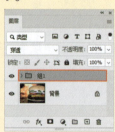
图12-45

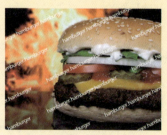
图12-46

04 在"图层"面板中设置文字组的"不透明度"为40%，完成效果如图12-47所示。

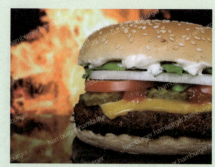

图12-47

实例127　统一处理大量照片

文件路径	第12章\统一处理大量照片
难易指数	★★☆☆☆
技术掌握	● "动作"的记录 ● 批处理

扫码深度学习

操作思路

"动作"命令用来记录Photoshop的操作步骤，从而便于再次"回放"操作，以提高工作效率和标准化操作流程。该功能支持记录针对单个文件或一批文件的操作过程。用户不但可以把一些经常进行的"机械化"操作"录制"成动作来提高工作效率，也可以把一些颇具创意的操作过程记录下来并与大家分享。本案例就是利用"动作"命令对大量的照片进行统一处理，使不同的照片呈现出相同的色调。

案例效果

案例对比效果如图12-48和图12-49所示。

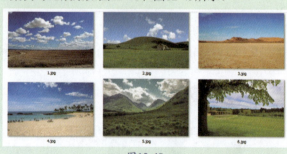
图12-48

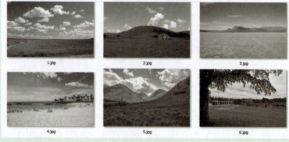
图12-49

操作步骤

01 执行菜单"文件>打开"命令，打开一张图片"1.jpg"，如图12-50所示。

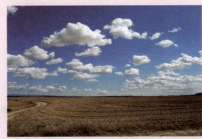

图12-50

02 执行菜单"窗口>动作"命令，在弹出的"动作"面板中单击"创建新组"按钮，如图12-51所示。在弹出的"新建组"对话框中设置"名称"为"组1"，单击"确定"按钮，得到组1，如图12-52所示。在"动作"面板中单击"创建新动作"按钮，在弹出的"新建动作"对话框中设置"名称"为"动作1"，单击"记录"按钮，开始记录操作，如图12-53所示。

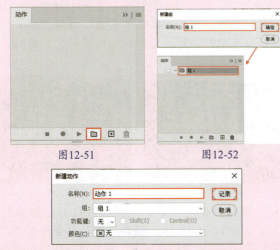

图12-51　　　　图12-52

图12-53

03 接下来开始对照片进行操作。执行菜单"图像>调整>色相/饱和度"命令，弹出"色相/饱和度"对话框后，设置"饱和度"为-100，设置完成后单击"确定"按钮，如图12-54所示。此时，在"动作"面板中会自动记录当前进行的"色相/饱和度"动作，如图12-55所示。

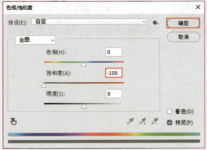

图12-54

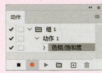

图12-55

04 此时画面效果如图12-56所示。单击"动作"面板中的"停止播放/记录"按钮，完成动作的录制。此时可以看到，"动作"面板中记录了对图片的所有操作，如图12-57所示。

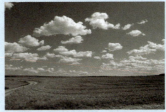

图12-56 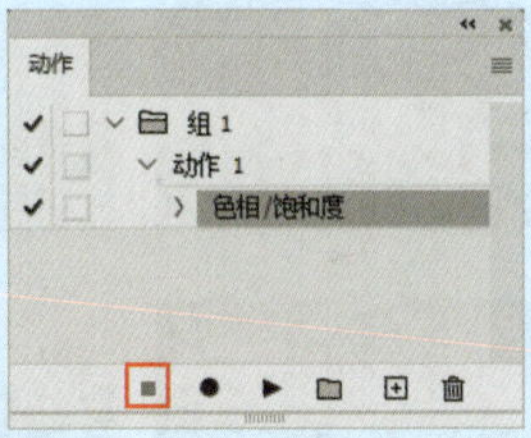　　　　图12-57

05 使用录制的动作处理剩余的素材。执行菜单"文件>自动>批处理"命令，弹出"批处理"对话框后，在"播放"选项组中设置"组"为"组1"、"动作"为"动作1"、"源"为"文件夹"，单击"选择"按钮，在弹出的对话框中选择要批处理的素材文件夹，如图12-58所示。设置"目标"为"文件夹"，然后单击"选择"按钮，在弹出的对话框中设置批处理后的文件保存路径，如图12-59所示。最后在"批处理"对话框中取消勾选"覆盖动作中的'存储为'命令"复选框，单击"确定"按钮，如图12-60所示。

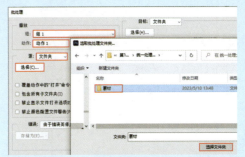

图12-58

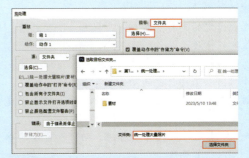

图12-59

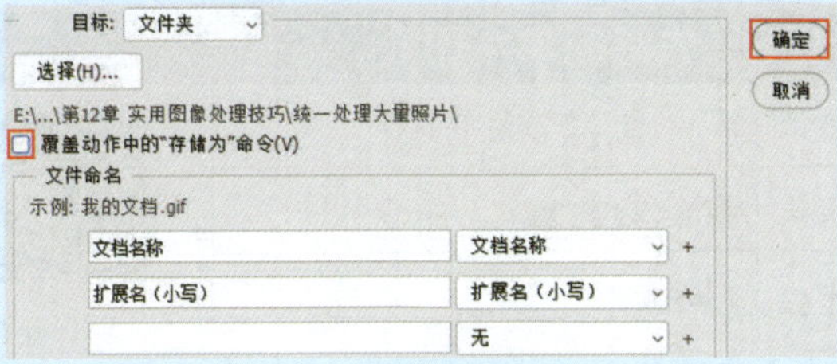

图12-60

06 Photoshop会使用所选动作处理所选文件夹中的所有图像，并将其保存到设置好的文件夹中，效果如图12-61所示。

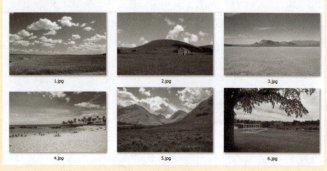

图12-61

要点速查："动作"面板

在"动作"面板中可以完成对"动作"的记录、播放、编辑、删除、管理等一系列操作。执行菜单"窗口>动作"命令（快捷键为Alt+F9），可以打开"动作"面板，如图12-62所示。

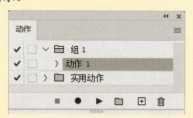

图12-62

- "停止播放/记录"按钮：用来停止播放动作和停止记录动作。
- "开始记录"按钮：单击该按钮，可以开始录制动作。
- "播放选定的动作"按钮：选择一个动作后，单击该按钮可以播放该动作。
- "创建新组"按钮：单击该按钮，可以创建一个新的动作组，以保存新建的动作。
- "创建新动作"按钮：单击该按钮，可以创建一个新的动作。
- "删除"按钮：选择动作组、动作和命令后单击该按钮，可以将其删除。

实例128　去除简单水印

文件路径	第12章 \ 去除简单水印
难易指数	★★★★★
技术掌握	修补工具

扫码深度学习

操作思路

（修补工具）可以利用样本或图案来修复所选图像区域中不理想的部分。本案例首先使用修补工具在水印上方绘制选区，然后拖动鼠标向颜色相似的草坪处移动，释放鼠标即可自动修补水印。

案例效果

案例对比效果如图12-63和图12-64所示。

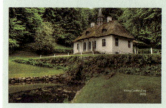 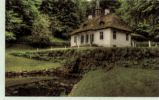

图12-63　　　　　　图12-64

操作步骤

01 执行菜单"文件>打开"命令，打开图片素材"1.jpg"，如图12-65所示。使用快捷键Ctrl+J复制"背景"图层，选择工具箱中的（修补工具），然后按住鼠标左键在水印区域拖动绘制选区，如图12-66所示。

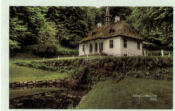 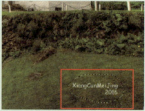

图12-65　　　　　　图12-66

02 将光标放置在选区中，然后按住鼠标左键向左拖动，如图12-67所示。随着拖动可以看到拖动到的区域会覆盖到需要修复的区域上，释放鼠标后即可进行自动修复，然后使用快捷键Ctrl+D将选区取消，最终效果如图12-68所示。

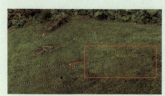 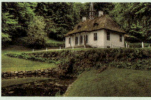

图12-67　　　　　　图12-68

12.2 日常照片的趣味处理

实例129 虚化部分内容

文件路径	第12章\虚化部分内容
难易指数	★★★☆☆
技术掌握	● "高斯模糊"滤镜 ● 图层蒙版 ● 画笔工具

扫码深度学习

操作思路

本案例使用"高斯模糊"滤镜将画面进行虚化处理，使用图层蒙版擦除人物身体上方的模糊效果，使视觉点聚焦在人物身上。

案例效果

案例对比效果如图12-69和图12-70所示。

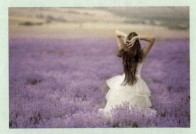
图12-69

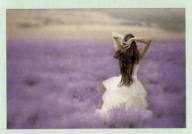
图12-70

操作步骤

01 执行菜单"文件>打开"命令，打开素材"1.jpg"，如图12-71所示。

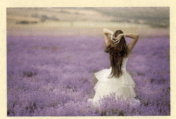
图12-71

02 使用快捷键Ctrl+J复制"背景"图层，执行菜单"滤镜>模糊>高斯模糊"命令，在弹出的"高斯模糊"对话框中设置"半径"为2.0像素，设置完成后单击"确定"按钮，如图12-72所示。此时画面效果如图12-73所示。

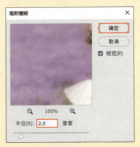
图12-72

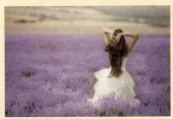
图12-73

03 单击"图层"面板底部的"添加图层蒙版"按钮，为该图层添加图层蒙版，如图12-74所示。将前景色设置为黑色，选择工具箱中的（画笔工具），在选项栏中单击"画笔预设"选取器，在画笔预设选取器中选择一个柔边圆画笔，设置画笔"大小"为20像素，设置"硬度"为0，如图12-75所示。

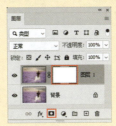
图12-74

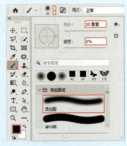
图12-75

04 设置完成后，在画面中人物身体处按住鼠标左键拖动进行涂抹，效果如图12-76所示。

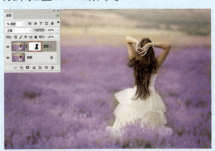
图12-76

05 接下来强化景深效果。使用快捷键Ctrl+Shift+Alt+E将图层进行盖印，选择盖印得到的图层，执行菜单"滤镜>模糊>高斯模糊"命令，在弹出的"高斯模糊"对话框中设置"半径"为10.0像素，设置完成后单击"确定"按钮，如图12-77所示。此时画面效果如图12-78所示。

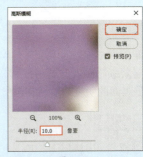
图12-77

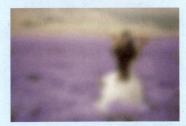
图12-78

06 再次单击"图层"面板底部的"添加图层蒙版"按钮，为盖印的图层添加图层蒙版。将前景色设置为黑色，再选择工具箱中的画笔工具，在选项栏中选择合适的画笔大小，然后在人物身上及周围进行涂抹，蒙版中的黑白关系如图12-79所示。最终效果如图12-80所示。

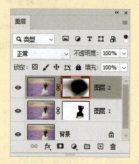

图12-79

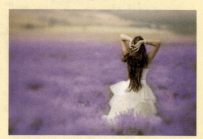

图12-80

实例130　梦幻感唯美溶图

文件路径	第12章\梦幻感唯美溶图
难易指数	★★★★★
技术掌握	● 图层蒙版 ● "曲线"调整图层

操作思路

本案例中，首先使用渐变工具制作粉色的渐变背景，然后使用图层蒙版隐藏飘带素材的背景，最后使用"曲线"调整图层调整画面的明度，从而制作出充满梦幻感的唯美溶图。

案例效果

案例效果如图12-81所示。

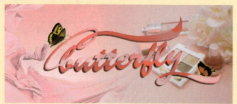

图12-81

操作步骤

01 执行菜单"文件>新建"命令，创建一个宽幅的文档。选择工具箱中的 ■（渐变工具），单击选项栏中的渐变色条，在弹出的"渐变编辑器"对话框中编辑一个由粉色到粉白色的渐变颜色，然后单击"确定"按钮完成编辑操作。在选项栏中设置渐变类型为"线性渐变"，如图12-82所示。接着使用渐变工具在画面中按住鼠标左键由上至下拖动进行填充，释放鼠标完成填充操作，此时画面效果如图12-83所示。

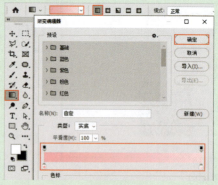

图12-82

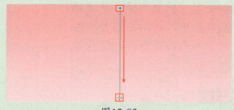

图12-83

02 置入飘带素材。执行菜单"文件>置入嵌入对象"命令，置入素材"1.jpg"，将其摆放在画面左侧位置，按Enter键确定置入操作。接着在"图层"面板中选择该图层，执行菜单"图层>栅格化>智能对象"命令，此时画面效果如图12-84所示。再单击"图层"面板底部的"添加图层蒙版"按钮 ■，为该图层添加蒙版。然后选择工具箱中的画笔工具，在选项栏的画笔预设选取器中选择一个柔边圆画笔，设置合适的画笔大小，设置完成后在画面中飘带右侧位置按住鼠标左键拖动进行涂抹，此时画面效果如图12-85所示。

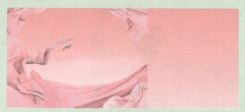

图12-84

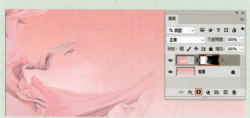

图12-85

03 置入化妆品素材。置入素材"2.jpg",并将其栅格化,然后将其移动至画面的右侧,如图12-86所示。

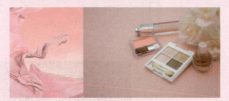

图12-86

04 选择该图层,单击"图层"面板底部的"添加图层蒙版"按钮,为该图层添加蒙版。然后使用渐变工具在画面中填充黑白渐变,蒙版效果如图12-87所示。此时画面效果如图12-88所示。

图12-87

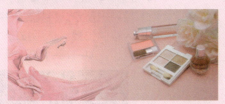

图12-88

05 调整置入的化妆品素材的明度,使画面整体更加自然。单击"调整"面板中的"曲线"按钮,创建新的"曲线"调整图层,接着在弹出的"属性"面板中的曲线上单击,添加控制点并拖动调整曲线形状,如图12-89所示。此时画面效果如图12-90所示。

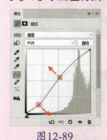

图12-89   图12-90

06 因为此步骤只针对图层"2",所以单击"属性"面板底部的"此调整剪切到此图层"按钮,使曲线效果只应用于该图层,如图12-91所示。效果如图12-92所示。

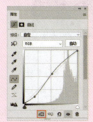

图12-91   图12-92

07 置入素材"3.png",将其摆放在画面中心位置,按Enter键确定置入操作。最终完成效果如图12-93所示。

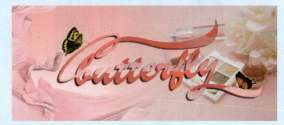

图12-93

要点速查:"曲线"对话框

打开一张图片,如图12-94所示。执行菜单"图像>调整>曲线"命令或按快捷键Ctrl+M,打开"曲线"对话框,如图12-95所示。

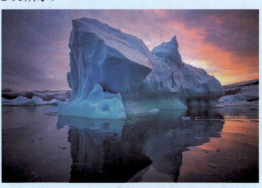

图12-94

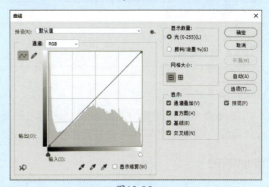

图12-95

- 预设:在"预设"下拉列表中共有9种曲线预设效果,选中相应选项即可自动生成相应的调整效果。
- 通道:在该下拉列表中可以选择一个通道来对图像进行调整,以校正图像的颜色。
- 在图像上单击并拖动可修改曲线:选择该工具后,将光标放置在图像上,曲线上会出现一个圆圈,表示光标处的色调在曲线上的位置,拖动鼠标左键可以添加控制点以调整图像的色调。向上调整表示提亮,向下调整则为压暗,如图12-96所示。

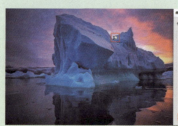
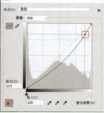

图12-96

> ⌒编辑点以修改曲线：使用该工具在曲线上单击，可以添加新的控制点，通过拖动控制点可以改变曲线的形状，从而达到调整图像的目的。曲线调整效果如图12-97所示。

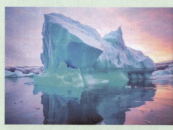
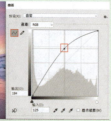

图12-97

> ✎通过绘制来修改曲线：使用该工具可以以手绘的方式自由绘制曲线。绘制好曲线后，单击"编辑点以修改曲线"按钮 ⌒，可以显示出曲线上的控制点。

> 输入/输出："输入"即"输入色阶"，显示的是调整前的像素值；"输出"即"输出色阶"，显示的是调整后的像素值。

实例131	换脸
文件路径	第12章\换脸
难易指数	★★★☆☆
技术掌握	● "曲线"调整图层 ● 图层蒙版

操作思路

本案例将置入动物图像的面部抠取出来，与正常人物的肖像照片相融合，再使用"曲线"调整图层将其色调与背景相融合，达到换脸的目的。

案例效果

案例对比效果如图12-98和图12-99所示。

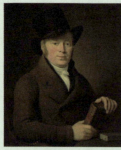
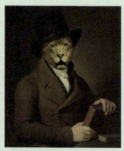

图12-98　　　　图12-99

操作步骤

01 执行菜单"文件>打开"命令，打开素材"1.jpg"，如图12-100所示。

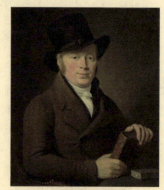

图12-100

02 执行菜单"文件>置入嵌入对象"命令，置入狮子素材"2.jpg"，如图12-101所示。将其旋转并摆放在图片中人脸的位置。然后按Enter键确定置入操作，如图12-102所示。

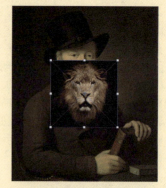

图12-101

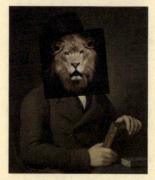

图12-102

03 选择该图层并右击，在弹出的快捷菜单中执行"栅格化图层"命令，将其转换为普通图层，如图12-103所示。

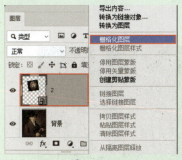

图12-103

04 接下来去除狮子脸外多余黑色部分。选择狮子图层,单击"图层"面板底部的"添加图层蒙版"按钮,为该图层添加图层蒙版。将前景色设置为黑色,然后选择工具箱中的画笔工具,在选项栏的画笔预设选取器中选择一个柔边圆画笔,设置画笔"大小"为60像素,如图12-104所示。设置完成后在画面中狮子脸部周围位置按住鼠标左键拖动进行涂抹,蒙版效果如图12-105所示。

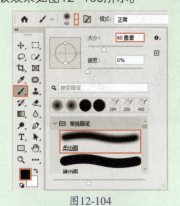

图12-104

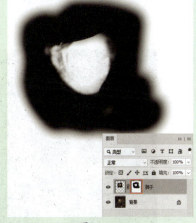

图12-105

05 此时画面效果如图12-106所示。

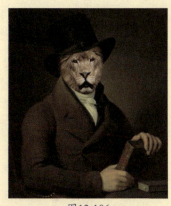

图12-106

06 因为狮子面部与油画中的色调不符,所以使用曲线调整狮子面部颜色。单击"调整"面板中的"曲线"按钮,创建新的"曲线"调整图层,在"属性"面板中设置通道为RGB,然后在曲线上单击添加控制点,向右下角拖动压暗画面的亮度,如图12-107所示。设置通道为"绿",在曲线上单击添加控制点并向左上拖动,增加画面中绿色的数量,曲线形状如图12-108所示。

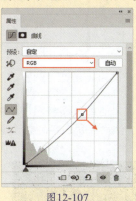

图12-107

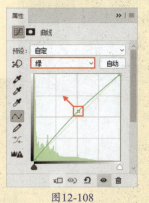

图12-108

07 设置通道为"蓝",在曲线上单击添加控制点并向右下方拖动,减少画面中蓝色的数量。颜色调整完成后,单击"属性"面板底部的"此调整剪切到此图层"按钮,使曲线的调整效果只应用于狮子图层,如图12-109所示。此时画面效果如图12-110所示。

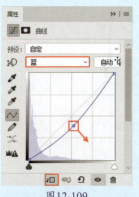

图12-109

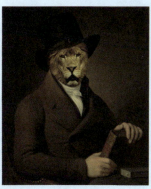

图12-110

08 狮子面部没有立体感,此时可以压暗狮子面部周围的亮度。再次创建一个"曲线"调整图层。在"属性"面板中设置通道为RGB,然后调整曲线形状,如图12-111所示。接着设置通道为"红",调整曲线形状,如图12-112所示。

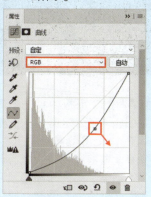

图12-111

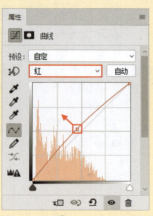

图12-112

09 继续调整"绿"通道曲线形状，如图12-113所示。此时画面效果如图12-114所示。

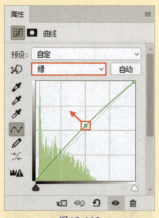

图12-113

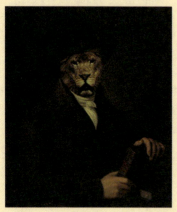

图12-114

10 在"图层"面板中单击该调整图层的图层蒙版缩览图，设置前景色为黑色，使用前景色进行快速填充。接着设置前景色为白色，选择工具箱中的画笔工具，在画笔预设选取器中选择一种柔边圆画笔，使用画笔工具涂抹狮子面部区域。图层蒙版如图12-115所示。此时画面效果如图12-116所示。

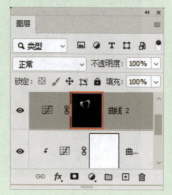

图12-115　　　　　图12-116

11 创建新的"曲线"调整图层。在"属性"面板中的曲线上方单击添加一个控制点，然后向上拖动，提高眼睛、面部及身体的亮度，如图12-117所示。画面效果如图12-118所示。

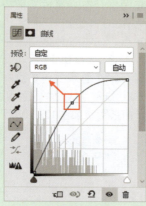

图12-117

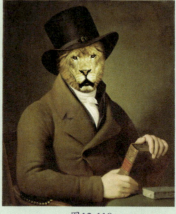

图12-118

12 单击"曲线"调整图层的图层蒙版缩览图，将其填充为黑色，隐藏调色效果。然后使用白色的柔边圆画笔在眼睛、面部及身体周围进行涂抹，蒙版中涂抹位置如图12-119所示。画面最终效果如图12-120所示。

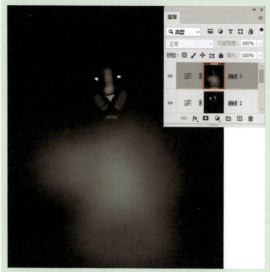

图12-119

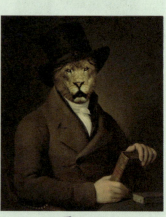

图12-120

实例132　有趣的拼图

文件路径	第12章\有趣的拼图
难易指数	★★★☆☆
技术掌握	● "曲线"调整图层 ● 钢笔工具 ● 图层蒙版 ● 矩形工具

扫码深度学习

操作思路

本案例首先使用钢笔工具绘制花朵部分选区,然后使用图层蒙版隐藏花朵背景,将花朵与人物的上半身完美结合,呈现出拼图的效果。

案例效果

案例对比效果如图12-121和图12-122所示。

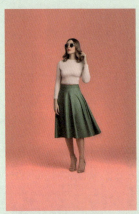

图12-121

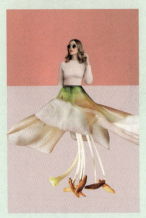

图12-122

操作步骤

01 执行菜单"文件>打开"命令,打开素材"1.jpg",如图12-123所示。

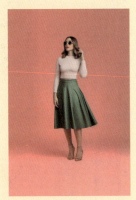

图12-123

02 发现图片整体感觉偏暗,所以需要提高画面亮度。单击"调整"面板中的"曲线"按钮,创建新的"曲线"调整图层,在弹出的"属性"面板中的曲线上单击,添加一个控制点并向上拖动,提高画面亮度,如图12-124所示。此时画面效果如图12-125所示。

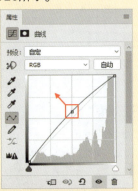

图12-124

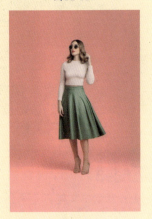

图12-125

03 执行菜单"文件>置入嵌入对象"命令,置入花朵素材"2.jpg",将其进行旋转,如图12-126所示。然后按Enter键确定置入操作。在该图层上右击,在弹出的快捷菜单中执行"栅格化图层"命令,将其转换为普通图层。此时画面效果如图12-127所示。

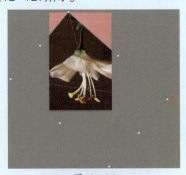

图12-126

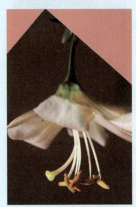

图12-127

04 选择工具箱中的钢笔工具,在选项栏中设置绘制模式为"路径",在花朵边缘单击鼠标左键确定路径的起点,如图12-128所示。继续沿着花朵边缘进行路径的绘制,绘制到起始锚点位置时单击即可闭合路径,如图12-129所示。

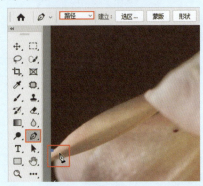

图12-128

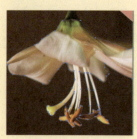

图12-129

05 路径绘制完成后，使用快捷键Ctrl+Enter将路径转换为选区，如图12-130所示。单击"图层"面板底部的"添加图层蒙版"按钮，基于选区添加图层蒙版，如图12-131所示。

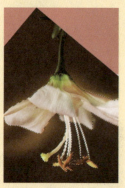

图12-130

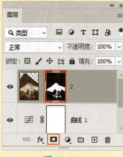

图12-131

06 此时画面效果如图12-132所示。

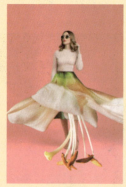

图12-132

07 选择工具箱中的（矩形工具），在选项栏中设置绘制模式为"形状"，在花朵图层的下方绘制一个矩形，在选项栏中设置"填充"为粉色、"描边"为无，如图12-133所示。画面最终效果如图12-134所示。

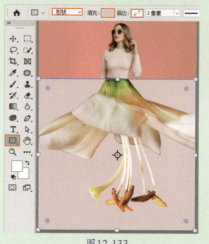

图12-133

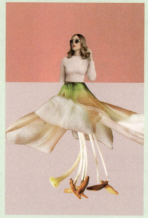

图12-134

实例133　可爱网络头像

文件路径	第12章\可爱网络头像
难易指数	★★★☆☆
技术掌握	● 椭圆选框工具 ● 图层蒙版 ● 画笔工具 ● 钢笔工具

扫码深度学习

操作思路

本案例中，首先使用形状工具制作头像的背景，然后使用椭圆选框工具在儿童的脸颊处制作可爱粉嫩的腮红，最后置入素材，呈现超萌的头像效果。

案例效果

案例对比效果如图12-135和图12-136所示。

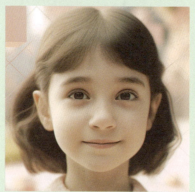

图12-135

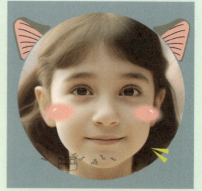

图12-136

操作步骤

01 新建一个空白文档。将前景色设置为浅灰蓝色，使用前景色进行填充，此时画面效果如图12-137所示。

02 执行菜单"文件>置入嵌入对象"命令，置入人像素材"1.jpg"，按Enter键确认置入操作。然后执行菜单"图层>栅格化>智能对象"命令，将该图层栅格化。此时画面效果如图12-138所示。

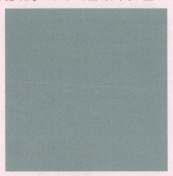
图12-137

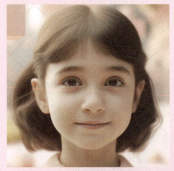
图12-138

03 选择工具箱中的椭圆选框工具，按住Shift键并按住鼠标左键拖动绘制一个正圆形选区，如图12-139所示。单击"图层"面板底部的"添加图层蒙版"按钮，基于选区为该图层添加蒙版。此时画面效果如图12-140所示。

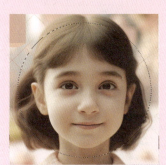
图12-139

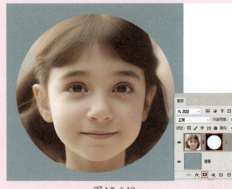
图12-140

04 接下来制作腮红效果。新建一个图层，选择工具箱中的椭圆选框工具，在选项栏中设置"羽化"为5像素，然后在左侧脸颊处按住鼠标左键拖动绘制一个椭圆选区，如图12-141所示。接着将前景色设置为粉色，使用快捷键Alt+Delete进行填充，使用快捷键Ctrl+D取消选区，腮红效果如图12-142所示。

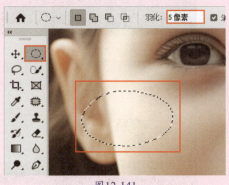
图12-141　　　　　　　图12-142

05 将前景色设置为白色，然后在选项栏中单击"画笔预设"选取器，在画笔预设选取器中选择一个柔边圆画笔笔尖，设置画笔"大小"为5像素，如图12-143所示。接着在腮红的左上方绘制高光，效果如图12-144所示。

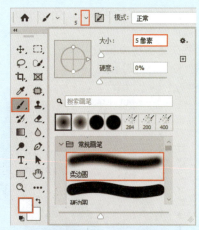
图12-143

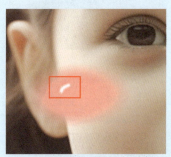
图12-144

06 选择腮红图层，使用快捷键Ctrl+J进行复制，然后将复制的腮红移动到右侧脸颊处，如图12-145所示。执行菜单"编辑>变换>水平翻转"命令，将右侧脸颊处的腮红水平翻转，此时画面效果如图12-146所示。

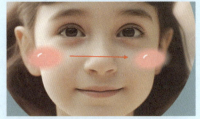
图12-145

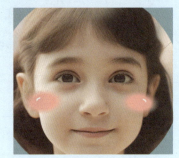
图12-146

07 选择工具箱中的钢笔工具，在选项栏中设置绘制模式为"形状",在画面右侧绘制三角形形状,接着在选项栏中设置"填充"为黄色、"描边"为无,如图12-147所示。继续在黄色三角形右下方绘制三角形形状,然后在选项栏中更改"填充"为橙色,使其看起来像是黄色三角形的暗面,效果如图12-148所示。

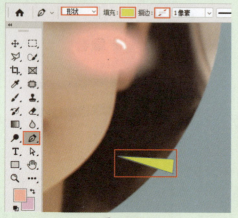

图12-147

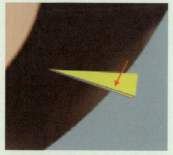

图12-148

08 按住Ctrl键单击加选两个三角形图层,使用快捷键Ctrl+J进行复制,然后向下移动,如图12-149所示。使用快捷键Ctrl+T调出定界框,然后适当进行旋转,如图12-150所示。旋转完成后,按Enter键确认变换操作。

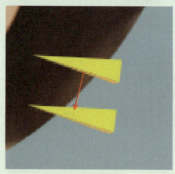

图12-149

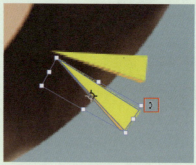

图12-150

09 执行菜单"文件>置入嵌入对象"命令,置入素材"2.png",将其摆放在画面的合适位置,然后按Enter键确认置入操作,最终效果如图12-151所示。

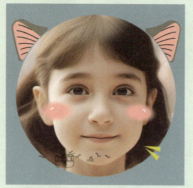

图12-151

12.3 风光照片处理

实例134 清新色调

文件路径	第12章 \ 清新色调
难易指数	★★★★☆
技术掌握	● "色彩平衡"调整图层 ● "色相/饱和度"调整图层 ● "曲线"调整图层

扫码深度学习

操作思路

本案例中的原图比较灰暗,首先需要使用"色彩平衡"调整图层调整画面为蓝色调,再使用"色相/饱和度"调整图层将颜色变鲜艳些,最后使用"曲线"调整图层提升画面整体的亮度,使画面色调更加清新。

案例效果

案例对比效果如图12-152和图12-153所示。

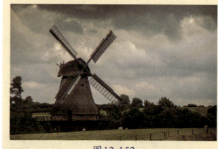

图12-152

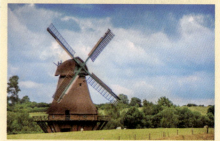

图12-153

操作步骤

01 执行菜单"文件>打开"命令，打开素材"1.jpg"，如图12-154所示。

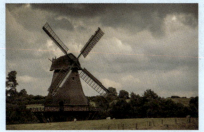

图12-154

02 接下来调整天空色彩。单击"调整"面板中的"色彩平衡"按钮，创建新的"色彩平衡"调整图层，在弹出的"属性"面板中设置"色调"为"中间调"、"青色-红色"为-85、"洋红-绿色"为-30、"黄色-蓝色"为+35，如图12-155所示。此时画面效果如图12-156所示。

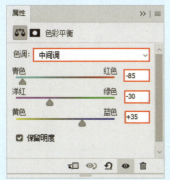

图12-155

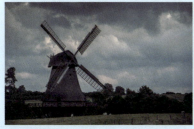

图12-156

03 单击"色彩平衡"调整图层的图层蒙版缩览图，将前景色设置为黑色，选择工具箱中的画笔工具，在选项栏的画笔预设选取器中选择一种合适的画笔笔尖，设置合适的笔尖大小，然后在风车、地面和树木上方按住鼠标左键拖动进行涂抹，隐藏此处的调色效果。蒙版中涂抹位置如图12-157所示。此时画面效果如图12-158所示。

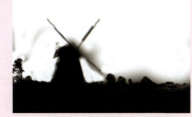

图12-157

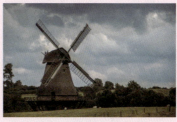

图12-158

04 接下来增强整体画面的颜色饱和度。单击"调整"面板中的"色相/饱和度"按钮，创建新的"色相/饱和度"调整图层，在弹出的"属性"面板中设置"饱和度"为+44，如图12-159所示。此时画面效果如图12-160所示。

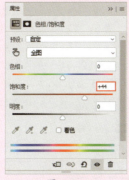

图12-159

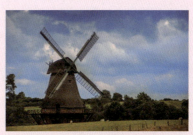

图12-160

05 单击"色相/饱和度"调整图层的图层蒙版缩览图，设置前景色为黑色，选择工具箱中的画笔工具，设置画笔"不透明度"为10%，在画面顶部天空位置进行适当的涂抹，蒙版效果如图12-161所示。画面效果如图12-162所示。

图12-161

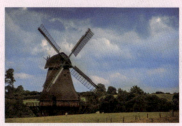

图12-162

06 接下来提亮草地、树木。单击"调整"面板中的"曲线"按钮，创建新的"曲线"调整图层，在弹出的"属性"面板中的曲线上单击添加控制点，并向上拖动，提高画面亮度，如图12-163所示。此时画面效果如图12-164所示。

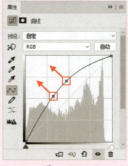

图12-163

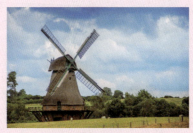

图12-164

07 单击"曲线"调整图层的图层蒙版缩览图，设置前景色为黑色，使用前景色进行快速填充。设置前景色为白色，选择工具箱中的画笔工具，在画笔预设选取器中选择一个柔边圆画笔，设置画笔"大小"为80像素，在选项栏中设置画笔"不透明度"为50%，如图12-165所示。使用画笔工具涂抹草地和树木区域，使其受到该调整图层的影响，如图12-166所示。

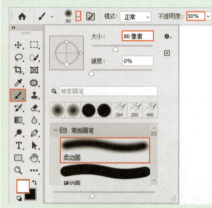

图12-165

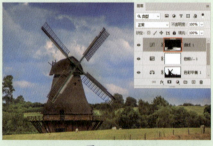

图12-166

08 接下将天空颜色提亮。在选项栏的画笔预设选取器中更改画笔"大小"为350像素，在选项栏中设置画笔"不透明度"为50%，如图12-167所示。继续在天空处进行涂抹，显示天空位置的调色效果。此时画面效果如图12-168所示。

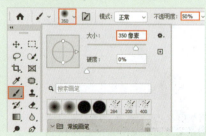

图12-167

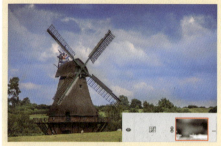

图12-168

09 接下来对画面中的风车进行调色。单击"调整"面板中的"色彩平衡"按钮，创建新的"色彩平衡"调整图层，在弹出的"属性"面板中设置"色调"为"中间调"，然后设置"青色-红色"为+25、"洋红-绿色"为-25、"黄色-蓝色"为-20，如图12-169所示。此时画面效果如图12-170所示。

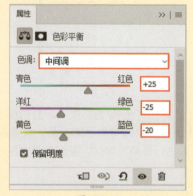

图12-169

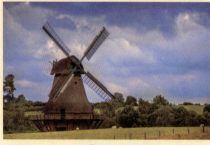

图12-170

10 单击"色彩平衡"调整图层的图层蒙版缩览图，然后将前景色设置为黑色，使用前景色进行填充，此时调色效果将被隐藏。然后把前景色设置为白色，选择工具箱中的画笔工具，在画笔预设选取器中选择一个柔边圆画笔笔尖，设置合适的画笔大小，在画面中风车处进行涂抹，蒙版涂抹效果如图12-171所示。此时画面效果如图12-172所示。

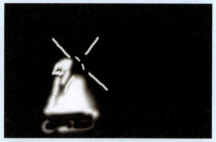

图12-171

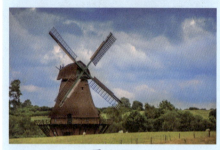

图12-172

11 接下来提亮整体画面。再次创建"曲线"调整图层，在弹出的"属性"面板中的曲线上单击添加控制点，并拖动调整曲线形状，如图12-173所示。案例完成效果如图12-174所示。

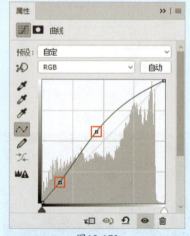

图12-173

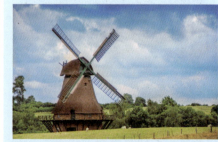

图12-174

实例135　电影感色彩

文件路径	第12章\电影感色彩
难易指数	★★★☆☆
技术掌握	● 裁剪工具 ● "曲线"调整图层 ● "渐变映射"调整图层

操作思路

本案例在操作过程中首先针对画面进行裁剪，使视觉中心点落在主体物马车上；然后使用"曲线"调整图层压暗画面；之后赋予该图层一个渐变效果；调整不透明度后，在画面中心输入文字，完成操作。

案例效果

案例对比效果如图12-175和图12-176所示。

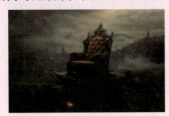
图12-175

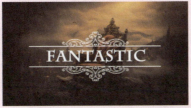
图12-176

操作步骤

01 执行菜单"文件>打开"命令，打开素材"1.jpg"，如图12-177所示。选择工具箱中的裁剪工具，在选项栏中设置裁剪比例为16:9，在画面中调整裁剪框的位置，按Enter键完成裁剪操作，如图12-178所示。

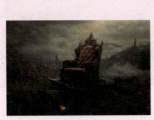
图12-177

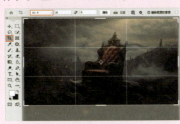
图12-178

02 单击"调整"面板中的"曲线"按钮，创建新的"曲线"调整图层，在弹出的"属性"面板中调整曲线形状，如图12-179所示。单击"曲线"调整图层的图层蒙版缩览图，选择工具箱中的画笔工具，在选项栏的画笔预设选取器中选择一个柔边圆画笔，设置合适的画笔大小，设置完成后在画面中心位置按住鼠标左键拖动进行涂抹，将画面四周压暗，形成暗角，效果如图12-180所示。

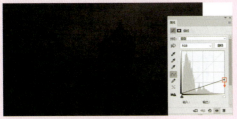
图12-179　　　　　图12-180

03 单击"调整"面板中的"渐变映射"按钮，创建新的"渐变映射"调整图层，在弹出的"属性"面板中单击渐变色条，在弹出的"渐变编辑器"对话框中编辑一个由紫色到橙色的渐变颜色，设置完成后单击"确定"按钮，如图12-181所示。效果如图12-182所示。

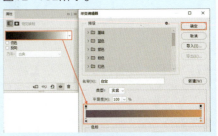
图12-181

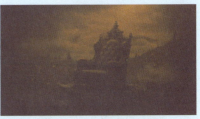
图12-182

04 在"图层"面板中单击"渐变映射"调整图层，设置该图层的"不透明度"为60%，如图12-183所示。效果如图12-184所示。

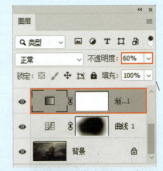
图12-183

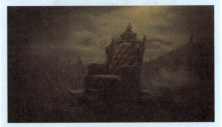
图12-184

05 单击"调整"面板中的"曲线"按钮，创建新的"曲线"调整图层,在"属性"面板中调整曲线形状,如图12-185所示。效果如图12-186所示。

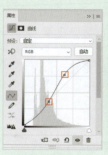
图12-185

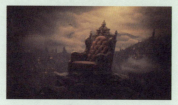
图12-186

06 选择工具箱中的横排文字工具,在选项栏中设置合适的字体和字号,设置文本颜色为白色,然后在画面中间位置单击输入文字,如图12-187所示。完成后单击选项栏中的"提交"按钮✓。接着执行菜单"文件>置入嵌入对象"命令,置入花纹素材"2.png",将其摆放在相应位置,最终完成效果如图12-188所示。

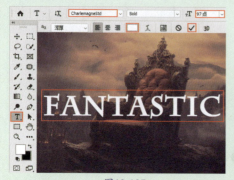
图12-187

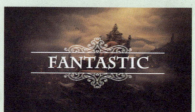
图12-188

📖 要点速查:"渐变映射"对话框的参数设置

打开一张图片,如图12-189所示。执行菜单"图像>调整>渐变映射"命令,弹出"渐变映射"对话框,单击渐变色条,在弹出的"渐变编辑器"对话框中可以编辑合适的渐变颜色,如图12-190所示。

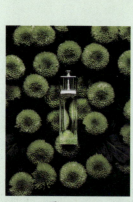
图12-189

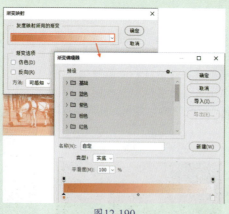
图12-190

➤ 仿色:勾选该复选框后,Photoshop会添加一些随机的杂色来平滑渐变效果。
➤ 反向:勾选该复选框后,可以反转渐变的填充方向,映射出的渐变效果也会发生变化。

实例136　水墨画

文件路径	第12章\水墨画
难易指数	★★★★☆
技术掌握	● "阴影/高光"命令 ● "黑白"调整图层 ● "曲线"调整图层 ● 渐变工具

🔍 扫码深度学习

💡 操作思路

本案例中,首先使用"阴影/高光"命令提亮画面整体色调,并将其转换为黑白效果;然后使用"曲线"调整图层强化画面对比度;最后使用渐变工具为照片底部添加白色半透明渐变,使照片呈现水墨画感。

🖱 案例效果

案例对比效果如图12-191和图12-192所示。

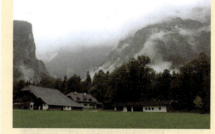
图12-191

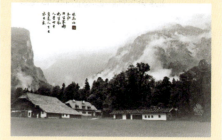
图12-192

🎤 操作步骤

01 执行菜单"文件>打开"命令,打开风景素材"1.jpg",如图12-193所示。

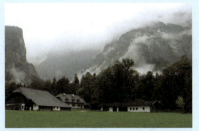

图12-193

02 提亮整体画面。执行菜单"图像>调整>阴影/高光"命令，在弹出的"阴影/高光"对话框中设置阴影"数量"为30%，然后单击"确定"按钮，如图12-194所示。此时画面效果如图12-195所示。

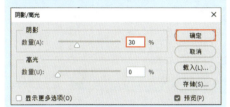

图12-194

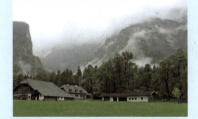

图12-195

03 将彩色图像转换为黑白效果。单击"调整"面板中的"黑白"按钮，创建新的"黑白"调整图层。此时画面效果如图12-196所示。

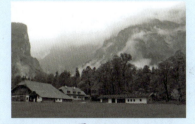

图12-196

04 调整画面对比度。单击"调整"面板中的"曲线"按钮，创建新的"曲线"调整图层。接着在"属性"面板中的曲线上方单击，添加控制点并拖动调整曲线形状，如图12-197所示。此时画面效果如图12-198所示。

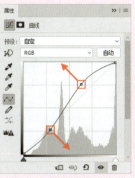

图12-197　　　　图12-198

05 使用快捷键Ctrl+Shift+Alt+E将所有图层中的图像盖印到新的图层中，且原始图层内容保持不变，如图12-199所示。

06 将该图层的混合模式设置为"柔光"，如图12-200所示。此时画面效果如图12-201所示。

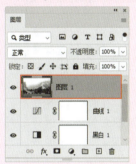

图12-199　　　　图12-200

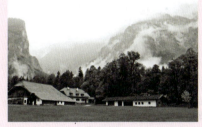

图12-201

07 选择该图层，执行菜单"滤镜>滤镜库"命令，在弹出的对话框中单击"艺术效果"滤镜组，选择"水彩"滤镜，在右侧设置"画笔细节"为3、"阴影强度"为1、"纹理"为1，设置完成后单击"确定"按钮，如图12-202所示。此时画面效果如图12-203所示。

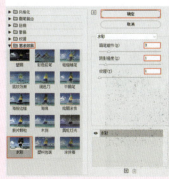

图12-202

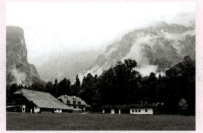

图12-203

08 将画面中心树木过暗的区域提亮。单击"调整"面板中的"曲线"按钮，创建新的"曲线"调整图层，在弹出的"属性"面板中的曲线上单击添加控制点，并拖动调整曲线形状，提高画面亮度，如图12-204所示。此时画面效果如图12-205所示。

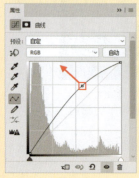
图12-204

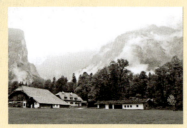
图12-205

09 单击"曲线"调整图层的图层蒙版缩览图，设置前景色为黑色，使用前景色进行快速填充。然后设置前景色为白色，选择工具箱中的画笔工具，在画笔预设选取器中选择一个柔边圆画笔，设置画笔"大小"为400像素。在选项栏中设置画笔"不透明度"为50%，如图12-206所示。在画面中心过暗的树木位置按住鼠标左键拖动进行涂抹，使其受到该调整图层影响而变亮一些。此时画面效果如图12-207所示。

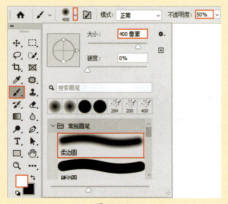
图12-206

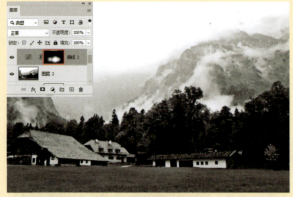
图12-207

10 制作画面留白。新建一个图层，然后选择工具箱中的渐变工具，单击选项栏中的渐变色条，在弹出的"渐变编辑器"对话框中编辑一个由白色到透明的渐变颜色，再单击"确定"按钮完成编辑操作。在选项栏中设置渐变类型为"线性渐变"，如图12-208所示。接着使用渐变工具在画面中按住鼠标左键由下到上拖动进行填充，效果如图12-209所示。

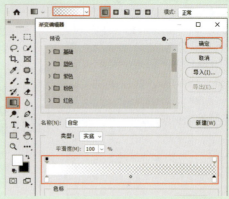
图12-208

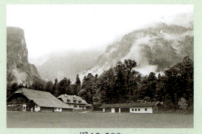
图12-209

11 再次创建一个新图层，使用渐变工具在画面左右两侧分别填充渐变，如图12-210所示。执行菜单"文件>置入嵌入对象"命令，置入素材"2.png"，将其摆放在画面上方左侧空白位置，然后按Enter键确认置入操作。画面最终完成效果如图12-211所示。

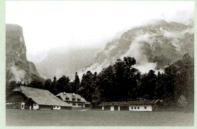
图12-210

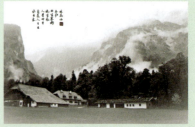
图12-211

12.4 人像照片处理

实例137　卡通儿童摄影版式

文件路径	第12章\卡通儿童摄影版式
难易指数	★★★★☆
技术掌握	多边形套索工具 图层蒙版 钢笔工具 横排文字工具

扫码深度学习

操作思路

本案例首先使用多边形套索工具及图层蒙版调整照片形状，再利用钢笔工具和置入花边素材为画面添加装饰元素，最后使用横排文字工具为画面添加文字，从而制作出卡通效果的儿童摄影版式。

案例效果

案例效果如图12-212所示。

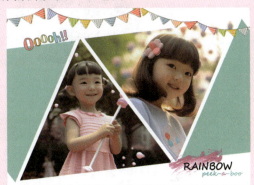

图12-212

操作步骤

01 新建一个空白文档。执行菜单"文件>置入嵌入对象"命令，置入人物素材"1.jpg"，将其放置在画面左侧，按Enter键确认置入操作。接着进行栅格化操作，画面效果如图12-213所示。

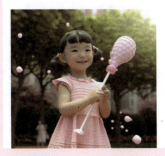

图12-213

02 选择工具箱中的多边形套索工具，在人物素材上方单击鼠标左键进行三角形选区的绘制，如图12-214所示。在"图层"面板中选择人物图层，在保持当前选区的状态下单击"图层"面板底部的"添加图层蒙版"按钮，以当前选区为该图层添加图层蒙版，如图12-215所示。

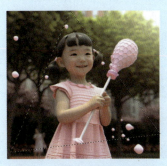

图12-214

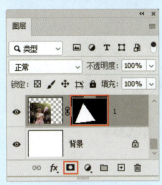

图12-215

03 选区以内的部分为显示状态，选区以外的部分被隐藏，此时画面效果如图12-216所示。使用同样的方法置入人物素材"2.jpg"，将其放置在画面右侧，按Enter键确认置入操作，如图12-217所示。

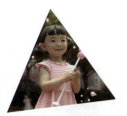

图12-216

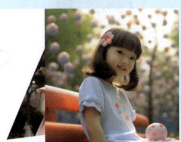

图12-217

04 继续使用多边形套索工具，在人物素材上方单击鼠标左键进行三角形选区的绘制，如图12-218所示。单击"图层"面板底部的"添加图层蒙版"按钮 ，基于选区添加图层蒙版，此时画面效果如图12-219所示。

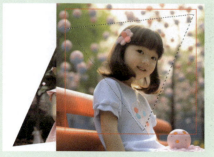

图12-218

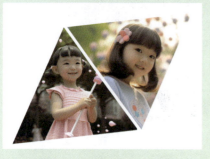

图12-219

05 选择工具箱中的钢笔工具，在选项栏中设置绘制模式为"形状"，在画面左侧绘制一个多边形，然后在选项栏中设置"填充"为青色、"描边"为无，如图12-220所示。使用同样的方法在画面右侧绘制另一个四边形，如图12-221所示。

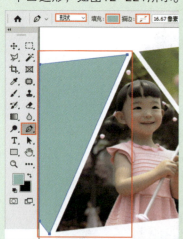

图12-220

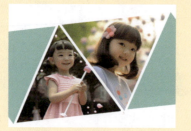

图12-221

06 置入花边素材"3.png"，按Enter键确认置入操作，如图12-222所示。

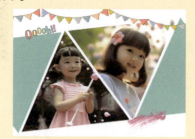

图12-222

07 选择工具箱中的横排文字工具，在选项栏中设置合适的字体和字号，设置文本颜色为黑色，然后在画面中花边素材下方位置单击插入光标，输入文字，如图12-223所示。文字输入完成后按快捷键Ctrl+Enter完成输入操作。使用同样的方法在该文字下方再输入一行文字，如图12-224所示。

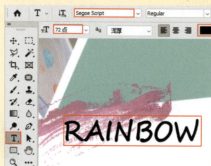

图12-223

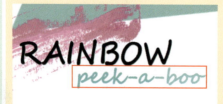

图12-224

08 接下来为文字更改颜色。选择青色文字图层，在选择横排文字工具的状态下，在字母"a"的左侧单击插入光标，然后按住鼠标左键拖动将字母"a"选中，在选项栏中单击文本颜色按钮，将该字母颜色更改为粉色，如图12-225所示。最终画面效果如图12-226所示。

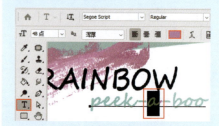

图12-225

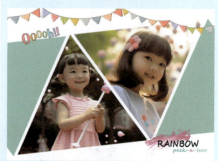

图12-226

实例138　书香古风写真

文件路径	第12章 \ 书香古风写真
难易指数	★★★★★
技术掌握	● 图层蒙版 ● 剪贴蒙版 ● 混合模式 ● 套索工具

扫码深度学习

操作思路

本案例首先使用"曲线"命令调整人像的亮度，利用"剪贴蒙版"对人像做部分处理。然后置入竹子、窗户、梅花、纹理素材为画面添加古风元素。再使用图层蒙版和混合模式对古风素材进行处理，从而制作出具有书香气息的人像写真。

案例效果

案例效果如图12-227所示。

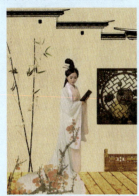

图12-227

操作步骤

01 执行菜单"文件>打开"命令，打开背景素材"1.png"，如图12-228所示。

图12-228

02 执行菜单"文件>置入嵌入对象"命令，置入人物素材"2.png"并放置在画面下方，如图12-229所示。按Enter键确认置入操作。选择该图层并右击，在弹出的快捷菜单中执行"栅格化图层"命令。

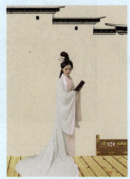

图12-229

03 接下来调整人像的亮度。单击"调整"面板中的"曲线"按钮，创建新的"曲线"调整图层，在弹出的"属性"面板中的曲线上单击，添加控制点并向上拖动，提高画面的亮度。为了使曲线效果只针对人像图层，单击"属性"面板底部的"此调整剪切到此图层"按钮。曲线形状如图12-230所示。此时画面效果如图12-231所示。

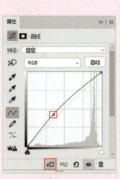 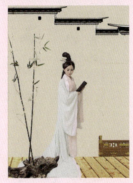

图12-230　　　　图12-231

04 置入竹子素材"3.png"，放置到画面左侧，按Enter键确认置入操作，并将其栅格化，如图12-232所示。选择工具箱中的 ❍（套索工具），在竹子素材底部按住鼠标左键拖动绘制选区，如图12-233所示。

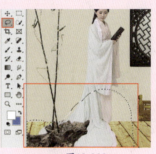

图12-232　　　　图12-233

05 在"图层"面板中选中竹子图层，在保持当前选区的状态下，按住Alt键的同时单击"图层"面板底部的"添加图层蒙版"按钮，以反向选区为该图层添加图层蒙版，如图12-234所示。之前选区以内的部分为隐藏状态，选区以外的部分为显示状态。此时画面效果如图12-235所示。

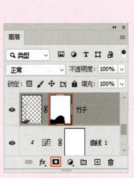 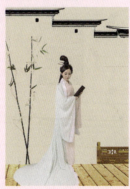

图12-234　　　　图12-235

06 置入窗子素材"4.png"，放置到画面右侧，按Enter键确认置入操作，并将其栅格化，如图12-236所示。

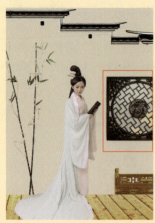

图12-236

07 置入梅花素材"5.jpg"，如图12-237所示。按住鼠标左键拖动控制点，进行适当的旋转与等比缩放，并移动至左下角，按Enter键确认置入操作，如图12-238所示。

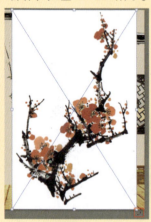

图12-237

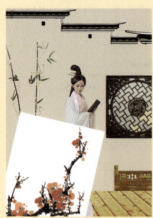

图12-238

08 在"图层"面板中选择梅花图层，设置图层混合模式为"正片叠底"、"不透明度"为52%，如图12-239所示。此时画面效果如图12-240所示。

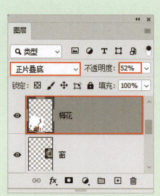

图12-239　　　图12-240

09 置入荷花素材"6.png"，并放置到画面右侧，按Enter键确认置入操作，如图12-241所示。选择工具箱中的多边形套索工具，在荷花素材左下角绘制多边形选区，如图12-242所示。

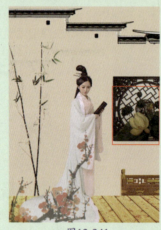

图12-241　　　图12-242

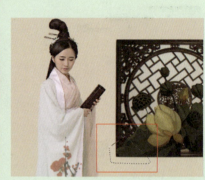

10 执行菜单"选择>反选"命令，得到反选的选区。在"图层"面板中选中荷花图层，在保持当前选区的状态下单击"图层"面板底部的"添加图层蒙版"按钮，以当前选区为该图层添加图层蒙版，如图12-243所示。选区以内的部分为显示状态，选区以外的部分被隐藏，效果如图12-244所示。

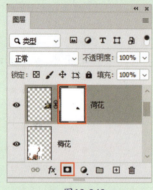

图12-243

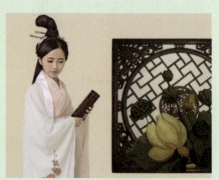

图12-244

11 在"图层"面板中选择荷花图层，设置图层混合模式为"变暗"、"不透明度"为86%，如图12-245所示。此时画面效果如图12-246所示。

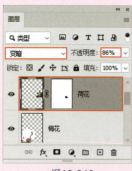
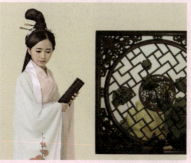

图12-245　　　　　　图12-246

12 置入纹理素材"7.jpg",如图12-247所示。按Enter键确认置入操作。在"图层"面板中设置图层混合模式为"柔光",如图12-248所示。

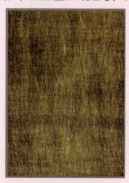
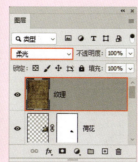

图12-247　　　　　　图12-248

13 此时画面效果如图12-249所示。

14 选中"纹理"图层,单击"图层"面板底部的"添加图层蒙版"按钮,为纹理图层添加蒙版。然后选择工具箱中的（画笔工具）,在选项栏中单击"画笔预设"选取器,在画笔预设选取器中选择一个柔边圆画笔笔尖,设置画笔"大小"为200像素。在选项栏中设置画笔"不透明度"为50%,将前景色设置为黑色,如图12-250所示。

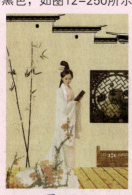
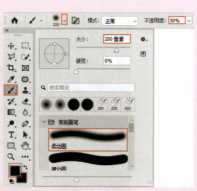

图12-249　　　　　　图12-250

15 设置完成后,在画面中人物的位置按住鼠标左键拖动进行涂抹,如图12-251所示。最终画面效果如图12-252所示。

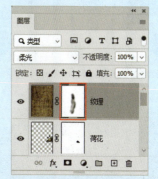

图12-251

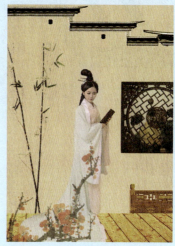

图12-252

第13章

标志设计

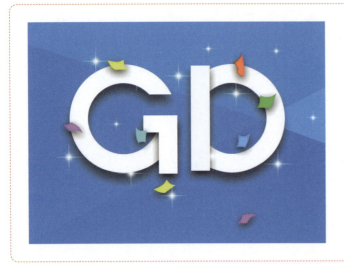
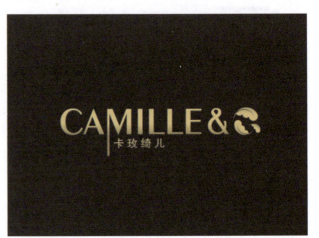

13.1 层次感标志设计

文件路径	第 13 章 \ 层次感标志设计
难易指数	★★★★☆
技术掌握	● 多边形套索工具 ● 钢笔工具 ● 椭圆工具 ● 图层样式

扫码深度学习

操作思路

本案例中，首先使用多边形套索工具和钢笔工具绘制同色系背景，然后使用椭圆工具搭配矩形选框工具绘制字母，并为其添加"投影"图层样式，展现文字立体效果，最后在画面中绘制颜色鲜艳的多边形，烘托气氛。

案例效果

案例效果如图13-1所示。

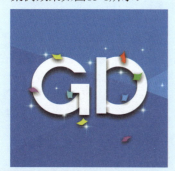

图13-1

实例139 层次感标志设计——制作切分感背景

01 执行菜单"文件>新建"命令，在弹出的"新建文档"对话框中设置"宽度"为640像素、"高度"为640像素、"分辨率"为300像素/英寸、"背景内容"为蓝色，设置完成后单击"创建"按钮，如图13-2所示。创建完成后的文档如图13-3所示。

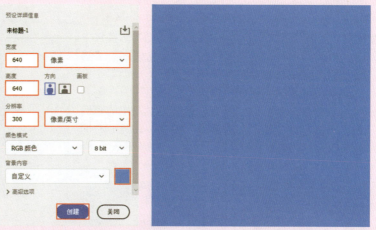

图13-2　　　　　　　　图13-3

02 右击工具箱中的"套索工具组"，在工具组列表中选择多边形套索工具，单击选项栏中的"新选区"按钮，在画面右侧绘制一个三角形选区，如图13-4所示。将前景色设置为淡蓝色，然后使用前景色填充选区，此时画面效果如图13-5所示。使用快捷键Ctrl+D取消选区。

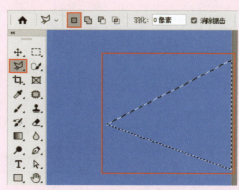 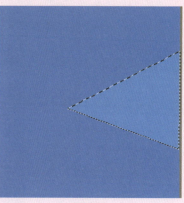

图13-4　　　　　　　　图13-5

03 选择工具箱中的钢笔工具，在选项栏中设置绘制模式为"形状"，在画面左侧绘制一个三角形形状，在选项栏中设置"填充"为深蓝色、"描边"为无，如图13-6所示。按Enter键完成绘制。使用同样的方法在画面下方绘制另外一个多边形，在选项栏中设置一个较深的填充颜色，效果如图13-7所示。

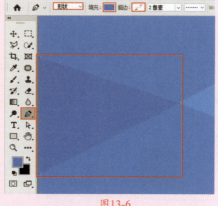 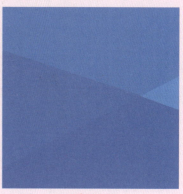

图13-6　　　　　　　　图13-7

实例140　层次感标志设计——制作文字部分

01 使用形状工具绘制文字。首先制作字母"G"。选择工具箱中的椭圆工具，在选项栏中设置绘制模式为"形状"，按住Shift键在画面中拖动鼠标左键绘制一个等比例的圆，在选项栏中设置"填充"为无、"描边"为白色、描边宽度为40像素，如图13-8所示。选择工具箱中的矩形选框工具，在选项栏中单击"新选区"按钮，在圆形右侧按住鼠标左键拖动，得到矩形选区，如图13-9所示。

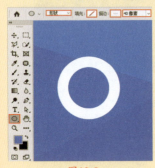
图13-8

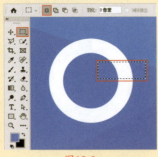
图13-9

02 在"图层"面板中选择圆环图层，然后按住Alt键单击"图层"面板底部的"添加图层蒙版"按钮，此时蒙版效果如图13-10所示。画面效果如图13-11所示。

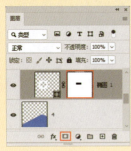
图13-10

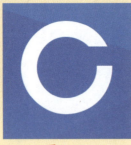
图13-11

03 制作阴影效果。在"图层"面板中选中字母图层，执行菜单"图层>图层样式>投影"命令，在弹出的"图层样式"对话框中设置"混合模式"为"正片叠底"、颜色为黑色、"不透明度"为56%、"角度"为90度，勾选"使用全局光"复选框，设置"距离"和"大小"均为17像素，设置完成后单击"确定"按钮，如图13-12所示。此时画面效果如图13-13所示。

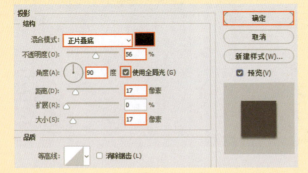
图13-12

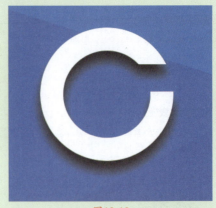
图13-13

04 选择工具箱中的矩形工具，在选项栏中设置绘制模式为"形状"，在字母中间位置按住鼠标左键拖动绘制一个横向的矩形，在选项栏中设置"填充"为白色，继续绘制一个竖向的矩形，画面效果如图13-14所示。此时字母"G"形状呈现出来。按住Ctrl键单击"图层"面板中的两个矩形图层，此时图层被选中，右击，在弹出的快捷菜单中执行"合并形状"命令，如图13-15所示。

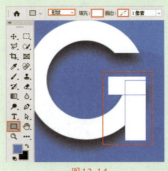
图13-14

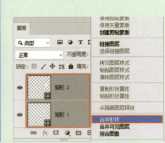
图13-15

05 此时这两个矩形图层合并为一个图层，单击该图层，继续执行菜单"图层>图层样式>投影"命令，在弹出的"图层样式"对话框中设置"混合模式"为"正片叠底"、颜色为黑色、"不透明度"为75%、"角度"为90度，勾选"使用全局光"复选框，设置"距离"为11像素、"大小"为17像素，设置完成后单击"确定"按钮，如图13-16所示。此时画面效果如图13-17所示。

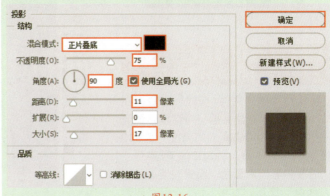
图13-16

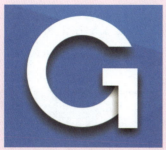

图13-17

06 使用同样的方法制作另外一个字母。选择工具箱中的椭圆工具，在选项栏中设置绘制模式为"形状"，按住快捷键Shift+Alt在字母右侧位置拖动鼠标左键绘制一个中心等比例的正圆，在选项栏中设置"填充"为无、"描边"为白色、描边宽度为40像素，如图13-18所示。选择工具箱中的矩形选框工具，在圆环右侧绘制一个矩形选区，如图13-19所示。

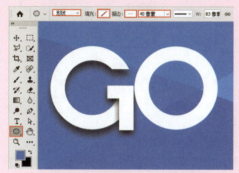

图13-18

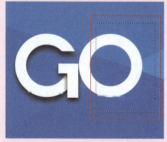

图13-19

07 在"图层"面板中选择该中心圆图层，然后单击"图层"面板底部的"添加图层蒙版"按钮，此时画面效果如图13-20所示。

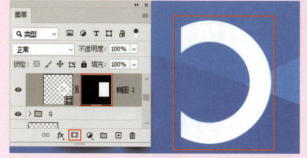

图13-20

08 执行菜单"图层>图层样式>投影"命令，在弹出的"图层样式"对话框中设置"混合模式"为"正片叠底"、颜色为黑色、"不透明度"为56%、"角度"为90度，勾选"使用全局光"复选框，设置"距离"和"大小"均为17像素，设置完成后单击"确定"按钮，如图13-21所示。此时画面效果如图13-22所示。

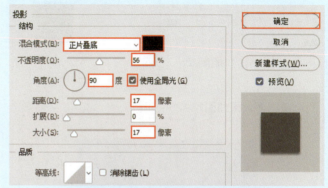

图13-21

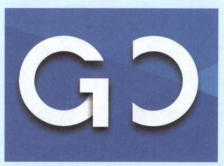

图13-22

09 选择矩形工具，在选项栏中设置绘制模式为"形状"，在圆环左侧按住鼠标左键拖动绘制矩形，在选项栏中设置"填充"为白色、"描边"为无，如图13-23所示。接着执行菜单"图层>图层样式>投影"命令，在弹出的"图层样式"对话框中设置"混合模式"为"正片叠底"、颜色为黑色、"不透明度"为76%、"角度"为90度，勾选"使用全局光"复选框，设置"距离"为11像素、"大小"为17像素，设置完成后单击"确定"按钮，如图13-24所示。

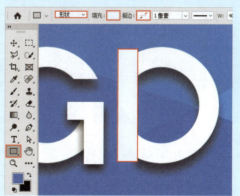

图13-23

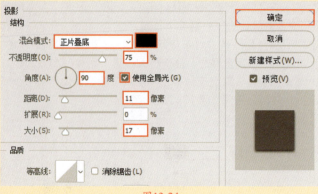

图13-24

10 此时画面效果如图13-25所示。

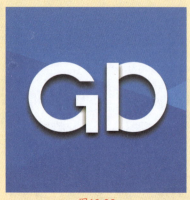

图13-25

实例141　层次感标志设计——制作装饰元素

01 接下来绘制标志的装饰部分。选择工具箱中的钢笔工具，在选项栏中设置绘制模式为"形状"，在字母"D"的上方绘制一个四边形作为点缀，在选项栏中设置"填充"为红色、"描边"为无，如图13-26所示。使用同样的方法绘制其他颜色的四边形，画面效果如图13-27所示。

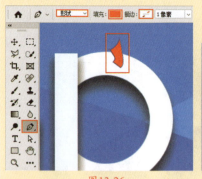

图13-26　　　　　　　　图13-27

02 单击"图层"面板底部的"创建新组"按钮，创建一个新的图层组并命名为"碎片"，然后按住Shift键并使用鼠标左键选择所有点缀图层，将其移动至新组中，如图13-28所示。

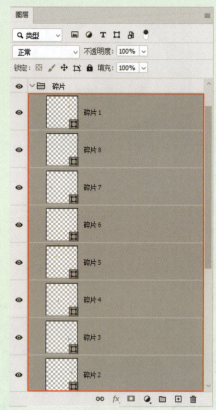

图13-28

03 下面为点缀图形增加厚重感。执行菜单"图层>图层样式>内发光"命令，在弹出的"图层样式"对话框中设置"混合模式"为"滤色"、"不透明度"为32%、颜色为淡黄色、"大小"为8像素、"范围"为43%、"抖动"为1%，如图13-29所示。在左侧列表框中勾选"投影"复选框，设置"混合模式"为"正片叠底"、颜色为黑色、"不透明度"为75%、"角度"为90度，勾选"使用全局光"复选框，设置"距离"为6像素、"大小"为17像素，设置完成后单击"确定"按钮，如图13-30所示。

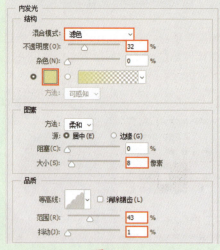

图13-29

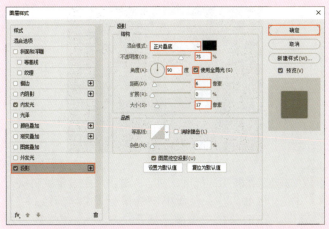

图13-30

04 此时画面效果如图13-31所示。

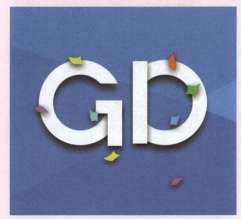

图13-31

05 执行菜单"文件>置入嵌入对象"命令，置入光效素材"1.jpg"，将置入的素材摆放在画面中合适的位置，按Enter键完成置入，如图13-32所示。

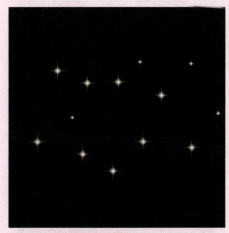

图13-32

06 在"图层"面板中右击该图层，在弹出的快捷菜单中执行"栅格化图层"命令，将该图层转换为普通图层，如图13-33所示。

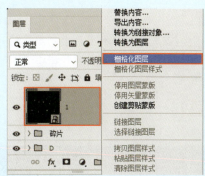

图13-33

07 设置该图层的混合模式为"滤色"，如图13-34所示。画面最终效果如图13-35所示。

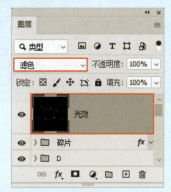

图13-34

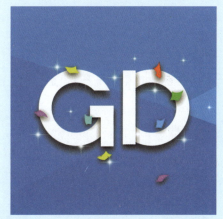

图13-35

13.2 质感标志设计

文件路径	第13章\质感标志设计
难易指数	★★★★☆
技术掌握	● 图层样式 ● 渐变工具 ● 形状工具

第13章 标志设计

235

操作思路

本案例中，首先使用形状工具绘制图形部分，然后使用横排文字工具制作文字部分，接着运用"图层样式"为文字添加效果。

案例效果

案例效果如图13-36所示。

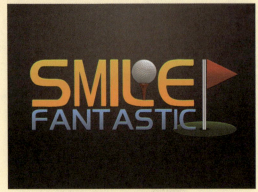

图13-36

实例142 质感标志设计——制作图形部分

01 执行菜单"文件>新建"命令，创建一个新文档。选择工具箱中的 ■（渐变工具），在选项栏中单击渐变色条，在弹出的"渐变编辑器"对话框中编辑一个由深灰色到黑色的渐变颜色，设置完成后单击"确定"按钮。在选项栏中设置渐变类型为"径向渐变"，如图13-37所示。

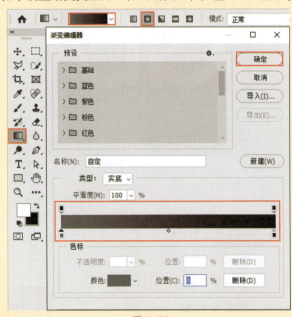

图13-37

02 在画面中按住鼠标左键拖动为背景填充渐变颜色，此时画面效果如图13-38所示。

图13-38

03 选择工具箱中的椭圆工具，在选项栏中设置绘制模式为"形状"，在画面中按住鼠标左键拖动绘制一个椭圆，在选项栏中设置"填充"为黑色、"描边"为无，如图13-39所示。

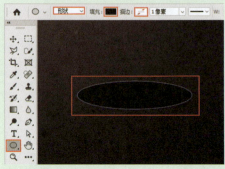

图13-39

04 执行菜单"图层>图层样式>内阴影"命令，在弹出的"图层样式"对话框中设置"混合模式"为"正常"、颜色为绿色、"不透明度"为75%、"角度"为113度、"距离"为5像素、"大小"为5像素，如图13-40所示。此时椭圆效果如图13-41所示。

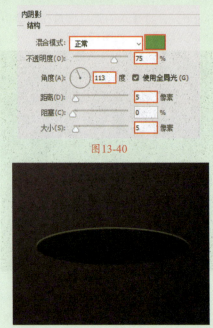

图13-40

图13-41

05 在"图层样式"对话框的左侧列表框中勾选"内发光"复选框,设置"混合模式"为"滤色"、"不透明度"为75%、颜色为绿色、"方法"为"柔和"、"大小"为5像素、"范围"为50%,如图13-42所示。效果如图13-43所示。

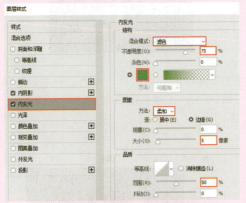

图13-42

图13-43

06 在"图层样式"对话框的左侧列表框中勾选"渐变叠加"复选框,设置"混合模式"为"正常"、"不透明度"为100%、"渐变"为绿色系渐变、"样式"为"线性"、"角度"为90度,如图13-44所示。效果如图13-45所示。

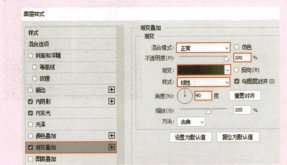

图13-44

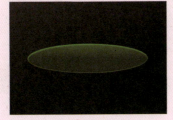

图13-45

07 在"图层样式"对话框的左侧列表框中勾选"投影"复选框,设置"混合模式"为"正片叠底"、颜色为黑色、"不透明度"为75%、"角度"为113度、"距离"为5像素、"大小"为5像素,设置完成后单击"确定"按钮,如图13-46所示。效果如图13-47所示。

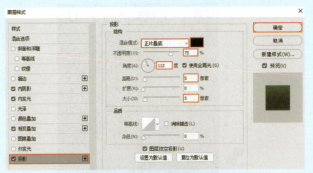

图13-46

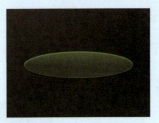

图13-47

08 选择工具箱中的椭圆工具,在选项栏中设置绘制模式为"形状",在画面中绿色椭圆上方按住鼠标左键拖动绘制一个小椭圆,在选项栏中设置"填充"为墨绿色、"描边"为无,如图13-48所示。在"图层"面板中选择小椭圆图层,设置其"不透明度"为60%,然后按住Shift键加选大椭圆图层,单击选项栏中的"水平居中对齐"按钮,效果如图13-49所示。

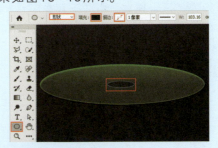

图13-48

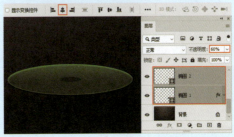

图13-49

09 选择工具箱中的矩形工具,在选项栏中设置绘制模式为"形状",在画面中按住鼠标左键拖动绘制一个矩形,在选项栏中设置"填充"为黑色、"描边"为无,如图13-50所示。

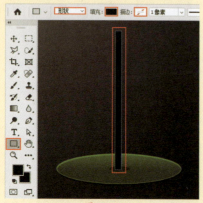

图13-50

10 选择矩形图层,执行菜单"图层>图层样式>渐变叠加"命令,在弹出的"图层样式"对话框中设置"混合模式"为"正常"、"不透明度"为100%、"渐变"为灰色系渐变、"样式"为"线性",如图13-51所示。效果如图13-52所示。

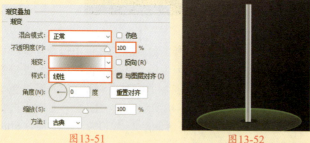

图13-51　　　　　图13-52

11 在"图层样式"对话框的左侧列表框中勾选"投影"复选框,设置"混合模式"为"正片叠底"、颜色为黑色、"不透明度"为75%、"角度"为113度、"距离"为5像素、"大小"为5像素,设置完成后单击"确定"按钮,如图13-53所示。效果如图13-54所示。

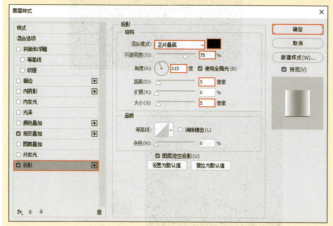

图13-53

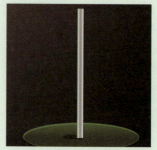

图13-54

12 选择工具箱中的钢笔工具,在选项栏中设置绘制模式为"形状",在矩形右侧绘制一个三角形,在选项栏中设置"填充"为黑色、"描边"为无,如图13-55所示。

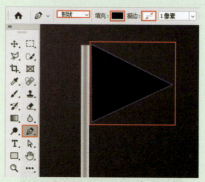

图13-55

13 在"图层"面板中选中"矩形1"图层,右击,在弹出的快捷菜单中执行"拷贝图层样式"命令,如图13-56所示。选中三角形图层,右击,在弹出的快捷菜单中执行"粘贴图层样式"命令,画面效果如图13-57所示。

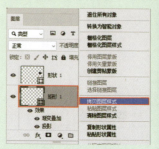

图13-56

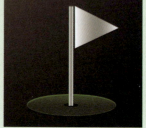

图13-57

14 选择三角形图层,打开"图层样式"对话框,更改"渐变"为红色系渐变,单击"确定"按钮完成设置,如图13-58所示。画面效果如图13-59所示。

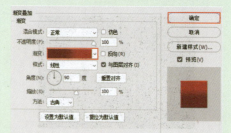

图13-58

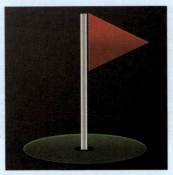

图13-59

实例143　质感标志设计——制作文字部分

01 选择工具箱中的横排文字工具，在选项栏中设置合适的字体和字号，设置文本颜色为白色，在画面中单击插入光标，然后输入文字，如图13-60所示。使用同样的方法在主标题下方输入稍小的文字，如图13-61所示。

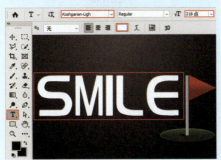

图13-60

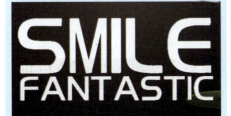

图13-61

02 选择主标题文字，执行菜单"图层>图层样式>内阴影"命令，在弹出的"图层样式"对话框中设置"混合模式"为"正常"、颜色为黄色、"不透明度"为75%、"角度"为113度、"距离"为8像素、"大小"为5像素，如图13-62所示。主标题文字效果如图13-63所示。

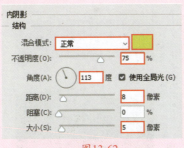

图13-62

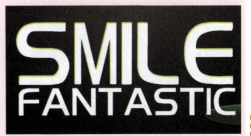

图13-63

03 在"图层样式"对话框的左侧列表框中勾选"渐变叠加"复选框，设置"混合模式"为"正常"、"不透明度"为100%、"渐变"为黄色系渐变、"样式"为"线性"、"角度"为90度，如图13-64所示。效果如图13-65所示。

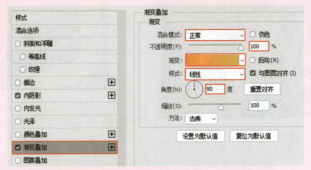

图13-64

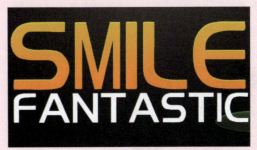

图13-65

04 在"图层样式"对话框的左侧列表框中勾选"投影"复选框，设置"混合模式"为"正片叠底"、颜色为黑色、"不透明度"为75%、"角度"为113度、"距离"为5像素、"大小"为5像素，设置完成后单击"确定"按钮，如图13-66所示。效果如图13-67所示。

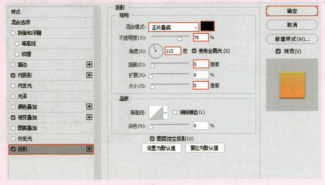

图13-66

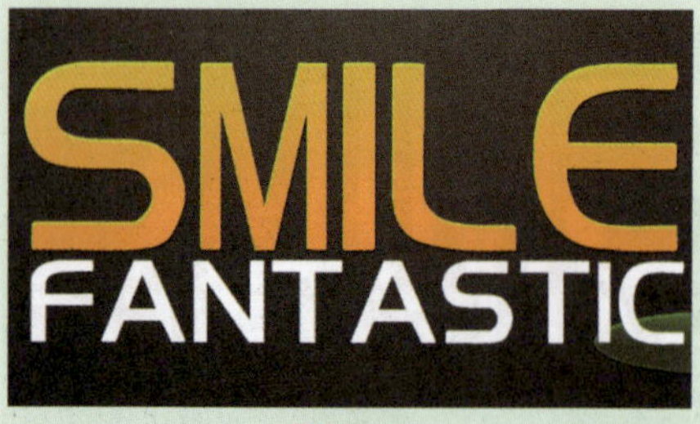

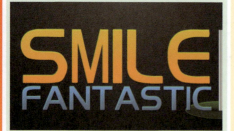

图13-67

05 使用同样的方法，为副标题文字添加合适的"内阴影"、"渐变叠加"和"投影"图层样式，从而制作出立体文字的效果，如图13-68所示。

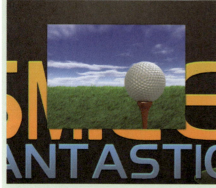

图13-68

06 执行菜单"文件>置入嵌入对象"命令，置入素材"1.jpg"，调整素材的大小并摆放在合适的位置，按Enter键确认操作。执行菜单"图层>栅格化>智能对象"命令，效果如图13-69所示。

图13-69

07 选择工具箱中的快速选择工具，在选项栏中单击"添加到选区"按钮，在"画笔选项"面板中设置画笔大小为50像素，然后在高尔夫球上按住鼠标左键拖动得到选区，如图13-70所示。在"图层"面板底部单击"添加图层蒙版"按钮，基于选区为该图层添加图层蒙版，效果如图13-71所示。按快捷键Ctrl+D取消选区。

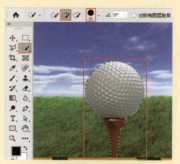

图13-70

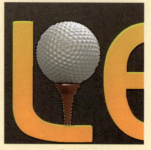

图13-71

08 执行菜单"图层>图层样式>外发光"命令，在弹出的"图层样式"对话框中设置"混合模式"为"正常"、"不透明度"为40%、颜色为黑色、"方法"为"柔和"、"大小"为10像素、"范围"为50%，如图13-72所示。效果如图13-73所示。

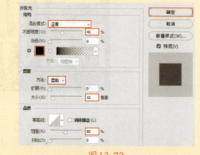

图13-72

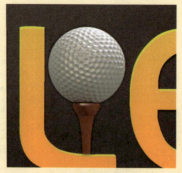

图13-73

09 图文结合的标志设计的整体效果如图13-74所示。

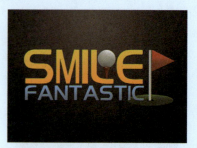

图13-74

13.3　化妆品标志设计

文件路径	第13章\化妆品标志设计
难易指数	★★★★★
技术掌握	● 横排文字工具 ● 将文字转换为形状 ● 路径操作

扫码深度学习

操作思路

本案例中，首先使用横排文字工具输入标志文字，接着将文字转换为形状，对其进行变形，最后通过路径操作绘制图形，完成标志设计。

案例效果

案例效果如图13-75所示。

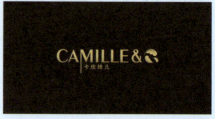

图13-75

实例144　化妆品标志设计——创建基础文字

01 创建一个A4大小的新文档。选择工具箱中的矩形工具，在选项栏中设置绘制模式为"形状"，绘制一个与画板等大的矩形，然后在选项栏中设置"填充"为深褐色、"描边"为"无"，如图13-76所示。

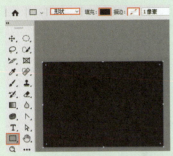

图13-76

02 选择工具箱中的横排文字工具，在选项栏中设置合适的字体、字号，颜色设置为白色。设置完成后，在画面中合适位置单击插入光标，然后输入文字，再按快捷键Ctrl+Enter完成操作，如图13-77所示。

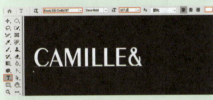

图13-77

03 选择该文字图层，执行"图层>图层样式>渐变叠加"命令，在弹出的"图层样式"对话框中设置"混合模式"为正常、"不透明度"为100%、"渐变"为金褐色渐变、"样式"为"线性"，如图13-78所示。设置完成后单击"确定"按钮，效果如图13-79所示。

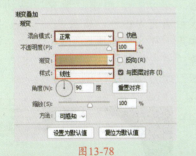

图13-78

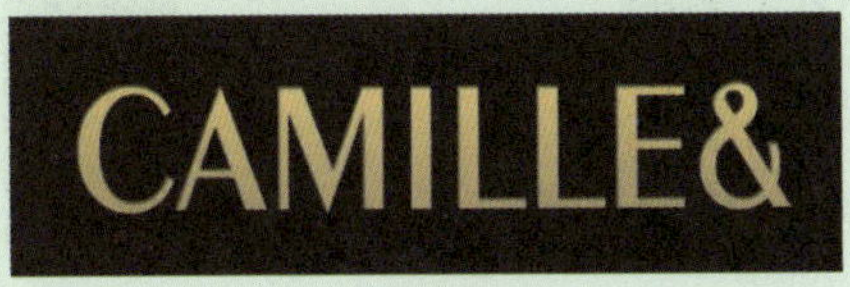

图13-79

04 按照以上方法制作出其他文字，如图13-80所示。

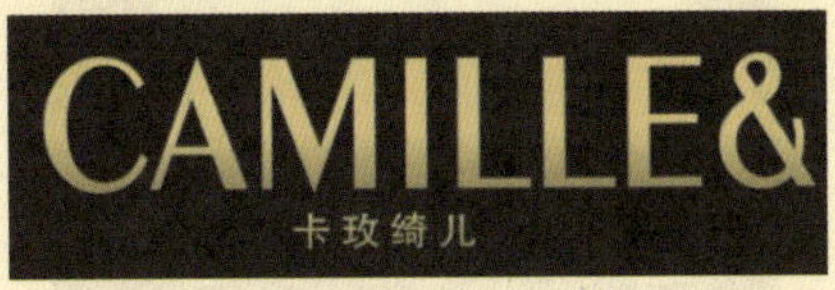

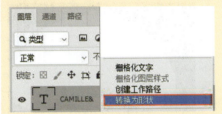

图13-80

实例145 化妆品标志设计
——文字变形

01 在英文图层上单击鼠标右键，执行"转换为形状"命令，如图13-81所示。

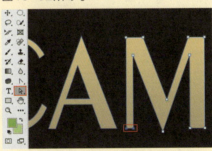

图13-81

02 使用直接选择工具选中字母"M"左下方的两个锚点，如图13-82所示。

图13-82

03 将鼠标指针放在选中的锚点上，按住Shift键向下拖动，将图形拉长，如图13-83所示。此时文字效果如图13-84所示。

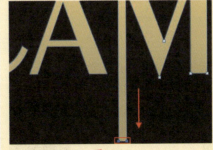

图13-83

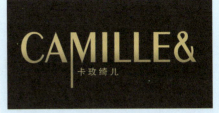

图13-84

实例146 化妆品标志设计
——制作单个图形

01 选择工具箱中的椭圆工具，在选项栏中设置绘制模式为"形状"，单击"填充"按钮，填充任意颜色，接着设置"描边"为无。单击"路径操作"按钮，选择"与形状区域相交"命令。设置完成后，按住Shift键的同时按住鼠标左键拖动绘制一个正圆，如图13-85所示。

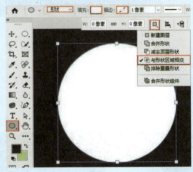

图13-85

02 选择工具箱中的矩形工具，在选项栏中设置绘制模式为"形状"，填充任意颜色。绘制一个长方形，保留正圆上半部分中的大部分，如图13-86所示。

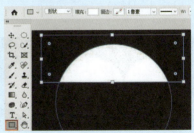

图13-86

03 再次单击"路径操作"按钮，选择"合并形状组件"命令，在弹出的对话框中单击"是"按钮，使其成为一个独立的图形，如图13-87所示。

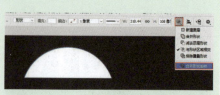

图13-87

04 选择工具箱中的椭圆工具,在选项栏中设置绘制模式为"形状",在画面中按住Shift键的同时按住鼠标左键拖动绘制一个较小的正圆,如图13-88所示。

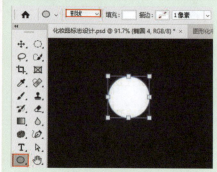

图13-88

05 使用移动工具选择较小的正圆,按住快捷键Shift+Alt的同时按住鼠标左键向右平行拖动,复制一个相同的正圆,使两个圆之间距离为0,如图13-89所示。

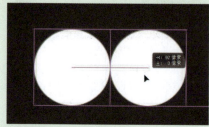

图13-89

06 使用同样的方法再次绘制一个正圆,如图13-90所示。

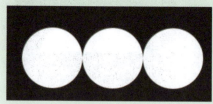

图13-90

07 在"图层"面板中按住Ctrl键加选3个正圆的图层,按快捷键Ctrl+T对3个图形的大小进行调整,调整完成后放在半圆的下方,如图13-91所示。

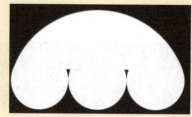

图13-91

08 选择工具箱中的矩形工具,在选项栏中设置绘制模式为"形状",填充任意颜色。设置完成后,在图形上方绘制一个长方形,将空缺处填补完整,如图13-92所示。

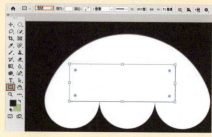

图13-92

09 在"图层"面板中按住Ctrl键加选这5个图形,使用快捷键Ctrl+E合并这5个图形的图层,如图13-93所示。

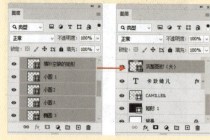

图13-93

10 选择矩形工具,单击"路径操作"按钮,选择"合并形状组件"命令,在弹出的对话框中单击"是"按钮,使其成为一个独立的图形,如图13-94所示。

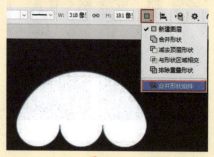

图13-94

11 在"图层"面板中选中该图形,单击矩形工具,在选项栏中设置绘制模式为"形状",单击"填充"按钮,在下拉面板中设置填充类型为"渐变",编辑一个金色系的渐变颜色,设置渐变类型为"线性"。接着设置"描边"为无,如图13-95所示。设置完成后,图形效果如图13-96所示。

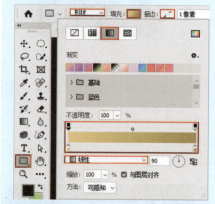

图13-95

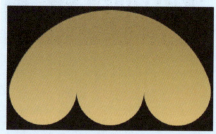

图13-96

12 制作细长的弧线图形。在不选中任何矢量图层的状态下,选择椭圆工具,在选项栏中设置绘制模式为"形状",单击"填充"按钮,设置填充为白色,接着设置"描边"为无。在"路径操作"下拉菜单中选择"减去顶层形状"命令,绘制一个圆,如图13-97所示。

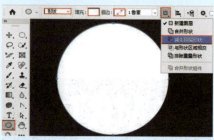

图13-97

13 继续使用椭圆工具绘制另一个大面积重叠的圆,如图13-98所示。

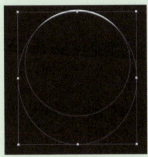

图13-98

14 操作完成后，在选项栏的"路径操作"下拉菜单中选择"合并形状组件"命令，按Enter键完成操作，如图13-99所示。

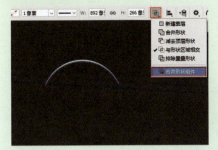

图13-99

15 在"图层"面板中选中该图形，单击矩形工具，在选项栏中设置绘制模式为"形状"，单击"填充"按钮，在下拉面板中设置填充类型为"渐变"，编辑一个颜色较浅的金色系的渐变颜色，设置渐变类型为"线性"。接着设置"描边"为无，如图13-100所示。

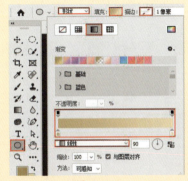

图13-100

实例147 化妆品标志设计——图文组合成标志

01 将两部分图形组合在一起，并使用快捷键Ctrl+T进行适当的旋转，如图13-101所示。

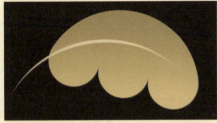

图13-101

02 加选两个图层，使用快捷键Ctrl+J复制一份，再次旋转并缩小，图形效果如图13-102所示。

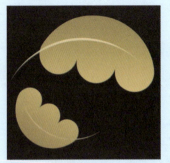

图13-102

03 使用同样的方法制作出第三个图形，如图13-103所示。

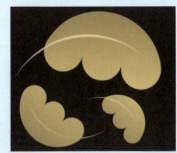

图13-103

04 将制作好的图形部分与文字部分组合在一起，完成效果如图13-104所示。

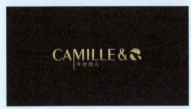

图13-104

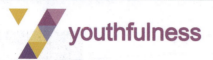
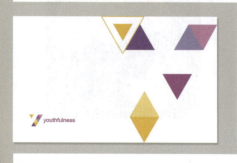

第14章

VI设计

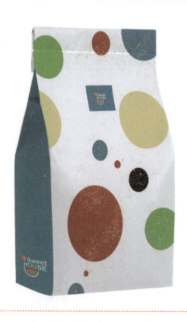
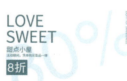
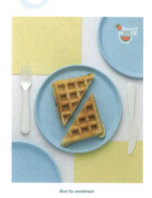
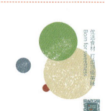
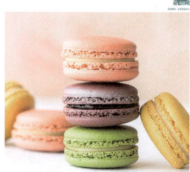

14.1 简约企业VI设计

实例148 简约企业VI设计——LOGO

文件路径	第14章\简约企业VI设计
难易指数	★★★☆☆
技术掌握	● 三角形工具 ● 矩形工具 ● 横排文字工具

扫码深度学习

操作思路

本案例首先使用三角形工具在画面中绘制多个三角形，并通过不断变换内部的填充颜色来制作多彩标志图形；然后在标志右侧使用横排文字工具输入文字，此时简约的标志形状呈现出来。

案例效果

案例效果如图14-1所示。

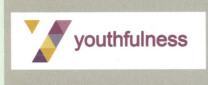

图14-1

操作步骤

01 执行菜单"文件>新建"命令，在弹出的"新建文档"对话框中设置"宽度"为2480像素、"高度"为3508像素、"分辨率"为300像素/英寸、"背景内容"为灰色，单击"创建"按钮，如图14-2所示。创建完成后的文档如图14-3所示。

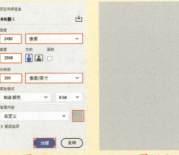

图14-2　　　　图14-3

02 选择工具箱中的矩形工具，在选项栏中设置绘制模式为"形状"，在画面上方按住鼠标左键拖动绘制一个矩形，在选项栏中设置"填充"为白色、"描边"为无，如图14-4所示。

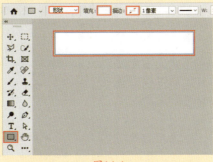

图14-4

03 选择工具箱中的三角形工具，在选项栏中设置绘制模式为"形状"，在矩形中绘制一个三角形，在选项栏中设置"填充"为三色堇紫色、"描边"为无，如图14-5所示。

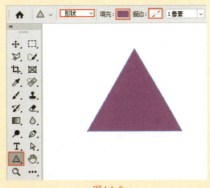

图14-5

04 复制三角形图层，使用快捷键Ctrl+T将其进行自由变换，此时形状周围出现定界框，在画面中右击，在弹出的快捷菜单中执行"垂直翻转"命令，效果如图14-6所示。将其移动到紫色三角形下方，在选项栏中更改"填充"为薰衣草紫色，效果如图14-7所示。

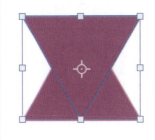

图14-6

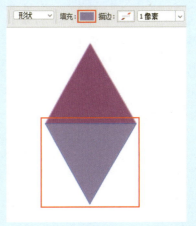

图14-7

05 使用同样的方法，继续复制三角形图形并编辑不同的填充颜色，然后将其移动至合适位置，此时画面中的标志逐渐呈现出来，如图14-8所示。

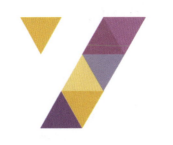

图14-8

06 选择工具箱中的横排文字工具，在选项栏中设置合适的字体和字号，设置文本颜色为深粉红色，在画面中单击插入光标，输入文字，单击选项栏中的"提交"按钮✓，提交操作，如图14-9所示。在"图层"面板中按住Ctrl键单击加选除背景以外的所有图层，此时所有图层将被选中，单

245

击"图层"面板底部的"创建新组"按钮,此时所有图层将置于该图层组中,以便于下一步操作。

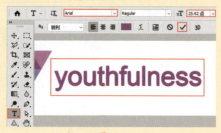

图14-9

实例149 简约企业VI设计——辅助图形的制作

文件路径	第14章\简约企业VI设计
难易指数	★★★★★
技术掌握	● 多边形工具 ● 图层样式

操作思路

多边形工具主要用来绘制多边形及星形形状。本案例将使用多边形工具在画面中绘制三角形。在绘制过程中需要注意,按住Alt键可以绘制以单击点为中心的正多边形。

案例效果

案例效果如图14-10所示。

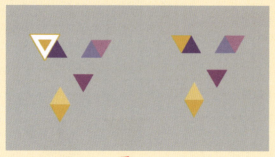

图14-10

操作步骤

01 选择工具箱中的多边形工具,在选项栏中设置绘制模式为"形状"、"边数"为3,在画面中绘制一个正三角形,在选项栏中设置"填充"为白色、"描边"为无,如图14-11所示。使用快捷键Ctrl+T调出定界框,单击鼠标右键,在弹出的快捷菜单中执行"垂直翻转"命令,画面效果如图14-12所示。

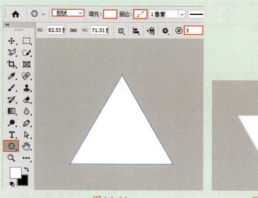

图14-11　　　图14-12

02 接下来为三角形添加描边效果。执行菜单"图层>图层样式>描边"命令,在弹出的"图层样式"对话框中设置"大小"为3像素、"位置"为"外部"、"填充类型"为"颜色"、"颜色"为黄色,设置完成后单击"确定"按钮,如图14-13所示。此时三角形效果如图14-14所示。

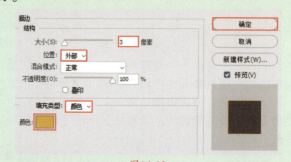

图14-13

03 将三角形图层进行复制,选中复制得到的三角形图层,单击鼠标右键,在弹出的快捷菜单中执行"清除图层样式"命令,然后使用快捷键Ctrl+T进行自由变换,按住Alt键的同时拖动鼠标左键将其进行中心等比缩小。接着在选项栏中更改"填充"为黄色,设置完成后按Enter键完成操作,如图14-15所示。

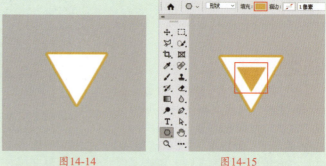

图14-14　　　图14-15

04 继续使用多边形工具在画面中绘制一个稍小的三角形,在选项栏中设置填充颜色为深紫色,如图14-16所示。使用快捷键Ctrl+J复制多个三角形图层,并使用快捷键Ctrl+T调出定界框,调整三角形的位置及方向,此时画面效果如图14-17所示。

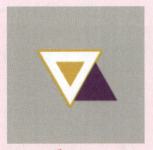

图14-16　　　　　　图14-17

05 按住Ctrl键选中绘制的所有辅助图形，然后单击"图层"面板底部的"创建新组"按钮，将图层组命名为"辅助图形"，此时所有图层将置于图层组中，如图14-18所示。

06 复制该图层组。选择工具箱中的移动工具，将复制的图层组向右移动至相应位置，效果如图14-19所示。

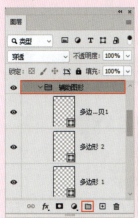 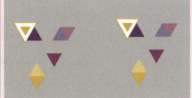

图14-18　　　　　　图14-19

07 展开复制的图层组。将左上方白色的三角形图层删除。选择左上角小黄色三角形所在的图层，使用快捷键Ctrl+T调出定界框，放大该三角形，如图14-20所示。调整完成后按Enter键完成操作。最终效果如图14-21所示。

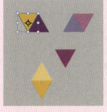 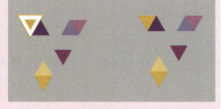

图14-20　　　　　　图14-21

> **提示　使用多边形工具绘制五角星**
> 　　选择工具箱中的多边形工具，在选项栏中设置"边数"为5，然后单击选项栏中的 图标，打开"路径选项"面板，如图14-22所示。

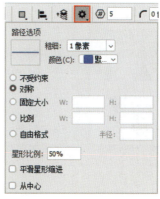

图14-22

> 星形比例：该选项主要用来设置星形边缘向中心缩进的百分比，数值越高，缩进量越大。图14-23~图14-25所示为设置不同数值所绘制的星形形状。
> 平滑星形缩进：勾选该复选框后，可以使星形的每条边向中心平滑缩进，如图14-26所示。

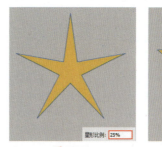 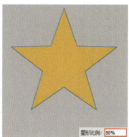

图14-23　　　　　　图14-24

 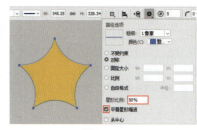

图14-25　　　　　　图14-26

实例150　简约企业VI设计——制作名片

文件路径	第14章\简约企业VI设计
难易指数	★★★☆☆
技术掌握	● 矩形工具 ● 图层样式 ● 横排文字工具

操作思路

　　本案例的制作主要运用到矩形工具和横排文字工具。在使用横排文字工具时要注意选项栏中文字的字体、大小、对齐方式及文本颜色等选项的设置。

案例效果

案例效果如图14-27所示。

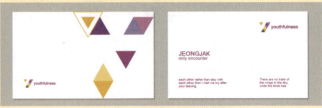

图14-27

操作步骤

01 选择工具箱中的矩形工具，在选项栏中设置绘制模式为"形状"，在画面中按住鼠标左键拖动绘制一个矩形，在选项栏中设置"填充"为白色、"描边"为无，如图14-28所示。

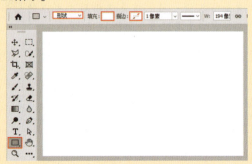

图14-28

02 执行菜单"图层>图层样式>投影"命令，在弹出的"图层样式"对话框中设置"混合模式"为"正片叠底"、颜色为黑色、"不透明度"为20%、"角度"为120度，勾选"使用全局光"复选框，设置"距离"为9像素、"大小"为7像素，设置完成后单击"确定"按钮，如图14-29所示。此时矩形出现投影效果，如图14-30所示。

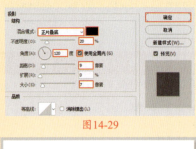

图14-29

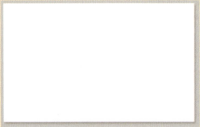

图14-30

03 选择之前制作好的辅助图形图层组，使用快捷键Ctrl+J进行复制，将复制的图层组移动到白色矩形所在图层的上方，效果如图14-31所示。

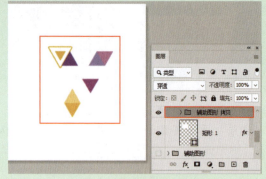

图14-31

04 在"图层"面板中选择辅助图形图层组，使用快捷键Ctrl+T进行自由变换，调出定界框，按住鼠标左键拖动控制点将其等比放大，按Enter键确认操作，效果如图14-32所示。

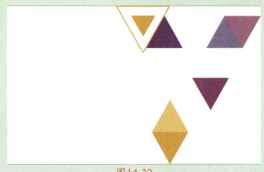

图14-32

05 接下来在画面左下角绘制名片的标志。复制之前制作好的标志图层组，将复制的辅助图形图层组移动到名片背景图层的上方，如图14-33所示。删除标志图层组中的白色矩形图层，使用快捷键Ctrl+T进行自由变换，将其等比缩小，然后移动到画面左下角，此时名片正面绘制完成，效果如图14-34所示。按住Ctrl键加选制作名片正面的所有图层，单击"图层"面板底部的"创建新组"按钮，将所有图层置于该图层组中，然后命名图层组为"名片正"。

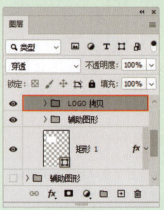

图14-33

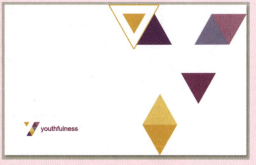

图14-34

06 接下来绘制名片背面部分。由于是同一张名片，所以复制"名片正"图层组，使名片正反两面尺寸相同。删除背景中的三角形图案图层，按住Ctrl键单击标志及文字图层，将其移动到画面右上方，如图14-35所示。

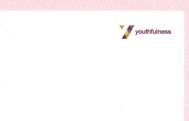

图14-35

07 选择工具箱中的横排文字工具，在选项栏中设置合适的字体、字号及文本颜色，单击"左对齐文本"按钮，在画面中合适的位置按住鼠标左键拖动绘制文本框，然后输入文字，如图14-36所示。继续输入其他文字，名片背面制作完成，效果如图14-37所示。

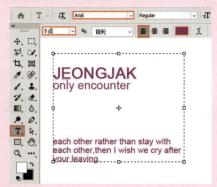

图14-36

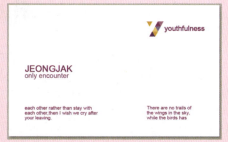

图14-37

实例151　简约企业VI设计——制作信封

文件路径	第14章\简约企业VI设计
难易指数	★★☆☆☆
技术掌握	● 多边形工具 ● 横排文字工具

操作思路

本案例主要使用多边形工具绘制信封上的各个色块。在制作时需要注意三角形颜色及大小之间的搭配。

案例效果

案例效果如图14-38所示。

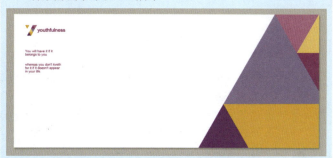

图14-38

操作步骤

01 选择工具箱中的矩形工具，在选项栏中设置绘制模式为"形状"，在画面中按住鼠标左键拖动绘制一个矩形作为信封背景，在选项栏中设置"填充"为白色、"描边"为无，如图14-39所示。

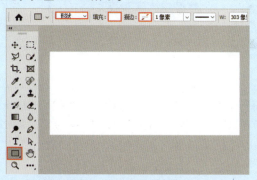

图14-39

02 执行菜单"图层>图层样式>投影"命令，在弹出的"图层样式"对话框中设置"混合模式"为"正片叠底"、颜色为黑色、"不透明度"为20%、"角度"为120度，勾选"使用全局光"复选框，设置"距离"为9像素、"大小"为7像素，设置完成后单击"确定"按钮，如图14-40所示。此时画面出现投影效果，如图14-41所示。

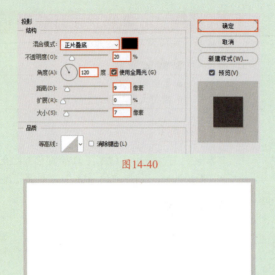

图14-40

图14-41

03 选择工具箱中的多边形工具,在选项栏中设置绘制模式为"形状"、"边数"为3,在画面中按住鼠标左键拖动绘制一个三角形,在选项栏中设置合适的填充颜色,如图14-42所示。使用同样的方法,在画面中绘制其他颜色、大小不等的三角形形状,画面效果如图14-43所示。

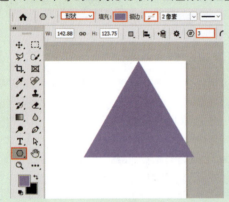
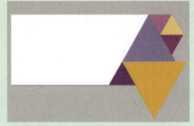

图14-42　　　　　图14-43

04 将所有三角形图层放置于一个图层组中以便于操作,如图14-44所示。此时画面右侧形状参差不齐,所以在"图层"面板中右击该图层组,在弹出的快捷菜单中执行"合并组"命令,如图14-45所示。此时图层组转换为普通图层。

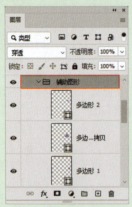
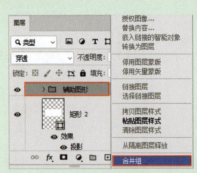

图14-44　　　　　图14-45

05 右击该图层,在弹出的快捷菜单中执行"创建剪贴蒙版"命令,使该图层只作用于背景的白色矩形,如图14-46所示。此时图形在画面中的效果如图14-47所示。

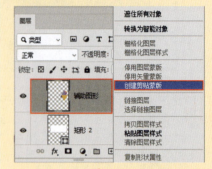

图14-46

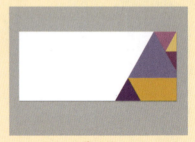

图14-47

06 复制之前制作的标志图层组,然后移动到信封上方,效果如图14-48所示。使用快捷键Ctrl+T进行自由变换,此时标志周围出现定界框,如图14-49所示。

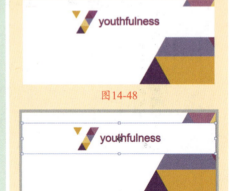

图14-48

图14-49

07 按住鼠标左键拖动右下角的控制点进行等比缩放,此时标志等比例变小,如图14-50所示。调整完成后按Enter键完成操作,效果如图14-51所示。

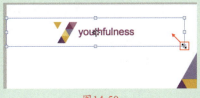

图14-50

图14-51

08 选择工具箱中的横排文字工具，在选项栏中设置合适的字体、字号与文本颜色，单击"左对齐文本"按钮，在标志下方按住鼠标左键拖动绘制文本框，然后输入文字，如图14-52所示。画面最终效果如图14-53所示。

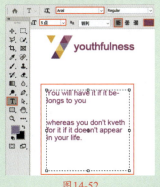

图14-52

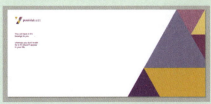

图14-53

实例152	简约企业VI设计——制作画册封面
文件路径	第14章\简约企业VI设计
难易指数	★★★★★
技术掌握	● 多边形工具 ● 横排文字工具 ● 剪贴蒙版

操作思路

本案例中，首先复制之前绘制完成的标志图形，将其放大并摆放在画册封面上，然后使用"剪贴蒙版"，使图案只作用于封面背景图层，最后复制文字并调整至合适大小，完成案例的制作。

案例效果

案例效果如图14-54所示。

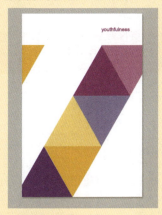

图14-54

操作步骤

01 选择工具箱中的矩形工具，在选项栏中设置绘制模式为"形状"，在画面中按住鼠标左键拖动绘制一个矩形作为画册封面背景，在选项栏中设置"填充"为白色、"描边"为无，如图14-55所示。

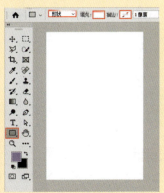

图14-55

02 执行菜单"图层>图层样式>投影"命令，在弹出的"图层样式"对话框中设置"混合模式"为"正片叠底"、颜色为黑色、"不透明度"为20%、"角度"为120度，勾选"使用全局光"复选框，设置"距离"为9像素、"大小"为7像素，如图14-56所示。设置完成后单击"确定"按钮，此时画面出现投影效果，如图14-57所示。

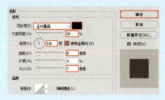

图14-56

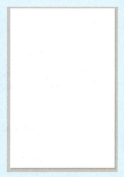

图14-57

03 复制之前制作的辅助图形图层组，使用快捷键Ctrl+T进行自由变换，此时图案出现定界框，如图14-58所示。按住鼠标左键拖动定界框右上角的控制点，将其等比放大，如图14-59所示。调整完成后按Enter键确认操作。

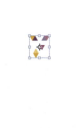

图14-58

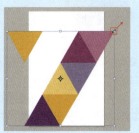

图14-59

04 此时可以看出图形超出了白色背景，所以在"图层"面板中右击该图层组，在弹出的快捷菜单中执行"合并组"命令，如图14-60所示。此时图层组转换为普通图层。右击该图层，在弹出的快捷菜单中执行"创建剪贴蒙版"命令，使该图层只作用于白色背景图层，如图14-61所示。

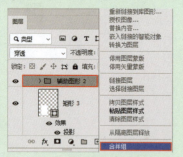

图14-60

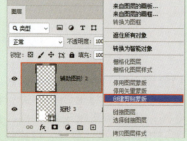

图14-61

05 此时画面效果如图14-62所示。

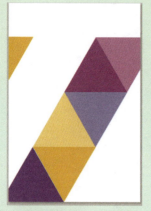

图14-62

06 复制标志组中的文字图层，将其移动到画册封面的右上角。使用"自由变换"命令调整文字大小，调整完成后画面效果如图14-63所示。

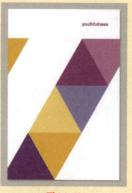

图14-63

实例153 简约企业VI设计——制作信纸

文件路径	第14章 \ 简约企业VI设计
难易指数	★★★★☆
技术掌握	横排文字工具

操作思路

本案例主要使用之前制作好的画册封面的背景图形，配合横排文字工具在画面下方输入文字，完成信纸的制作。

案例效果

案例效果如图14-64所示。

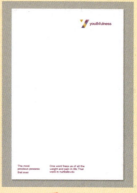

图14-64

操作步骤

01 复制画册封面的白色背景。按住Ctrl键，此时光标自动切换为移动工具，按住鼠标左键将复制的图层向右拖动，画面效果如图14-65所示。调整完成后按Enter键确认操作。

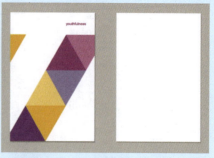

图14-65

02 复制之前制作的标志图层组，并将其移动到信纸上方，如图14-66所示。使用快捷键Ctrl+T进行自由变换，将标志图层组等比缩小，移动到信纸的右上方，按Enter键完成操作，如图14-67所示。

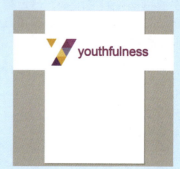

图14-66

图14-67

03 选择工具箱中的横排文字工具，在选项栏中设置合适的字体、字号和文本颜色，单击"左对齐文本"按钮，在画面左下方按住鼠标左键拖动绘制文本框，然后输入文字，如图14-68所示。使用同样的方法，继续在信封底部输入文字，信封的最终效果如图14-69所示。

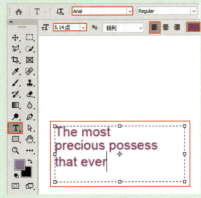

图14-68

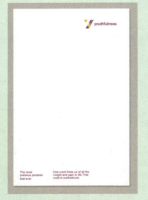

图14-69

14.2 餐饮企业VI设计

实例154	餐饮企业VI设计——餐饮品牌标志
文件路径	第14章\餐饮企业VI设计
难易指数	★★★★☆
技术掌握	● 椭圆工具 ● 钢笔工具 ● 横排文字工具

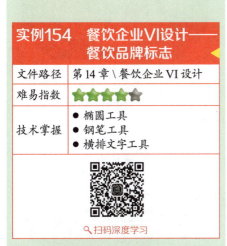

扫码深度学习

操作思路

本案例首先使用横排文字工具制作标志的文字部分，然后使用椭圆工具及钢笔工具绘制标志上的图形部分。

案例效果

案例效果如图14-70所示。

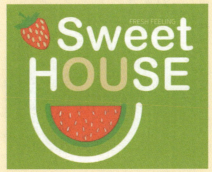

图14-70

操作步骤

01 执行"文件>新建"命令，创建一个A4大小的横版文档。将前景色更改为黄绿色，选择背景图层，使用快捷键Alt+Delete进行填充，效果如图14-71所示。

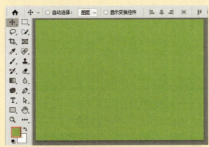

图14-71

02 选择工具箱中的横排文字工具，在选项栏中设置合适的字体与字号，设置文本颜色为白色。在画面中央单击插入光标，然后输入文字，输入完成后按快捷键Ctrl+Enter完成操作，如图14-72所示。

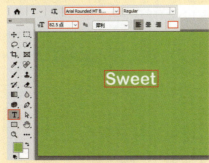

图14-72

03 继续使用横排文字工具添加另外一行文字，如图14-73所示。

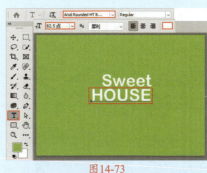

图14-73

04 在使用横排文字工具的状态下选中字母"O"和"U"，然后在选项栏中更改文本颜色为淡黄色，如图14-74所示。更改完成后，按快捷键Ctrl+Enter完成操作，文字效果如图14-75所示。

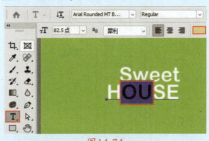

图14-74

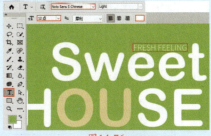

图14-75

05 继续使用横排文字工具添加一行较小的文字，如图14-76所示。

图14-76

06 选择工具箱中的椭圆工具，在选项栏中设置绘制模式为"形状"，在文字下方按住Shift键绘制一个正圆，在选项栏中设置"填充"为无、"描边"为白色、"描边宽度"为50像素，如图14-77所示。

第14章 VI设计

253

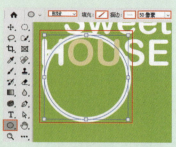

图14-77

07 选择工具箱中的直接选择工具，在刚才绘制的正圆最上方的顶点处单击，如图14-78所示。按Delete键删除该锚点，在弹出的对话框单击"是"按钮。此时图形形状如图14-79所示。

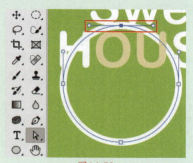

图14-78

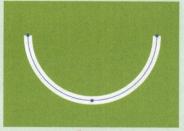

图14-79

08 选中弧线，然后选择工具箱中的椭圆工具，单击选项栏中的"描边选项"按钮，在下拉面板中将"端点"设置为"圆角"，如图14-80所示。

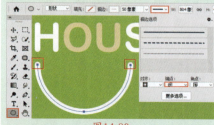

图14-80

09 选择工具箱中的矩形工具，在选项栏中设置绘制模式为"形状"，在"H"与"半弧"之间绘制一个矩形，在选项栏中设置"填充"为白色、"描边"为无，如图14-81所示。

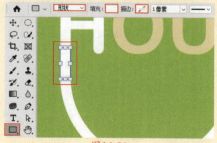

图14-81

10 选择工具箱中的椭圆工具，在选项栏中设置绘制模式为"形状"，在弧线上方绘制一个稍小的正圆，接着在选项栏中设置"填充"为红色、"描边"为绿色、"描边宽度"为40像素。单击"描边选项"按钮，在下拉面板中将"端点"设置为"圆角"，如图14-82所示。

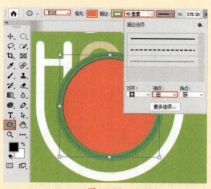

图14-82

11 选择工具箱中的直接选择工具，选择刚才绘制的正圆最上方的锚点，如图14-83所示。按Delete键删除该锚点。此时图形形状如图14-84所示。

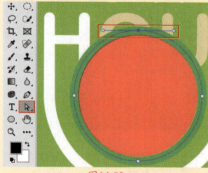

图14-83

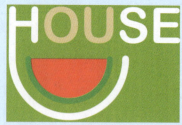

图14-84

12 选择工具箱中的椭圆工具，在选项栏中设置绘制模式为"形状"，在西瓜图形上按住鼠标左键拖动，绘制细长的椭圆作为西瓜籽，绘制完成后在选项栏中设置"填充"为白色、"描边"为无，如图14-85所示。继续使用椭圆工具绘制其他西瓜籽，画面效果如图14-86所示。

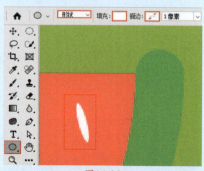

图14-85

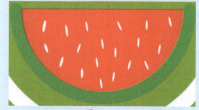

图14-86

13 制作草莓图形。选择工具箱中的钢笔工具，在选项栏中设置绘制模式为"形状"，在"S"的左侧绘制一个如图14-87所示的形状。绘制完成后在选项栏中设置"填充"为粉红色、"描边"为无。

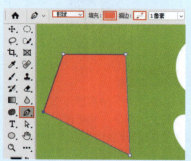

图14-87

14 选择工具箱中的转换点工具，选中需要调整的锚点，拖动鼠标左键进行调整，如图14-88所示。

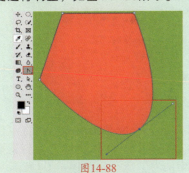

图14-88

15 继续对其他锚点进行调整，图形效果如图14-89所示。

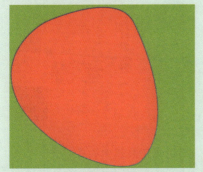

图14-89

16 选择工具箱中的钢笔工具，在选项栏中设置绘制模式为"形状"，在左上方绘制草莓蒂的图形。然后在选项栏中设置"填充"为绿色、"描边"为无，画面效果如图14-90所示。

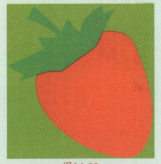

图14-90

17 选择工具箱中的椭圆工具，在选项栏中设置绘制模式为"形状"，在草莓上绘制一个椭圆作为草莓籽，绘制完成后在选项栏中设置"填充"为浅黄色、"描边"为无，如图14-91所示。继续使用椭圆工具绘制其他椭圆形状，效果如图14-92所示。

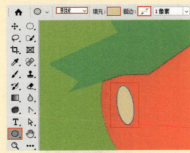

图14-91

图14-92

18 此时标志部分制作完成，图形效果如图14-93所示。

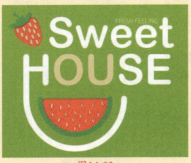

图14-93

19 先把背景图层隐藏，按住Ctrl键加选除背景图层以外的其他图层，复制后，按住快捷键Ctrl+E进行合并。在"图层"面板中单击鼠标右键，执行"快速导出为PNG"命令，如图14-94所示。保存一份PNG格式的企业标志，以便于制作其他部分时随时调用，如图14-95所示。

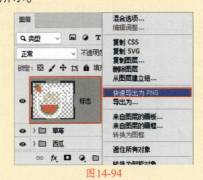

图14-94

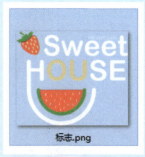

图14-95

实例155 餐饮企业VI设计——产品图册封面

文件路径	第14章\餐饮企业VI设计
难易指数	★★★★☆
技术掌握	● 图层蒙版 ● 椭圆工具 ● 画笔工具

操作思路

本案例中，首先使用图层蒙版控制图像显示区域，来完成图像部分的制作，然后使用椭圆工具与画笔工具来制作图案部分，最后使用文字工具在画面中添加文字，完成图册封面的制作。

案例效果

案例效果如图14-96和图14-97所示。

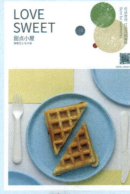

图14-96

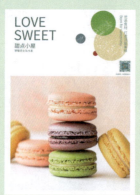

图14-97

操作步骤

01 制作第一款产品图册封面。新建一个竖向A4尺寸文档。执行菜单"文件>置入嵌入对象"命令，置入素材"1.jpg"，并将其栅格化。然后选择工具箱中的矩形选框工具，在图片上方按住鼠标左键拖动绘制一个矩形选区，如图14-98所示。

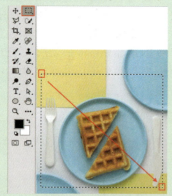

图14-98

02 单击"图层"面板底部的"添加图层蒙版"按钮，为该图层添加图层蒙版，如图14-99所示。画面效果如图14-100所示。

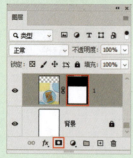

图14-99

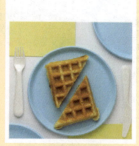

图14-100

03 选择工具箱中的椭圆工具，在选项栏中设置绘制模式为"形状"，接着在画面上半部分绘制一个正圆，绘制完成后在选项栏中设置"填充"为蓝色、"描边"为无，如图14-101所示。

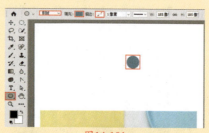

图14-101

04 继续使用椭圆工具绘制其他图形，效果如图14-102所示。

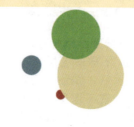

图14-102

05 新建一个图层，将前景色设置为白色，选择工具箱中的画笔工具，在画笔预设选取器中展开"特殊效果画笔组"，选择一种画笔笔尖，设置"大小"为480像素、"模式"为"正常"、"不透明度"为100%，在画面中单击，在刚才绘制的正圆上进行绘制，如图14-103所示。

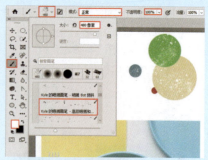

图14-103

06 置入素材"3.png"并将图层栅格化，然后将其移动到圆形图案的右下角，如图14-104所示。

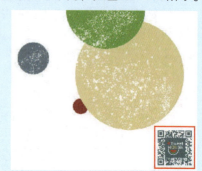

图14-104

07 选择工具箱中的直排文字工具，在选项栏中设置合适的字体、字号，设置文本颜色为蓝色。在画面右上角单击插入光标，输入文字，文字输入完成后按快捷键Ctrl+Enter完成操作，效果如图14-105所示。

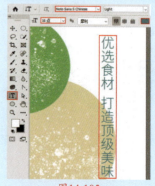

图14-105

08 选择工具箱中的横排文字工具，在选项中设置合适的字体、字号，设置文本颜色为蓝色，在画面中单击插入光标，输入文字，输入完成后按快捷键Ctrl+Enter完成操作，效果如图14-106所示。

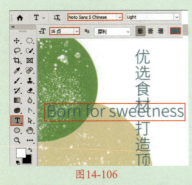

图14-106

09 选择刚才输入的英文图层，执行"编辑>变换>顺时针旋转90度"命令，效果如图14-107所示。

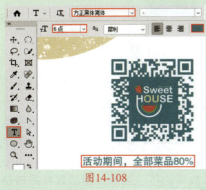

图14-107

10 继续使用横排文字工具，在素材"3.png"下方和画面的左上角添加文字，如图14-108和图14-109所示。

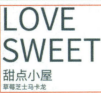

图14-108

图14-109

11 此时第一款产品图册封面制作完成，效果如图14-110所示。

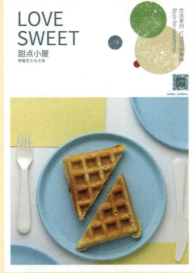

图14-110

12 选择"背景"图层，单击 🔒 按钮，将其转换为普通图层。然后加选制作画册封面的所有图层，使用快捷键Ctrl+G将图层进行编组，如图14-111所示。接着执行"文件>存储副本"命令，将当前效果存储为一份JPG格式的图片，以备后面使用。

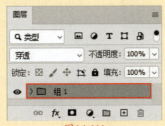

图14-111

13 制作第二款产品图册封面。选择"组1"图层组，使用快捷键Ctrl+J复制一份，如图14-112所示。可以将拷贝的图层组名称更改为"组2"。

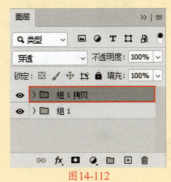

图14-112

14 展开复制的图层组，选择图层"1"，接着将图片素材"2.jpg"置入文档中，调整至合适的大小后将图层栅格化，如图14-113所示。

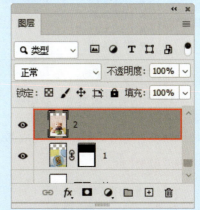

图14-113

15 选择图层"1"的图层蒙版缩览图，按住鼠标左键向图层"2"上方拖动，释放鼠标后完成图层蒙版的移动，如图14-114所示。

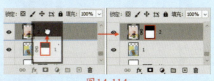

图14-114

16 操作完成后，将图层"1"删除，此时第二款产品图册封面制作完成，效果如图14-115所示。同样将当前画面效果存储为一份JPG格式的图片，以备后面使用。

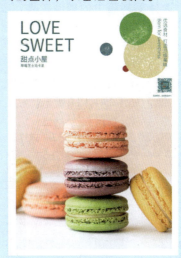

图14-115

实例156　餐饮企业VI设计——点菜本

文件路径	第14章\餐饮企业VI设计
难易指数	★★★★☆
技术掌握	● 图层蒙版 ● 椭圆工具 ● 画笔工具 ● 钢笔工具

操作思路

点菜本的背景图案与产品图册封面使用的图案非常接近，制作方法基本一致。在此基础上需要使用矩形工具，并且添加之前制作好的标志，完成点菜本的制作。

案例效果

案例效果如图14-116和图14-117所示。

图14-116　　　　图14-117

操作步骤

01 制作点菜本平面图。新建一个A4尺寸竖版的文档，选择工具箱中的椭圆工具，在选项栏中设置绘制模式为"形状"，按住Shift键并按住鼠标左键拖动，在画面右上方绘制一个正圆。绘制完成后在选项栏中设置"填充"为蓝色、"描边"为无，如图14-118所示。

02 继续使用椭圆工具在不同位置绘制不同颜色的正圆，如图14-119所示。

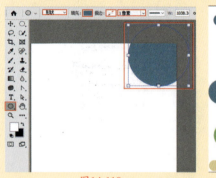

图14-118　　　　图14-119

03 新建一个图层，选择工具箱中的画笔工具，设置前景色为白色，在画笔预设选取器中展开"特殊效果画笔组"，选择一种画笔笔尖，设置大小为284像素，在绘制的正圆上拖动进行绘制，如图14-120所示。

04 选择工具箱中的矩形工具，在选项栏中设置绘制模式为"形状"，在画面的中间位置按住鼠标左键拖动绘制一个合适大小的矩形，接着在选项栏中设置"填充"为白色、"描边"为蓝色、"描边宽度"为10像素，如图14-121所示。

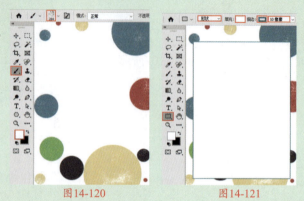

图14-120　　　　图14-121

05 选择矩形所在的图层，单击"图层"面板底部的"添加图层蒙版"按钮，为该图层添加图层蒙版，使用矩形选框工具在矩形顶部拖动绘制一个矩形选区，如图14-122所示。选中图层蒙版，将前景色设置为黑色，使用快捷键Alt+Delete进行填充，隐藏选区中的像素，效果如图14-123所示。

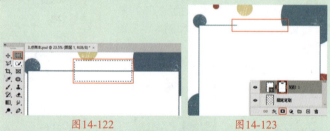

图14-122　　　　图14-123

06 继续使用矩形工具，在顶部缺口位置绘制一个蓝色矩形，然后执行"文件>置入嵌入对象"命令，将之前导出的标志素材置入文档中，并摆放在蓝色矩形中心位置，此时点菜本平面图制作完成，效果如图14-124所示。

07 制作点菜本展示效果。将"背景"图层解锁后转换为普通图层，然后加选所有图层，使用快捷键Ctrl+G进行编组，命名为"点菜本-平面图"，如图14-125所示。

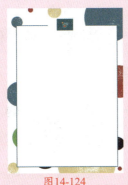
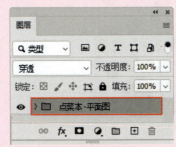

图14-124　　　　　　图14-125

08 选择"点菜本-平面图"图层组，使用快捷键Ctrl+Alt+E得到平面图的合并图层，然后将"点菜本-平面图"图层组隐藏，如图14-126所示。

09 置入素材"4.png"并将图层栅格化，然后将该图层移动到合并图层的下一层，如图14-127所示。

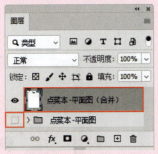
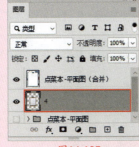

图14-126　　　　　　图14-127

10 选中合并的图层，按快捷键Ctrl+T进行自由变换，将其等比缩放至合适大小，按Enter键确认操作，效果如图14-128所示。

11 接下来隐藏多余的圆形和夹子位置的像素。可以先降低该图层的不透明度，然后选择工具箱中的矩形选框工具，参照点菜本白色区域按住鼠标左键拖动绘制一个矩形选区，如图14-129所示。

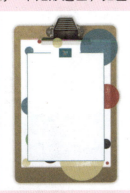
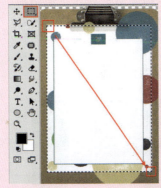

图14-128　　　　　　图14-129

12 选择合并的图层，单击"图层"面板底部的"添加图层蒙版"按钮，以当前选区为该图层添加图层蒙版，此时多余部分就被隐藏了，效果如图14-130所示。

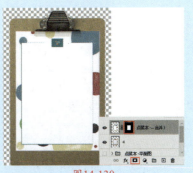

图14-130

13 选择工具箱中的钢笔工具，在选项栏中设置绘制模式为"形状"，然后参照夹子的形状绘制路径，路径绘制完成后使用快捷键Ctrl+Enter将路径转换为选区，如图14-131所示。

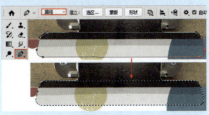

图14-131

14 选中图层蒙版，将前景色设置为黑色，使用快捷键Alt+Delete填充黑色，隐藏选区中的像素，此时会露出夹子被遮挡的部分，如图14-132所示。

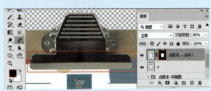

图14-132

15 此时点菜本的展示效果制作完成，如图14-133所示。

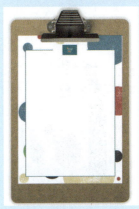

图14-133

16 加选制作展示效果的图层后进行编组，可以将图层组名称更改为"点菜本–展示效果"，如图14-134所示。最后将点菜本平面图保存为一份JPEG格式的图像，将点菜本展示效果保存为一份PNG格式的图像，以便后续使用。

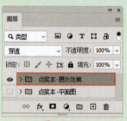

图14-134

实例157 餐饮企业VI设计——食品包装袋

文件路径	第14章\餐饮企业VI设计
难易指数	★★★★☆
技术掌握	● 椭圆工具 ● 画笔工具 ● 创建剪贴蒙版 ● 钢笔工具 ● 图层混合模式

操作思路

本案例包装平面图中出现的元素大部分都是前面制作好的，可以重新绘制，也可以复制之前的部分并进行适当的大小和位置调整。包装平面图制作完成后置入立体包装袋素材，利用钢笔工具与图层混合模式将平面图与包装袋进行贴合，制作出包装袋展示效果。

案例效果

案例效果如图14-135和图14-136所示。

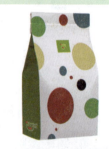

图14-135

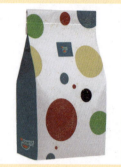

图14-136

操作步骤

01 制作食品包装袋平面图。执行"文件>新建"命令，创建一个宽度为25厘米、高度为48厘米的竖向文档。新建一个图层，将前景色设置为黄绿色，使用快捷键Alt+Delete进行填充，如图14-137所示。

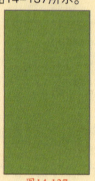

图14-137

02 首先绘制包装袋的正面。选择工具箱中的矩形工具，在选项栏中设置绘制模式为"形状"，在画面的上方绘制一个矩形，绘制完成后在选项栏中设置"填充"为白色、"描边"为无，如图14-138所示。

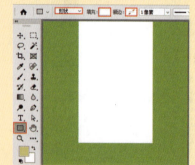

图14-138

03 选择工具箱中的椭圆工具，在选项栏中设置绘制模式为"形状"，在白色矩形上方绘制彩色的正圆，如图14-139所示。

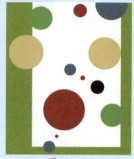

图14-139

04 新建一个图层，选择工具箱中的画笔工具，设置前景色为淡黄色，在画笔预设选取器中展开"特殊效果画笔组"，选择一种画笔笔尖，设置大小为284像素，在画面的不同位置拖动进行绘制，效果如图14-140所示。

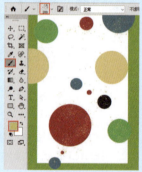

图14-140

05 按住Shift键加选喷溅效果图层与所有圆所在的图层，在图层上单击鼠标右键，执行"创建剪贴蒙版"命令，如图14-141所示。此时效果如图14-142所示。

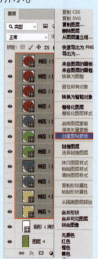

图14-141

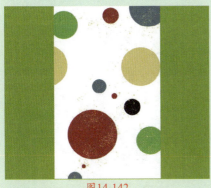

图14-142

06 选择矩形工具，在画面合适位置绘制一个与背景颜色相同的黄绿色矩形，然后执行"文件>置入嵌入对象"命令，将之前导出的标志素材置入画面中，摆放在黄绿色矩形中心位置，如图14-143所示。

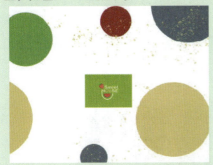

图14-143

07 将构成包装袋正面的所有图层选中，使用快捷键Ctrl+G进行编组，如图14-144所示。

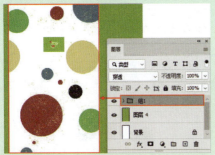

图14-144

08 选择"组1"图层组，使用快捷键Ctrl+J复制一份，然后命名为"组2"，如图14-145所示。

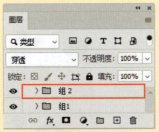

图14-145

09 选择"组2"图层组，按快捷键Ctrl+T进行自由变换，右击，在弹出的快捷菜单中执行"垂直翻转"命令，接着将其向下移动，作为包装袋的背面，最后按Enter键确认操作，此时画面效果如图14-146所示。

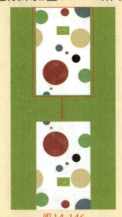

图14-146

10 再次置入标志素材，将其移动至平面图左侧位置，接着按快捷键Ctrl+J复制图层，将复制出的标志移动至平面图右侧，如图14-147所示。此时绿色包装袋的平面图制作完成。

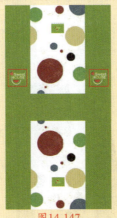

图14-147

11 将构成包装袋平面图的图层加选后，使用快捷键Ctrl+G进行编组，将图层组名称更改为"平面图-1"，接着选择该图层组，使用快捷键Ctrl+J复制一份，然后将其命名为"平面图-2"，如图14-148所示。

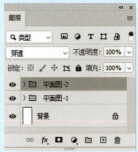

图14-148

12 展开"平面图-2"图层组，将作为背景的黄绿色矩形更改为青色，如图14-149所示。

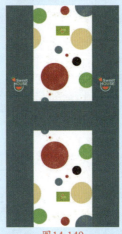

图14-149

13 将标志下层的矩形颜色更改为青色，如图14-150所示。青色的包装袋平面图制作完成。

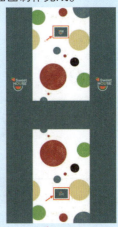

图14-150

14 下面制作包装袋的展示效果。执行"文件>置入嵌入对象"命令，置入包装袋素材"5.png"，如图14-151所示。

图14-155所示。

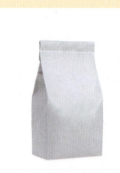

图14-151

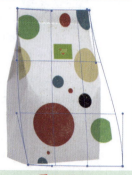 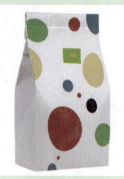

图14-154　　　　图14-155

15 展开"平面图-1"图层组，找到包装袋正面部分的"组1"图层组并选中，使用快捷键Ctrl+Alt+E复制合并图层，如图14-152所示。

18 继续制作包装袋侧面效果，选择工具箱中的钢笔工具，在选项栏中设置绘制模式为"形状"，沿着包装袋侧面轮廓绘制形状，绘制完成后在选项栏中设置"填充"为较深的黄绿色、"描边"为无，如图14-156所示。

19 置入标志素材，移动到包装袋侧面的底部位置，然后可使用"自由变换"命令进行一定的扭曲操作，效果如图14-157所示。

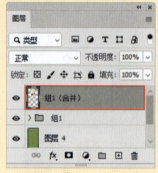

图14-152

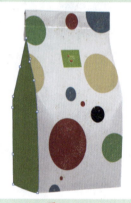 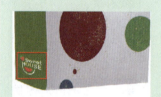

图14-156　　　　图14-157

16 将合并的图层移动到素材5图层的上一层，然后将平面图图层组隐藏。接着设置该图层混合模式为"正片叠底"，如图14-153所示。

20 加选侧面的绿色图形图层和标志图层，使用快捷键Ctrl+G进行编组。然后设置该图层组的混合模式为"正片叠底"，如图14-158所示。绿色包装袋的立体效果制作完成。加选制作绿色立体包装袋的图层，使用快捷键Ctrl+G进行编组，并命名为"包装1"。

21 使用同样的方式制作青色款式的包装袋展示效果，效果如图14-159所示。隐藏画面背景，将两组包装袋展示效果分别保存为透明背景的PNG格式的文件，以备后续操作使用。

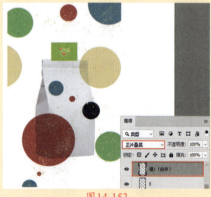

图14-153

17 选中合并的图层，按快捷键Ctrl+T进行自由变换，拖动鼠标将正面图缩小至与包装袋接近。然后单击鼠标右键，在弹出的快捷菜单中执行"变形"命令，拖动控制点进行调整，画面效果如图14-154所示。调整完成后按Enter键确认操作，然后按快捷键Alt+Ctrl+G创建剪贴蒙版，效果如

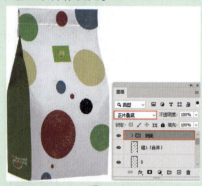 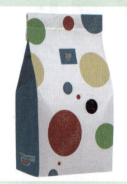

图14-158　　　　图14-159

实例158　餐饮企业VI设计——折扣宣传单

文件路径	第14章 \ 餐饮企业VI设计
难易指数	★★★★☆
技术掌握	● 横排文字工具 ● 矩形工具 ● 自由变换

操作思路

本案例的折扣宣传单版面中的内容与前面制作好的产品图册封面非常接近，可以从之前制作好的文档中调用相应的素材，然后适当调整大小及位置。

案例效果

案例效果如图14-160和图14-161所示。

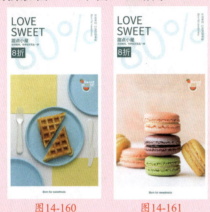

图14-160　　　　图14-161

操作步骤

01 制作第一款折扣宣传单。新建一个宽度为15厘米、高度为30厘米的竖向文档。置入素材"2.jpg"并将该图层栅格化，如图14-162所示。

02 置入标志素材并将其放置在图像的右上角，如图14-163所示。

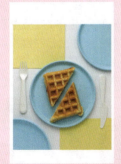 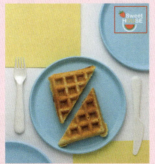

图14-162　　　　图14-163

03 选择工具箱中的横排文字工具，在选项栏中设置合适的字体、字号，设置文本颜色为淡蓝色，在画面中单击插入光标，输入文字，如图14-164所示。

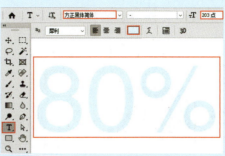

图14-164

04 选择输入的文字，使用自由变换快捷键Ctrl+T对该文字进行旋转，旋转完成后按Enter键结束操作。效果如图14-165所示。

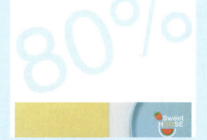

图14-165

05 打开之前制作好的产品图册封面的文档，在"图层"面板中选择本案例需要使用到的文字图层，然后使用移动工具将这些图层拖动到当前文档中，适当调整位置及大小即可，如图14-166所示。效果如图14-167所示。

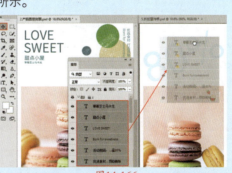 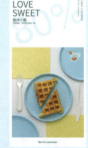

图14-166　　　　图14-167

06 选择工具箱中的矩形工具，在选项栏中设置绘制模式为"形状"，在版面左上角位置绘制一个矩形，接着在选项栏中设置"填充"为青色、"描边"为无，如图14-168所示。

07 在青色矩形上方添加文字，此时第一款折扣宣传单制作完成，效果如图14-169所示。

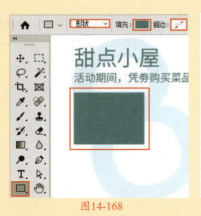
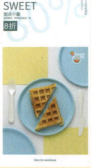

图14-168　　　　　　图14-169

08 制作第二款折扣宣传单。将"背景"图层解锁，将所有图层加选后进行编组，得到"组1"。接着选择"组1"，使用快捷键Ctrl+J复制一份，并命名为"组2"，如图14-170所示。

09 展开"组2"，将图片素材替换后，就可以完成第二款折扣宣传单的制作，完成效果如图14-171所示。将两张折扣宣传单分别保存为JPG格式的文件，以备后续操作使用。

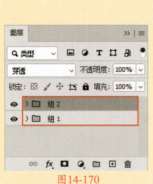
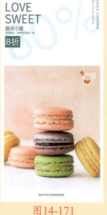

图14-170　　　　　　图14-171

实例159　餐饮企业VI设计——饮品杯

文件路径	第14章 \ 餐饮企业VI设计
难易指数	★★★★☆
技术掌握	● 椭圆工具 ● 画笔工具 ● 图层混合模式 ● 自由变换

操作思路

本案例首先使用椭圆工具与画笔工具制作饮品杯平面图的图案部分。平面图制作完成后置入纸杯素材，通过自由变换与图层混合模式使平面图贴合纸杯素材，制作饮品杯立体展示效果。

案例效果

案例效果如图14-172～图14-175所示。

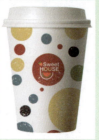
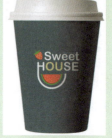

图14-172　　　　　　图14-173

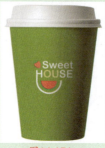
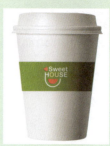

图14-174　　　　　　图14-175

操作步骤

01 新建一个宽度为20厘米、高度为10厘米的横向文档。使用椭圆工具绘制不同颜色的正圆，如图14-176所示。

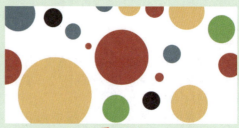

图14-176

02 新建图层，设置前景色为白色，选择工具箱中的画笔工具，在画笔预设选取器中设置合适的喷溅效果画笔笔尖，设置"大小"为284，在画面中按住鼠标左键拖动进行绘制，如图14-177所示。

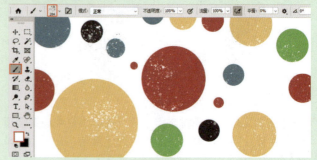

图14-177

03 选择工具箱中的矩形工具，在选项栏中设置绘制模式为"形状"，在画面中绘制一个矩形，绘制完成后在选项栏中设置"填充"为白色、"描边"为无，如图14-178所示。

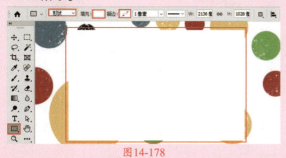

图14-178

04 选中白色矩形图层，按自由变换快捷键Ctrl+T，接着在白色矩形上右击，在弹出的快捷菜单中执行"变形"命令，如图14-179所示。

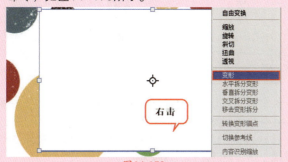

图14-179

05 在选项栏中设置"变形"方式为"扇形"，拖动定界框顶部控制点调整变形的弧度，单击选项栏中的"提交变换"按钮完成变形操作，如图14-180所示。此时图形效果如图14-181所示。

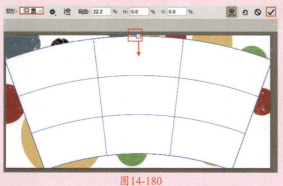

图14-180

图14-181

06 将变形图形所在图层移动到所有图层的最下方，然后选中所有构成图案的图层，按快捷键Alt+Ctrl+G创建剪贴蒙版，如图14-182所示。此时画面效果如图14-183所示。

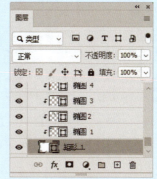

图14-182

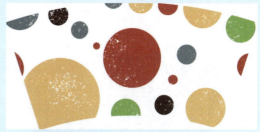

图14-183

07 执行菜单"文件>置入嵌入对象"命令，将标志素材置入文档中并摆放在包装平面图中心的圆的中间位置，如图14-184所示。

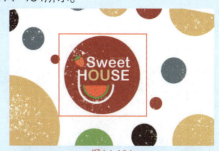

图14-184

08 第一款包装平面图制作完成，效果如图14-185所示。可以将制作平面图的图层加选后进行编组，将图层组名称命名为"平面图-1"。

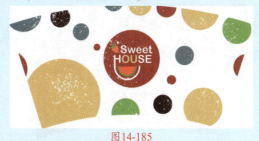

图14-185

09 制作纯色背景的包装平面图。纯色背景的平面图大小与第一款相同，因此将制作好的包装平面图复制一

265

份，进行内容更改即可。选择"平面图-1"图层组，按快捷键Ctrl+J进行复制，并命名为"平面图-2"，如图14-186所示。

10 将除标志与变形矩形所在图层以外的图层删除，如图14-187所示。

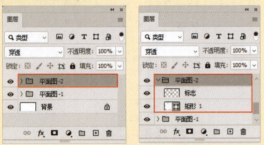

图14-186　　　　　图14-187

11 选择变形矩形所在的图层，选择工具箱中任意一个矢量绘图工具，在选项栏中更改"填充"为蓝色，效果如图14-188所示。

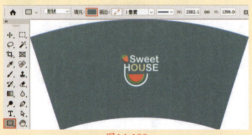

图14-188

12 选择标志图层，使用快捷键Ctrl+T进行自由变换，适当调整标志的大小及位置，此时第二款包装平面图制作完成，效果如图14-189所示。

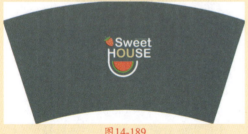

图14-189

13 使用同样的方法制作另外两款绿色的包装平面图，如图14-190和图14-191所示。

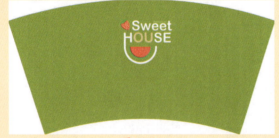

图14-190

图14-191

14 下面制作饮品包装的展示效果。执行菜单"文件>置入嵌入对象"命令，置入纸杯素材"6.png"，按Enter键确认置入操作。然后右击该图层，执行"栅格化图层"命令，将其转换为普通图层，效果如图14-192所示。

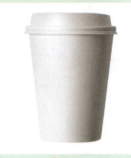

图14-192

15 制作第一款包装的展示效果。选择"平面图-1"图层组中的喷溅效果与椭圆图层，按快捷键Ctrl+J进行复制，按快捷键Ctrl+E合并图层，然后将其移动到杯子所在图层的上方，如图14-193所示。

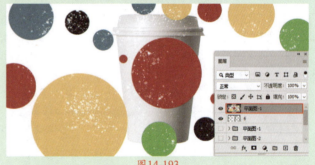

图14-193

16 选择平面图图层，按快捷键Ctrl+T进行自由变换，拖动控制点将其等比缩小，并旋转至合适的角度，如图14-194所示，按Enter键确认操作。

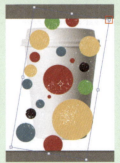

图14-194

17 执行菜单"文件>置入嵌入对象"命令，置入标志素材，并摆放在红色正圆中心位置，如图14-195所示。

18 按住Ctrl键单击加选标志素材图层与平面图图层，单击"图层"面板底部的"创建新组"按钮，将其放在一个图层组中，如图14-196所示。

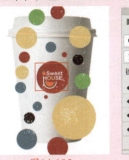
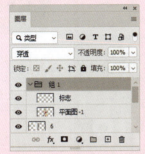

图14-195　　　　　　　图14-196

19 为了使平面图与纸杯更加贴合，设置"组1"图层组的混合模式为"正片叠底"。接着选择工具箱中的钢笔工具，在选项栏中设置绘制模式为"路径"，沿着纸杯的轮廓绘制路径，如图14-197所示。

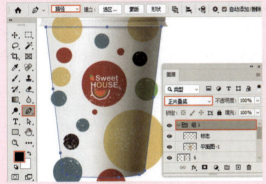

图14-197

20 绘制完成后按快捷键Ctrl+Enter建立选区，如图14-198所示。接着选择该图层组，单击"图层"面板底部的"添加图层蒙版"按钮，以当前选区为该图层添加图层蒙版，隐藏选区以外的部分，如图14-199所示。

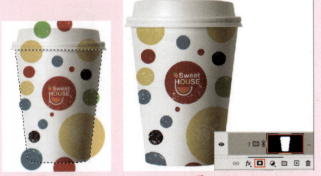

图14-198　　　　　　　图14-199

21 按住Ctrl键加选图层组"组1"与杯子素材图层，使用快捷键Ctrl+G进行编组，并命名为"杯子效果-1"，如图14-200所示。此时第一款包装展示效果制作完成，如图14-201所示。

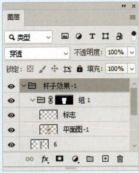
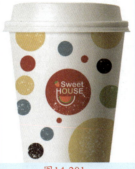

图14-200　　　　　　　图14-201

22 使用同样的方法，制作其他平面图的展示效果，如图14-202～图14-204所示。将四款杯子展示效果分别保存为PNG格式的文件，以备后续使用。

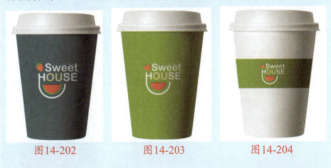

图14-202　　　　图14-203　　　　图14-204

实例160　餐饮企业VI设计——会员卡

文件路径	第14章\餐饮企业VI设计
难易指数	★★★★☆
技术掌握	● 矩形工具 ● 横排文字工具

操作思路

本案例首先使用矩形工具绘制圆角矩形作为会员卡背景，然后添加制作好的标志部分，最后使用横排文字工具输入文字。

案例效果

案例效果如图14-205～图14-207所示。

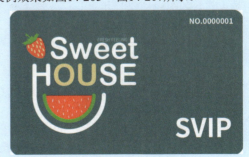

图14-205

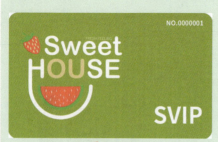

图14-206

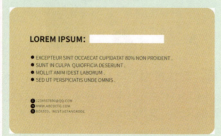

图14-207

🎙️ **操作步骤**

01 新建一个宽度为9厘米、高度为5.5厘米的文档。选择工具箱中的矩形工具，在选项栏中设置绘制模式为"形状"、"半径"为55像素，然后按住鼠标左键拖动绘制一个与画布等大的圆角矩形，绘制完成后在选项栏中设置"填充"为深青色、"描边"为无，如图14-208所示。

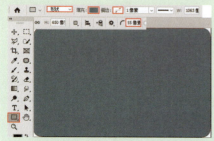

图14-208

02 置入标志素材并将其摆放在画面合适位置，如图14-209所示。

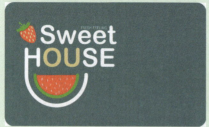

图14-209

03 选择工具箱中的横排文字工具，在选项栏中设置合适的字体、字号，设置文本颜色为白色，在画面右下角单击插入光标，输入文字，如图14-210所示。

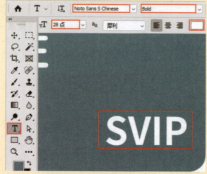

图14-210

04 继续使用横排文字工具在卡片右上角输入文字。会员卡正面制作完成，效果如图14-211所示。

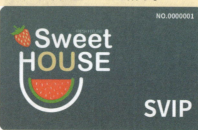

图14-211

05 加选除"背景"图层以外的所有图层，单击"图层"面板底部的"创建新组"按钮，并命名为"正面"，如图14-212所示。

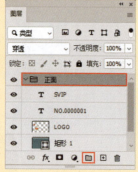

图14-212

06 选择"正面"图层组，使用快捷键Ctrl+J进行复制，并命名为"正面2"，然后将作为背景的圆角矩形的填充颜色更改为黄绿色，得到第二款会员卡正面效果，如图14-213所示。

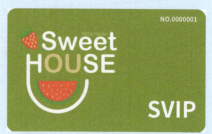

图14-213

07 接下来制作卡片的背面。复制圆角矩形图层，将其更改为浅土黄色，如图14-214所示。

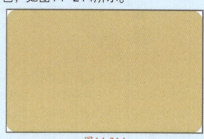

图14-214

08 选择工具箱中的横排文字工具，在选项栏中设置合适的字体、字号，设置文本颜色为黑色，在合适位置单击，插入光标后输入文字，按快捷键Ctrl+Enter完成文字的输入，如图14-215所示。使用同样的方法，输入其他文字内容，如图14-216所示。

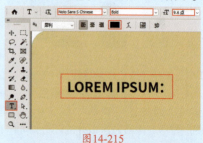

图14-215

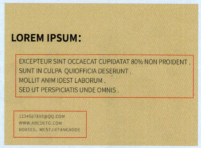

图14-216

09 选择工具箱中的矩形工具，在选项栏中设置绘制模式为"形状"，在标题文字右侧拖动鼠标绘制一个矩形，接着在选项栏中设置"填充"为白色、"描边"为无，如图14-217所示。

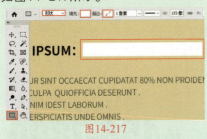

图14-217

10 添加项目符号。选择工具箱中的椭圆工具，在选项栏中设置绘制模式为"形状"，在文字左侧按住Shift键拖动鼠标绘制一个小正圆，绘制完成后在选项栏中设置"填充"为黑色、"描边"为无，如图14-218所示。

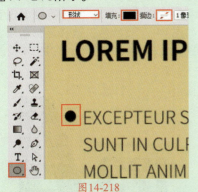

图14-218

11 选择正圆所在的图层，多次按快捷键Ctrl+J，将椭圆复制三份，并摆放在每行文字的左侧位置，如图14-219所示。使用同样的方法，在下方文字左侧绘制三个稍大的正圆，如图14-220所示。

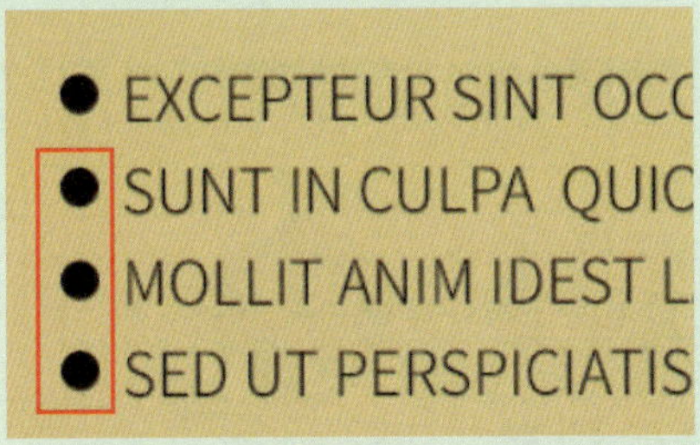

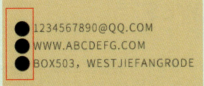

图14-219

图14-220

12 使用横排文字工具在正圆上方依次添加文字，如图14-221所示。

图14-221

13 按Shift键加选文字与图形图层，然后单击"图层"面板底部的"创建新组"按钮，并命名为"背面"，卡片背面制作完成，如图14-222所示。将名片的正面效果图与背面效果图分别导出为PNG格式的文件，以备后续操作使用。

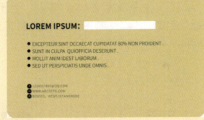

图14-222

实例161 餐饮企业VI设计——名片

文件路径	第14章\餐饮企业VI设计
难易指数	★★★★☆
技术掌握	● 多边形工具 ● 横排文字工具

操作思路

本案例名片的正面图形部分由六边形与标志构成，下半部分主要使用横排文字工具输入文字。名片背面的图案为之前重复使用的图案。

案例效果

案例效果如图14-223~图14-225所示。

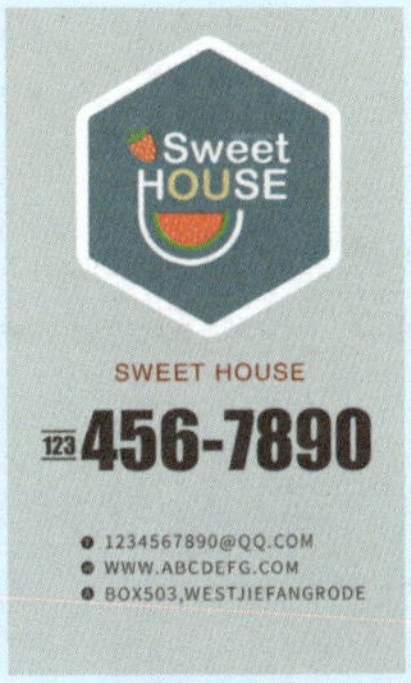

图14-223

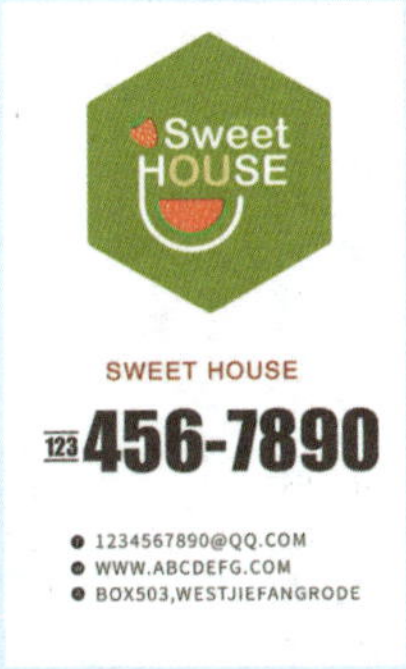

图14-224

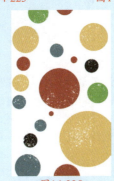

图14-225

操作步骤

01 新建一个宽度为5.5厘米、高度为9厘米的文档。选择工具箱中的矩形工具，在选项栏中设置绘制模式为"形状"，绘制一个与画布等大的矩形，绘制完成后在选项栏中设置"填充"为淡蓝色、"描边"为无，如图14-226所示。

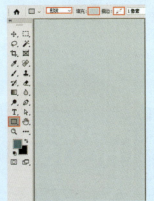

图14-226

02 选择工具箱中的多边形工具，在选项栏中设置绘制模式为"形状"，设置"边数"为6、"圆角半径"为15像素，然后在画面中间位置按住鼠标左键拖动绘制一个正六边形，接着在选项栏中设置"填充"

269

为青蓝色、"描边"为白色、"描边宽度"为20像素，如图14-227所示。

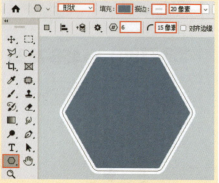

图14-227

03 选择多边形图层，按快捷键Ctrl+T调出定界框，拖动控制点将六边形向右旋转30°，按Enter键确认操作，效果如图14-228所示。

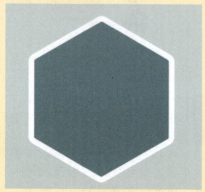

图14-228

04 置入标志素材，放置在六边形上方并将该图层栅格化，如图14-229所示。

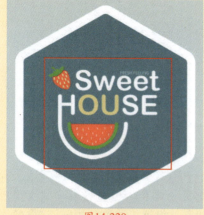

图14-229

05 选择工具箱中的横排文字工具，在选项栏中设置合适的字体、字号，设置文本颜色为深灰紫色，在正六边形下方单击插入光标，输入文字，按快捷键Ctrl+Enter完成文字的输入，如图14-230所示。

06 继续使用横排文字工具，设置不同的字体、字号与文本颜色，在数字的上下及左侧位置输入文字，如图14-231所示。

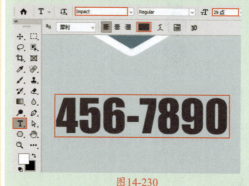

图14-230　　　　　　　　图14-231

07 选择工具箱中的矩形工具，在选项栏中设置绘制模式为"形状"，在其中一段文字上方位置绘制一个细长的矩形，接着在选项栏中设置"填充"为深灰紫色、"描边"为无，如图14-232所示。选择矩形图层，按快捷键Ctrl+J复制图层，将复制得到的矩形移动到数字底部，如图14-233所示。

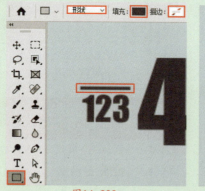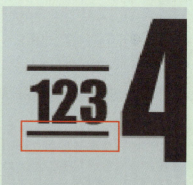

图14-232　　　　　　　　图14-233

08 使用椭圆工具绘制正圆，然后在其上方添加字母，如图14-234所示。

09 此时名片正面制作完成，效果如图14-235所示。可以将制作名片正面的图层加选后编组，命名为"正面1"。

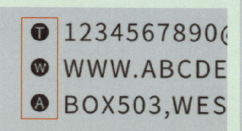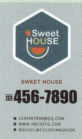

图14-234　　　　　　　　图14-235

10 将"正面1"图层组复制一份并命名为"正面2"，选择作为背景的"矩形1"图层，在选项栏中设置"填充"为白色。使用同样方法更改正六边形的颜色与圆角半径，第二款名片正面效果制作完成，如图14-236所示。

11 制作名片背面效果。使用之前制作好的图案作为当前名片的背面,如图14-237所示。将名片的两种正面效果图分别保存为一份JPG格式的文件,作为后续操作素材使用。

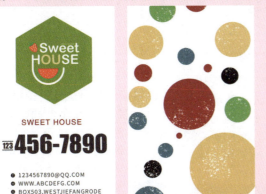

图14-236　　　　　图14-237

实例162　餐饮企业VI设计——信封

文件路径	第14章\餐饮企业VI设计
难易指数	
技术掌握	● 矩形工具 ● 创建剪贴蒙版

操作思路

本案例使用矩形工具绘制信封背景中的主体图形,然后添加制作好的标志,制作出信封的正面与背面。

案例效果

案例效果如图14-238~图14-241所示。

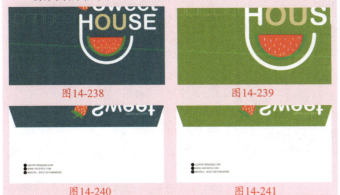

图14-238　　　　　图14-239

图14-240　　　　　图14-241

操作步骤

01 新建一个"高度"为11厘米、"宽度"为22厘米的文档。选择工具箱中的矩形工具,在选项栏中设置绘制模式为"形状",绘制一个与画布等大的矩形,绘制完成后在选项栏中设置"填充"为深青色、"描边"为无,如图14-242所示。

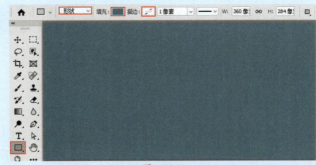

图14-242

02 执行菜单"文件>置入嵌入对象"命令,置入之前保存的标志素材,并移动至画面的右上方,如图14-243所示。

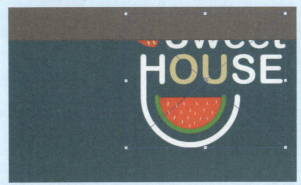

图14-243

03 按Enter键确认置入操作,然后按快捷键Alt+Ctrl+G创建剪贴蒙版,隐藏超出画布的内容,如图14-244所示。

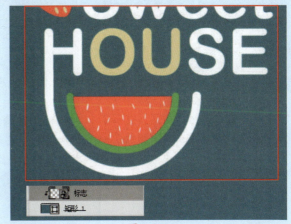

图14-244

04 继续使用矩形工具,在选项栏中设置绘制模式为"形状",在画面左上角按住Shift键的同时按住鼠标左键拖动绘制一个小正方形,绘制完成后在选项栏中设置"填充"为无、"描边"为白色、"描边宽度"为2像素,如图14-245所示。

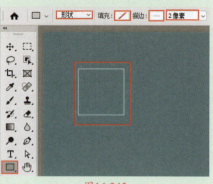

图14-245

05 选择正方形图层,多次使用快捷键Ctrl+J进行复制,得到五个相同的正方形,调整正方形的位置,如图14-246所示。

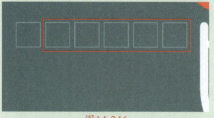

图14-246

06 信封正面制作完成,效果如图14-247所示。制作完成后,可以将这些图层加选后编组并命名为"信封1-正面"。

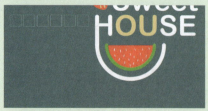

图14-247

07 接下来制作信封的背面。选择工具箱中的矩形工具,绘制一个与画布等大的白色矩形,如图14-248所示。

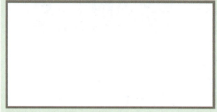

图14-248

08 继续使用矩形工具,在画面顶部绘制一个深青色的矩形,如图14-249所示。

图14-249

09 按快捷键Ctrl+T进行自由变换,右击,在弹出的快捷菜单中选择"透视"命令,拖动右下角的控制点将矩形进行透视变形,如图14-250所示。变换完成后按Enter键确认变形操作。

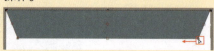

图14-250

10 选择"信封1-正面"图层组中的标志图层,使用快捷键Ctrl+J进行复制,然后将复制得到的图层移动到变形图形上方,按快捷键Ctrl+T进行自由变换,单击鼠标右键,在弹出的快捷菜单中选择"垂直翻转"命令,如图14-251所示。

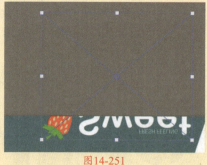

图14-251

11 按Enter键确认操作,按快捷键Alt+Ctrl+G创建剪贴蒙版,隐藏超出画布的内容,如图14-252所示。

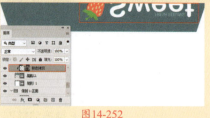

图14-252

12 此时青色款式的信封制作完成。使用横排文字工具和椭圆选框工具在左下角位置绘制正圆后添加文字,如图14-253所示。加选制作信封背景的图层进行编组,并命名为"信封1-背面"。

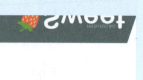

图14-253

13 将制作青色信封的图层组复制,然后将作为底色的矩形和梯形图层颜色更改为绿色,即可完成第二款信封的制作,如图14-254和图14-255所示。分别将两款信封的正反两面保存为一份JPG格式的文件,作为后续操作素材使用。

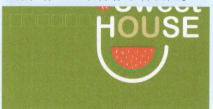

图14-254

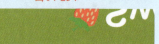

图14-255

实例163	餐饮企业VI设计——VI画册封面
文件路径	第14章\餐饮企业VI设计
难易指数	★☆☆☆☆
技术掌握	"投影"图层样式

操作思路

至此,VI系统中的大部分元素基本制作完成,为了更好地展示整套VI设计方案,通常会将方案的内容系统展现在一本画册中。接下来就开始VI画册部分的排版,首先进行画册封面的设计。本案例中画册的封面构图简单,使用矩形工具绘制矩形作为底色,然后添加标志即可。为了增强标志的立体感,可以为标志添加"投影"图层样式。

案例效果

案例效果如图14-256所示。

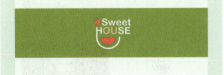

图14-256

操作步骤

01 打开素材"7.psd",该素材文档中包括12个画板,每个画板为画册的一个页面,制作某个页面时,只需在该页面上创建对象即可,如图14-257所示。

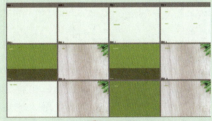

图14-257

02 首先制作画册的封面,在画板1中进行制作。选择矩形工具,在画板1中按住鼠标左键拖动绘制一个合适大小的绿色矩形,如图14-258所示。

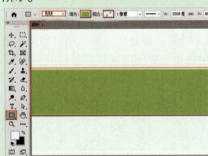

图14-258

03 置入之前制作好的标志,将其摆放在矩形中间的位置并调整其大小,按Enter键确认置入操作,如图14-259所示。

图14-259

04 选中标志图层,执行菜单"图层>图层样式>投影"命令,在弹出的"图层样式"对话框中设置"混合模式"为"正片叠底"、"颜色"为橄榄绿色、"不透明度"为30%、"角度"为118度、"距离"为5像素、"扩展"为0、"大小"为5像素、"等高线"为"线性",设置完成后单击"确定"按钮,如图14-260所示。

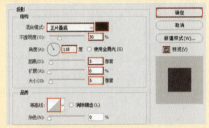

图14-260

05 此时标志效果如图14-261所示。

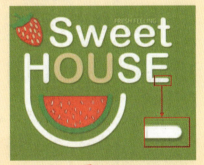

图14-261

06 画册封面制作完成,如图14-262所示。

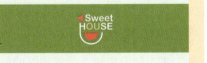

图14-262

实例164 餐饮企业VI设计——VI画册灵感来源页面

文件路径	第14章\餐饮企业VI设计
难易指数	★☆☆☆☆
技术掌握	● 横排文字工具 ● 矢量绘图工具

操作思路

本案例首先置入多个图像素材,然后添加文字进行说明,接着使用矩形工具绘制绿色矩形,作为文字说明的底色,丰富版面的层次感。

案例效果

案例效果如图14-263所示。

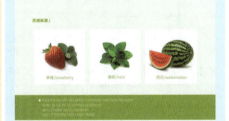

图14-263

操作步骤

01 制作灵感来源页面。执行菜单"文件>置入嵌入对象"命令,置入草莓素材"8.png",将其放在画板2中的合适位置并调整大小,按Enter键确认置入操作,如图14-264所示。

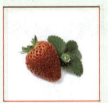

图14-264

02 使用同样的方法置入薄荷叶素材"9.png"和西瓜素材"10.png",并摆放在草莓素材的右侧,如图14-265所示。

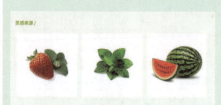

图14-265

03 选择工具箱中的矩形工具，在素材的下方绘制一个绿色矩形，如图14-266所示。

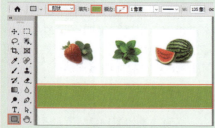

图14-266

04 选择工具箱中的横排文字工具，在选项栏中设置合适的字体和字号，设置文本颜色为黄绿色，在草莓素材下方单击，接着输入文字，文字输入完成后按快捷键Ctrl+Enter提交文字编辑操作，如图14-267所示。使用同样的方法在其他素材下方添加文字，如图14-268所示。

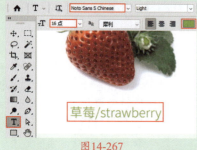

图14-267

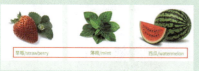

图14-268

05 继续使用横排文字工具，在绿色矩形上方添加文字，并设置对齐方式为"左对齐文本"，如图14-269所示。

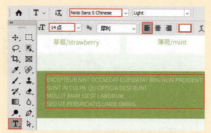

图14-269

06 选择工具箱中的椭圆工具，设置绘制模式为"形状"，在绿色矩形左侧绘制一个正圆，在选项栏中设置"填充"为白色、"描边"为无，如图14-270所示。灵感来源页面制作完成，如图14-271所示。

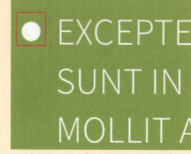

图14-270

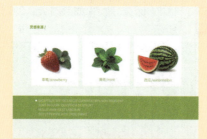

图14-271

实例165　餐饮企业VI设计——VI画册标志展示页面

文件路径	第14章\餐饮企业VI设计
难易指数	★★★★☆
技术掌握	● 横排文字工具 ● "反相"命令

操作思路

本案例首先将之前制作好的标志添加到当前文档中，然后更改标志各部分的颜色，制作出反白稿与墨稿。

案例效果

案例效果如图14-272所示。

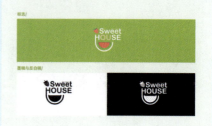

图14-272

操作步骤

01 在画板3中制作标志展示页面。使用矩形工具在画面上半部分绘制一个黄绿色矩形，如图14-273所示。

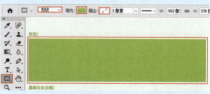

图14-273

02 使用同样的方法，在第二个标题下方绘制一白一黑两个等大的矩形，如图14-274所示。

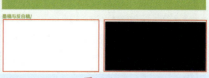

图14-274

03 将之前制作好的标志置入当前页面，调整标志的大小并移动到黄绿色矩形中间的位置，按Enter键完成置入操作，如图14-275所示。

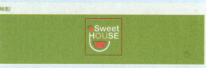

图14-275

04 下面制作标志的反白稿。打开之前制作好的标志文档，选择构成标志的所有图层，使用工具箱中的移动工具，从标志文档中按住鼠标左键拖动到画册文档中，适当缩放并摆放在画板3中的黑色矩形上，如图14-276所示。

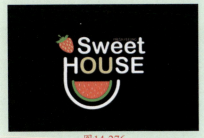

图14-276

05 选择草莓籽与西瓜籽图层组，选择工具箱中的任意一个矢量绘图工具，在选项栏中设置"填充"为黑色，效果如图14-277所示。

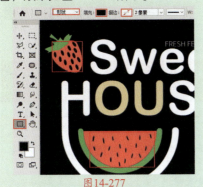

图14-277

06 使用同样的方法将文字与线条填充为白色，标志反白稿制作完成，如图14-278所示。然后将构成标志反白稿的图层合并。

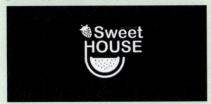

图14-278

07 将反白稿标志图层复制一份，移动到画面左侧白色矩形上方，然后执行"图像>调整>反相"命令，得到标志墨稿，效果如图14-279所示。标志展示页面制作完成，效果如图14-280所示。

图14-279

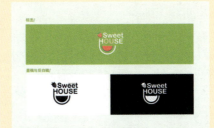

图14-280

实例166　餐饮企业VI设计——VI画册标准色

文件路径	第14章 \ 餐饮企业VI设计
难易指数	★☆☆☆☆
技术掌握	● 椭圆工具 ● 横排文字工具 ● 对齐与分布

操作思路

标准色能够体现企业的经营理念和产品服务特色，在VI设计中具有很强的传播和识别功能。在本案例中，首先通过椭圆工具绘制正圆，然后使用横排文字工具输入颜色数值，再复制出多组并更改颜色及文字内容即可。

案例效果

案例效果如图14-281所示。

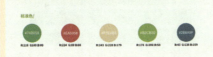

图14-281

操作步骤

01 选择工具箱中的椭圆工具，在选项栏中设置绘制模式为"形状"，在画板4中"标准色"标题的下方按住Shift键拖动鼠标绘制一个正圆，绘制完成后在选项栏中设置"填充"为标志中出现的绿色、"描边"为无，如图14-282所示。

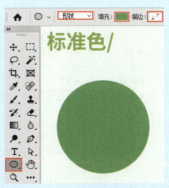

图14-282

02 使用横排文字工具在正圆中和下方输入该色彩的相关信息，如图14-283所示。

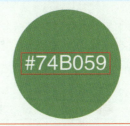

图14-283

03 制作好一种颜色后，可将这三个图层放置在一个图层组中，如图14-284所示。

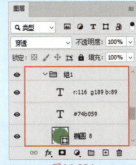

图14-284

04 复制该图层组，移动到右侧，如图14-285所示。

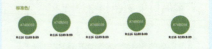

图14-285

05 选中这几个图层组，如图14-286所示。使用工具箱中的移动工具，在选项栏中进行对齐与分布的设置，得到规则排列色块，如图14-287

所示。

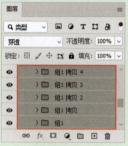

图14-286

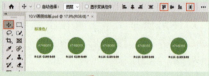

图14-287

06 接下来依次更改各部分的颜色及文字信息即可，标准色部分制作完成，如图14-288所示。

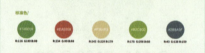

图14-288

实例167　餐饮企业VI设计——VI画册标准字

文件路径	第14章\餐饮企业VI设计
难易指数	★★★★★
技术掌握	● 矩形工具 ● 横排文字工具 ● 对齐与分布

操作思路

本案例需要展示的是VI系统中的标准字，首先使用矩形工具绘制绿色的矩形作为底色，然后在矩形上方添加文字，展示字体效果和字体名称。

案例效果

案例效果如图14-289所示。

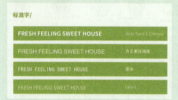

图14-289

操作步骤

01 使用矩形工具在画板4的"标准字"标题下方拖动鼠标绘制一个绿色的矩形，如图14-290所示。

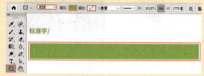

图14-290

02 选择矩形图层，多次使用快捷键Ctrl+J进行复制，将矩形复制三份，然后调整矩形的位置，如图14-291所示。

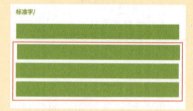

图14-291

03 加选4个矩形图层，使用工具箱中的移动工具，单击选项栏中的"左对齐"与"垂直分布"按钮，将4个矩形对齐，如图14-292所示。

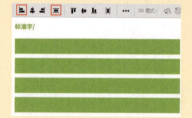

图14-292

04 选择工具箱中的横排文字工具，在选项栏中设置合适的字体、字体样式与字号，设置文本颜色为白色，在第一个矩形中单击插入光标后输入文字，如图14-293所示。继续使用横排文字工具，更改字体样式，在矩形右侧输入文字，如图14-294所示。

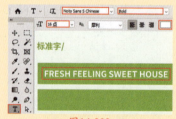

图14-293

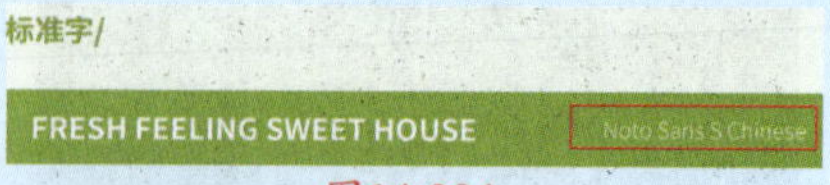

FRESH FEELING SWEET HOUSE　Noto Sans S Chinese

图14-294

05 复制第一行文字到下面几个矩形中，更改文字内容即可，如图14-295所示。

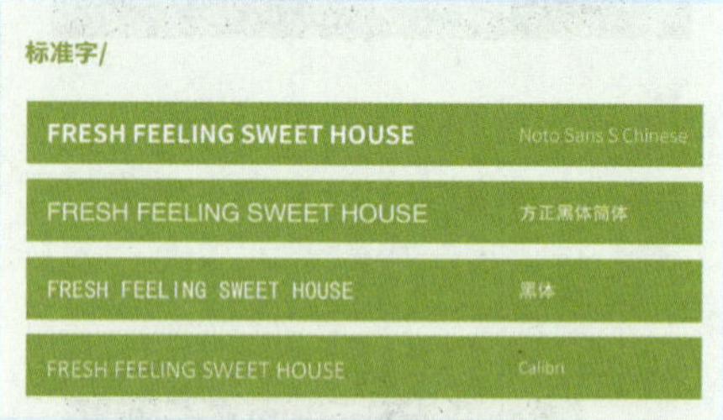

FRESH FEELING SWEET HOUSE　Noto Sans S Chinese
FRESH FEELING SWEET HOUSE　方正黑体简体
FRESH FEELING SWEET HOUSE　黑体
FRESH FEELING SWEET HOUSE　Calibri

图14-295

实例168　餐饮企业VI设计——VI画册辅助图形

文件路径	第14章\餐饮企业VI设计
难易指数	★★★★★
技术掌握	● 椭圆工具 ● 画笔工具 ● 剪贴蒙版

操作思路

本案例制作的辅助图形由正圆和纹理组成，首先使用椭圆工具绘制多彩正圆，然后使用画笔工具绘制喷溅纹理，最后创建剪贴蒙版，完成辅助图形的制作。

案例效果

案例效果如图14-296所示。

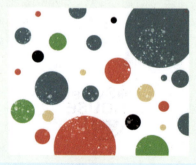

图14-296

操作步骤

01 在画板4中制作辅助图形。使用矩形工具在"辅助图形"标题下拖动鼠标绘制一个合适大小的白色矩形，如图14-297所示。

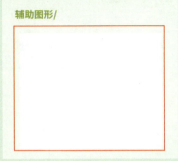

图14-297

02 使用椭圆工具在白色矩形上方绘制多彩正圆，如图14-298所示。

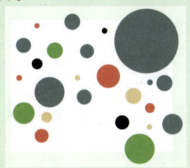

图14-298

03 新建一个图层，选择工具箱中的画笔工具，绘制喷溅纹理，效果如图14-299所示。

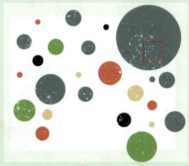

图14-299

04 选择喷溅纹理图层与所有正圆图层，按快捷键Alt+Ctrl+G创建剪贴蒙版，将矩形以外的部分隐藏，辅助图形制作完成，如图14-300所示。

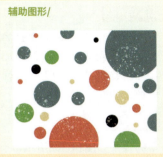

图14-300

实例169 餐饮企业VI设计——VI画册产品图册展示页面

文件路径	第14章\餐饮企业VI设计
难易指数	★★★★★
技术掌握	● 横排文字工具 ● 钢笔工具

操作思路

本案例首先将之前保存的产品图册封面素材置入画册文档中，然后通过钢笔工具绘制图形，为展示页添加阴影。

案例效果

案例效果如图14-301所示。

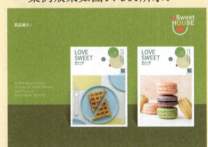

图14-301

操作步骤

01 选择工具箱中的横排文字工具，在选项栏中设置合适的字体、字号，设置对齐方式为"左对齐文本"、"文本颜色"为白色，在画板5中的标题文字下方单击插入光标，接着输入多行文字，如图14-302所示。

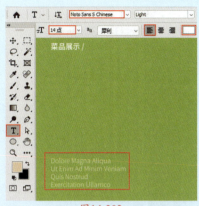

图14-302

02 置入之前制作好的产品图册封面到当前画板中，将其摆放在文字右侧并调整大小，按Enter键完成置入操作，如图14-303所示。

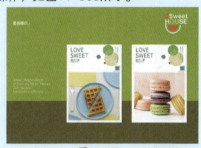

图14-303

03 制作封面下方的阴影。选择工具箱中的钢笔工具，在选项栏中设置绘制模式为"形状"，在封面左下角绘制一个不规则图形，然后在选项栏中设置"填充"为"渐变"，设置渐变类型为"线性"、"角度"为172，编辑一个半透明的黑色渐变色，设置"描边"为无，如图14-304所示。

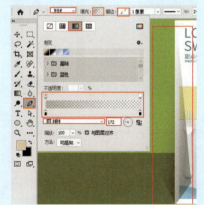

图14-304

04 选择不规则图形图层，将其移动至产品图册封面下层，并设置图层的"不透明度"为87%，阴影效果制作完成，如图14-305所示。

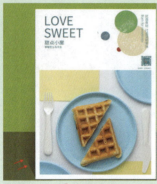

图14-305

05 将阴影图层复制一份并移动到右侧封面左下方，如图14-306所示。

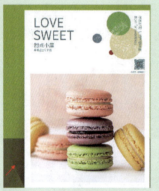

图14-306

06 将画板3中的标志素材进行复制，并摆放到画板5右上角位置，菜品展示页面制作完成，效果如图14-307所示。

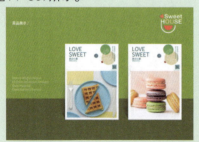

图14-307

实例170 餐饮企业VI设计——VI画册点菜本展示页面

文件路径	第14章\餐饮企业VI设计
难易指数	★★★☆☆
技术掌握	"投影"图层样式

操作思路

本案例首先将之前制作好的点菜本平面图和点菜本展示效果添加到文档中，然后添加"投影"图层样式增强真实感。

案例效果

案例效果如图14-308所示。

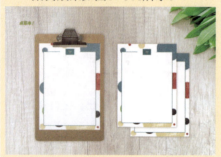

图14-308

操作步骤

01 将之前保存的点菜本平面图部分复制到当前画板中，摆放在画板6的右侧，按Enter键确认置入操作，如图14-309所示。

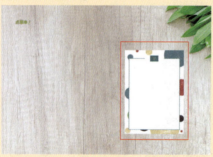

图14-309

02 选择图层，执行"图层>图层样式>投影"命令，在弹出的"图层样式"对话框中设置"混合模式"为"正片叠底"、"颜色"为深褐色、"不透明度"为17%、"角度"为7度、"距离"为0像素、"扩展"为9%、"大小"为40像素、"等高线"为"线性"，设置完成后单击"确定"按钮，如图14-310所示。效果如图14-311所示。

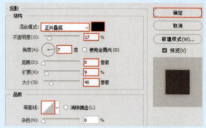

图14-310

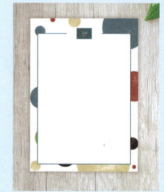

图14-311

03 选择平面图图层，按快捷键Ctrl+J进行复制，然后向左侧拖动，将其摆放在原平面图的左上方位置，如图14-312所示。

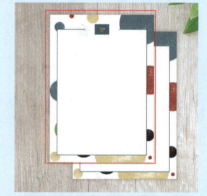

图14-312

04 将点菜本展示效果也添加到文档中，移动到画板6左侧位置，如图14-313所示。

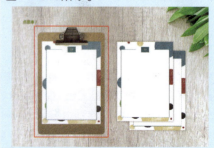

图14-313

05 在已有的"投影"图层样式上单击鼠标右键,执行"拷贝图层样式"命令;然后在点菜本展示效果图层上单击鼠标右键,执行"粘贴图层样式"命令,如图14-314所示。该图层具有了相同的样式,点菜本展示效果如图14-315所示。

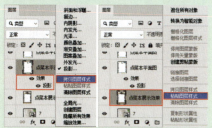

图14-314

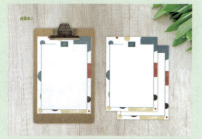

图14-315

实例171 餐饮企业VI设计——VI画册食品包装袋展示页面

文件路径	第14章\餐饮企业VI设计
难易指数	★★☆☆☆
技术掌握	复制图层

操作思路

本案例首先向文档中添加之前制作好的包装袋,然后添加说明文字即可。

案例效果

案例效果如图14-316所示。

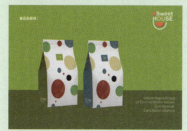

图14-316

操作步骤

01 将之前保存的两种食品包装袋置入当前文档,并摆放在画板7中,如图14-317所示。

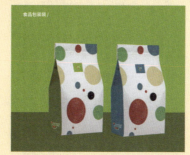

图14-317

02 选择画板5中的标志图层,按快捷键Ctrl+J进行复制,然后移动至画板7中,如图14-318所示。

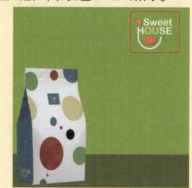

图14-318

03 使用横排文字工具在画板7的右下角添加文字,食品包装袋展示页面制作完成,如图14-319所示。

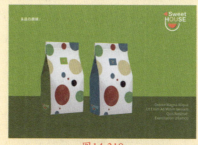

图14-319

实例172 餐饮企业VI设计——VI画册折扣宣传单展示页面

文件路径	第14章\餐饮企业VI设计
难易指数	★★☆☆☆
技术掌握	● "投影"图层样式 ● 自由变换

操作思路

本案例需要先置入折扣宣传单展示页面素材,然后添加"投影"图层样式,最后将其中一个宣传单进行旋转即可。

案例效果

案例效果如图14-320所示。

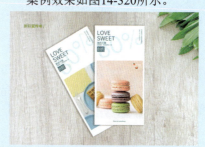

图14-320

操作步骤

01 置入之前制作好的两款折扣宣传单,并摆放在画板8中,如图14-321所示。

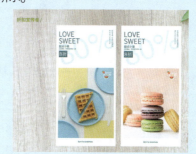

图14-321

02 选择左侧宣传单图层,执行"图层>图层样式>投影"命令,设置"混合模式"为"正片叠底"、颜色为灰色、"不透明度"为47%、"角度"为7度、"距离"为14像素、"扩展"为16%、"大小"为32像素、"等高线"为"线性",设置完成后单击"确定"按钮,如图14-322所示。效果如图14-323所示。

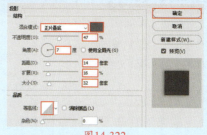

图14-322

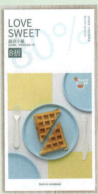

图14-323

03 使用快捷键Ctrl+T进行自由变换，将宣传单旋转至合适的角度，如图14-324所示。

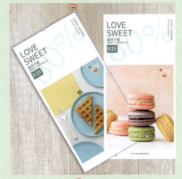

图14-324

04 复制"投影"图层样式，粘贴到第二款宣传单上，效果如图14-325所示。

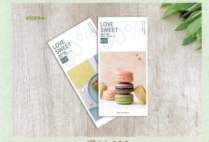

图14-325

实例173　餐饮企业VI设计——VI画册饮品杯展示页面

文件路径	第14章\餐饮企业VI设计
难易指数	★★☆☆☆
技术掌握	横排文字工具

操作思路

本案例首先需要向画面中添加文字和标志图案，然后置入饮品杯素材，并将饮品杯进行排版。

案例效果

案例效果如图14-326所示。

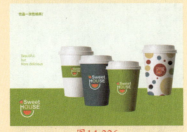

图14-326

操作步骤

01 使用横排文字工具，在选项栏中设置合适的字体、字号，设置对齐方式为"左对齐文本"、"文本颜色"为黄绿色，在画板9中的标题文字下方输入文字，如图14-327所示。

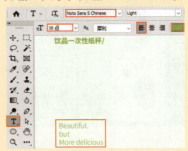

图14-327

02 将其他画板中的标志图层复制并移动到画板9中，摆放在下方黄绿色矩形左侧位置，如图14-328所示。

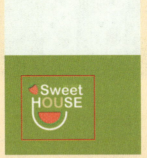

图14-328

03 置入之前制作好的四组饮品杯素材到当前文档中，并摆放在合适的位置，饮品杯展示页面制作完成，如图14-329所示。

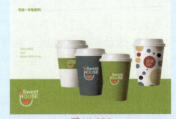

图14-329

实例174　餐饮企业VI设计——VI画册会员卡展示页面

文件路径	第14章\餐饮企业VI设计
难易指数	★★☆☆☆
技术掌握	自由变换

操作思路

本案例首先需要将之前制作好的会员卡素材置入当前文档内，进行多次复制并排列整齐，然后适当旋转即可。

案例效果

案例效果如图14-330所示。

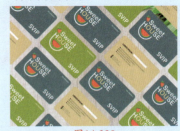

图14-330

操作步骤

01 置入之前制作好的会员卡正面与背面素材，竖向排列在画板10中。同时选择这三个图层，使用移动工具，在选项栏中单击"左对齐""垂直分布"按钮，如图14-331所示。

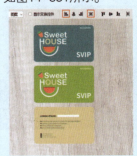

图14-331

02 将会员卡图层选中并移动至画板外侧。选择会员卡图层，多次按快捷键Ctrl+J进行复制，将复制得到的会员卡按照规律进行排列，如图14-332所示。

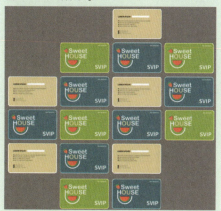

图14-332

03 选择所有会员卡图层，使用快捷键Ctrl+T进行自由变换，按住Shift键拖动鼠标，将会员卡旋转45°，旋转完成后按Enter键确认操作，如图14-333所示。

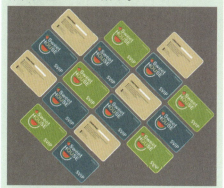

图14-333

04 选中所有会员卡图层，按住鼠标左键拖动将其移动至画板10中并摆放在合适位置，会员卡展示页面制作完成，如图14-334所示。

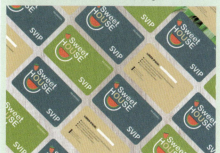

图14-334

实例175 餐饮企业VI设计——VI画册名片展示页面

文件路径	第14章 \ 餐饮企业VI设计
难易指数	★★★★★
技术掌握	● 自由变换 ● "投影"图层样式

操作思路

本案例的展示页面中首先需要添加文字和标志，然后置入名片素材，接着为置入的名片添加"投影"图层样式，最后将名片多次复制，制作出大量名片堆叠的效果。

案例效果

案例效果如图14-335所示。

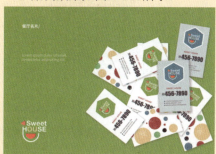

图14-335

操作步骤

01 接下来将在画板11中操作。首先使用横排文字工具在版面左侧输入两行文字。继续置入之前制作好的标志，摆放到画面左下角，如图14-336所示。

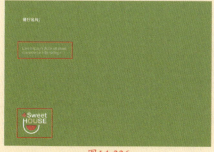

图14-336

02 置入之前制作好的企业名片背面到当前画板中，如图14-337所示。

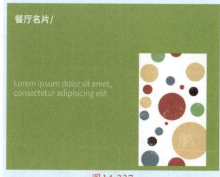

图14-337

03 执行"图层>图层样式>投影"命令，设置"混合模式"为"正片叠底"、"颜色"为灰色、"不透明度"为24%、"角度"为119度、"距离"为14像素、"扩展"为16%、"大小"为32像素、"等高线"为"线性"，设置完成后单击"确定"按钮，如图14-338所示。效果如图14-339所示。

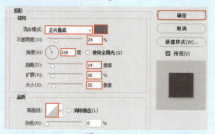

图14-338

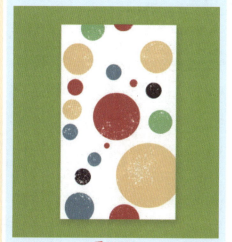

图14-339

04 选择背面图图层，使用快捷键Ctrl+J进行复制，使用自由变换快捷键Ctrl+T调整其位置与角度，按Enter键确认操作，如图14-340所示。继续复制并调整背面图位置，此时画面效果如图14-341所示。

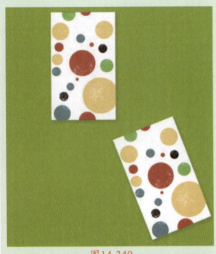

图14-340

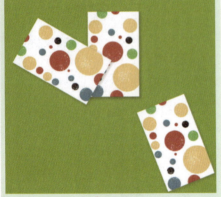

图14-341

05 使用同样的方法置入两款名片正面图并添加"投影"效果,多次复制并调整至合适的角度,名片展示页面制作完成,如图14-342所示。

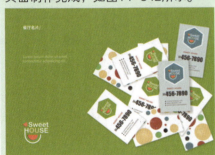

图14-342

实例176 餐饮企业VI设计——VI画册信封展示页面

文件路径	第14章\餐饮企业VI设计
难易指数	★☆☆☆☆
技术掌握	"投影"图层样式

操作思路

本案例首先向版面中添加之前制作好的信封,然后添加"投影"图层样式,增强信封的厚度感。

案例效果

案例效果如图14-343所示。

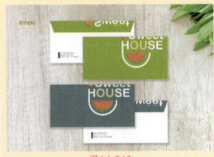

图14-343

操作步骤

01 将绿色信封背面置入当前文档内,移动到画板12中,如图14-344所示。

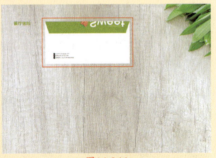

图14-344

02 选中绿色信封背面图层,执行"图层>图层样式>投影"命令,设置"混合模式"为"正片叠底"、"颜色"为灰色、"不透明度"为26%、"角度"为119度、"距离"为18像素、"扩展"为32%、"大小"为38像素、"等高线"为"线性",设置完成后单击"确定"按钮,如图14-345所示。效果如图14-346所示。

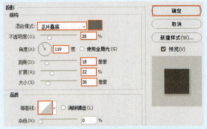

图14-345

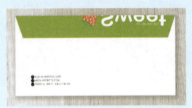

图14-346

03 继续置入绿色信封正面图和青色信封的正、反两面图,摆放在合适的位置,如图14-347所示。

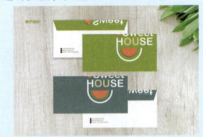

图14-347

04 在已有的"投影"样式上单击鼠标右键,执行"拷贝图层样式"命令;然后在没有图层样式的图层上单击鼠标右键,执行"粘贴图层样式"命令,使这些图层具有相同的样式,信封展示效果如图14-348所示。

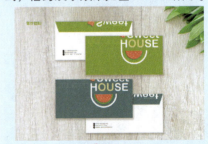

图14-348

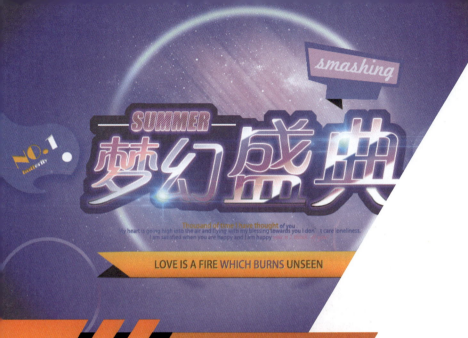

第15章

广告设计

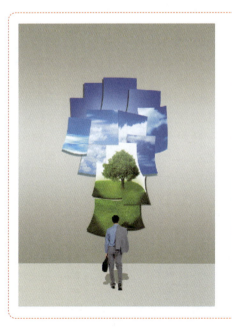
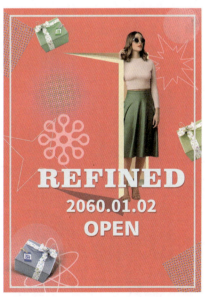
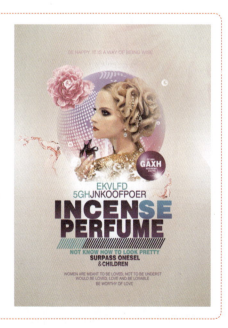

15.1 保护环境公益海报

文件路径	第15章\保护环境公益海报
难易指数	★★★★☆
技术掌握	● 渐变工具 ● "变形"命令 ● 图层样式

扫码深度学习

操作思路

本案例中，首先使用渐变工具制作灰色渐变背景及矩形小拼块，然后使用"变形"命令制作变形的拼块，接着置入人物素材，最后使用"图层样式"添加投影效果。

案例效果

案例效果如图15-1所示。

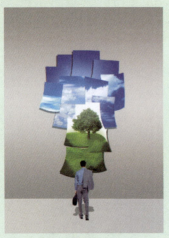

图15-1

实例177 保护环境公益海报——制作碎片部分

01 新建一个竖向的空白文档。新建一个图层，设置前景色为灰色。选择工具箱中的矩形选框工具，在画面下方绘制一个矩形选区，使用前景色进行填充，使用快捷键Ctrl+D取消选区，效果如图15-2所示。

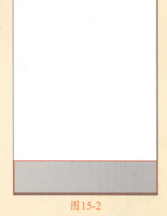

图15-2

02 新建一个图层，继续使用矩形选框工具在画面中绘制一个矩形选区。选择工具箱中的渐变工具，在选项栏中单击渐变色条，在弹出的"渐变编辑器"对话框中设置一个灰色系渐变颜色，单击"确定"按钮完成设置。设置渐变类型为"对称渐变"，如图15-3所示。在画面中由上向下拖动为该选区填充渐变，使用快捷键Ctrl+D取消选区，如图15-4所示。

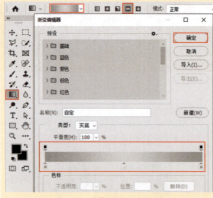

图15-3

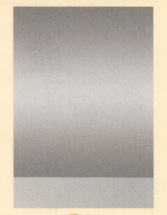

图15-4

03 新建一个图层，设置前景色为深蓝色。选择工具箱中的矩形选框工具，在画面上方绘制一个矩形选区，如图15-5所示。使用前景色进行填充，然后使用快捷键Ctrl+D取消选区，如图15-6所示。

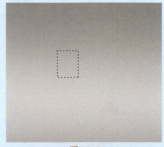

图15-5

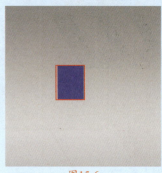

图15-6

04 选择深蓝色矩形图层，执行菜单"图层>图层样式>渐变叠加"命令，在弹出的"图层样式"对话框中设置"混合模式"为"正常"、"渐变"为蓝色系渐变、"样式"为"线性"、"角度"为114度，如图15-7所示。在"图层样式"对话框左侧列表框中勾选"投影"复选框，设置"混合模式"为"正片叠底"、颜色为深蓝色、"不透明度"为75%、"角度"为45度、"距离"为8像素、"大小"为2像素，如图15-8所示。

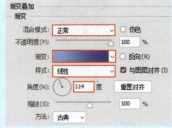

图15-7

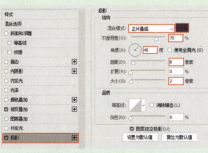

图15-8

05 此时画面效果如图15-9所示。

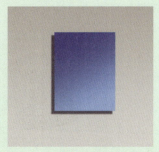

图15-9

06 使用快捷键Ctrl+J复制蓝色渐变矩形图层,并将其向左下方移动,如图15-10所示。选择复制的图层,执行菜单"编辑>变换>变形"命令,然后拖动控制点进行变形,如图15-11所示。

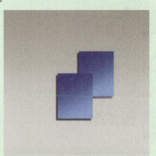

图15-10

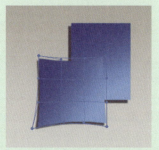

图15-11

07 完成变形后,按Enter键结束操作。使用同样的方法制作其他蓝色图形,效果如图15-12所示。

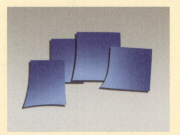

图15-12

08 执行菜单"文件>打开"命令,打开素材"1.jpg"。选择工具箱中的矩形选框工具,在画面上绘制一个矩形选区,如图15-13所示。使用快捷键Ctrl+C进行复制,回到原文档,使用快捷键Ctrl+V进行粘贴。选择复制的图层,执行菜单"编辑>变换>变形"命令,在画面上分别调整控制点的位置,如图15-14所示。

图15-13

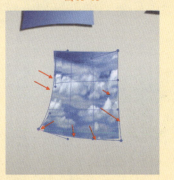

图15-14

09 按Enter键完成变形,效果如图15-15所示。

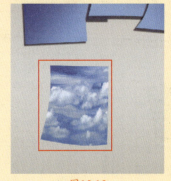

图15-15

10 选择变形操作后的云彩图层,执行菜单"图层>图层样式>投影"命令,在弹出的"图层样式"对话框中设置"混合模式"为"正片叠底"、颜色为蓝灰色、"不透明度"为75%、"角度"为65度、"距离"为11像素、"大小"为2像素,如图15-16所示。此时画面效果如图15-17所示。

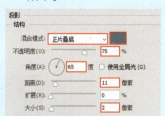

图15-16

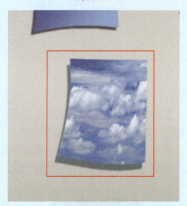

图15-17

11 单击"调整"面板中的"曲线"按钮,创建新的"曲线"调整图层,在弹出的"属性"面板中的曲线上单击,添加控制点并向上拖动,然后单击"此调整剪切到此图层"按钮,如图15-18所示。此时画面效果如图15-19所示。

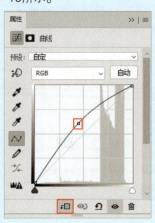

图15-18

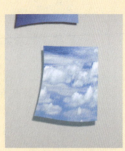

图15-19

12 使用同样的方法，继续在打开的素材"1.jpg"中复制不同区域的云彩，回到原文档中粘贴，并进行变形操作，效果如图15-20所示。

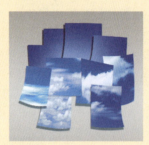

图15-20

13 执行菜单"文件>打开"命令，打开素材"2.jpg"。然后使用矩形选框工具在草坪上绘制一个矩形选区，如图15-21所示。使用快捷键Ctrl+C进行复制，回到原文档中，使用快捷键Ctrl+V进行粘贴，并执行菜单"编辑>变换>变形"命令，进行变形，如图15-22所示。按Enter键完成变形。

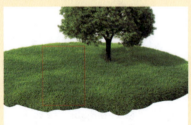   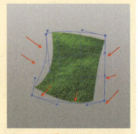

图15-21　　　　　图15-22

14 选择草地图层，执行菜单"图层>图层样式>投影"命令，在弹出的"图层样式"对话框中设置"混合模式"为"正片叠底"、颜色为深绿色、"不透明度"为75%、"角度"为97度、"距离"为9像素、"大小"为2像素，如图15-23所示。此时画面效果如图15-24所示。

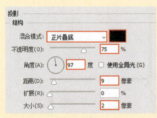   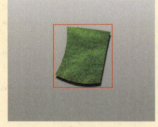

图15-23　　　　　图15-24

15 按住Ctrl键单击草地图层缩览图，载入其选区。接着新建一个图层，设置前景色为深绿色，选择工具箱中的画笔工具，在选项栏中单击"画笔预设"选取器，在画笔预设选取器中选择一个柔边圆画笔，设置画笔"大小"为190像素、"硬度"为0。在选项栏中设置画笔"不透明度"为70%，如图15-25所示。设置完成后，在草地左下角位置按住鼠标左键拖动绘制草地的阴影。接着设置前景色为浅绿色，继续在草地中间位置按住鼠标左键拖动进行涂抹，绘制草地的高光，效果如图15-26所示。最后使用快捷键Ctrl+D取消选区的选择。

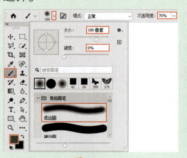

图15-25　　　　　图15-26

16 使用同样的方法，继续在打开的素材"2.jpg"中复制不同的草地区域，并回到原文档制作其他变形的图块，效果如图15-27所示。

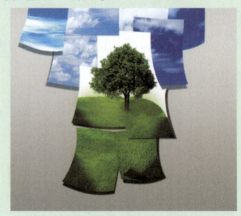

图15-27

要点速查："渐变叠加"图层样式的参数设置

"渐变叠加"图层样式和"颜色叠加"图层样式比较相似。"渐变叠加"图层样式能够以不同的"混合模式"及"不透明度"使图层表面附着各种各样的渐变效果。选择图像，如图15-28所示。执行菜单"图层>图层样式>渐变叠加"命令，在弹出的"图层样式"对话框中可以对"渐变叠加"的渐变颜色、混合模式、不透明度进行设置，单击"确定"按钮完成样式的添加，如图15-29所示。效果如图15-30所示。

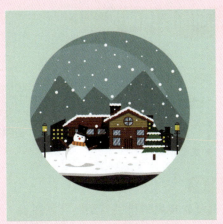

图15-28

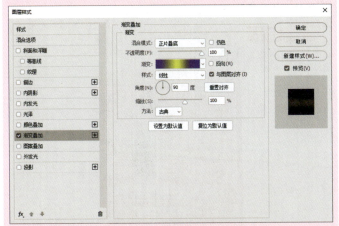

图15-29

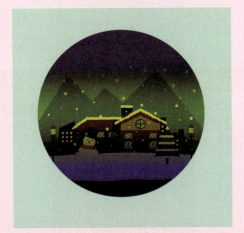

图15-30

实例178 保护环境公益海报——制作人物部分

01 执行菜单"文件>置入嵌入对象"命令，置入素材"3.jpg"，将该图层栅格化，如图15-31所示。使用快捷键Ctrl+T调出定界框，然后按住鼠标左键拖动进行等比缩放，按Enter键完成变换，效果如图15-32所示。

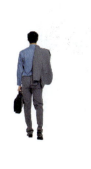
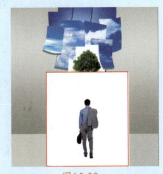

图15-31　　　　　图15-32

02 选择人物图层，再选择工具箱中的魔棒工具，然后在白色背景上单击得到选区，如图15-33所示。按Delete键将选区删除，然后使用快捷键Ctrl+D取消选区，画面效果如图15-34所示。

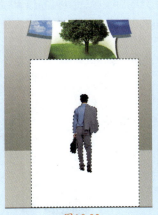
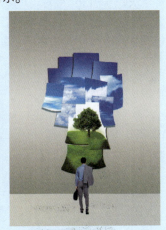

图15-33　　　　　图15-34

03 按住Ctrl键单击人物图层缩览图，得到人物选区，如图15-35所示。执行菜单"选择>变换选区"命令，调出定界框，然后将选区变形，如图15-36所示。

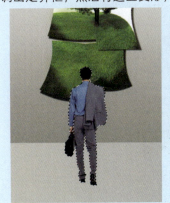
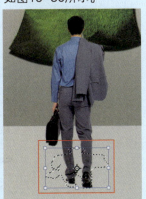

图15-35　　　　　图15-36

04 按Enter键确认变形操作。设置前景色为灰色，在人物图层的下面新建一个图层，使用前景色进行填充，然后后使用快捷键Ctrl+D取消选区，效果如图15-37所示。

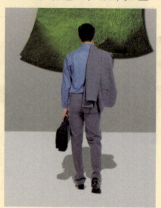

图15-37

05 在顶层新建一个图层。将前景色设置为白色。选择工具箱中的画笔工具，在选项栏中单击"画笔预设"选取器，在画笔预设选取器中选择一个柔边圆画笔，设置画笔"大小"为400像素、"硬度"为0。在选项栏中设置画笔"不透明度"为26%。设置完成后在画面中树的位置按住鼠标左键拖动绘制高光，如图15-38所示。最终效果如图15-39所示。

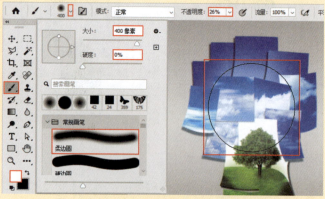

图15-38

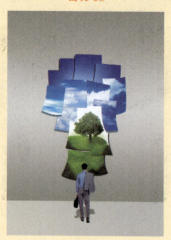

图15-39

15.2 商场促销海报

文件路径	第15章\商场促销海报
难易指数	★★★☆☆
技术掌握	● 形状工具 ● "彩色半调"滤镜 ● 混合模式

扫码深度学习

操作思路

本案例首先使用矢量工具绘制背景图案，然后使用"彩色半调"滤镜绘制波点效果，最后选择合适的"混合模式"烘托画面气氛。

案例效果

案例效果如图15-40所示。

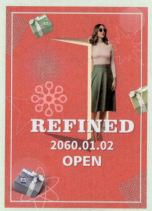

图15-40

实例179　商场促销海报——制作背景图形

01 新建一个A4尺寸的竖向的空白文档。设置前景色为粉色，使用快捷键Alt+Delete为背景图层填充颜色，效果如图15-41所示。

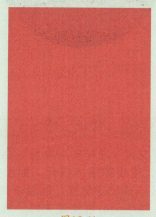

图15-41

02 新建一个图层，选择椭圆选框工具，然后在画面左下角按住Shift键的同时按住鼠标左键拖动绘制正圆选区，如图15-42所示。将前景色设置为浅粉色，使用前景色进行填充，然后设置该图层的"不透明度"为60%，效果如图15-43所示。

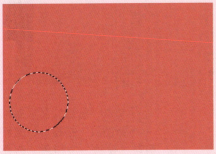

图15-42

03 使用同样的方法，在画面的右上角绘制一个稍小的正圆，效果如图15-44所示。

 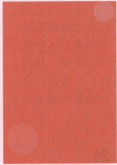

图15-43　　　　　　　图15-44

04 执行"窗口>形状"命令，打开"形状"面板。在面板菜单中执行"旧版形状及其他"命令。选择工具箱中的自定形状工具，在选项栏中设置绘制模式为"形状"，单击"自定形状拾色器"按钮，展开"旧版形状及其他-所有旧版默认形状.csh-符号"，在其中选择一个合适的形状，然后在画面的下方按住鼠标左键拖动绘制一个图形，在选项栏中设置"填充"为粉色、"描边"为无，如图15-45所示。使用同样的方法绘制其他形状，效果如图15-46所示。

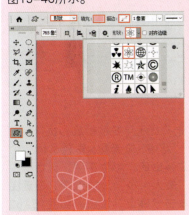 

图15-45　　　　　　　图15-46

05 执行菜单"文件>置入嵌入对象"命令，置入素材"2.png"。执行菜单"图层>栅格化>智能对象"命令，将其移动至合适位置，并在"图层"面板中将素材2所在图层移动至形状下方，如图15-47所示。再次执行菜单"文件>置入嵌入对象"命令，置入礼盒素材"3.png"并栅格化，然后将其移动至画面的左下角，如图15-48所示。

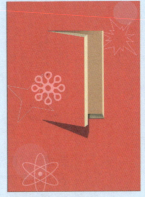 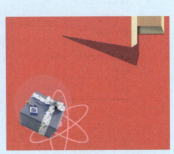

图15-47　　　　　　　图15-48

06 接下来制作礼盒的阴影。在礼盒图层下方新建图层。使用多边形套索工具在礼盒下方绘制一个多边形选区，如图15-49所示。选择工具箱中的渐变工具，在选项栏中单击渐变色条，在弹出的"渐变编辑器"对话框中编辑一个由黑色到透明的渐变颜色，设置完成后单击"确定"按钮。然后按住鼠标左键在选区内拖动填充渐变，如图15-50所示。

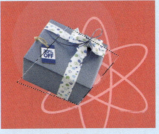 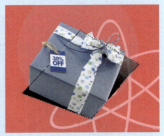

图15-49　　　　　　　图15-50

07 使用快捷键Ctrl+D取消选区，阴影效果如图15-51所示。

08 选择礼盒图层，使用快捷键Ctrl+J将该图层进行复制。然后将复制的礼盒移动至画面的右侧，并执行菜单"编辑>变换>水平翻转"命令，效果如图15-52所示。

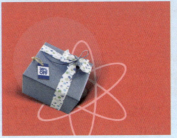 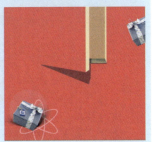

图15-51　　　　　　　图15-52

09 选择右侧礼盒所在的图层，单击"调整"面板中的"色相/饱和度"按钮，在弹出的"属性"面板中设置"色相"为-151，并单击面板底部的"此调整剪切到此图层"按钮，使色相变化只作用于该礼盒图层，如图15-53所示。礼盒调色效果如图15-54所示。

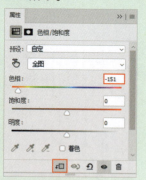

图15-53

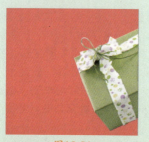

图15-54

10 使用同样的方法，制作画面左上角不同颜色的礼盒，效果如图15-55所示。

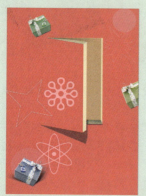

图15-55

实例180 商场促销海报——制作"门"中的人物

01 执行菜单"文件>置入嵌入对象"命令，置入人像素材"1.png"。在"图层"面板中选择人像图层，右击，在弹出的快捷菜单中执行"栅格化图层"命令。然后将人像素材移动至画面的中上部，如图15-56所示。

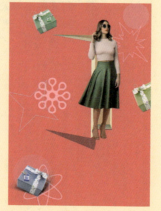

图15-56

02 新建一个图层，使用工具箱中的多边形套索工具在人物素材左侧绘制一个四边形选区，并为其填充与背景色相同的颜色，用来遮挡人物身体的一部分，如图15-57所示。使用同样的方法，绘制另外一个选区，将其填充为淡黄色，作为翻开的图书的厚度，如图15-58所示。

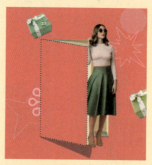

图15-57

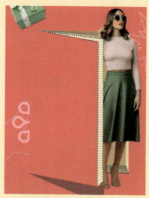

图15-58

03 将粉色的四边形图层移动至形状图层的下方，此时画面效果如图15-59所示。

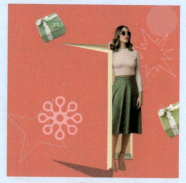

图15-59

04 单击"图层"面板底部的"创建新图层"按钮，创建新图层。将前景色设置为淡粉色，选择工具箱中的画笔工具，在选项栏的画笔预设选取器中选择一个柔边圆画笔，设置画笔"大小"为1000像素、"硬度"为0，如图15-60所示。在画面中单击鼠标左键进行拖动涂抹，效果如图15-61所示。

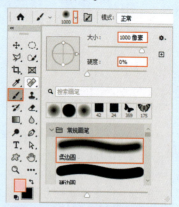

图15-60

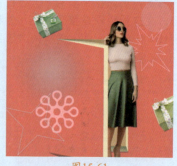

图15-61

05 选择画笔涂抹的图层，执行菜单"滤镜>像素化>彩色半调"命令，在弹出的"彩色半调"对话框中设置"最大半径"为15像素，设置完成后单击"确定"按钮，如图15-62所示。效果如图15-63所示。

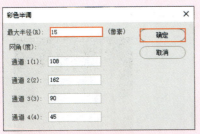

图15-62

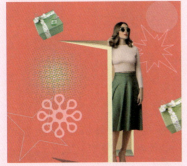

图15-63

06 在"图层"面板中设置该图层的混合模式为"划分",如图15-64所示。图形效果如图15-65所示。

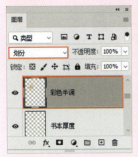

图15-64

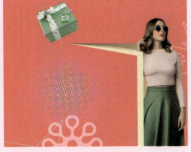

图15-65

07 使用同样的方法制作其他波点图案,效果如图15-66所示。

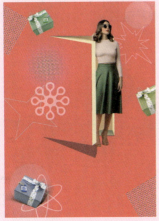

图15-66

"描边宽度"为20像素,效果如图15-67所示。选择工具箱中的横排文字工具,在选项栏中设置合适的字体和字号,设置文本颜色为白色,然后在画面中单击插入光标,输入文字,如图15-68所示。

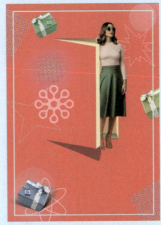

图15-67

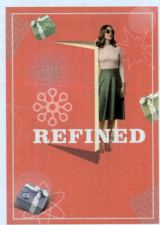

图15-68

09 选择文字图层,执行菜单"图层>图层样式>投影"命令,在弹出的"图层样式"对话框中设置"混合模式"为"正片叠底"、颜色为深粉色、"不透明度"为69%、"角度"为120度、"距离"为10像素、"大小"为2像素,设置完成后单击"确定"按钮,如图15-69所示。文字效果如图15-70所示。

10 使用同样的方法输入副标题文字,并为其添加"投影"图层样式,最终效果如图15-71所示。

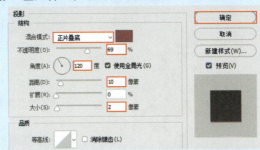

图15-69

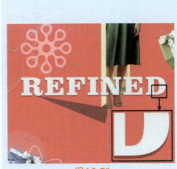

图15-70

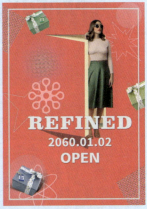

图15-71

第15章 广告设计

291

15.3 唯美电影海报

文件路径	第15章\唯美电影海报
难易指数	★★★★☆
技术掌握	● "曲线"调整图层 ● 图层蒙版 ● 椭圆选框工具

扫码深度学习

操作思路

本案例首先使用"曲线"调整图层进行简单调色，然后使用"图层蒙版"对画面中使用到的元素进行抠图，最后使用横排文字工具在画面中添加装饰文字。

案例效果

案例效果如图15-72所示。

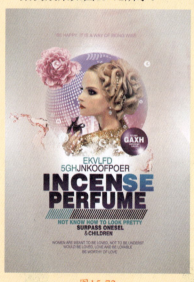
图15-72

实例181 唯美电影海报——制作背景部分

01 新建一个空白文档。执行菜单"文件>置入嵌入对象"命令，置入素材"1.png"，并将该图层栅格化，如图15-73所示。置入素材"2.jpg"，并将该图层栅格化，效果如图15-74所示。

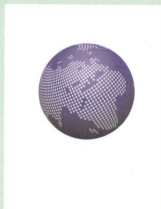
图15-73
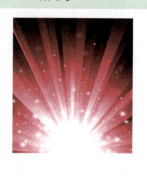
图15-74

02 在"图层"面板中选择"2"图层，设置该图层的混合模式为"变亮"，如图15-75所示。此时画面效果如图15-76所示。

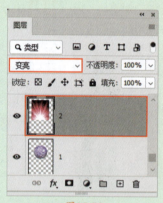
图15-75　　　　　图15-76

03 选择素材"2.jpg"所在的图层，然后单击"图层"面板底部的"添加图层蒙版"按钮，为该图层添加图层蒙版，如图15-77所示。选择该图层的图层蒙版缩览图，使用黑色的柔边圆画笔在画面中按住鼠标左键拖动，将高光以外的部分隐藏，效果如图15-78所示。

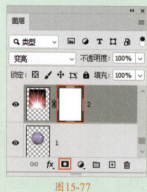
图15-77
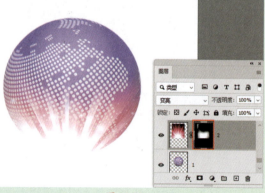
图15-78

实例182　唯美电影海报——制作人物部分

01 置入人像素材"3.jpg",并将该图层栅格化,如图15-79所示。

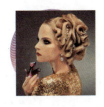

图15-79

02 选择工具箱中的钢笔工具,在选项栏中设置绘制模式为"路径",然后在画面中沿着人像的边缘绘制路径,按快捷键Ctrl+Enter将路径转换为选区,如图15-80所示。单击"图层"面板底部的"添加图层蒙版"按钮,基于选区添加图层蒙版,此时画面效果如图15-81所示。

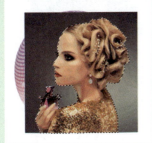

图15-80

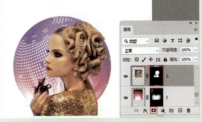

图15-81

03 选择人像图层,单击"调整"面板中的"曲线"按钮,创建新的"曲线"调整图层,在弹出的"属性"面板中设置通道为RGB,在曲线上方单击添加控制点并向上拖动,如图15-82所示。继续在面板中设置通道为"蓝",在曲线上方单击添加控制点并向上拖动。单击面板底部的"此调整剪切到此图层"按钮,如图15-83所示。此时画面效果如图15-84所示。

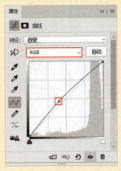

图15-82

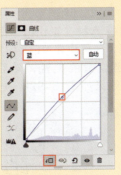

图15-83

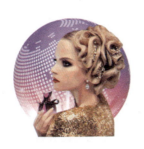

图15-84

04 单击"图层"面板底部的"创建新图层"按钮,创建新图层。选择工具箱中的画笔工具,在选项栏中单击"画笔预设"选取器,在画笔预设选取器中选择一个柔边圆画笔,设置画笔"大小"为50像素、"硬度"为0。在选项栏中设置画笔的"不透明度"为50%。然后设置前景色为白色,设置完成后在画面中人像的下方位置按住鼠标左键拖动,如图15-85所示。使用同样的方法,继续新建一个图层,然后设置前景色为淡灰粉色,在选项栏的画笔预设选取器中设置画笔"大小"为1000像素,然后在人物周围按住鼠标左键拖动,效果如图15-86所示。

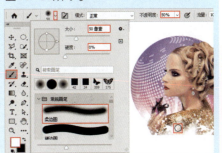

图15-85

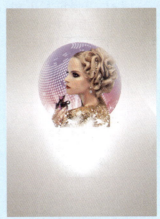

图15-86

05 再次置入素材"2.jpg",然后将其进行旋转,按Enter键完成置入操作。将该图层栅格化,效果如图15-87所示。选择该图层,单击"图层"面板底部的"添加图层蒙版"按钮,为该图层添加图层蒙版。然后使用黑色的柔边圆画笔在光效素材的边缘位置进行涂抹,将生硬的边缘隐藏,效果如图15-88所示。

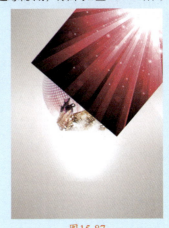

图15-87

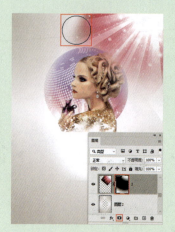

图15-88

06 选择素材"2.jpg"所在的图层，在"图层"面板中设置混合模式为"柔光"，效果如图15-89所示。

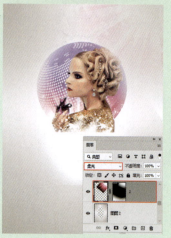

图15-89

07 置入素材"4.png"，调整大小和位置并将其适当旋转，然后将该图层栅格化，如图15-90所示。在"图层"面板中选择该图层，设置该图层的混合模式为"亮光"，画面效果如图15-91所示。

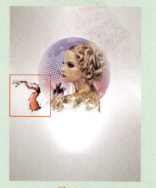

图15-90

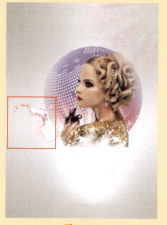

图15-91

08 选择素材"4.png"所在的图层，使用快捷键Ctrl+J复制图层并移动到合适的位置，然后旋转并缩放，效果如图15-92所示。

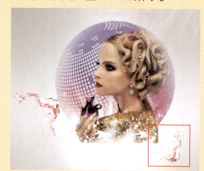

图15-92

09 新建一个图层，设置前景色为浅橙色。然后使用柔边圆画笔在画面中绘制一圈柔和的光晕，效果如图15-93所示。选择该图层，设置混合模式为"正片叠底"，同时适当降低不透明度，效果如图15-94所示。

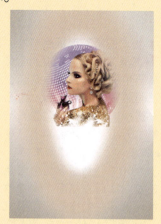

图15-93

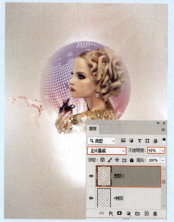

图15-94

实例183 唯美电影海报——添加前景装饰

01 置入花朵素材"5.jpg"，调整大小并将该图层栅格化，效果如图15-95所示。选择花朵图层，再选择工具箱中的魔棒工具，将光标移动到花朵背景上单击得到选区，按Delete键删除背景，使用快捷键Ctrl+D取消选区，效果如图15-96所示。

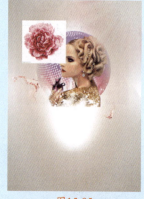

图15-95

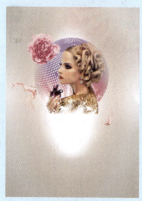

图15-96

02 新建一个图层，选择工具箱中的椭圆选框工具，在画面上绘制一个圆形选框，如图15-97所示。选择工具箱中的渐变工具，在选项栏中单击渐变色条，在弹出的"渐变编辑器"对话框中编辑一个紫色系渐变颜色，然后单击"确定"按钮。在选项栏中设置渐变类型为"径向渐变"，如图15-98所示。

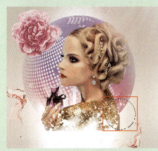

图15-97

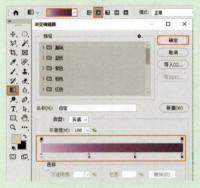

图15-98

03 设置完成后，在画面上按住鼠标左键向下拖动为选区添加渐变颜色。填充完成后可使用画笔工具在图形上适当修饰，使用快捷键Ctrl+D取消选区，效果如图15-99所示。

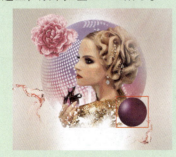

图15-99

04 新建一个图层，将前景色设置为白色，选择工具箱中的画笔工具，在选项栏中单击"画笔设置面板"按钮，在弹出的"画笔设置"面板中选择一个星形的笔刷，如图15-100所示。在圆形的下方单击进行绘制，效果如图15-101所示。

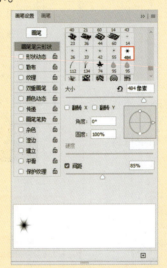

图15-100

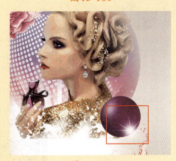

图15-101

05 选择工具箱中的横排文字工具，在选项栏中设置合适的字体和字号，设置文本颜色为紫色，在画面中单击输入文字，如图15-102所示。选择文字图层，执行菜单"图层>图层样式>渐变叠加"命令，在弹出的"图层样式"对话框中设置"混合模式"为"正常"、"渐变"为紫色系的渐变颜色、"样式"为"线性"，如图15-103所示。

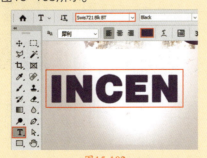

图15-102

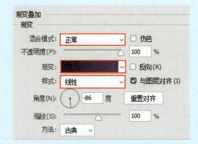

图15-103

06 设置完成后单击"确定"按钮，文字效果如图15-104所示。

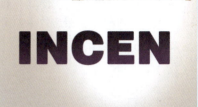

图15-104

07 使用同样的方法制作其他文字，效果如图15-105所示。

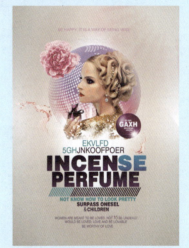

图15-105

08 接下来制作气泡图形。新建一个图层，使用椭圆选框工具在画面中绘制一个正圆选区并将其填充为白色，效果如图15-106所示。选择工具箱中的橡皮擦工具，在选项栏中选择一个柔边圆画笔笔尖，并设置合适的不透明度，然后在圆形的右上方单击进行擦除，如果单击一次没有制作出半透明的效果，可以多单击几次，效果如图15-107所示。

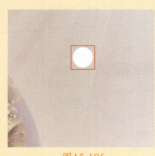
图15-106

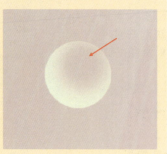
图15-107

09 在圆形的右上角再次绘制一个白色的正圆,气泡图形制作完成,效果如图15-108所示。

10 将气泡图形进行复制,使其分散在画面的相应位置,如图15-109所示。最终效果如图15-110所示。

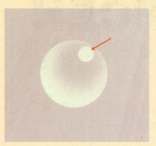
图15-108

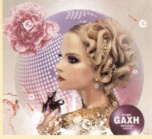
图15-109

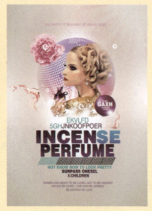
图15-110

15.4 促销活动网页广告

文件路径	第15章\促销活动网页广告
难易指数	★★★★★
技术掌握	● 钢笔工具 ● 图层样式 ● 横排文字工具

扫码深度学习

操作思路

本案例中,首先使用钢笔工具绘制渐变形状,然后使用"图层样式"为新置入的素材添加效果,最后在画面中输入富有艺术效果的文字。

案例效果

案例效果如图15-111所示。

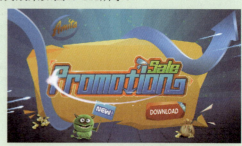
图15-111

操作步骤

实例184 促销活动网页广告——制作左上角图标

01 执行菜单"文件>打开"命令,打开素材"1.jpg",如图15-112所示。

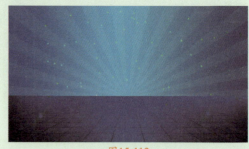
图15-112

02 执行菜单"文件>置入嵌入对象"命令,置入标志素材"2.png"并放置在文档左上角,按Enter键确认操作。选择该图层,右击,在弹出的快捷菜单中执行"栅格化图层"命令,效果如图15-113所示。

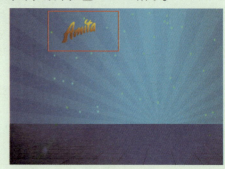
图15-113

03 接下来为标志添加效果。选择标志图层,执行菜单"图层>图层样式>斜面和浮雕"命令,在弹出的"图层样式"对话框中设置斜面和浮雕的"样式"为"内斜面"、"方法"为"平滑"、"深度"为100%、

"方向"为"上"、"大小"为4像素、"软化"为0像素、"角度"为120度、"高度"为0度，调整"光泽等高线"，设置"高光模式"为"滤色"、颜色为白色、"不透明度"为75%、"阴影模式"为"正片叠底"、颜色为黑色、"不透明度"为75%，如图15-114所示。

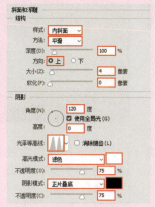

图15-114

04 在"图层样式"对话框左侧的列表框中勾选"描边"复选框，设置描边的"大小"为3像素、"位置"为"外部"、"混合模式"为"正常"、"不透明度"为100%、"填充类型"为"颜色"、"颜色"为深蓝色，如图15-115所示。

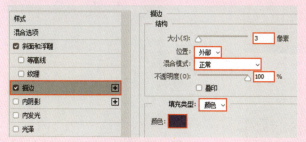

图15-115

05 在"图层样式"对话框左侧的列表框中勾选"渐变叠加"复选框，设置渐变叠加的"混合模式"为"滤色"、"不透明度"为100%、"渐变"为黄色系的渐变颜色、"样式"为"线性"、"角度"为90度、"缩放"为100%，单击"确定"按钮，如图15-116所示。效果如图15-117所示。

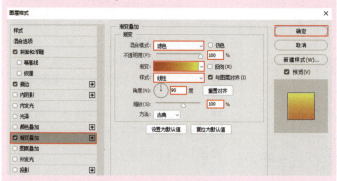

图15-116

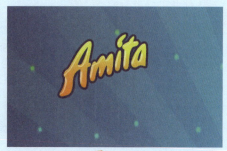

图15-117

06 接下来绘制标志边缘图案。选择工具箱中的钢笔工具，在选项栏中设置绘制模式为"形状"，在字母周围绘制标志边缘图案，如图15-118所示。

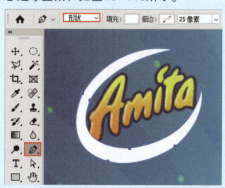

图15-118

07 接下来为标志边缘图案添加效果。选择边缘图层，执行菜单"图层>图层样式>渐变叠加"命令，在弹出的"图层样式"对话框中设置渐变叠加的"混合模式"为"正常"、"不透明度"为100%、"渐变"为蓝色系的渐变颜色、"样式"为"线性"、"角度"为90度、"缩放"为100%，单击"确定"按钮，如图15-119所示。在"图层"面板中将该图层移动到标志素材图层下方，效果如图15-120所示。

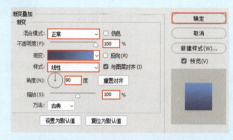

图15-119

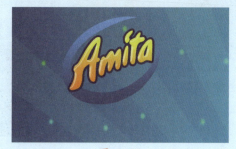

图15-120

实例185 促销活动网页广告——制作主体文字背景

01 首先绘制多边形形状。选择工具箱中的钢笔工具，在选项栏中设置绘制模式为"形状"，在画面中间位置绘制一个多边形，单击"填充"按钮，在下拉面板中设置填充类型为"渐变"，接着在下方编辑一个黄色系渐变颜色，设置渐变方式为"线性"、"角度"为90，此时画面效果如图15-121所示。

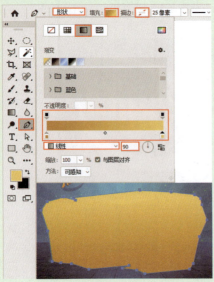

图15-121

02 接下来在多边形四周绘制三角形图形。选择工具箱中的钢笔工具，在选项栏中设置绘制模式为"形状"，在多边形左上角绘制一个三角形图形，在选项栏中设置"填充"为橙黄色、"描边"为无，如图15-122所示。

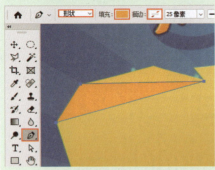

图15-122

03 使用同样的方法，在多边形四周绘制不同颜色的多边形图形，画面效果如图15-123所示。

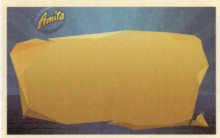

图15-123

04 接下来绘制多边形四周的三角体。选择工具箱中的钢笔工具，在选项栏中设置绘制模式为"形状"，在多边形左下角绘制一个三角形图形，在选项栏中设置"填充"为橙黄色、"描边"为无，如图15-124所示。使用同样的方法，在三角形图形左侧和下方绘制另外两个三角形图形，使之呈现厚度感，效果如图15-125所示。

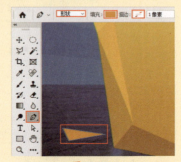

图15-124

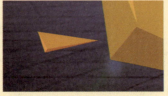

图15-125

05 按住Ctrl键选择三角形图形的所有图层，使用快捷键Ctrl+J进行复制，得到新的三角形图形图层，继续使用快捷键Ctrl+T调出定界框，通过拖动控制点将新三角形图形旋转缩放，并移动至原三角形图形下方，按Enter键完成操作，效果如图15-126所示。

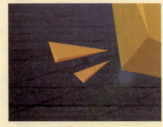

图15-126

06 接下来绘制不同颜色的三角体。使用同样的方法，在画面右下角绘制不同颜色的三角形图形，并在下方复制一个稍小的三角形图形，如图15-127所示。

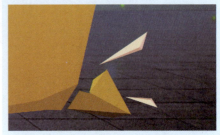

图15-127

07 接下来绘制曲线箭头。选择工具箱中的钢笔工具，在选项栏中设置绘制模式为"形状"，在多边形左侧绘制一个曲线形状的图形，在选项栏中设置"填充"为蓝色系渐变、"描边"为无，如图15-128所示。

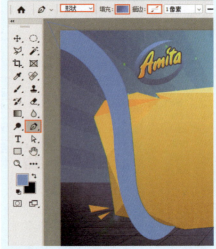

图15-128

08 继续使用钢笔工具，在选项栏中设置绘制模式为"形状"，在上一个图形的右侧绘制多边形，在选项栏中单击"填充"按钮，在下拉面板中设置填充类型为"渐变"，接着在下方编辑一个蓝色系渐变颜色，设置渐变方式为"线性"、"角度"为90、"描边"为无，如图15-129所示。选择该图层，执行菜单"图层>创建剪贴蒙版"命令，此时画面效果如图15-130所示。

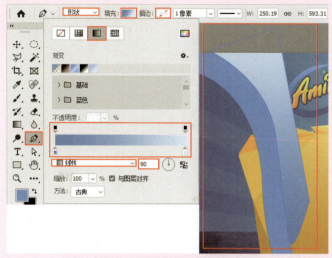

图15-129

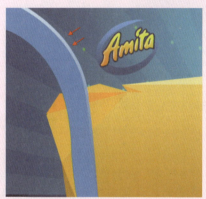

图15-130

09 按照同样的方法，使用钢笔工具在箭身下方绘制一个浅蓝色侧边，如图15-131所示。此时画面效果如图15-132所示。

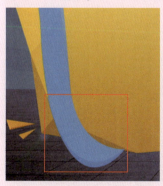   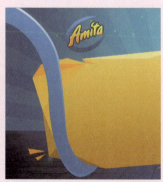

图15-131　　　　　　图15-132

10 绘制箭头的另外一个部分。选择工具箱中的钢笔工具，在选项栏中设置绘制模式为"形状"，在画面右侧绘制箭头。接着单击选项栏中的"填充"按钮，在下拉面板中设置填充类型为"渐变"，在下方编辑一个蓝色系渐变颜色，设置渐变方式为"线性"、"角度"为90，此时画面效果如图15-133所示。

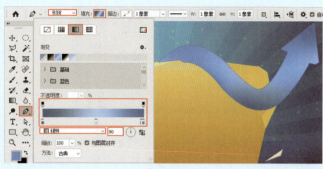

图15-133

11 接下来为箭头制作侧边。选择工具箱中的钢笔工具，在选项栏中设置绘制模式为"形状"，在箭身上侧绘制形状，单击"填充"按钮，在下拉面板中设置填充类型为"渐变"，接着在下方编辑一个白色系渐变颜色，设置渐变方式为"线性"、"角度"为90、"描边"为无，如图15-134所示。使用同样的方法，绘制箭头的其他侧边，效果如图15-135所示。

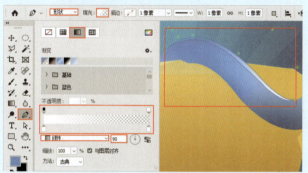

图15-134

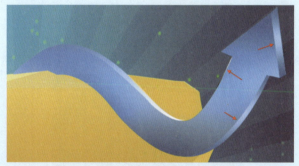

图15-135

实例186　促销活动网页广告——制作主体文字

01 首先制作主体文字。选择工具箱中的横排文字工具，在选项栏中设置合适的字体和字号，设置文本颜色为青色，然后在画面中单击插入光标，输入文字，效果如图15-136所示。

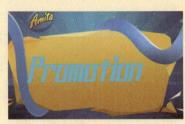

图15-136

02 继续使用钢笔工具,在选项栏中设置绘制模式为"形状",在字母"t"下方绘制多边形,在选项栏中设置"填充"为青色,如图15-137所示。继续在字母"n"右侧绘制多边形,此时文字效果如图15-138所示。

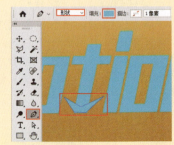

图15-137

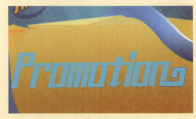

图15-138

03 按住Shift键加选主标题文字图层和两个多边形图层,使用快捷键Ctrl+J将其复制,使用快捷键Ctrl+E将复制的图层合并。继续在主标题右上方输入副标题文字,如图15-139所示。使用同样的方法将副标题文字图层复制。

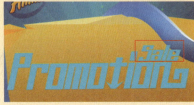

图15-139

04 接下来为主标题文字添加效果。选择复制合并后的主标题文字图层,执行菜单"图层>图层样式>斜面和浮雕"命令,在弹出的"图层样式"对话框的左侧列表框中勾选"斜面和浮雕"选项下的"等高线"复选框,然后设置斜面和浮雕的"样式"为"内斜面"、"方法"为"平滑"、"深度"为100%、"方向"为"上"、"大小"为5像素、"软化"为0像素、"角度"为120度、"高度"为0度、"高光模式"为"滤色"、颜色为白色、"不透明度"为75%、"阴影模式"为"正片叠底"、颜色为黑色、"不透明度"为75%,如图15-140所示。

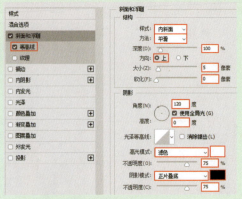

图15-140

05 在"图层样式"对话框左侧的列表框中勾选"描边"复选框,设置描边的"大小"为4像素、"位置"为"外部"、"混合模式"为"正常"、"不透明度"为100%、"填充类型"为"颜色"、"颜色"为深蓝色,如图15-141所示。

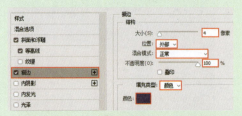

图15-141

06 在"图层样式"对话框左侧的列表框中勾选"内发光"复选框,设置内发光的"混合模式"为"柔光"、"不透明度"为45%、"杂色"为0、颜色为白色、"方法"为"柔和"、"源"为"边缘"、"阻塞"为0、"大小"为5像素、"范围"为50%、"抖动"为0,如图15-142所示。

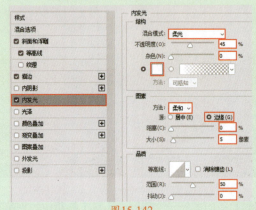

图15-142

07 在"图层样式"对话框左侧的列表框中勾选"渐变叠加"复选框,设置渐变叠加的"混合模式"为"正常"、"不透明度"为100%、"渐变"为蓝色系渐变、"样式"为"线性"、"角度"为90度、"缩放"为89%,单击"确定"按钮,如图15-143所示。效果如图15-144所示。

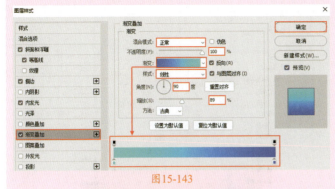

图15-143

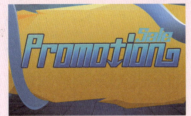

图15-144

08 接下来更改副标题颜色。选择复制得到的副标题图层，按住Ctrl键单击副标题图层缩览图，载入选区，如图15-145所示。将前景色设置为绿色，使用快捷键Alt+Delete进行填充改变副标题颜色，然后使用快捷键Ctrl+D取消选区，效果如图15-146所示。

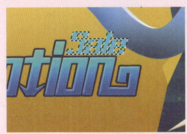

图15-145

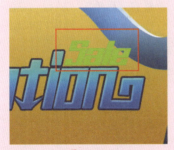

图15-146

09 接下来为副标题文字添加效果。选择副标题文字图层，执行菜单"图层>图层样式>斜面和浮雕"命令，在弹出的"图层样式"对话框的左侧列表框中勾选"斜面和浮雕"选项下的"等高线"复选框，设置斜面和浮雕的"样式"为"内斜面"、"方法"为"平滑"、"深度"为100%、"方向"为"上"、"大小"为5像素、"软化"为0像素、"角度"为120度、"高度"为0度、"高光模式"为"滤色"、颜色为白色、"不透明度"

为75%、"阴影模式"为"正片叠底"、颜色为黑色、"不透明度"为75%，如图15-147所示。

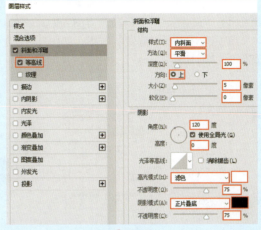

图15-147

10 在"图层样式"对话框左侧的列表框中勾选"描边"复选框，设置描边的"大小"为4像素、"位置"为"外部"、"混合模式"为"正常"、"不透明度"为100%、"填充类型"为"颜色"、"颜色"为深绿色，如图15-148所示。

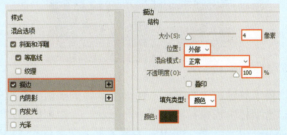

图15-148

11 在"图层样式"对话框左侧的列表框中勾选"内发光"复选框，设置内发光的"混合模式"为"滤色"、"不透明度"为75%、颜色为浅黄色、"方法"为"柔和"、"源"为"边缘"、"大小"为5像素、"范围"为50%，如图15-149所示。

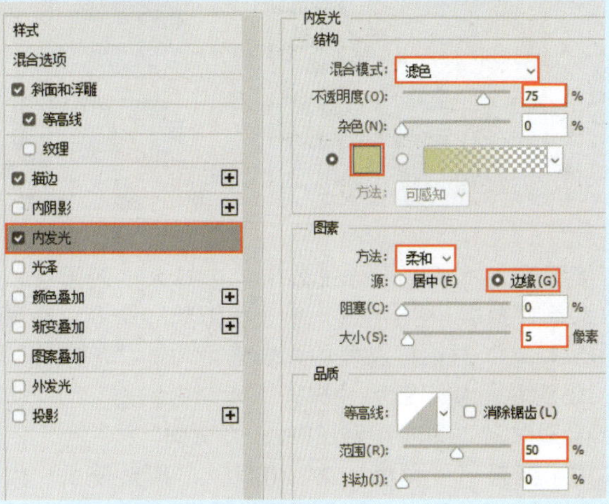

图15-149

12 在"图层样式"对话框左侧的列表框中勾选"渐变叠加"复选框,设置渐变叠加的"混合模式"为"变暗"、"不透明度"为100%、"渐变"为绿色系渐变、"样式"为"线性"、"角度"为87度、"缩放"为72%,设置完成后单击"确定"按钮,如图15-150所示。效果如图15-151所示。

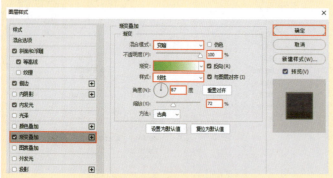

图15-150

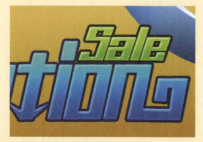

图15-151

13 接下来绘制水滴图形。选择工具箱中的钢笔工具,在选项栏中设置绘制模式为"形状",在副标题左侧绘制水滴形状,设置"填充"为蓝色系渐变颜色、"描边"为无,效果如图15-152所示。使用同样的方法绘制下方的小水滴图形,如图15-153所示。

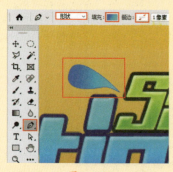

图15-152　　　　图15-153

14 接下来为水滴图形添加效果。选择大水滴图层,执行菜单"图层>图层样式>斜面和浮雕"命令,在弹出的"图层样式"对话框左侧的列表框中勾选"等高线"复选框,设置斜面和浮雕的"样式"为"内斜面"、"方法"为"平滑"、"深度"为100%、"方向"为"上"、"大小"为5像素、"角度"为120度、"高光模式"为"滤色"、颜色为白色、"不透明度"为75%、"阴影模式"为

"正片叠底"、颜色为黑色、"不透明度"为75%,如图15-154所示。

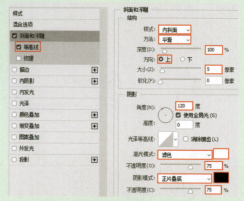

图15-154

15 在"图层样式"对话框左侧的列表框中勾选"描边"复选框,设置描边的"大小"为3像素、"位置"为"外部"、"混合模式"为"正常"、"不透明度"为100%、"填充类型"为"颜色"、"颜色"为深蓝色,如图15-155所示。

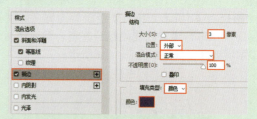

图15-155

16 在"图层样式"对话框左侧的列表框中勾选"内发光"复选框,设置内发光的"混合模式"为"滤色"、"不透明度"为75%、颜色为浅黄色、"方法"为"柔和"、"源"为"边缘"、"大小"为5像素、"范围"为50%,设置完成后单击"确定"按钮,如图15-156所示。效果如图15-157所示。选择大水滴图层,右击,在弹出的快捷菜单中执行"拷贝图层样式"命令,然后选择小水滴图层,右击,执行"粘贴图层样式"命令,此时效果如图15-158所示。

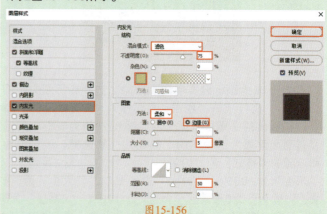

图15-156

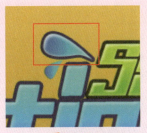
图15-157

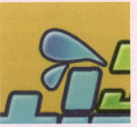
图15-158

17 接下来制作文字轮廓。执行菜单"文件>置入嵌入对象"命令,置入背景素材"1.jpg",按Enter键确认置入操作,放在文字图层下层,如图15-159所示。选择工具箱中的钢笔工具,在选项栏中设置绘制模式为"路径",沿着文字外围绘制文字轮廓,如图15-160所示。

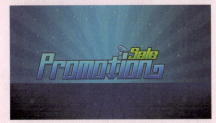
图15-159

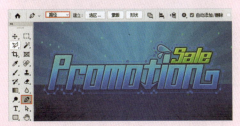
图15-160

18 使用快捷键Ctrl+Enter载入选区,在"图层"面板中选择刚刚置入的背景素材"1.jpg"所在的图层,接着单击面板底部的"添加图层蒙版"按钮,此时文字轮廓如图15-161所示。

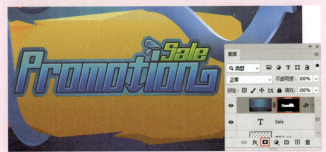
图15-161

19 选择文字轮廓图层,执行菜单"图层>图层样式>描边"命令,在弹出的"图层样式"对话框中设置描边的"大小"为3像素、"位置"为"外部"、"混合模式"为"正常"、"不透明度"为72%、"填充类型"为"颜色"、"颜色"为白色,设置完成后单击"确定"按钮,如图15-162所示。效果如图15-163所示。

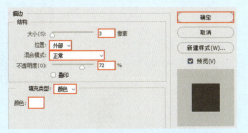
图15-162

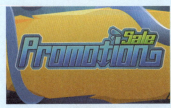
图15-163

20 选择文字轮廓图层,单击"调整"面板中的"色相/饱和度"按钮,创建新的"色相/饱和度"调整图层,在弹出的"属性"面板中设置"色相"为–170、"饱和度"为+60、"明度"为0,单击面板底部的"此调整剪切到此图层"按钮,如图15-164所示。设置完成后效果如图15-165所示。

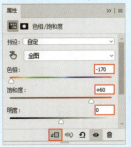
图15-164

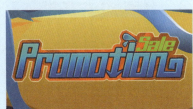
图15-165

21 绘制小标志。选择工具箱中的钢笔工具,在选项栏中设置绘制模式为"形状",在主标题右侧绘制形状,在选项栏中设置"填充"为橙色、"描边"为无,效果如图15-166所示。

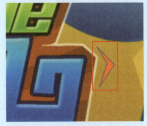
图15-166

22 为小标志添加效果。选择小标志图层,执行菜单"图层>图层样式>描边"命令,在弹出的"图层样式"对话框中设置描边的"大小"为3像素、"位置"为"外部"、"混合模式"为"正常"、"不透明度"为76%、"填充类型"为"颜色"、"颜色"为白色,设置完成后单击"确定"按钮,如图15-167所示。效果如

图15-168所示。

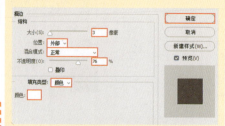

图15-167

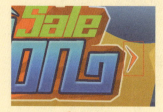

图15-168

23 复制小标志。使用快捷键Ctrl+J将小标志图层复制，然后按快捷键Ctrl+T，在画面中右击，在弹出的快捷菜单中执行"水平翻转"命令，效果如图15-169所示，按住鼠标左键拖动该图像，将其顺时针旋转至合适的角度，如图15-170所示。

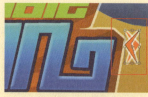

图15-169

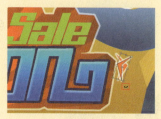

图15-170

24 将其移动至主标题左侧上方，按Enter键结束变换，效果如图15-171所示。

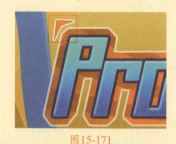

图15-171

实例187 促销活动网页广告——制作其他图形

01 绘制红色按钮。选择工具箱中的钢笔工具，在选项栏中设置绘制模式为"形状"，在主标题右下方绘制按钮形状，单击"填充"按钮，在下拉面板中设置填充类型为"渐变"，接着在下方编辑一个红色系渐变颜色，设置渐变方式为"线性"、"角度"为90度，设置"描边"为无，如图15-172所示。

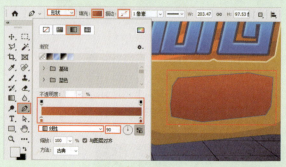

图15-172

02 为红色按钮制作立体感侧边。使用同样的方法，在红色按钮上方绘制一个不同渐变颜色的侧边，如图15-173所示。继续在左下方和右侧绘制纯色的侧边，使整个红色按钮有立体效果，如图15-174所示。

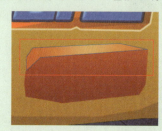

图15-173　　　　　　图15-174

03 输入新文字。选择工具箱中的横排文字工具，在选项栏中设置合适的字体和字号，设置文本颜色为白色，然后在红色按钮上方单击插入光标，输入文字。选中文字图层，使用快捷键Ctrl+T进行自由变换，将文字旋转至合适的角度，效果如图15-175所示。

04 选择工具箱中的钢笔工具，在选项栏中设置绘制模式为"形状"，在主标题右侧绘制一个梯形形状，单击"填充"按钮，在下拉面板中设置填充类型为"渐变"，接着在下方编辑一个蓝色系渐变颜色，设置渐变方式为"线性"、"角度"为90度、"描边"为无，如图15-176所示。

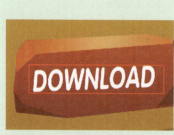

图15-175　　　　　　图15-176

05 继续使用横排文字工具在梯形形状上单击插入光标，输入文字，如图15-177所示。按自由变换快捷键Ctrl+T，使用鼠标左键拖动控制点将其顺时针旋转至合适的角度，使其贴合梯形形状，如图15-178所示。按Enter键结束变换。

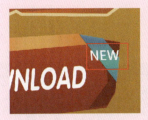
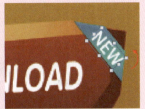

图15-177　　　　　图15-178

06 执行菜单"文件>置入嵌入对象"命令，置入素材"3.png"，按Enter键确认操作，如图15-179所示。

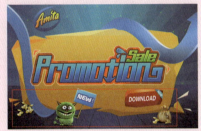

图15-179

07 继续置入素材"4.jpg"，在"图层"面板中设置该图层的混合模式为"滤色"，如图15-180所示。最终画面效果如图15-181所示。

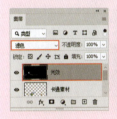
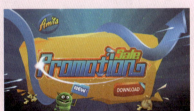

图15-180　　　　　图15-181

15.5 紫色梦幻感网页广告

文件路径	第15章\紫色梦幻感网页广告
难易指数	★★★★★
技术掌握	● 横排文字工具　● 钢笔工具 ● 图层样式　● 图层蒙版

扫码深度学习

操作思路

在本案例的制作过程中，首先使用横排文字工具在画面中输入艺术字，然后使用"图层样式"为文字添加特殊效果，最后使用钢笔工具绘制文字周围的装饰元素。

案例效果

案例效果如图15-182所示。

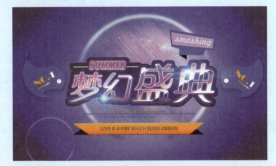

图15-182

实例188　紫色梦幻感网页广告——制作炫彩背景

01 新建一个宽度为950像素、高度为560像素的文档。设置前景色为紫色，使用快捷键Alt+Delete进行填充，效果如图15-183所示。

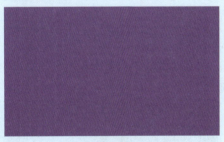

图15-183

02 执行菜单"文件>置入嵌入对象"命令，置入炫彩素材"1.jpg"，按Enter键确认操作。在"图层"面板中选择该图层并右击，在弹出的快捷菜单中执行"栅格化图层"命令，效果如图15-184所示。

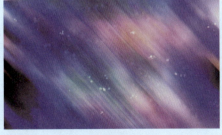

图15-184

03 在"图层"面板中选择该图层，单击面板底部的"添加图层蒙版"按钮，为该图层添加图层蒙版。然后选择工具箱中的画笔工具，在选项栏中单击"画笔预设"选取器，在画笔预设选取器中选择一个柔边圆画笔，设置画笔"大小"为500像素，将前景色设置为黑色，如图15-185所示。设置完成后，在画面四周按住鼠标左键拖动进行涂抹，蒙版效果如图15-186所示。画面效果如图15-187所示。

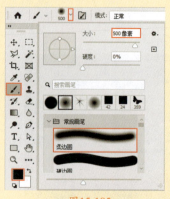
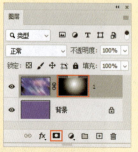

图15-185　　　　　图15-186

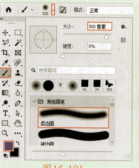
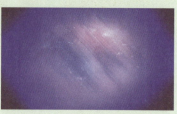

图15-191　　　　　图15-192

06 绘制彩色光环。选择工具箱中的椭圆工具，然后在选项栏中设置绘制模式为"形状"，在画面下方按住Shift键并按住鼠标左键拖动绘制图形，再在选项栏中设置"填充"为无，单击"描边"按钮，在下拉面板中设置填充类型为"渐变"，接着在下方编辑一个由紫色到粉色再到白色的渐变颜色，设置渐变方式为"线性"、"角度"为90度，设置"描边宽度"为6像素，得到彩色圆环，效果如图15-193所示。

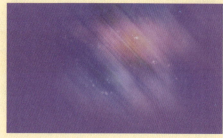

图15-187

04 置入素材"2.jpg"，按Enter键结束操作，将该图层栅格化，如图15-188所示。然后在"图层"面板中选择该图层，设置图层混合模式为"滤色"，如图15-189所示。画面效果如图15-190所示。

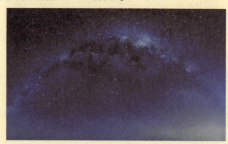

图15-188

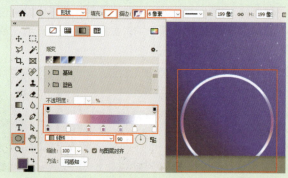

图15-193

07 在"图层"面板中选择彩色光环图层，设置图层混合模式为"柔光"，如图15-194所示。此时光环效果如图15-195所示。选中该图层并右击，在弹出的快捷菜单中执行"栅格化图层"命令，将其栅格化。

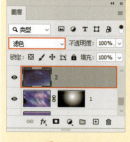
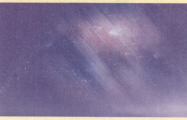

图15-189　　　　　图15-190

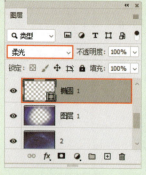
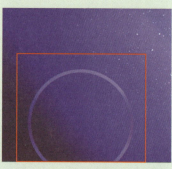

图15-194　　　　　图15-195

05 单击"图层"面板底部的"创建新图层"按钮，创建一个新图层。选择工具箱中的画笔工具，在选项栏中单击"画笔预设"选取器，在画笔预设选取器中选择一个柔边圆画笔，设置画笔"大小"为500像素，将前景色设置为蓝紫色，如图15-191所示。设置完成后在画面四角处按住鼠标左键拖动进行涂抹，效果如图15-192所示。

08 选择彩色光环图层，使用快捷键Ctrl+J将其复制，然后将复制的光环移动到画面中心，使用快捷键Ctrl+T调出定界框，如图15-196所示。按住鼠标左键拖动控制点将复制的光环等比扩大，按Enter键完成操作。在"图层"

面板中设置该图层的混合模式为"正常",此时光环效果如图15-197所示。

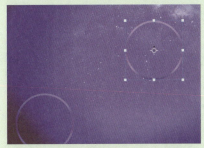

图15-196

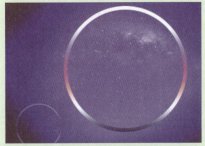

图15-197

09 选择大光环图层,执行菜单"滤镜>模糊>高斯模糊"命令,在弹出的"高斯模糊"对话框中设置"半径"为5像素,然后单击"确定"按钮,如图15-198所示。此时光环效果如图15-199所示。

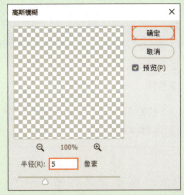

图15-198

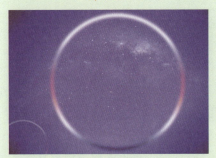

图15-199

10 选择该图层,然后选择工具箱中的橡皮擦工具,在选项栏中单击"画笔预设"选取器,在画笔预设选取器中选择一个柔边圆画笔笔尖,设置画笔"大小"为200像素,如图15-200所示。设置完成后在画面中大光环下方位置按住鼠标左键拖动进行涂抹,此时效果如图15-201所示。

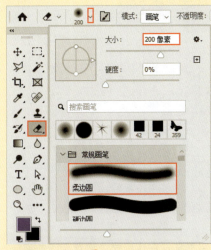

图15-200

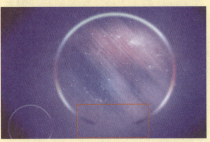

图15-201

11 使用同样的方法,在大光环右侧绘制一个小的彩色光环并将其移动至大光环下方,如图15-202所示。

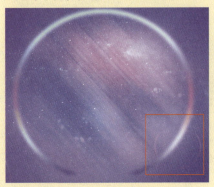

图15-202

实例189 紫色梦幻感网页广告——制作主体文字

01 选择工具箱中的横排文字工具,在选项栏中设置合适的字体和字号,设置文本颜色为蓝色,然后在画面中单击插入光标,输入文字,如图15-203所示。

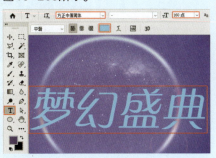

图15-203

02 在使用横排文字工具的状态下,在文字"梦"的左侧单击插入光标,然后按住鼠标左键拖动将"梦幻"两字选中,如图15-204所示。在选项栏中将字号调小,然后按快捷键Ctrl+Enter提交操作,文字效果如图15-205所示。

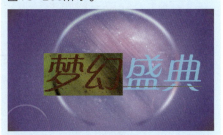

图15-204

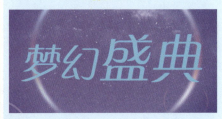

图15-205

03 打开素材文件夹,将素材"3.asl"拖动到Photoshop界面内,如图15-206所示。选择文字图层,执行菜单"窗口>样式"命令,在弹出的"样式"面板中单击刚刚载入的样式,如图15-207所示。此时文字效果如图15-208所示。

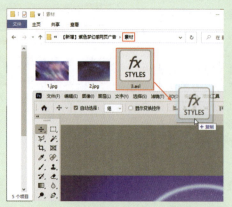

图15-206

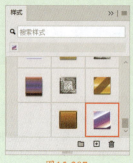

图15-207

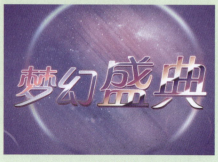

图15-208

04 接下来输入新文字。继续使用横排文字工具，在选项栏中设置合适的字体和字号，设置文本颜色为白色，然后在主标题左上方单击插入光标，输入文字，效果如图15-209所示。

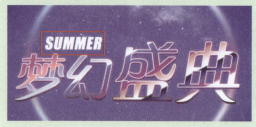

图15-209

05 继续将素材"4.asl"拖动到Photoshop界面中。选择文字图层，在"样式"面板中单击刚刚载入的样式，如图15-210所示。此时副标题文字效果如图15-211所示。

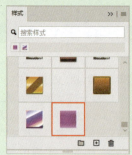

图15-210

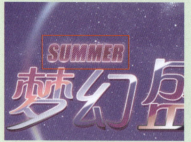

图15-211

06 新建一个图层，选择工具箱中的矩形选框工具，在选项栏中单击"添加到选区"按钮，在副标题左右两侧按住鼠标左键拖动绘制矩形选区，将前景

色设置为白色，使用快捷键Alt+Delete进行填充，效果如图15-212所示。

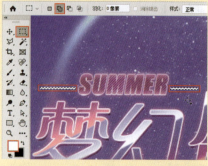

图15-212

07 按住Ctrl键加选两个文字图层和矩形图层，然后使用快捷键Ctrl+Shift+Alt+E将图层盖印，得到新图层。选择新图层，按住Ctrl键单击该图层的缩览图，得到选区，如图15-213所示。执行菜单"选择>修改>扩展"命令，在弹出的"扩展选区"对话框中设置"扩展量"为14像素，设置完成后单击"确定"按钮，如图15-214所示。

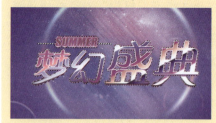

图15-213

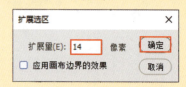

图15-214

08 此时画面效果如图15-215所示。

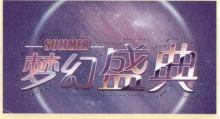

图15-215

09 选择工具箱中的多边形套索工具，然后在选项栏中单击"添加

到选区"按钮,在文字选区中沿文字内部镂空的区域进行绘制,如图15-216所示。使用同样的方法,在其他文字选区内绘制多边形,得到完整文字轮廓,如图15-217所示。

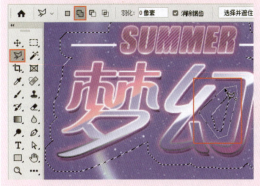
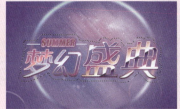

图15-216　　　　　　　　　图15-217

10 新建一个图层,将前景色设置为深蓝紫色,使用快捷键Alt+Delete进行填充,效果如图15-218所示。然后使用快捷键Ctrl+D取消选区,将轮廓图层拖动至文字图层之下,效果如图15-219所示。

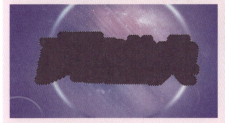
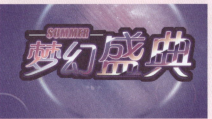

图15-218　　　　　　　　　图15-219

实例190　紫色梦幻感网页广告——制作其他图形

01 选择工具箱中的钢笔工具,在选项栏中设置绘制模式为"形状",在画面主标题右上角绘制一个多边形,在选项栏中设置"填充"为蓝紫色、"描边"为无,如图15-220所示。使用同样的方法,在该多边形上方绘制一个粉色的四边形,如图15-221所示。

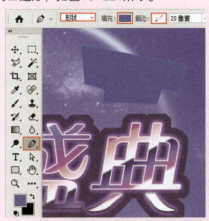
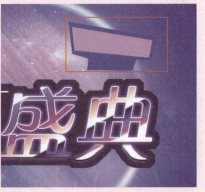

图15-220　　　　　　　　　图15-221

02 制作多边形阴影。使用同样的方法,在多边形下方绘制一个黑色的小三角形,如图15-222所示。

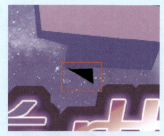

图15-222

03 输入新文字。使用横排文字工具,在选项栏中设置合适的字体和字号,设置文字颜色为浅紫色,在多边形中输入文字,使用快捷键Ctrl+T进行自由变换,将文字旋转至合适的角度,效果如图15-223所示。

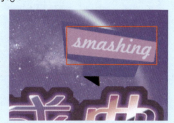

图15-223

04 选择工具箱中的钢笔工具,在选项栏中设置绘制模式为"形状",在画面主标题文字下方绘制一个四边形,在选项栏中设置"填充"为深蓝色、"描边"为无,画面效果如图15-224所示。使用同样的方法,在梯形上方绘制一个橙色四边形,如图15-225所示。

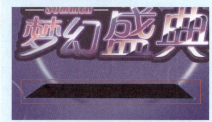

图15-224

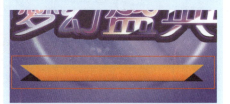

图15-225

05 制作橙色四边形的高光。新建一个图层,选择工具箱中的椭圆选框工具，在选项栏中设置"羽化"数值为5像素，在橙色四边形上方绘制一个椭圆选区，将前景色设置为淡黄色，使用快捷键Alt+Delete进行填充，如图15-226所示。按快捷键Ctrl+D取消选区，接着执行菜单"图层>创建剪贴蒙版"命令，此时橙色梯形效果如图15-227所示。

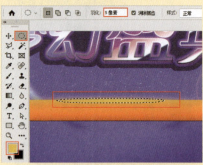

图15-226

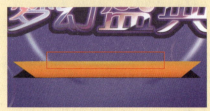

图15-227

06 接下来输入新文字。选择工具箱中的横排文字工具，在选项栏中设置合适的字体和字号，设置文本颜色为黄色，然后在梯形上方单击插入光标，输入文字，如图15-228所示。

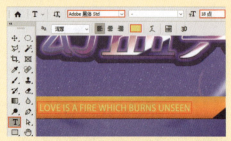

图15-228

07 为文字更改颜色。选择该文字图层，使用快捷键Ctrl+J将文字图层复制，在使用横排文字工具的状态下，单击选项栏中的文本颜色按钮，更改文本颜色为红色。此时文字效果如图15-229所示。

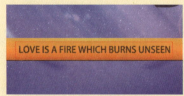

图15-229

08 在字母"W"的左侧单击插入光标，然后按住鼠标左键拖动，将字母"WHICH BURNS"选中，如图15-230所示。将选中的字母更改为紫色，效果如图15-231所示。

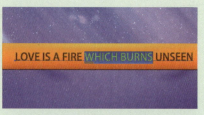

图15-230

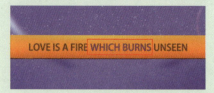

图15-231

09 选择该图层，将文字向左上方微移，此时会露出下方的黄色文字，文字会呈现出一种微妙的立体感，如图15-232所示。

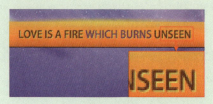

图15-232

10 使用同样的方法在梯形上方输入文字，并为一些字母更改颜色，如图15-233所示。

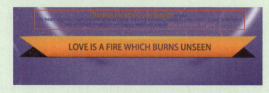

图15-233

11 选择工具箱中的钢笔工具，在选项栏中设置绘制模式为"形状"，在画面主标题左侧绘制一个图形，在选项栏中设置"填充"为深蓝色、"描边"为无，如图15-234所示。

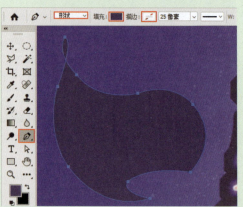

图15-234

12 为该图形添加"投影"效果。选择该图层,执行菜单"图层>图层样式>投影"命令,在弹出的"图层样式"对话框中设置投影的"混合模式"为"正片叠底"、颜色为紫色、"不透明度"为100%、"角度"为112度、"距离"为9像素、"扩展"为20%、"大小"为16像素,如图15-235所示。设置完成后单击"确定"按钮,效果如图15-236所示。

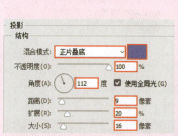
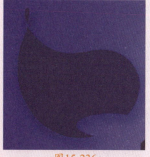

图15-235　　　　　图15-236

13 在"图层"面板中选择该图层,设置图层混合模式为"滤色",如图15-237所示。此时图形效果如图15-238所示。

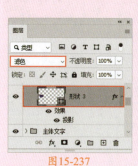
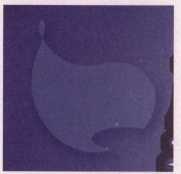

图15-237　　　　　图15-238

14 选择工具箱中的椭圆工具,在选项栏中设置绘制模式为"形状",在图形右侧按住Shift键并按住鼠标左键拖动绘制一个正圆,在选项栏中设置"填充"为白色、"描边"为无,效果如图15-239所示。

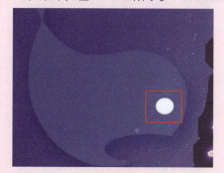

图15-239

15 接下来输入新文字。选择工具箱中的横排文字工具,在选项栏中设置合适的字体和字号,设置文本颜色为白色,然后在图形上方单击插入光标,输入文字,效果如图15-240所示。

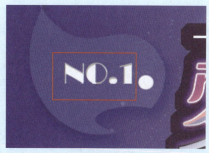

图15-240

16 为文字更改颜色。在使用横排文字工具的状态下,在字母"N"的左侧单击插入光标,按住鼠标左键拖动将字母"NO."选中,如图15-241所示。然后在选项栏中更改文本颜色为黄色,此时文字效果如图15-242所示。

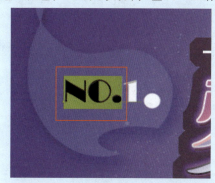

图15-241

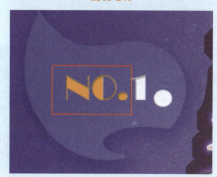

图15-242

17 接着调整文字位置。使用快捷键Ctrl+T调出定界框,拖动控制点将其进行旋转,按Enter键结束变换操作,效果如图15-243所示。

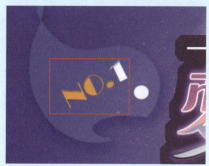

图15-243

18 使用同样的方法，在该文字下方输入稍小的文字，更改不同的颜色并进行适当的旋转，效果如图15-244所示。

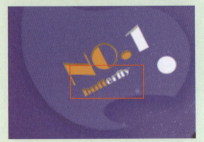

图15-244

19 单击"图层"面板底部的"创建新组"按钮，创建一个图层组。然后按住Shift键选中图形图层、两个文字图层和正圆图层，将选中的图层拖动至该组内，使用快捷键Ctrl+J将该组复制，使用快捷键Ctrl+T调出定界框，然后将光标移到定界框内并按住鼠标左键将复制的组移动到画面右侧，如图15-245所示。按Enter键确认提交操作。

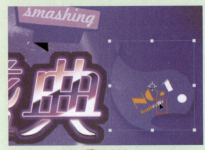

图15-245

20 选择文字图层以外的所有图形图层，使用快捷键Ctrl+T调出定界框，在画面中右击，在弹出的快捷菜单中执行"水平翻转"命令，然后按Enter键结束操作，效果如图15-246所示。使用同样的方法将文字旋转一定的角度，效果如图15-247所示。

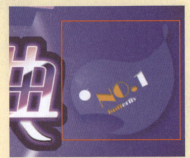

图15-246

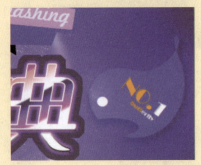

图15-247

21 执行菜单"文件>置入嵌入对象"命令，置入炫彩素材"5.jpg"，按Enter键确认操作，如图15-248所示。

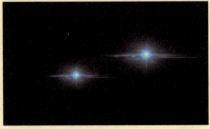

图15-248

22 在"图层"面板中选择该图层，设置图层混合模式为"滤色"，如图15-249所示。最终画面效果如图15-250所示。

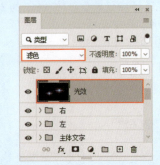

图15-249

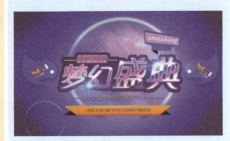

图15-250

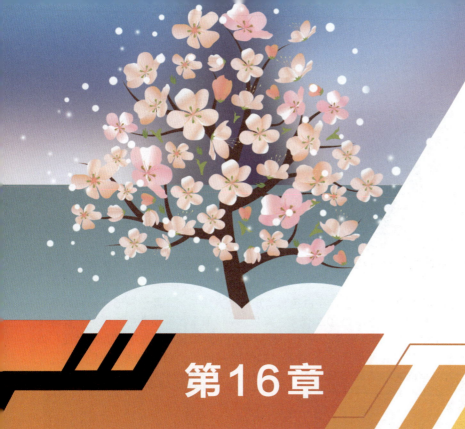

第16章

UI设计

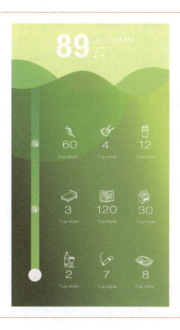
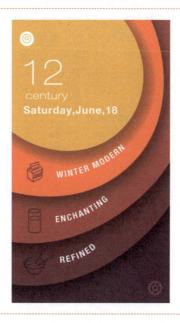
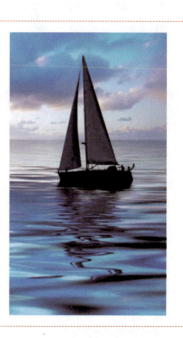

16.1 扁平化天气小组件

文件路径	第16章\扁平化天气小组件
难易指数	
技术掌握	● 矢量形状工具 ● 钢笔工具 ● 横排文字工具

扫码深度学习

操作思路

本案例主要使用多种矢量形状工具绘制界面的基本元素，并使用横排文字工具输入数字，制作扁平化天气小组件。

案例效果

案例效果如图16-1所示。

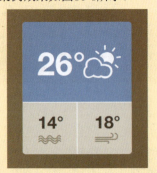

图16-1

实例191 扁平化天气小组件——制作底部图形

01 新建一个"宽度"为1313像素、"高度"为1480像素的文档，设置前景色为棕色，使用快捷键Alt+Delete进行填充，效果如图16-2所示。

02 选择工具箱中的矩形工具，在选项栏中设置绘制模式为"形状"，在画面中间位置按住鼠标左键拖动绘制矩形，接着在选项栏中设置"填充"为白色、"描边"为无，在"属性"面板中设置W(宽度)为1020像素、H(高度)为1232像素、"半径"为30像素，得到圆角矩形，如图16-3所示。

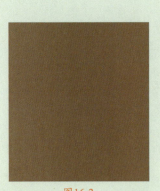

图16-2

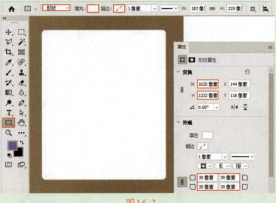

图16-3

03 继续使用矩形工具，在白色圆角矩形上方绘制一个蓝色矩形，在"属性"面板中设置宽度为1020像素、高度为744像素。解锁圆角的锁定，设置左上"圆角半径"为30像素、右上"圆角半径"为30像素、左下"圆角半径"为0像素、右下"圆角半径"为0像素，如图16-4所示。效果如图16-5所示。

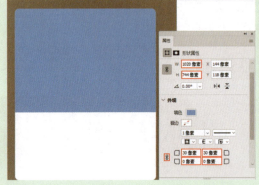

图16-4

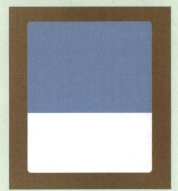

图16-5

04 继续使用矩形工具，在白色圆角矩形右下方绘制一个浅灰色小矩形，在"属性"面板中设置宽度为506像素、高度为482像素，设置左上"圆角半径"为0像素、右上"圆角半径"为0像素、左下"圆角半径"为0像素、右下"圆角半径"为30像素，如图16-6所示。然后将浅灰色圆角矩形移动到相应位置，效果如图16-7所示。

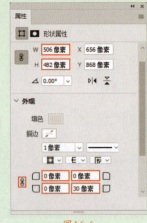

图16-6

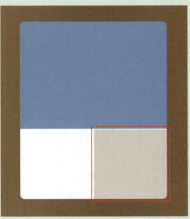

图16-7

05 在"图层"面板中选择浅灰色圆角矩形图层,使用快捷键Ctrl+J进行复制,然后将复制的灰色图形向左移动,如图16-8所示。选择复制的图层,使用快捷键Ctrl+T调出定界框,右击,在弹出的快捷菜单中执行"水平翻转"命令,如图16-9所示。

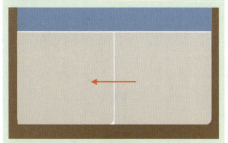

图16-8

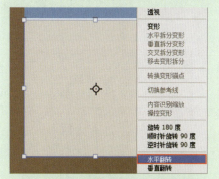

图16-9

06 完成变换后,按Enter键结束操作,效果如图16-10所示。

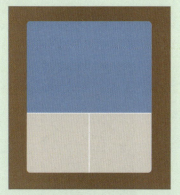

图16-10

实例192 扁平化天气小组件——制作图形部分

01 接下来制作多云天气符号。首先制作云朵图形。选择工具箱中的钢笔工具,在选项栏中设置绘制模式为"形状",在画面右上角按住鼠标左键拖动绘制云朵形状,接着在选项栏中设置"填充"为无、"描边"为白色、"描边宽度"为60点,如图16-11所示。继续使用钢笔工具,在云朵图形右上角绘制太阳形状,在选项栏中设置"填充"为白色、"描边"为无,如图16-12所示。

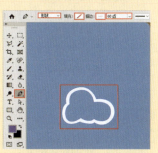

图16-11

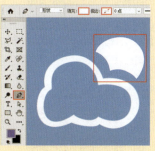

图16-12

02 最后绘制太阳发光形状。选择工具箱中的矩形工具,在选项栏中设置绘制模式为"形状",在太阳图形上方按住鼠标左键拖动绘制矩形,在选项栏中设置"填充"为白色,在"属性"面板中设置"圆角半径"为5.5像素,如图16-13所示。使用快捷键Ctrl+J复制圆角矩形图层,使用快捷键Ctrl+T调出定界框,将其进行旋转并调整位置,效果如图16-14所示。

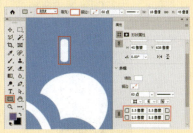

图16-13

03 使用同样的方法,制作其他圆角矩形,如图16-15所示。

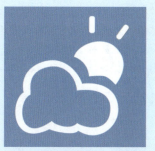

图16-14

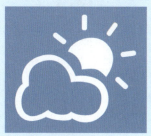

图16-15

04 在画面左下角绘制图标。选择工具箱中的钢笔工具,在选项栏中设置绘制模式为"形状",在画面左下角绘制形状,在选项栏中设置"填充"为无、"描边"为灰色、"描边宽度"为10点,单击"描边选项"按钮,在"描边选项"面板中设置"端点"为"圆角端点",如图16-16所示。接着在"图层"面板中将该形状图层复制,然后向下移动,画面效果如图16-17所示。

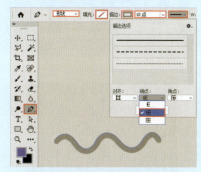

图16-16

图16-17

05 继续复制该形状，并将其向下移动，如图16-18所示。使用同样的方法，绘制右下角的图标，效果如图16-19所示。

图16-18

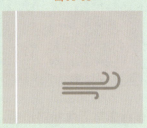

图16-19

06 选择工具箱中的横排文字工具，在选项栏中设置合适的字体和字号，设置文本颜色为白色，接着在画面中单击输入文字，效果如图16-20所示。使用同样的方法输入其他文字，最终画面效果如图16-21所示。

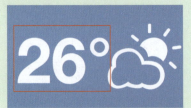

图16-20

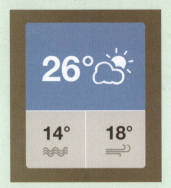

图16-21

16.2 外卖App界面设计

文件路径	第16章 \ 外卖App界面设计
难易指数	★★★★☆
技术掌握	● 椭圆工具 ● 图层样式 ● 横排文字工具

扫码深度学习

操作思路

本案例首先使用椭圆工具绘制背景多层次的圆形；接着为其添加"投影"图层样式，使每个图形都呈现出立体空间效果；最后在画面中输入文字及数字，完成App界面的绘制。

案例效果

案例效果如图16-22所示。

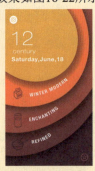

图16-22

实例193 外卖App界面设计——制作图形部分

01 新建一个"宽度"为1242像素、"高度"为2208像素的文档，设置前景色为紫色，使用快捷键Alt+Delete填充背景图层，效果如图16-23所示。

图16-23

02 选择工具箱中的椭圆工具，在选项栏中设置绘制模式为"形状"，在画面左上角位置按住鼠标左键拖动绘制一个较大的椭圆形状，在选项栏中设置"填充"为紫红色、"描边"为无，如图16-24所示。然后使用自由变换快捷键Ctrl+T对形状进行旋转，如图16-25所示。

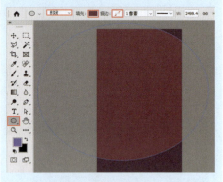

图16-24

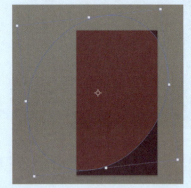

图16-25

03 调整完成后，按Enter键完成变换，效果如图16-26所示。

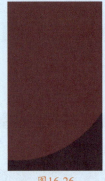

图16-26

04 选择该图层，执行菜单"图层>图层样式>投影"命令，在弹出的"图层样式"对话框中设置"混合模式"为"正片叠底"、颜色为黑色、"不透明度"为30%、"角度"为120

度、"距离"为53像素、"扩展"为9%、"大小"为120像素,单击"确定"按钮完成设置,如图16-27所示。效果如图16-28所示。

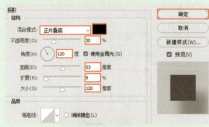

图16-27

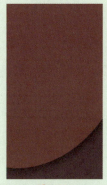

图16-28

05 在"图层"面板中选择"椭圆1"图层,然后使用快捷键Ctrl+J进行复制。接着选择新复制的图层,再选择工具箱中的椭圆工具,在选项栏中更改"填充"为红色,如图16-29所示。然后使用快捷键Ctrl+T调出定界框,对形状进行旋转、缩放,并向上调整位置,按Enter键完成变换,效果如图16-30所示。

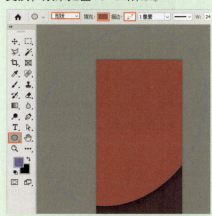

图16-29

06 继续复制多个椭圆形状并更改其填充颜色,然后移动至合适位置,效果如图16-31所示。

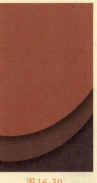

图16-30

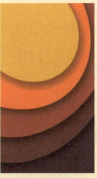

图16-31

实例194 外卖App界面设计——添加文字和图形

01 执行菜单"文件>置入嵌入对象"命令,置入素材"1.png",将其移动到画面底部位置,按Enter键完成置入并栅格化,效果如图16-32所示。

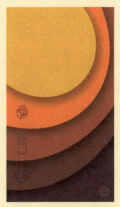

图16-32

02 选择工具箱中的横排文字工具,在选项栏中设置合适的字体和字号,设置文本颜色为白色,接着在画面中黄色图形的上方单击插入光标并输入文字,如图16-33所示。使用同样的方法,在画面中合适的位置输入文字,效果如图16-34所示。

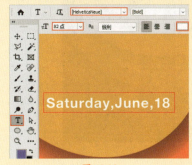

图16-33

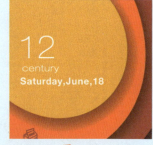

图16-34

03 继续使用横排文字工具,在相应位置输入文字,如图16-35所示。接着单击选项栏中的"创建文字变形"按钮,在弹出的"变形文字"对话框中设置"样式"为"扇形",选中"水平"单选按钮,设置"弯曲"为-22%,单击"确定"按钮完成设置,如图16-36所示。画面效果如图16-37所示。

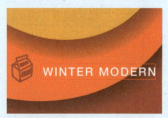

图16-35

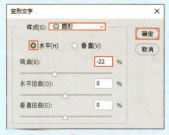

图16-36

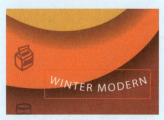

图16-37

04 使用快捷键Ctrl+T调出定界框,对文字进行旋转并调整位置,按Enter键完成变换,效果如图16-38所示。接着使用同样的方法,制作其他扇形文字,效果如图16-39所示。

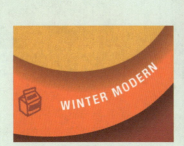

图16-38　　　　　　　图16-39

05 选择工具箱中的椭圆工具，在选项栏中设置绘制模式为"形状"，在画面左上角按住Shift键并按住鼠标左键拖动绘制正圆，在选项栏中设置"填充"为白色、"描边"为无，如图16-40所示。继续使用椭圆工具在画面左上角的正圆上方绘制一个小的正圆，接着在选项栏中设置"填充"为无、"描边"为黄色、"描边宽度"为4点，效果如图16-41所示。

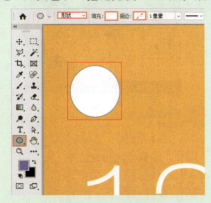 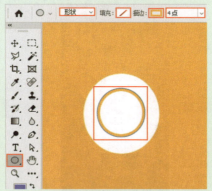

图16-40　　　　　　　图16-41

06 继续在黄色正圆中绘制一个稍小的黄色正圆，如图16-42所示。画面最终完成效果如图16-43所示。

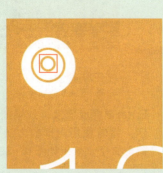 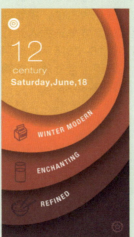

图16-42　　　　　　　图16-43

16.3 健康生活App界面设计

文件路径	第16章\健康生活App界面设计
难易指数	★★★★☆
技术掌握	● 钢笔工具 ● 椭圆工具 ● 矩形工具 ● 横排文字工具

扫码深度学习

操作思路

本案例首先使用钢笔工具绘制一个黄绿色渐变背景，然后使用多种矢量形状工具绘制各部分细节图形，最后输入文字，制作健康生活的App界面。

案例效果

案例效果如图16-44所示。

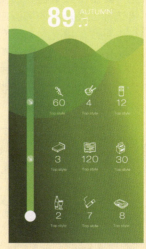

图16-44

实例195 健康生活App界面设计——制作界面主体图形

01 新建一个"宽度"为1242像素、"高度"为2208像素的文档。设置前景色为黄色，使用快捷键

Alt+Delete将空白画面填充前景色。画面效果如图16-45所示。

02 选择工具箱中的钢笔工具，在选项栏中设置绘制模式为"形状"，在画面中按住鼠标左键拖动绘制一个不规则形状，单击选项栏中的"填充"按钮，在下拉面板中设置填充类型为"渐变"，然后在下方编辑一个黄绿色渐变颜色，设置渐变样式为"线性"、角度为14度、"描边"为无，如图16-46所示。

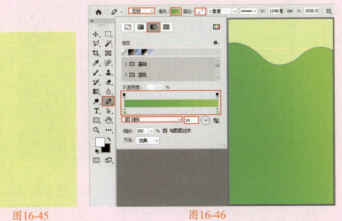

图16-45　　　　　图16-46

03 在"图层"面板中设置该图层的"不透明度"为70%，如图16-47所示，效果如图16-48所示。

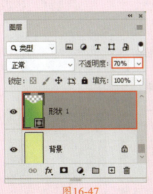 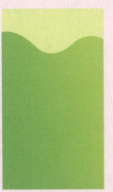

图16-47　　　　图16-48

04 使用同样的方法，再制作一个深黄绿色渐变色形状，并将其"不透明度"设置为80%，效果如图16-49所示。

05 选择工具箱中的椭圆工具，在画面左上角按住Shift键并按住鼠标左键拖动绘制一个正圆，在选项栏中设置"填充"为深黄绿色、"描边"为无，如图16-50所示。

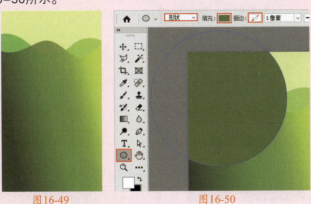

图16-49　　　　　图16-50

06 在"图层"面板中选择椭圆图层，设置该图层的混合模式为"强光"，如图16-51所示。此时画面效果如图16-52所示。接着选择椭圆图层，执行菜单"图层>创建剪贴蒙版"命令，此时画面效果如图16-53所示。

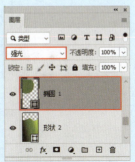

图16-51

图16-52

图16-53

实例196　健康生活App界面设计——添加辅助图形及文字

01 选择工具箱中的矩形工具，在选项栏中设置绘制模式为"形状"，在画面中按住鼠标左键拖动绘制一个矩形，单击选项栏中的"填充"按钮，在下拉面板中设置填充类型为"渐变",在下方编辑一个黄绿色渐变颜色,设置样式为"角度"、角度为-38度、"描边"为无,如图16-54所示。接着执行菜单"图层>创建剪贴蒙版"命令,效果如图16-55所示。

03 在"图层"面板中选择正圆图层,并设置该图层的"不透明度"为50%,效果如图16-57所示。

04 在"图层"面板中选择该图层,然后使用快捷键Ctrl+J将其复制,接着将新复制的正圆移动至下方,如图16-58所示。

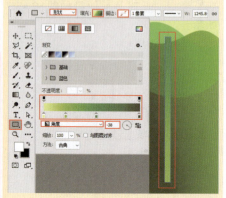

图16-54

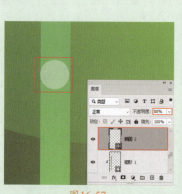

图16-57　　　图16-58

05 选择工具箱中的自定形状工具,在选项栏中设置绘制模式为"形状"、"填充"为白色,单击"自定形状拾色器"按钮,在下拉面板中选择"箭头"形状,接着在画面中正圆位置按住鼠标左键拖动绘制形状,如图16-59所示。使用快捷键Ctrl+T进行自由变换,拖动控制点将箭头图形旋转至合适的角度,效果如图16-60所示。使用同样的方法,绘制另一个形状,如图16-61所示。

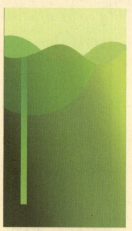

图16-55

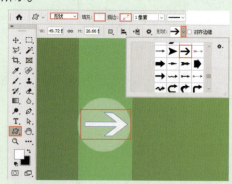  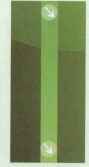

图16-59　　　图16-60　　　图16-61

02 选择工具箱中的椭圆工具,在选项栏中设置绘制模式为"形状",在画面中按住Shift键并按住鼠标左键拖动绘制一个正圆,在选项栏中设置"填充"为白色、"描边"为无,如图16-56所示。

06 使用椭圆工具在渐变矩形下方绘制一个白色正圆,效果如图16-62所示。然后使用自定形状工具,在选项栏中设置绘制模式为"形状",单击"自定形状拾色器"按钮,在下拉面板中选择"音符"形状,在画面上方按住鼠标左键拖动绘制白色音符形状,效果如图16-63所示。

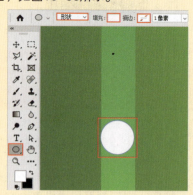

图16-56

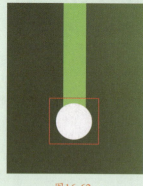 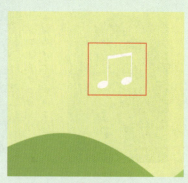

图16-62　　　图16-63

07 执行菜单"文件>置入嵌入对象"命令，置入素材"1.png"，按Enter键完成置入。然后执行菜单"图层>栅格化>智能对象"命令，效果如图16-64所示。

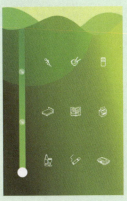

图16-64

08 选择工具箱中的横排文字工具，在选项栏中设置合适的字体和字号，设置文本颜色为白色，在画面中单击输入文字，如图16-65所示。使用同样的方法输入其他文字，最终画面效果如图16-66所示。

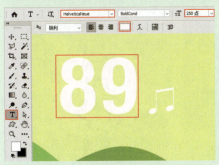

图16-65

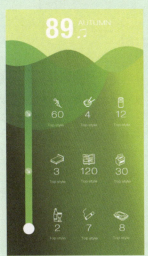

图16-66

16.4 清新登录界面设计

文件路径	第16章\清新登录界面设计
难易指数	★★★★☆
技术掌握	● "高斯模糊"滤镜 ● 矩形工具 ● 横排文字工具

扫码深度学习

操作思路

本案例中，首先使用"高斯模糊"滤镜制作背景的模糊效果；然后使用矩形工具、椭圆工具等工具制作界面中的各个元素；最后输入文字，呈现清新的界面效果。

案例效果

案例效果如图16-67所示。

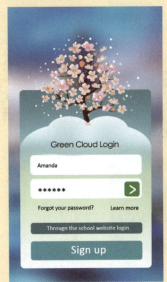

图16-67

实例197 清新登录界面设计——制作界面背景

01 新建一个"宽度"为1242像素、"高度"为2208像素的文档。执行菜单"文件>置入嵌入对象"命令，置入背景素材"1.jpg"。接着执行菜单"图层>栅格化>智能对象"命令，效果如图16-68所示。

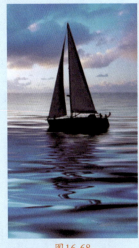

图16-68

02 选择该图层，执行菜单"滤镜>模糊>高斯模糊"命令，在弹出的"高斯模糊"对话框中设置"半径"为50像素，设置完成后单击"确定"按钮，如图16-69所示。此时画面效果如图16-70所示。

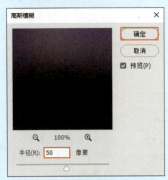

图16-69

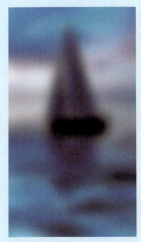

图16-70

03 接下来增加画面中部的亮度。单击"图层"面板底部的"创建新图层"按钮，创建新图层。选择工具箱中的画笔工具，在选项栏中单击"画笔预设"选取器，在画笔预设选取器中选择一个柔边圆画笔，设置合适的画笔大小，然后将前景色设置为白色，设置完成后，在画面中合适位置按住鼠标左键拖动进行绘制，如图16-71所示。

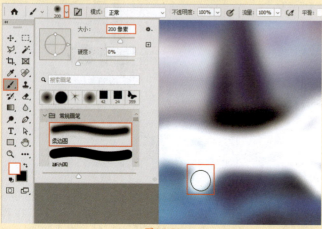

图16-71

04 在"图层"面板中选择该图层，设置该图层的"不透明度"为40%，如图16-72所示。此时画面效果如图16-73所示。

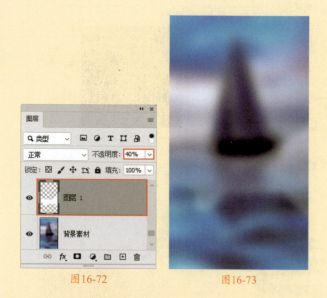

图16-72　　　　图16-73

实例198　清新登录界面设计——制作界面主体图形

01 选择工具箱中的矩形工具，在选项栏中设置绘制模式为"形状"，在画面中合适的位置按住鼠标左键拖动绘制矩形，单击选项栏中的"填充"按钮，在下拉面板中设置填充类型为"渐变"，在下方编辑一个青蓝色系的渐变颜色，设置渐变样式为"线性"、角度为-90度、"描边"为无。然后在"属性"面板中设置"圆角半径"为30像素，得到圆角矩形，如图16-74所示。

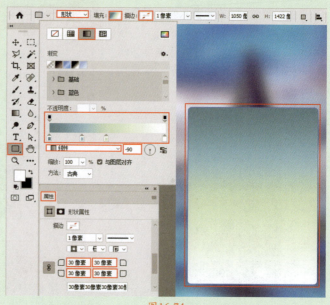

图16-74

02 执行菜单"文件>置入嵌入对象"命令，置入树木素材"2.png"，并将其放置在圆角矩形上方，如图16-75所示。在"图层"面板底部单击"创建新图层"按钮，创建新图层。接着使用画笔工具，选择合适大小的画笔笔尖，在画面中树木四周位置按住鼠标左键拖动绘制装饰白点，画面效果如图16-76所示。

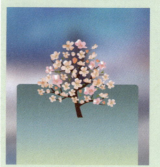 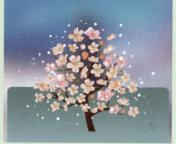

图16-75　　　　图16-76

> **提示　大小不同的斑点的绘制方法**
>
> 用户可以通过设置画笔动态来进行绘制。在选项栏的画笔预设选取器中选择一个柔边圆画笔，单击选项栏中的"画笔设置面板"按钮，在弹出的"画笔设置"面板中设置画笔"大小"为30像素、"间距"为135%，如图16-77所示。勾选"形状动态"复选框，设置"大小抖动"为75%，如图16-78所示。勾选"散布"复选框，设置"数值"为1000%，接着勾选"两轴"复选框，设置"数量"为2、"数量抖动"为55%，如图16-79所示。完成设置后，在画面中进行绘制就可以了。

"描边"为无,在"属性"面板中设置"圆角半径"为30像素,如图16-83所示。在"图层"面板中选择该图层,使用快捷键Ctrl+J进行复制,并将复制的图层向下移动,效果如图16-84所示。

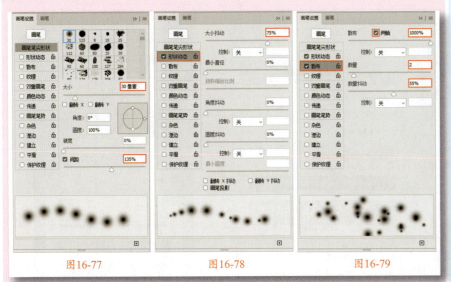

图16-77　　　　图16-78　　　　图16-79

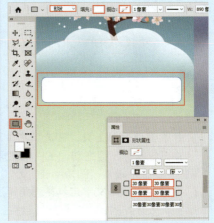

图16-83

03 选择工具箱中的椭圆工具,在选项栏中设置绘制模式为"形状",设置"路径操作"为"合并形状",接着在画面中绘制大小不一的椭圆形状,设置"填充"为白色、"描边"为无,如图16-80所示。

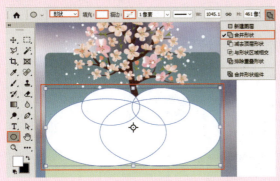

图16-80

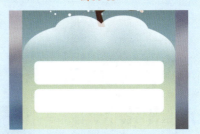

图16-84

02 继续使用矩形工具,在白色圆角矩形下方绘制另外两个不同颜色的矩形并设置圆角半径,效果如图16-85所示。

04 在"图层"面板中选择该图层,单击面板底部的"添加图层蒙版"按钮,接着使用黑色的柔边圆画笔涂抹画面中形状的下半部分,使之隐藏,蒙版如图16-81所示。画面效果如图16-82所示。

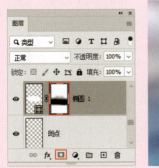 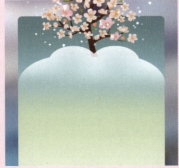

图16-81　　　　　　　图16-82

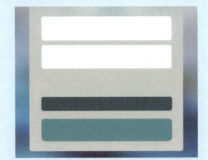

图16-85

实例199　清新登录界面设计——制作按钮及文字

01 选择工具箱中的矩形工具,在选项栏中设置绘制模式为"形状",在画面中按住鼠标左键拖动绘制一个矩形,在选项栏中设置"填充"为白色、

03 选择工具箱中的横排文字工具,在选项栏中设置合适的字体和字号,设置文本颜色为黑色,接着在画面中单击并输入文字,如图16-86所示。继续使用横排文字工具,在选项栏中设置不同的字体、字号及文本颜色,在主标题下方输入另外的文字,

效果如图16-87所示。

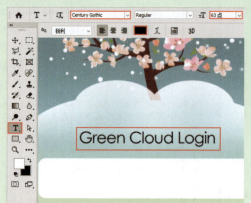

图16-86

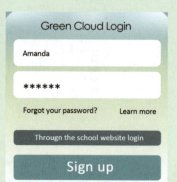

图16-87

04 继续使用矩形工具，在选项栏中设置绘制模式为"形状"，按住Shift键并按住鼠标左键拖动，在白色圆角矩形右侧位置绘制一个绿色正方形，在"属性"面板中设置"圆角半径"为20像素，效果如图16-88所示。

05 继续使用横排文字工具在圆角矩形上添加一个">"符号，作为向右的箭头，效果如图16-89所示。最终画面效果如图16-90所示。

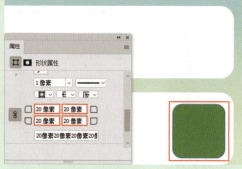

图16-88

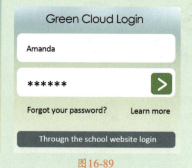

图16-89

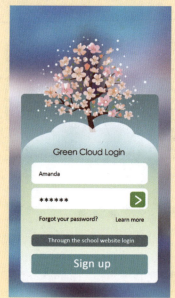

图16-90

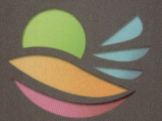

第17章

网页设计

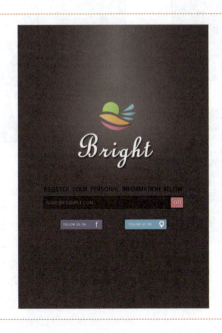
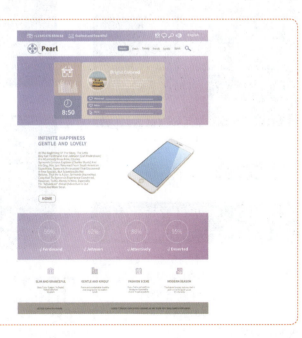

17.1 网站搜索页面设计

文件路径	第 17 章\网站搜索页面设计
难易指数	★★★★☆
技术掌握	● 画笔工具 ● 图层样式 ● 矩形工具 ● 横排文字工具

扫码深度学习

操作思路

本案例首先使用矩形工具绘制界面的按钮，然后使用"图层样式"为按钮及标志添加"投影"和"描边"效果，最后使用横排文字工具为网站页面添加文字。

案例效果

案例效果如图17-1所示。

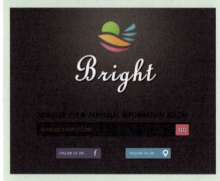
图17-1

操作步骤

实例200　网站搜索页面设计——制作标志部分

01 执行菜单"文件>新建"命令，创建一个宽度为1024像素、高度为820像素的空白文档。设置前景色为深灰色，使用快捷键Alt+Delete进行填充，效果如图17-2所示。

图17-2

02 单击"图层"面板底部的"创建新图层"按钮，创建新图层。选择工具箱中的画笔工具，在选项栏中单击"画笔预设"选取器，在画笔预设选取器中选择一个柔边圆画笔，设置画笔"大小"为1000像素，将前景色设置为浅灰色，在画面上方位置按住鼠标左键拖动进行绘制，画面效果如图17-3所示。执行菜单"文件>置入嵌入对象"命令，置入标志素材"1.png"，并将其移动至画面上方，然后在"图层"面板中选择标志图层并右击，在弹出的快捷菜单中执行"栅格化图层"命令，效果如图17-4所示。

图17-3

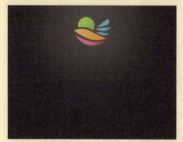
图17-4

03 选择标志图层，执行菜单"图层>图层样式>内阴影"命令，设置"混合模式"为"正片叠底"、颜色为黑色、"不透明度"为50%、"角度"为120度、"距离"为2像素、"阻塞"为20%、"大小"为4像素，设置完成后单击"确定"按钮，如图17-5所示。效果如图17-6所示。

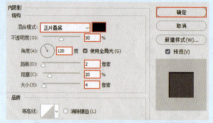
图17-5

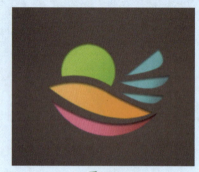
图17-6

04 选择工具箱中的横排文字工具，在选项栏中设置合适的字体和字号，设置文本颜色为白色，然后在画面中单击插入光标，输入文字，效果如图17-7所示。

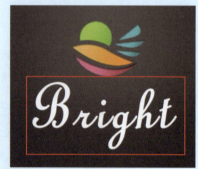
图17-7

05 选择该文字图层，执行菜单"图层>图层样式>投影"命令，在弹出的"图层样式"对话框中设置"混合模式"为"正片叠底"、颜色为黑色、"不透明度"为50%、"角度"为120度、"距离"为7像素、"扩展"为6%、"大小"为6像素，设置完成后单击"确定"按钮，如图17-8所示。文字效果如图17-9所示。

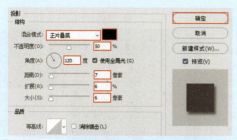

图17-8

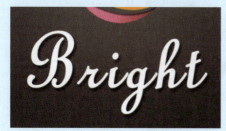

图17-9

06 继续使用横排文字工具,在选项栏中设置合适的字体和字号,设置文本颜色为深灰色,在标志文字下方输入一行文字,效果如图17-10所示。

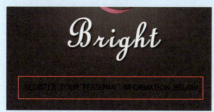

图17-10

07 选择该文字图层,执行菜单"图层>图层样式>投影"命令,在弹出的"图层样式"对话框中设置"混合模式"为"正片叠底"、颜色为淡灰色、"不透明度"为78%、"角度"为120度、"距离"为1像素、"扩展"为6%、"大小"为1像素,设置完成后单击"确定"按钮,如图17-11所示。此时文字效果如图17-12所示。

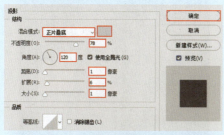

图17-11

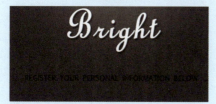

图17-12

实例201 网站搜索页面设计——制作搜索框及按钮

01 绘制文字输入框。选择工具箱中的矩形工具,在选项栏中设置绘制模式为"形状",在文字下方按住鼠标左键拖动绘制一个矩形,在选项栏中设置"填充"为深灰色、"描边"为无,在"属性"面板中设置"圆角半径"为5像素,得到圆角矩形,如图17-13所示。

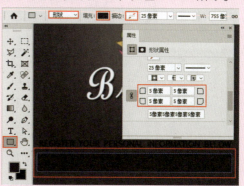

图17-13

02 选择圆角矩形图层,执行菜单"图层>图层样式>描边"命令,在弹出的"图层样式"对话框中设置描边的"大小"为1像素、"位置"为"外部"、"混合模式"为"正常"、"不透明度"为71%、"填充类型"为"颜色"、"颜色"为深灰色,如图17-14所示。

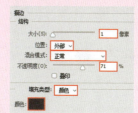

图17-14

03 在"图层样式"对话框左侧的列表框中勾选"内阴影"复选框,设置内阴影的"混合模式"为"正片叠底"、颜色为黑色、"不透明度"为47%、"角度"为120度、"距离"为2像素、"阻塞"为12%、"大小"为10像素,设置完成后单击"确定"按钮,如图17-15所示。效果如图17-16所示。

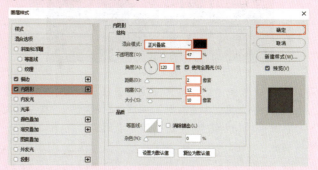

图17-15

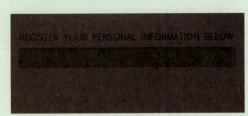

图17-16

04 选择工具箱中的横排文字工具,在选项栏中设置合适的字体和字号,设置文本颜色为灰色,然后在画面中单击插入光标,输入文字,效果如图17-17所示。

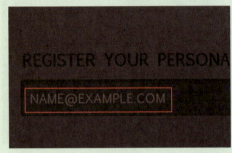

图17-17

05 执行菜单"图层>图层样式>投影"命令,在弹出的"图层样式"对话框中设置"混合模式"为"正片叠底"、颜色为黑色、"不透明度"为75%、"角度"为120度、"距离"为1像素、"扩展"为4%、"大小"为8像素,设置完成后单击"确定"按钮,如图17-18所示。此时文字效果如图17-19所示。

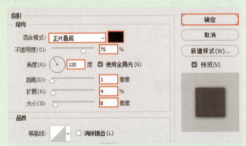

图17-18

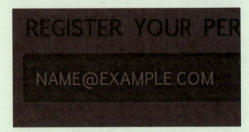

图17-19

06 接下来绘制小圆角矩形按钮。选择工具箱中的矩形工具,在选项栏中设置绘制模式为"形状",在文字输入框右侧按住鼠标左键拖动绘制一个矩形,在选项栏中设置"填充"为粉色、"描边"为无,在"属性"面板中设置"圆角半径"为4像素,如图17-20所示。

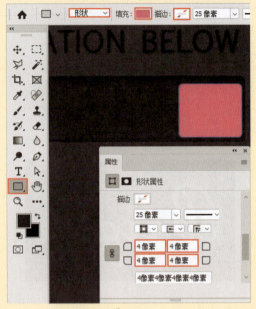

图17-20

07 执行菜单"图层>图层样式>投影"命令,在弹出的"图层样式"对话框中设置"混合模式"为"正片叠底"、颜色为深蓝色、"不透明度"为75%、"角度"为120度、"距离"为1像素、"扩展"为34%、"大小"为5像素,设置完成后单击"确定"按钮,如图17-21所示。此时效果如图17-22所示。

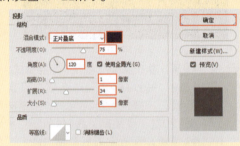

图17-21

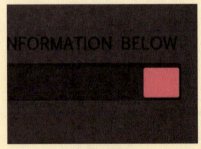

图17-22

08 在粉色按钮上输入文字,如图17-23所示。执行菜单"图层>图层样式>投影"命令,在弹出的"图层样式"对话框中设置"混合模式"为"正片叠底"、颜色为深褐色、"不透明度"为81%、"角度"为120度、"距离"为0像素、"扩展"为2%、"大小"为8像素,设置完成后单击"确定"按钮,如图17-24所示。文字效果如图17-25所示。

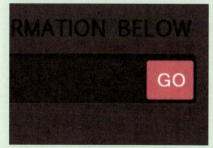

图17-23

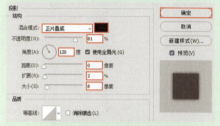

图17-24

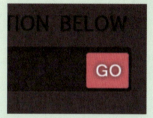

图17-25

09 接下来绘制下方的圆角矩形按钮。选择工具箱中的矩形工具，在选项栏中设置绘制模式为"形状"，在文字输入框下方按住鼠标左键拖动绘制一个深蓝色矩形，在"属性"面板中设置"圆角半径"为4像素，效果如图17-26所示。

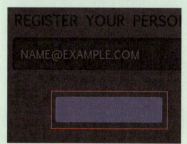

图17-26

10 执行菜单"图层>图层样式>描边"命令，在弹出的"图层样式"对话框中设置描边的"大小"为3像素、"位置"为"外部"、"混合模式"为"正常"、"不透明度"为78%、"填充类型"为"颜色"、

"颜色"为黑色，设置完成后单击"确定"按钮，如图17-27所示。效果如图17-28所示。

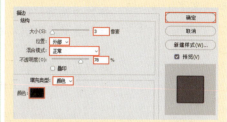

图17-27

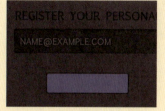

图17-28

11 使用同样方法，在画面中绘制一个浅蓝色圆角矩形框，效果如图17-29所示。使用横排文字工具在圆角矩形框中输入文字，效果如图17-30所示。

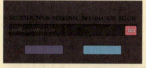

图17-29

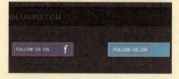

图17-30

12 执行菜单"文件>置入嵌入对象"命令，置入小图标素材"2.png"，调整其大小并移动至浅蓝色圆角矩形右侧，如图17-31所示。在"图层"面板底部单击"创建新组"按钮，将字母"f"图层和素材图层拖动至该组中，然后选择图层组，执行菜单"图层>图层样式>投影"命令，在弹出的"图层样式"对话框中设置"混合模式"为"正片叠底"、颜色为黑色、"不透明度"为67%、"角度"为120度、"距离"为1像素、"扩展"为0、"大小"为1像素，设置完成后单击"确定"按钮，如图17-32所示。

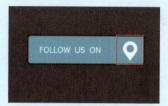

图17-31

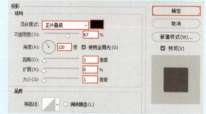

图17-32

13 效果如图17-33所示。画面最终效果如图17-34所示。

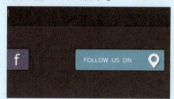

图17-33

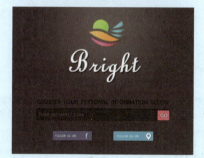

图17-34

17.2 柔和色调网页设计

文件路径	第17章\柔和色调网页设计
难易指数	★★★★☆
技术掌握	● 矩形工具 ● 自定形状工具 ● 直线工具 ● 横排文字工具

扫码深度学习

操作思路

本案例首先使用矩形工具绘制网页的背景，然后使用自定形状工具绘制网页图标，最后使用横排文字工具为网站页面添加文字。

案例效果

案例效果如图17-35所示。

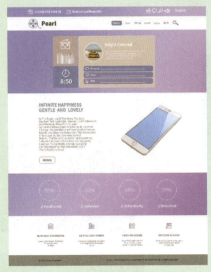

图17-35

操作步骤

实例202 柔和色调网页设计——制作网页顶栏

01 新建一个"宽度"为1920像素、"高度"为2450像素的空白文档。选择工具箱中的矩形工具，在选项栏中设置绘制模式为"形状"，按住鼠标左键拖动绘制一个与画面等大的矩形，接着单击选项栏中的"填充"按钮，设置填充类型为"渐变"，然后编辑一个紫色系的渐变颜色，设置渐变类型为"线性"、"角度"为150度、"描边"为无，如图17-36所示。

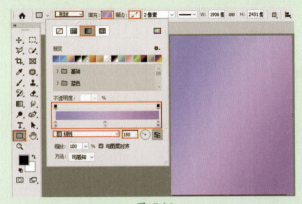

图17-36

02 选择工具箱中的自定形状工具，在选项栏中设置绘制模式为"形状"，单击"形状"按钮，在下拉面板中展开"旧版形状及其他-所有旧版默认形状.csh-物体"。在其中选择"电话"图形，然后在画面左上角进行绘制，绘制完成后在选项栏中设置"填充"为无、"描边"为白色、"描边宽度"为2像素，如图17-37所示。如果没有旧版形状，可以执行"窗口>形状"命令，打开"形状"面板，在面板菜单中执行"旧版形状及其他"命令。

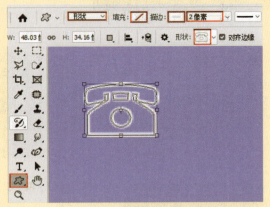

图17-37

03 继续在顶部绘制其他图形，如图17-38所示。

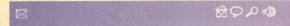

图17-38

04 选择工具箱中的横排文字工具，在电话图形右侧单击插入光标，接着在选项栏中设置合适的字体、字号，设置文本颜色为白色，然后输入文字，如图17-39所示。

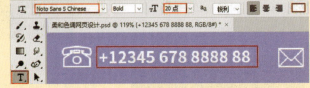

图17-39

05 继续使用横排文字工具在顶栏位置依次添加文字，如图17-40所示。

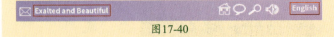

图17-40

实例203 柔和色调网页设计——制作导航栏

01 选择工具箱中的矩形工具，在选项栏中设置绘制模式为"形状"，在顶栏的下方按住鼠标左键拖动绘制一个矩形，接着在选项栏中设置"填充"为白色、"描边"为无，如图17-41所示。

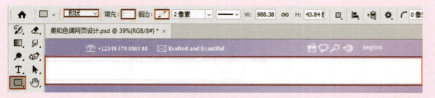

图17-41

02 选择工具箱中的自定形状工具，在选项栏中设置绘制模式为"形状"，单击"自定形状拾色器"按钮，在下拉面板中选择"影片"图形，然后在白色矩形左侧位置绘制图形，完成绘制后在选项栏中设置"填充"为淡紫色、"描边"为无，如图17-42所示。

03 使用横排文字工具在"影片"图形右侧添加文字，完成网页标志的制作，如图17-43所示。

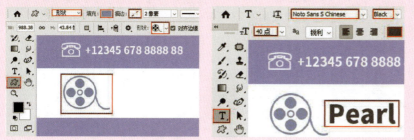

图17-42　　　　　　　图17-43

04 继续使用横排文字工具在右侧位置添加文字，使用自定形状工具绘制放大镜图形，如图17-44所示。

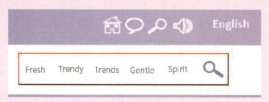

图17-44

05 选择工具箱中的矩形工具，在选项栏中设置绘制模式为"形状"，设置圆角"半径"为10像素，然后在文字左侧位置绘制圆角矩形，接着在选项栏中设置"填充"为蓝灰色，如图17-45所示。

06 使用横排文字工具在圆角矩形上方添加文字，如图17-46所示。此时导航栏制作完成。

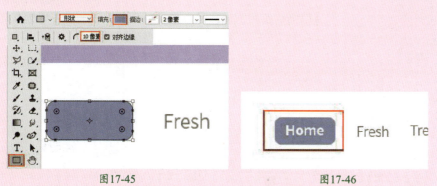

图17-45　　　　　　　图17-46

实例204　柔和色调网页设计——制作用户信息模块

01 选择工具箱中的矩形工具，在选项栏中设置绘制模式为"形状"，设置圆角"半径"为15像素，然后在画面中绘制一个圆角矩形，接着设置"填充"为淡粉色，如图17-47所示。

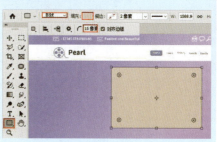

图17-47

02 继续使用矩形工具在画面中绘制其他的圆角矩形，这些圆角矩形的圆角半径均为15像素，画面效果如图17-48所示。

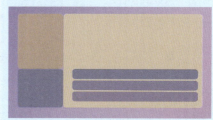

图17-48

03 选择工具箱中的自定形状工具，在灰粉色圆角矩形上方绘制白色的"家"图形，如图17-49所示。

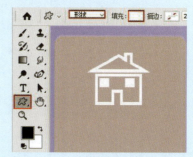

图17-49

04 选择工具箱中的直线工具，在选项栏中设置绘制模式为"形状"、"粗细"为3像素，然后在灰粉色圆角矩形上方按住Shift键的同时按住鼠标左键拖动绘制一段直线，设置

第17章　网页设计

331

"填充"为白色、"描边"为无,如图17-50所示。

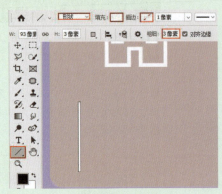

图17-50

05 继续绘制多条线段,选择工具箱中的移动工具,加选这些线段所在的图层,单击选项栏中的"底对齐""水平分布"按钮,如图17-51所示。

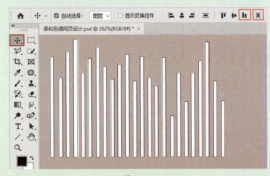

图17-51

06 使用自定形状工具和横排文字工具在蓝紫色圆角矩形上方绘制图形后添加文字,如图17-52所示。

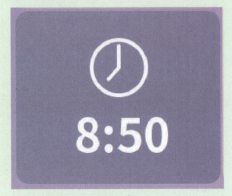

图17-52

07 接下来制作头像。选择工具箱中的椭圆工具,在选项栏中设置绘制模式为"形状",然后按住Shift键的同时绘制一个正圆,接着在选项栏中设置"填充"为无、"描边"为白色、"描边宽度"为3像素,如图17-53所示。

08 再次使用椭圆工具绘制一个白色的正圆,如图17-54所示。

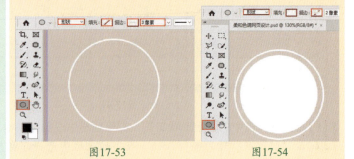

图17-53　　　　　图17-54

09 将头像素材"1.jpg"置入文档中,调整至合适的大小后移动到白色正圆的上方,如图17-55所示。

10 选择头像素材图层,执行"图层>创建剪贴蒙版"命令,以下方正圆图层作为基底图层创建剪贴蒙版,头像效果如图17-56所示。

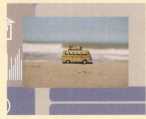

图17-55　　　　　图17-56

11 选择工具箱中的横排文字工具,在头像右侧单击插入光标,在选项栏中设置合适的字体、字号和文本颜色,然后输入文字,如图17-57所示。

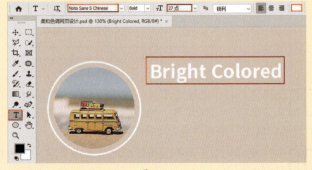

图17-57

12 继续使用横排文字工具在标题文字下方按住鼠标左键拖动绘制文本框,如图17-58所示。

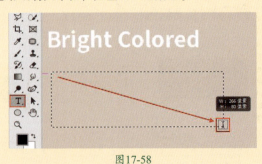

图17-58

13 在选项栏中设置合适的字体、字号和文本颜色，然后输入文字，如图17-59所示。

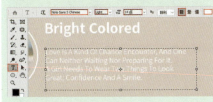

图17-59

14 使用自定形状工具在紫色的圆角矩形左侧绘制图形，设置这三个图形的"填充"均为"无"、"描边"为白色、"描边宽度"为3像素，如图17-60所示。

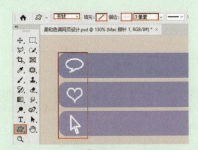

图17-60

15 使用横排文字工具在图形的右侧添加文字，如图17-61所示。

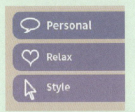

图17-61

16 再次使用直线工具在文字右侧绘制直线，如图17-62所示。至此，用户信息模块制作完成。

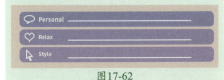

图17-62

实例205 柔和色调网页设计——制作产品宣传栏

01 使用矩形工具绘制一个白色的矩形作为产品宣传栏的底色，如图17-63所示。

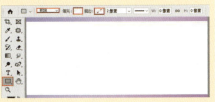

图17-63

02 置入手机素材"2.png"，并移动到白色矩形的右侧，如图17-64所示。

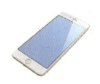

图17-64

03 使用横排文字工具在白色矩形的左侧添加文字，如图17-65所示。

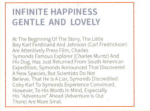

图17-65

04 选择工具箱中的矩形工具，在选项栏中设置绘制模式为"形状"，设置圆角"半径"为20像素，接着在段落文字下方绘制一个圆角矩形，然后设置"填充"为无、"描边"为灰色、"描边宽度"为2像素，如图17-66所示。

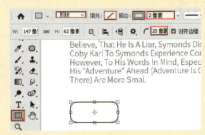

图17-66

05 继续使用横排文字工具在圆角矩形内部添加文字，如图17-67所示。至此，产品宣传栏部分制作完成。

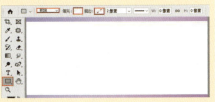

图17-67

实例206 柔和色调网页设计——制作数据分析模块

01 选择工具箱中的椭圆工具，在选项栏中设置绘制模式为"形状"，然后按住Shift键的同时按住鼠标左键拖动绘制一个正圆，接着设置"填充"为无、"描边"为白色、"描边宽度"为2像素，如图17-68所示。

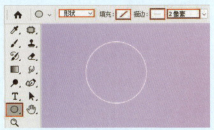

图17-68

02 使用横排文字工具在正圆中央和底部添加文字，如图17-69所示。

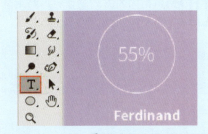

图17-69

03 使用自定形状工具在文字左侧绘制"指针"图形，绘制完成后在选项栏中设置"填充"为无、"描边"为白色、"描边宽度"为2像素，如图17-70所示。

04 将刚刚制作信息模块的4个图层加选后使用快捷键Ctrl+G进行编组。选择该图层组，使用快捷键Ctrl+J

将图层组进行复制，然后向右移动，如图17-71所示。

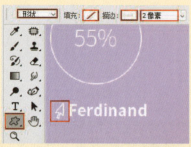

图17-70

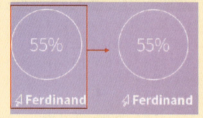

图17-71

05 将复制的模块中的文字内容进行更改，如图17-72所示。

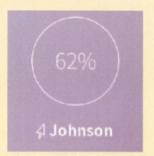

图17-72

06 使用相同的方式制作另外两组分析模块，如图17-73所示。

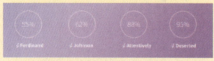

图17-73

实例207　柔和色调网页设计——制作资讯栏

01 使用矩形工具绘制一个白色的矩形作为产品咨询栏的底色，如图17-74所示。

02 分别置入图标素材"3.png""4.png""5.png""6.png"，并调整到合适位置，如图17-75所示。

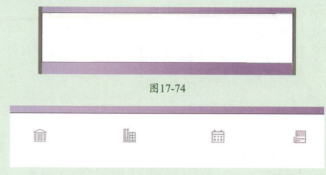

图17-74

图17-75

03 使用横排文字工具在图标下方依次添加文字，如图17-76所示。

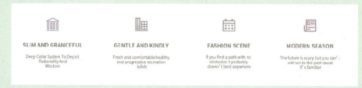

图17-76

实例208　柔和色调网页设计——制作网页底栏

01 选择工具箱中的矩形工具，在选项栏中设置绘制模式为"形状"，然后在画面的底部绘制一个矩形，绘制完成后在选项栏中设置"填充"为灰色、"描边"为无，如图17-77所示。

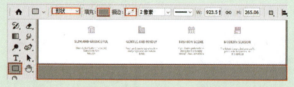

图17-77

02 接着使用横排文字工具在灰色矩形上方依次添加文字，如图17-78所示。

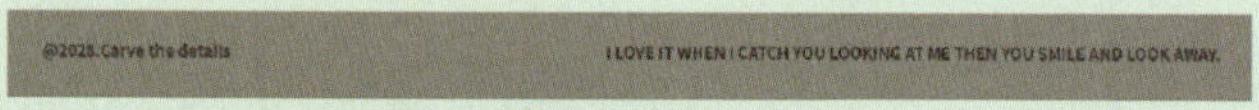

图17-78

03 至此网页制作完成，案例完成效果如图17-79所示。

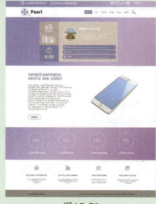

图17-79

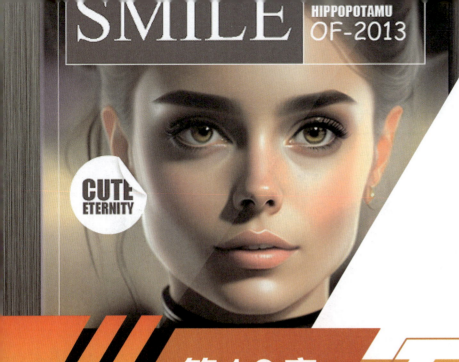

第18章

书籍画册设计

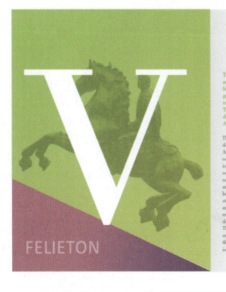

18.1 书籍内页排版

文件路径	第18章\书籍内页排版
难易指数	★★★☆
技术掌握	● 多边形套索工具 ● 横排文字工具 ● 渐变工具

扫码深度学习

操作思路

本案例主要使用多边形套索工具与填充功能制作左侧页面中的背景图形，并添加图像素材及文字，丰富页面效果。右侧页面主要由文字构成，通过添加多组段落文字，可以制作出整齐排列的正文。

案例效果

案例效果如图18-1所示。

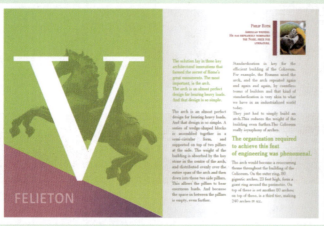

图18-1

实例209　书籍内页排版——左侧页面

01 执行菜单"文件>新建"命令，新建一个"宽度"为1500像素、"高度"为1000像素的文档。

02 执行菜单"文件>置入嵌入对象"命令，置入素材"1.jpg"，如图18-2所示。按住鼠标左键拖动控制点将素材等比缩小，然后移动到画面左侧位置，如图18-3所示。

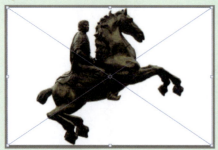

图18-2

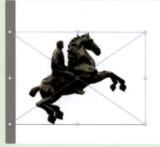

图18-3

03 在画面中右击，在弹出的快捷菜单中执行"水平翻转"命令，此时画面效果如图18-4所示。调整完成后按Enter键完成操作。然后执行菜单"图层>栅格化>智能对象"命令，将其栅格化为普通图层。

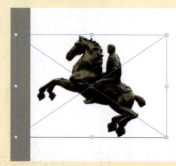

图18-4

04 选择工具箱中的快速选择工具，在选项栏中单击"添加到选区"按钮，在"画笔选项"面板中设置画笔"大小"为8像素，完成设置后，在画面中人物及马的上方位置按住鼠标左键拖动进行绘制，此时人物及马周围出现选区，如图18-5所示。

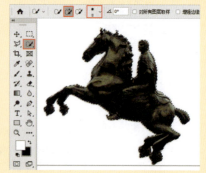

图18-5

05 在"图层"面板中选择素材图层，然后单击该面板底部的"添加图层蒙版"按钮，此时蒙版效果如图18-6所示。画面中的白色背景被隐藏，效果如图18-7所示。

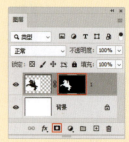

图18-6

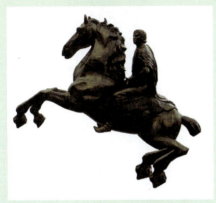

图18-7

06 新建一个图层。选择工具箱中的多边形套索工具，在画面左下角绘制一个三角形选区，如图18-8所示。

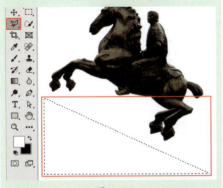

图18-8

07 选择工具箱中的渐变工具，单击选项栏中的渐变色条，在弹出的"渐变编辑器"对话框中编辑一个由粉色到紫色的渐变颜色，然后单击"确定"按钮，设置渐变类型为"线性渐变"，如图18-9所示。在画面中按住鼠标左键由左向右拖动，为选区填充渐变颜色，如图18-10所示。使用快捷键Ctrl+D取消选区。

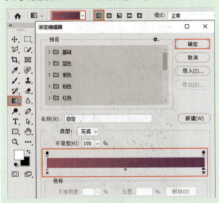

图18-9

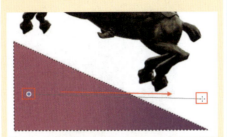

图18-10

要点速查：多边形套索工具的使用方法

当我们想要绘制不规则的多边形选区时，或者在需要抠取转折较为明显的图像对象时，可以选择多边形套索工具进行选区的绘制。（多边形套索工具）主要用于创建转角为尖角的不规则的选区。选择工具箱中的多边形套索工具，在画面中单击确定起始位置，然后将光标移动至下一个位置单击，两次单击连成一条直线，如图18-11所示。继续以单击的方式进行绘制，当绘制到起始位置时光标变为形状，如图18-12所示。单击即可得到选区，如图18-13所示。

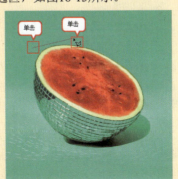

图18-11

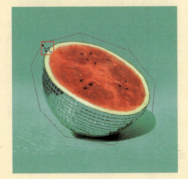

图18-12

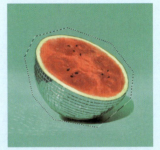

图18-13

08 在"图层"面板中选择该图层，设置该图层的"不透明度"为80%，如图18-14所示。此时画面效果如图18-15所示。

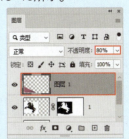

图18-14

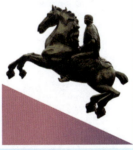

图18-15

09 使用同样的方法，在画面中绘制一个多边形选区并填充黄绿渐变颜色，然后将该图层的"不透明度"设置为80%，此时画面效果如图18-16所示。

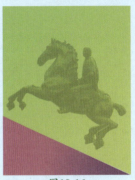

图18-16

10 在画面中输入文字。选择工具箱中的横排文字工具，在选项栏中设置合适的字体，设置字号为200点，设置文本颜色为白色，在画面中单击输入文字，如图18-17所示。继续在选项栏中设置合适的字体、字号及文本颜色，然后在画面左下角输入文字，效果如图18-18所示。文字输入完成后，单击选项栏中的"提交"按钮。

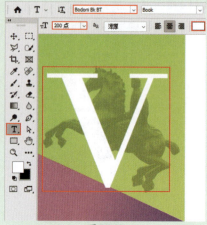

图18-17

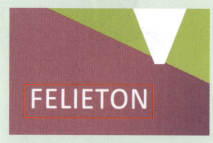

图18-18

11 在"图层"面板中选择副标题文字图层，设置该图层的"不透明度"为50%，如图18-19所示。此时文字呈半透明状态，效果如图18-20所示。

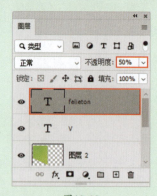

图18-19

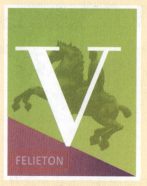

图18-20

实例210　书籍内页排版——右侧页面

01 首先绘制内页的背景部分。新建一个图层，选择工具箱中的矩形选框工具，在画面中绘制一个矩形选区，如图18-21所示。

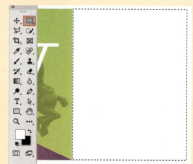

图18-21

02 选择工具箱中的渐变工具，在选项栏中单击渐变色条，在弹出的"渐变编辑器"对话框中编辑一个由浅灰色到白色再到浅灰色的渐变颜色，单击"确定"按钮，接着单击选项栏中的"线性渐变"按钮，如图18-22所示。在画面中按住鼠标左键从左向右拖动填充渐变，如图18-23所示。

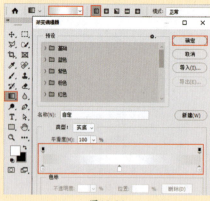

图18-22

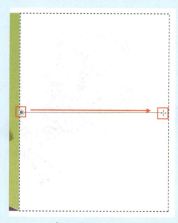

图18-23

03 释放鼠标后，画面会出现渐变效果，如图18-24所示。然后使用快捷键Ctrl+D取消选区。

图18-24

04 执行菜单"文件>置入嵌入对象"命令，置入素材"2.jpg"，如图18-25所示。将置入的素材摆放在画面中的合适位置，按住鼠标左键拖动将其进行等比缩放，调整完成后按Enter键确认置入，如图18-26所示。

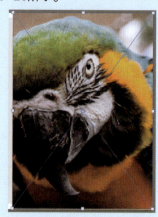

图18-25

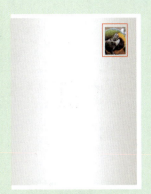

图18-26

05 在"图层"面板中右击该图层，在弹出的快捷菜单中执行"栅格化图层"命令，如图18-27所示。

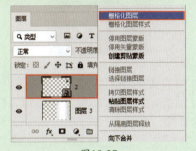

图18-27

06 新建一个图层。选择工具箱中的矩形选框工具，在素材图片左侧按住鼠标左键拖动绘制一个小的矩形选区，此时效果如图18-28所示。然后将前景色设置为洋红色，使用快捷键Alt+Delete进行填充，如图18-29所示。使用快捷键Ctrl+D取消选区。

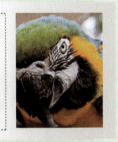

图18-28

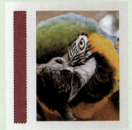

图18-29

07 在画面中输入文字制作内页效果。选择工具箱中的横排文字工具，在选项栏中设置合适的字体和字号，设置文本颜色为洋红色。设置完成后，在画面中的矩形左侧位置单击插入光标，输入文字，如图18-30所示。

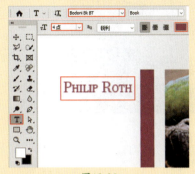

图18-30

08 继续使用横排文字工具，在选项栏中设置字符对齐方式为"右对齐文本"，在文字下方按住鼠标左键拖动绘制文本框，接着输入文字，如图18-31所示。

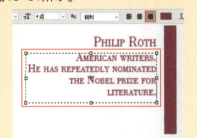

图18-31

09 使用同样的方法，在选项栏中设置合适的字体、字号及文本颜色，然后在画面中其他位置输入合适的文字，画面最终效果如图18-32所示。

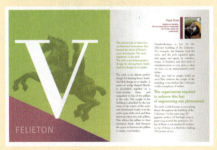

图18-32

18.2 时尚杂志封面设计

文件路径	第18章\时尚杂志封面设计
难易指数	★★★★☆
技术掌握	● 横排文字工具 ● 图层蒙版 ● "可选颜色"调整图层 ● "曲线"调整图层 ● 图层样式

扫码深度学习

操作思路

在本案例的制作过程中，不要忽略各图层中不透明度的设置。本案例首先运用横排文字工具输入封面信息，然后使用"图层样式"为画面添加效果，最后使用形状工具制作封面的光泽感。

案例效果

案例效果如图18-33所示。

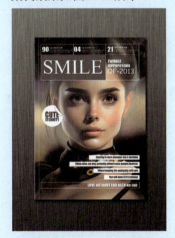

图18-33

实例211 时尚杂志封面设计——制作背景

01 执行菜单"文件>打开"命令，打开素材"1.jpg"，如图18-34所示。

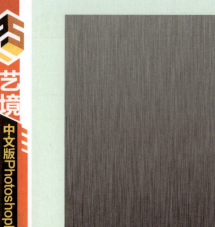

图18-34

02 单击"图层"面板底部的"创建新图层"按钮，创建新图层。选择工具箱中的渐变工具，在选项栏中单击渐变色条，在打开的"渐变编辑器"对话框中编辑一个由透明到黑色的渐变颜色，单击"确定"按钮完成设置，设置渐变类型为"线性渐变"，如图18-35所示。按住鼠标左键在画面中由左上向右下拖动填充渐变，效果如图18-36所示。

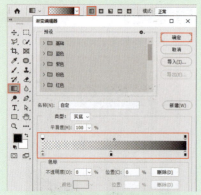

图18-35

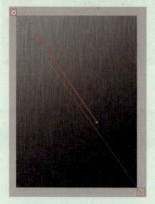

图18-36

03 在"图层"面板中选择该图层，并设置该图层的"不透明度"为45%，此时画面效果如图18-37所示。

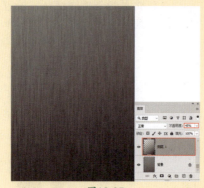

图18-37

04 执行菜单"文件>置入嵌入对象"命令，置入人像素材"2.jpg"，调整大小和位置后按Enter键确认操作。在"图层"面板中选择该图层并右击，在弹出的快捷菜单中执行"栅格化图层"命令，效果如图18-38所示。然后选择工具箱中的矩形选框工具，在画面中按住鼠标左键拖动绘制矩形选区，效果如图18-39所示。

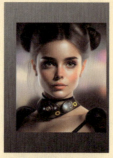

图18-38

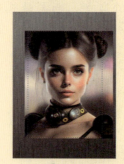

图18-39

05 单击"图层"面板底部的"添加图层蒙版"按钮，基于选区添加图层蒙版，如图18-40所示。此时画面效果如图18-41所示。

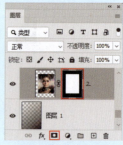

图18-40

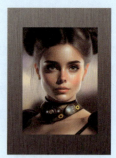

图18-41

06 选择人像图层，执行菜单"图层>图层样式>投影"命令，在弹出的"图层样式"对话框中设置"混合模式"为"正片叠底"、颜色为黑色、"不透明度"为80%、"角度"为131度、"距离"为12像素、"大小"为16像素，设置完成后单击"确定"按钮，如图18-42所示。此时人物效果如图18-43所示。

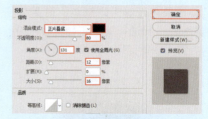

图18-42

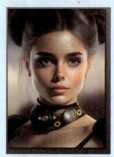

图18-43

07 单击"调整"面板中的"可选颜色"按钮，创建新的"可选颜色"调整图层，在弹出的"属性"面板中设置"颜色"为"红色"、"青色"为+80%、"洋红"为+25%、"黄色"为0、"黑色"为-50%。为了使调色效果只针对人像图层，单击面板底部的"此调整剪切到此图层"按钮，如图18-44所示。此时画面效果如图18-45所示。

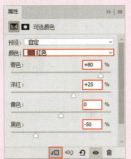
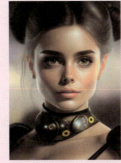

图18-44　　　　　图18-45

08 接下来调整人像背景的亮度，使其变得更有层次感。单击"调整"面板中的"曲线"按钮，创建新的"曲线"调整图层，在弹出的"属性"面板中的曲线上单击添加控制点，并向下拖动，降低画面的亮度，为了使曲线效果只针对人像图层，单击面板底部的"此调整剪切到此图层"按钮。曲线形状如图18-46所示。此时画面效果如图18-47所示。

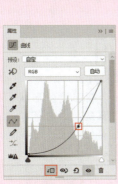
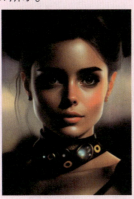

图18-46　　　　　图18-47

09 利用调整图层的图层蒙版将人像的调色效果隐藏。单击"曲线"调整图层的蒙版缩览图，选择工具箱中的画笔工具，在选项栏中单击"画笔预设"选取器，在画笔预设选取器中选择一个柔边圆画笔，设置画笔"大小"为800像素。接着将前景色设置为黑色，在画面中人物部分按住鼠标左键拖动进行涂抹，图层蒙版中涂抹位置如图18-48所示。此时画面效果如图18-49所示。

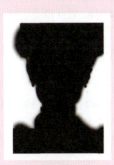
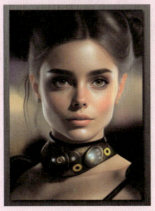

图18-48　　　　　图18-49

实例212　时尚杂志封面设计——制作前景文字

01 绘制文本框。选择工具箱中的矩形工具，在选项栏中设置绘制模式为"形状"，在画面上方绘制一个矩形形状，在选项栏中设置"填充"为无、"描边"为白色、"描边宽度"为2像素，如图18-50所示。

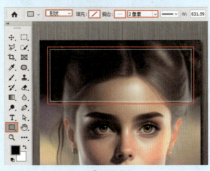

图18-50

02 绘制分界线。选择工具箱中的直线工具，在选项栏中设置绘制模式为"形状"、"粗细"为2像素，在矩形框中按住鼠标左键拖动绘制分界线，在选项栏中设置"填充"为白色、"描边"为无，如图18-51所示。使用同样的方法，绘制竖条的分界线，效果如图18-52所示。

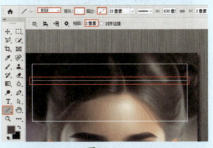

图18-51

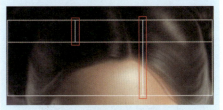

图18-52

03 使用同样的方法，选择工具箱中的矩形工具，在选项栏中设置绘制模式为"形状"，在矩形中下位置按住鼠标左键拖动绘制矩形形状，在选项栏中设置"填充"为灰紫色、

04 "描边"为无，如图18-53所示。

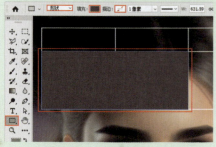

图18-53

04 选择工具箱中的横排文字工具，在选项栏中设置合适的字体和字号，设置文本颜色为白色，然后在灰紫色矩形中单击插入光标，输入文字，如图18-54所示。使用同样的方法，在矩形文本框内输入新文字，效果如图18-55所示。

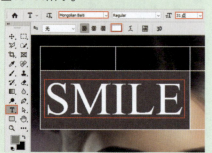

图18-54

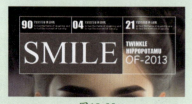

图18-55

05 选择工具箱中的椭圆工具，在选项栏中设置绘制模式为"形状"，在人物面部左侧位置按住Shift键并按住鼠标左键拖动绘制一个正圆，在选项栏中设置"填充"为白色、"描边"为无，如图18-56所示。

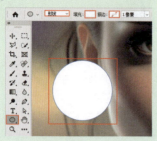

图18-56

06 选择工具箱中的多边形套索工具，在正圆上方绘制一个多边形选区，如图18-57所示。

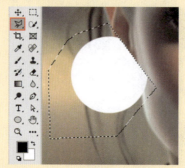

图18-57

07 单击"图层"面板底部的"添加图层蒙版"按钮，基于选区添加图层蒙版，如图18-58所示。此时画面效果如图18-59所示。

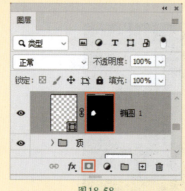

图18-58

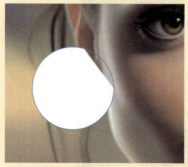

图18-59

08 选择工具箱中的横排文字工具，在选项栏中设置合适的字体和字号，设置文本颜色为灰紫色，在正圆上方单击插入光标，输入文字，如图18-60所示。使用同样的方法，在该文字下方输入稍小的新文字，效果如图18-61所示。

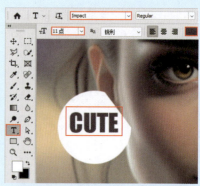

图18-60

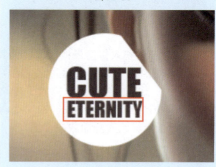

图18-61

09 制作正圆折叠处。选择工具箱中的钢笔工具，在选项栏中设置绘制模式为"形状"，在正圆右上方绘制一个有弧度的形状，在选项栏中设置"填充"为白色、"描边"为无，如图18-62所示。

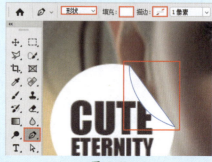

图18-62

10 选择该图层，执行菜单"图层>图层样式>投影"命令，在弹出的"图层样式"对话框中设置投影的"混合模式"为"正片叠底"、颜色为黑色、"不透明度"为30%、"角度"为131度、"距离"为2像素、"大小"为13像素，设置完成后单击"确定"按钮，如图18-63所示。此时正圆折叠效果如图18-64所示。

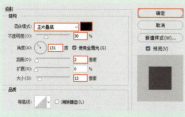

图 18-63

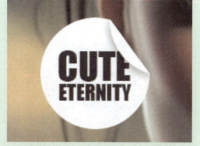

图 18-64

11 选择工具箱中的矩形工具，在选项栏中设置绘制模式为"形状"，在画面右下方绘制多个不同长度的矩形，在选项栏中设置"填充"为白色，效果如图18-65所示。

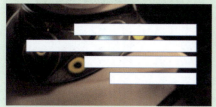

图 18-65

12 选择工具箱中的横排文字工具，在选项栏中设置合适的字体和字号，设置文本颜色为灰紫色，在白色矩形中间单击插入光标，输入文字，效果如图18-66所示。使用同样的方法，在其他矩形中输入新文字，效果如图18-67所示。

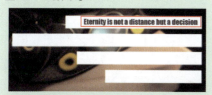

图 18-66

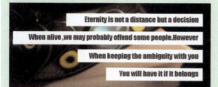

图 18-67

13 继续使用矩形工具，在选项栏中设置绘制模式为"形状"，在白色矩形下方绘制矩形，在选项栏中设置"填充"为无、"描边"为白色、"描边宽度"为2像素，如图18-68所示。

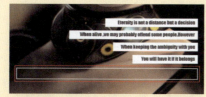

图 18-68

14 接着使用横排文字工具，在选项栏中设置合适的字体和字号，设置文本颜色为白色，在矩形框中输入文字，效果如图18-69所示。

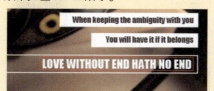

图 18-69

实例213 时尚杂志封面设计——制作封面上的光泽感

01 制作封面的光泽感。选择工具箱中的矩形工具，在选项栏中设置绘制模式为"形状"，在画面中绘制一个可以遮盖住人像大小的矩形，在选项栏中设置"填充"为白色、"描边"为无，如图18-70所示。使用多边形套索工具在画面中绘制一个多边形选区，如图18-71所示。

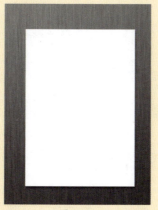

图 18-70

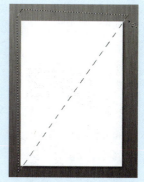

图 18-71

02 在"图层"面板中选择白色矩形图层，单击面板底部的"添加图层蒙版"按钮，基于选区为该图层添加图层蒙版，此时画面效果如图18-72所示。在"图层"面板中选择该图层，设置图层的"不透明度"为10%，此时画面效果如图18-73所示。

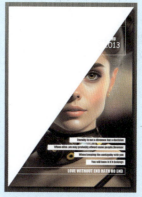

图 18-72

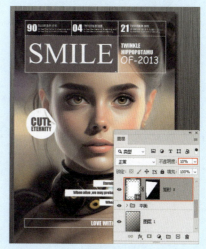

图 18-73

03 选择工具箱中的直线工具，在选项栏中设置绘制模式为"形状"、"粗细"为1像素，在画面左侧绘制直线,在选项栏中设置"填充"为白色、"描边"为无,画面效果如图18-74所示。

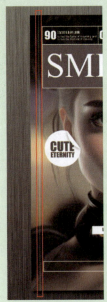

图18-74

04 继续使用矩形工具,在画面左侧边缘位置绘制矩形,然后单击选项栏中的"填充"按钮,在下拉面板中设置填充类型为"渐变",在下方编辑一个由紫色到透明的渐变颜色,设置渐变方式为"线性"、角度为0度,设置"描边"为无,如图18-75所示。

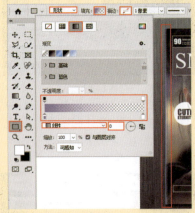

图18-75

05 在"图层"面板中设置矩形图层的"不透明度"为75%,如图18-76所示。最终画面效果如图18-77所示。

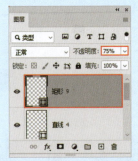

图18-76

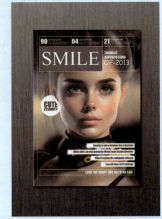

图18-77

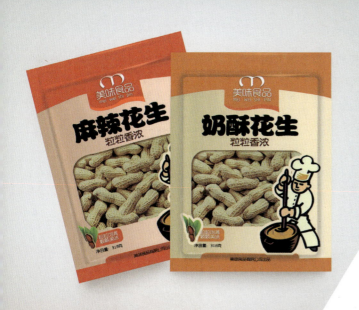

第19章

包装设计

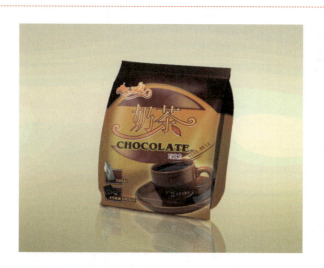

19.1 休闲食品包装袋设计

文件路径	第 19 章\休闲食品包装袋设计
难易指数	
技术掌握	● 画笔工具 ● 形状工具 ● 图层样式 ● 横排文字工具 ● 钢笔工具

扫码深度学习

操作思路

本案例首先使用形状工具绘制包装袋轮廓部分，然后为其添加图层样式，接着在包装袋上方输入文字，并使用画笔工具添加高光效果。

案例效果

案例效果如图19-1所示。

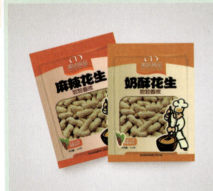

图 19-1

实例214 休闲食品包装袋设计——制作包装袋平面图

01 执行菜单"文件>新建"命令，新建一个空白文档。选择工具箱中的渐变工具，在选项栏中单击渐变色条，在弹出的"渐变编辑器"对话框中设置一个灰色系渐变色，单击"确定"按钮，如图19-2所示。在选项栏中设置渐变类型为"径向渐变"，然后在画面中按住鼠标左键拖动，填充渐变颜色，效果如图19-3所示。

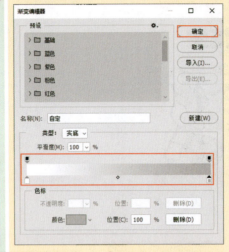

图 19-2

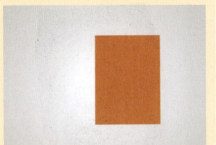

图 19-3

02 新建一个图层，设置前景色为橙色。选择工具箱中的矩形选框工具，在画面中绘制一个矩形选区，使用快捷键Alt+Delete填充前景色，使用快捷键Ctrl+D取消选区，效果如图19-4所示。

图 19-4

03 新建一个图层。选择工具箱中的钢笔工具，在选项栏中设置绘制模式为"路径"，在橙色矩形上方绘制不规则路径，然后使用快捷键Ctrl+Enter将路径转换为选区，如图19-5所示。选择工具箱中的渐变工具，在选项栏中单击渐变色条，在弹出的"渐变编辑器"对话框中设置一个淡黄色系渐变颜色，单击"确定"按钮完成设置。接着在选项栏中设置渐变类型为"线性渐变"，如图19-6所示。

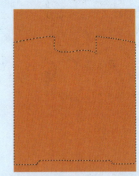

图 19-5

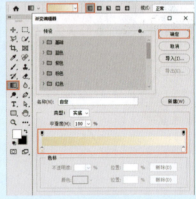

图 19-6

04 在选区的左侧按住鼠标左键向右拖动为其填充渐变色，然后使用快捷键Ctrl+D取消选区，效果如图19-7所示。选择工具箱中的钢笔工具，在选项栏中设置绘制模式为"形状"，在黄色渐变图形上绘制不规则形状，在选项栏中设置"填充"为橘红色、"描边"为无，如图19-8所示。

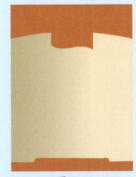

图 19-7

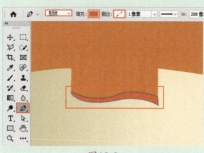

图19-8

05 执行菜单"文件>置入嵌入对象"命令,置入素材"1.jpg",选中该素材,执行菜单"图层>栅格化>智能对象"命令,效果如图19-9所示。

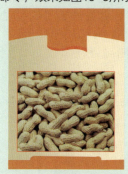

图19-9

06 选择工具箱中的矩形工具,在选项栏中设置绘制模式为"路径",在画面中按住鼠标左键拖动绘制一个矩形路径,在"属性"面板中设置"圆角半径"为75像素,如图19-10所示。然后使用快捷键Ctrl+Enter将路径转换为选区,选择置入的素材图层,单击"图层"面板底部的"添加图层蒙版"按钮,此时画面效果如图19-11所示。

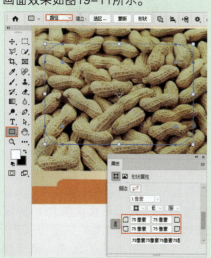

图19-10

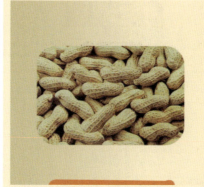

图19-11

07 选中素材图层,执行菜单"图层>图层样式>内阴影"命令,在弹出的"图层样式"对话框中设置"混合模式"为"正片叠底"、投影颜色为红棕色、"不透明度"为75%、"角度"为148度、"距离"为9像素、"大小"为9像素,单击"确定"按钮完成设置,如图19-12所示。此时画面效果如图19-13所示。

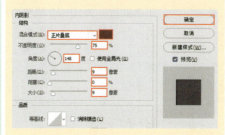

图19-12

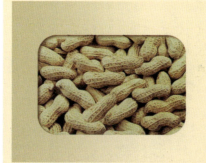

图19-13

08 选择工具箱中的矩形工具,在选项栏中设置绘制模式为"形状",在素材下方绘制一个矩形,在选项栏设置"填充"为橙色、"描边"为无,在"属性"面板中设置"圆角半径"为22像素,如图19-14所示。置入素材"2.png"并将其放置在合适位置,按Enter键确认置入操作,如图19-15所示。

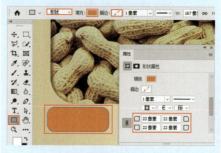

图19-14

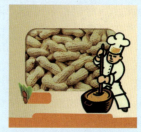

图19-15

09 选中该图层,执行菜单"图层>栅格化>智能对象"命令。然后执行菜单"图层>图层样式>描边"命令,在弹出的"图层样式"对话框中设置"大小"为13像素、"位置"为"外部"、"填充类型"为"颜色"、"颜色"为淡黄色,如图19-16所示。设置完成后单击"确定"按钮,此时画面效果如图19-17所示。

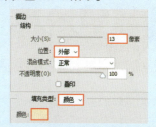

图19-16

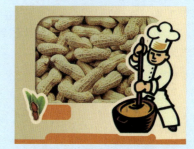

图19-17

10 选择工具箱中的横排文字工具,在选项栏中设置合适的字体和字号,设置文本颜色为白色,然后在画面中单击插入光标，输入文字，效果如图19-18所示。

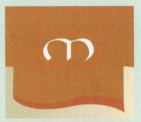

图19-18

11 选中文字图层，执行菜单"图层>图层样式>投影"命令，在弹出的"图层样式"对话框中设置"混合模式"为"正片叠底"、投影颜色为棕色、"不透明度"为75%、"角度"为90度、"距离"为4像素、"大小"为5像素，如图19-19所示。设置完成后单击"确定"按钮，此时字母效果如图19-20所示。

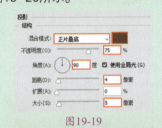

图19-19

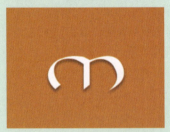

图19-20

12 使用同样的方法，输入下方文字，并为其添加"投影"图层样式，如图19-21所示。继续使用横排文字工具，在选项栏中设置合适的字体、字号和文本颜色，在画面其他位置输入文字，效果如图19-22所示。

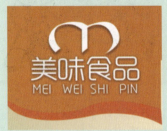

图19-21

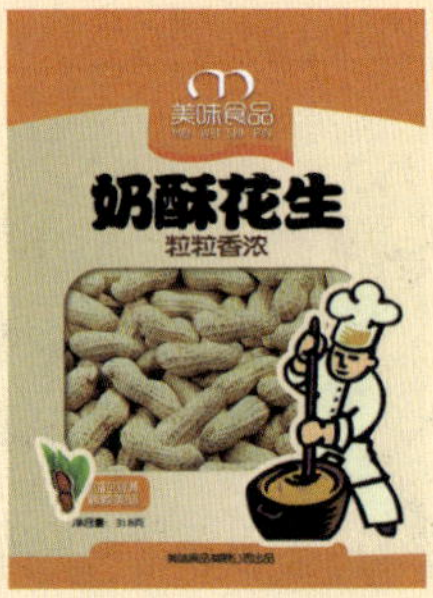

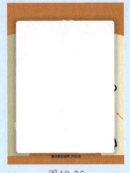

图19-22

实例215 休闲食品包装袋设计——制作包装袋的立体效果

01 选择工具箱中的矩形工具，在选项栏中设置绘制模式为"形状"，在画面中按住鼠标左键拖动绘制一个矩形，在选项栏中设置"填充"为白色，在"属性"面板中设置"圆角半径"为20像素，如图19-23所示。选择该图层，执行菜单"图层>图层样式>外发光"命令，设置"混合模式"为"正片叠底"、"不透明度"为10%、颜色为黑色、"方法"为"柔和"、"扩展"为27%、"大小"为46像素、"范围"为50%，如图19-24所示。设置完成后单击"确定"按钮。

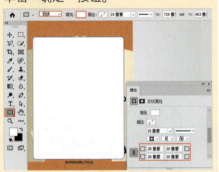

图19-23

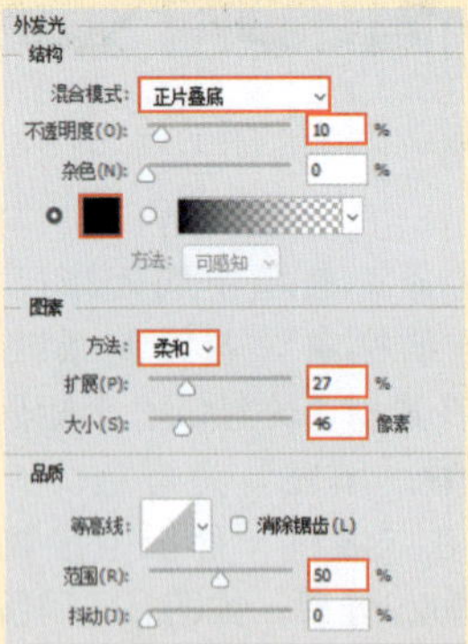

图19-24

02 此时画面效果如图19-25所示。

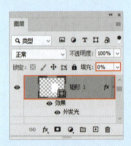

图19-25

03 在"图层"面板中选择该图层，并设置该图层的"填充"为0，如图19-26所示。此时画面效果如图19-27所示。

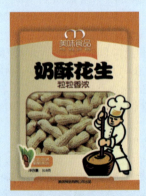

图19-26

图19-27

04 制作光泽效果。新建一个图层，选择工具箱中的画笔工具，在选项栏的画笔预设选取器中选择一个柔边圆画笔，设置画笔"大小"为60像素，在选项栏中设置画笔的"不透明度"为10%。将前景色设置为白色，设置完成后，按住Shift键并按住鼠标左键拖动，沿着画面中灰色的外发光边缘绘制一段直线，如图19-28所示。得到一圈淡淡的光泽，效果如图19-29所示。

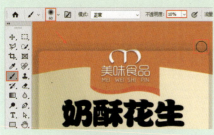

图 19-28

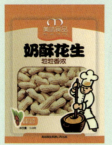

图 19-29

05 接下来制作高光效果。新建一个图层，继续使用画笔工具，在选项栏中设置画笔"大小"为500像素，设置"不透明度"为100%，将前景色设置为橘黄色，在画面中按住鼠标左键单击，效果如图19-30所示。使用自由变换快捷键Ctrl+T，按住鼠标左键拖动控制点将其进行不等比缩放，并移动到合适位置，如图19-31所示。按Enter键确认变换。

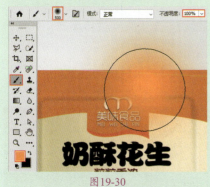

图 19-30

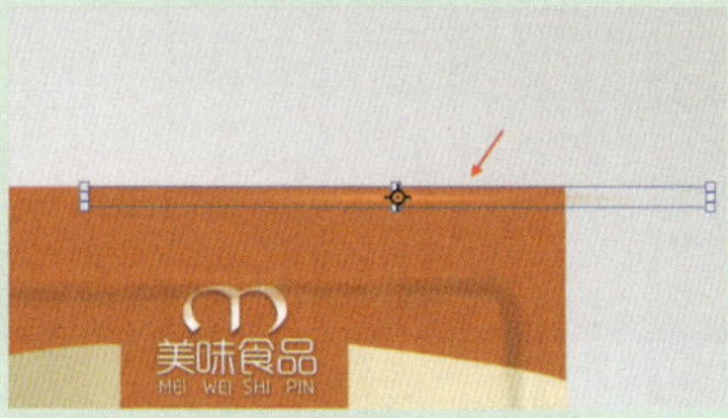

图 19-31

06 使用同样的方法，制作另外两处高光，如图19-32所示。包装袋效果如图19-33所示。

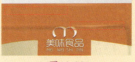

图 19-32

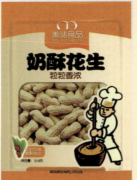

图 19-33

实例216　休闲食品包装袋设计——制作其他包装

01 通常系列包装都是采用同一种设计形式和不同的配色。如果我们要制作系列包装，可以将刚刚制作包装袋的图层加选进行编组，如图19-34所示。选择图层组"组1"，使用快捷键Ctrl+J进行复制，然后将下方的图层组名称更改为"组2"，如图19-35所示。

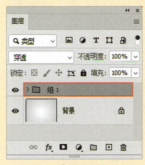

图 19-34

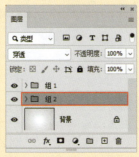

图 19-35

02 选择"组2"，使用自由变换快捷键Ctrl+T，将其进行旋转和移动，如图19-36所示。调整完成后按Enter键确认变换。然后更改商品名称，如图19-37所示。

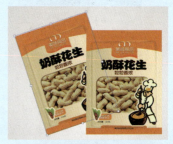

图 19-36

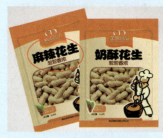

图 19-37

03 接下来进行调色。打开"组2"，找到制作包装袋背景的图层最上方的图层（也就是图片素材下方的图层），图19-38所示为包装袋背景部分。单击"调整"面板中的"色相/饱和度"按钮，创建新的"色相/饱和度"调整图层，在弹出的"属性"面板中设置"色相"为-23，如图19-39所示。

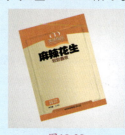

图 19-38

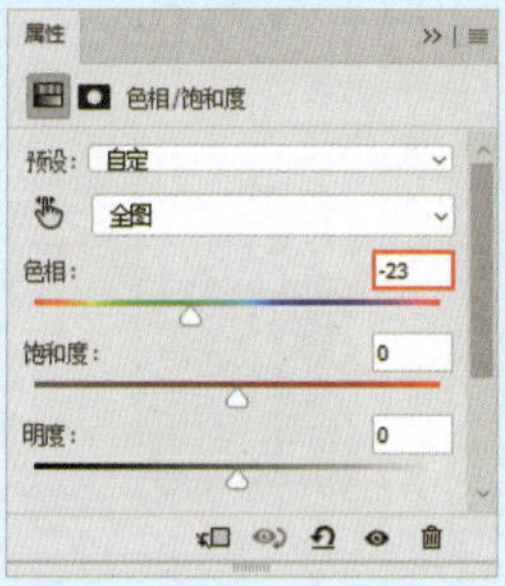

图 19-39

04 此时画面效果如图19-40所示。

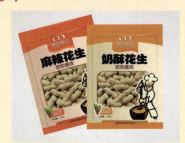

图19-40

05 在"背景"图层上方新建一个图层，然后使用灰色的柔边圆画笔在包装袋底部边缘拖动进行涂抹，制作包装袋的阴影，如图19-41所示。包装袋最终完成效果如图19-42所示。

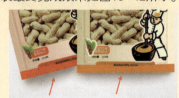

图19-41

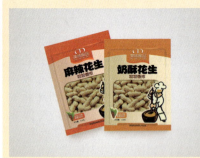

图19-42

19.2 冲调饮品包装袋设计

文件路径	第19章\冲调饮品包装袋设计
难易指数	★★★★★
技术掌握	● 画笔工具　● 自由变换 ● 钢笔工具　● 图层样式 ● "亮度/对比度"调整图层

扫码深度学习

操作思路

本案例的制作过程较为复杂，首先需要制作包装袋的平面图，接着将平面图进行变形，得到立体效果，并配合阴影和高光的添加，增强包装袋的立体感。

案例效果

案例效果如图19-43所示。

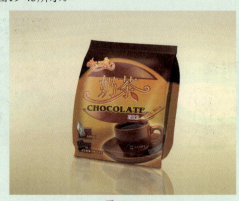

图19-43

操作步骤

实例217　冲调饮品包装袋设计——制作平面图背景部分

01 执行菜单"文件>新建"命令，新建一个空白文档。单击"图层"面板底部的"创建新图层"按钮，创建新图层。选择工具箱中的渐变工具，在选项栏中单击渐变色条，在弹出的"渐变编辑器"对话框中编辑一个黄色系的渐变颜色，编辑完成后单击"确定"按钮。然后在选项栏中设置渐变类型为"对称渐变"，如图19-44所示。

02 使用渐变工具在画面中按住鼠标左键由下至上拖动进行填充，效果如图19-45所示。

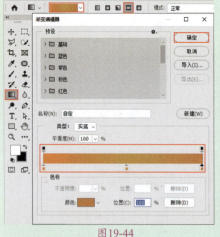

图19-44

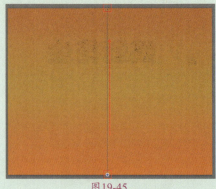

图19-45

03 接着新建一个图层，选择工具箱中的矩形选框工具，在画面上方按住鼠标左键拖动绘制矩形选区，如图19-46所示。然后选择椭圆选框工具，在选项栏中设置选区方式为"从选区减去"，接着在矩形下方按住鼠标左键拖动绘制一个椭圆形状，如图19-47所示。

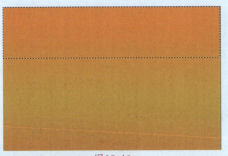

图19-46

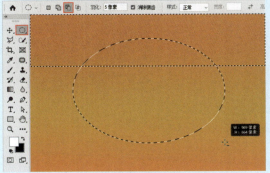

图19-47

04 释放鼠标会得到新选区，如图19-48所示。

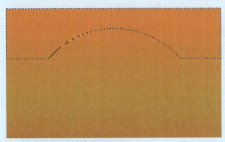

图19-48

05 选择工具箱中的渐变工具，在选项栏中单击渐变色条，在弹出的"渐变编辑器"对话框中编辑一个红棕色系的渐变颜色，然后单击"确定"按钮。在选项栏中设置渐变类型为"线性渐变"，如图19-49所示。使用渐变工具在画面中按住鼠标左键拖动进行填充，效果如图19-50所示。使用快捷键Ctrl+D取消选区。

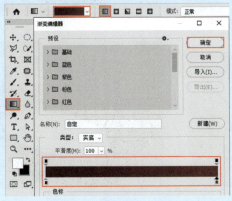

图19-49

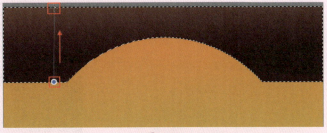

图19-50

06 选择该图层，执行菜单"图层>图层样式>投影"命令，在弹出的"图层样式"对话框中设置投影的"混合模式"为"正片叠底"、颜色为灰色、"不透明度"为77%、"角度"为119度、"距离"为18像素、"扩展"为100%，如图19-51所示。设置完成后单击"确定"按钮，效果如图19-52所示。

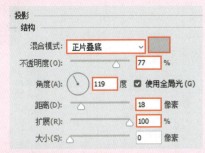

图19-51

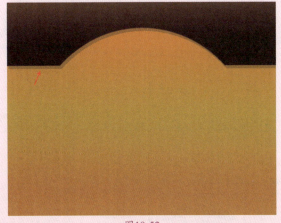

图19-52

实例218　冲调饮品包装袋设计——制作咖啡杯部分

01 执行菜单"文件>置入嵌入对象"命令，置入杯子素材"1.png"并将其放置在画面右下角，按Enter键结束操作。选择该图层，右击，在弹出的快捷菜单中执行"栅格化图层"命令，效果如图19-53所示。

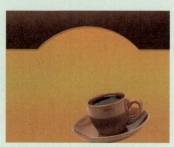

图19-53

02 选择该图层，执行菜单"图层>图层样式>外发光"命令，在弹出的"图层样式"对话框中设置"混合模式"为"滤色"、"不透明度"为75%、颜色为淡黄色、"方法"为"柔和"、"扩展"为4%、"大小"为68像素、"范围"为50%，如图19-54所示。设置完成后单击"确定"按钮，效果如图19-55所示。

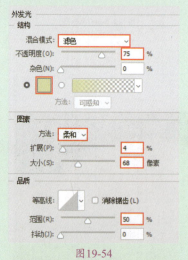

图19-54

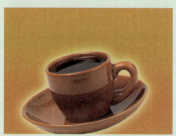

图19-55

03 选择工具箱中的横排文字工具，在选项栏中设置合适的字体、字号，设置文本颜色为深红色，在杯子右上角位置输入文字，效果如图19-56所示。使用自由变换快捷键Ctrl+T，将文字适当旋转，效果如图19-57所示。

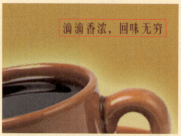

图19-56

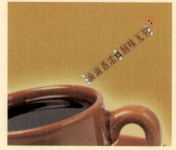

图19-57

04 选择工具箱中的钢笔工具，在选项栏中设置绘制模式为"形状"，在文字下方绘制一个有弧度的形状，在选项栏中设置"填充"为深红色、"描边"为无，效果如图19-58所示。然后在"图层"面板中选择深红色形状图层，使用快捷键Ctrl+J将形状复制并向下移动。接着使用自由变换快捷键Ctrl+T，拖动控制点进行缩放，按Enter键结束变换操作，效果如图19-59所示。

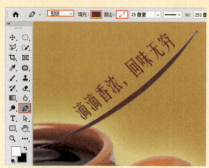

图19-58

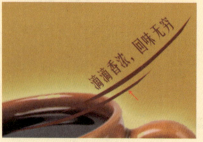

图19-59

05 输入新的文字。选择工具箱中的横排文字工具，在选项栏中设置合适的字体和字号，设置文本颜色为白色，在杯子中间位置输入文字。文字输入完成后适当旋转，效果如图19-60所示。

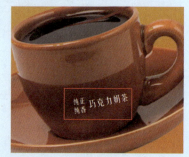

图19-60

06 新建一个图层，选择工具箱中的椭圆选框工具，将前景色设置为白色，在文字上方按住鼠标左键拖动绘制椭圆选区，使用快捷键Alt+Delete进行填充，使用自由变换快捷键Ctrl+T，将椭圆进行适当旋转，使用快捷键Ctrl+D取消选区。效果如图19-61所示。单击"图层"面板底部的"添加图层蒙版"按钮，为该图层添加蒙版。按住Ctrl键单击白色椭圆图层的缩览图，载入其选区。然后执行菜单"选择>变换选区"命令，效果如图19-62所示。

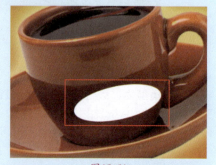

图19-61

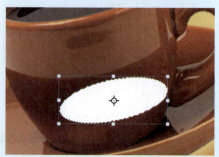

图19-62

07 调出定界框后拖动控制点进行缩放和旋转操作，如图19-63所示，然后按Enter键结束变换操作。将前景色设置为黑色，单击该椭圆图层的蒙版缩览图，然后使用快捷键Alt+Delete进行填充，使用快捷键Ctrl+D取消选区，效果如图19-64所示。

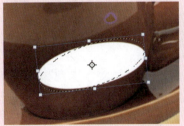
图19-63

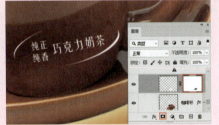
图19-64

实例219　冲调饮品包装袋设计——制作文字部分

01 新建一个图层，选择工具箱中的钢笔工具，在选项栏中设置绘制模式为"路径"，在画面上方绘制一个半圆形状，使用快捷键Ctrl+Enter将路径转换为选区，将前景色设置为深红色，使用快捷键Alt+Delete进行填充，如图19-65所示。再次创建新图层，使用钢笔工具绘制不规则形状并将路径转换为选区，选择工具箱中的渐变工具，在选项栏中编辑一个黄色系渐变颜色，设置渐变类型为"径向渐变"，在画面中拖动为选区填充渐变色，如图19-66所示。

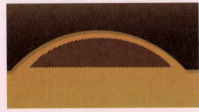
图19-65　　　　图19-66

02 选择不规则形状图层，单击"图层"面板底部的"添加图层蒙版"按钮，为该图层添加图层蒙版，选择工具箱中的渐变工具，单击选项栏中的渐变色条，在"渐变编辑器"对话框中设置一个由黑色半透明到透明的渐变颜色，单击"确定"按钮，设置渐变类型为"线性渐变"，如图19-67所示。载入渐变半圆的选区，使用渐变工具在蒙版中由左上方至右下方拖动，效果如图19-68所示。

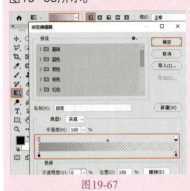
图19-67　　　　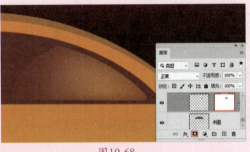
图19-68

03 继续使用钢笔工具，在选项栏中设置绘制模式为"形状"，在半圆图形上方绘制一个稍小的图形，在选项栏中设置"填充"为白色、"描边"为无，如图19-69所示。在"图层"面板中选择该图层并设置"不透明度"

为25%，此时画面效果如图19-70所示。

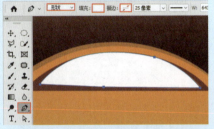
图19-69

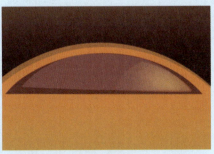
图19-70

04 单击"图层"面板底部的"添加图层蒙版"按钮，为该图层添加图层蒙版。然后载入白色半圆的选区，在蒙版中使用渐变工具自左向右填充从黑到白的渐变，效果如图19-71所示。使用快捷键Ctrl+D取消选区。

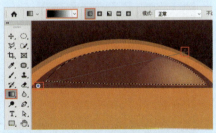
图19-71

05 在"图层"面板中按住Ctrl键加选半圆图层、高光图层和底光图层，使用快捷键Ctrl+J将形状进行复制，使用快捷键Ctrl+E将所选图层合并，然后向下移动。接着使用自由变换快捷键Ctrl+T，如图19-72所示。在画面中右击，在弹出的快捷菜单中执行"旋转180度"命令，按Enter键结束变换操作，效果如图19-73所示。

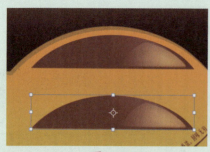

图19-72　　　　　　　　图19-73

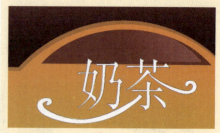

图19-80

06 选择工具箱中的横排文字工具,在选项栏中设置合适的字体和字号,设置文本颜色为白色,然后在两个半圆中间输入文字,如图19-74所示。在"图层"面板中选择该文字图层并右击,在弹出的快捷菜单中执行"转换为形状"命令,此时文字会转换为形状,如图19-75所示。

10 接下来为文字图层添加效果。选择该文字图层,执行菜单"图层>图层样式>描边"命令,在弹出的"图层样式"对话框中设置描边的"大小"为5像素、"位置"为"外部"、"混合模式"为"正常"、"不透明度"为100%、"填充类型"为"颜色"、"颜色"为深红色,如图19-81所示。勾选"预览"复选框进行查看,此时文字效果如图19-82所示。

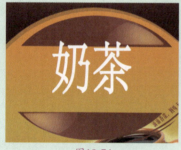
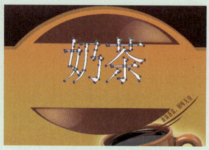

图19-74　　　　　　　　图19-75

07 选择工具箱中的直接选择工具,在画面中框选文字"茶"中"丿"的部分锚点,如图19-76所示。然后按住鼠标左键向左拖动,将文字变形,如图19-77所示。

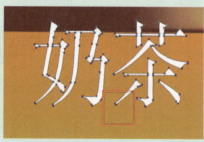
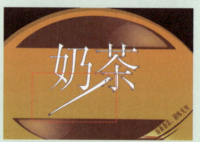

图19-76　　　　　　　　图19-77

08 选择工具箱中的添加锚点工具,在路径上单击添加锚点,如图19-78所示。然后按住鼠标左键拖动改变形状,此时文字效果如图19-79所示。

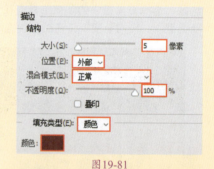

图19-81

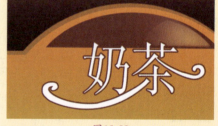

图19-82

11 在"图层样式"对话框左侧的列表框中勾选"渐变叠加"复选框,设置渐变叠加的"混合模式"为"正常"、"不透明度"为100%、"渐变"为黄色系的渐变颜色、"样式"为"线性"、"角度"为90度、"缩放"为100%,如图19-83所示。勾选"预览"复选框进行查看,此时文字效果如图19-84所示。

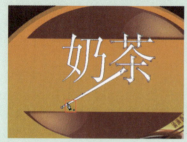
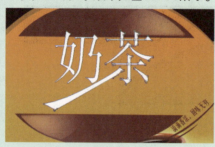

图19-78　　　　　　　　图19-79

09 使用同样的方法,将"茶"字其他部分变形,此时文字效果如图19-80所示。

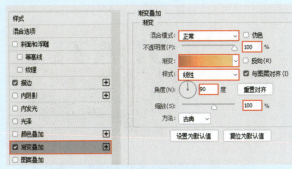

图19-83

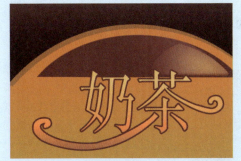

图19-84

12 在"图层样式"对话框左侧的列表框中勾选"投影"复选框,设置投影的"混合模式"为"正常"、颜色为白色、"不透明度"为100%、"角度"为119度、"距离"为10像素、"大小"为3像素,如图19-85所示。设置完成后单击"确定"按钮,此时文字效果如图19-86所示。

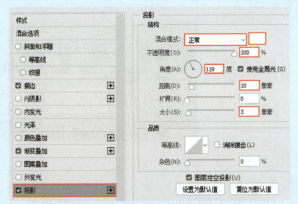

图19-85

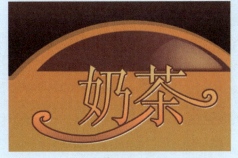

图19-86

13 选择该图层并右击,在弹出的快捷菜单中执行"栅格化图层"命令。然后选择工具箱中的矩形选框工具,在"茶"字右下方按住鼠标左键拖动绘制矩形选区,如图19-87所示。按Delete键将选区内点删除,然后使用快捷键Ctrl+D取消选区,效果如图19-88所示。

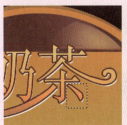

图19-87

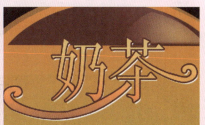

图19-88

14 执行菜单"文件>置入嵌入对象"命令,置入叶子素材"2.png"并将其移动至"茶"字右下角,按Enter键结束操作,如图19-89所示。

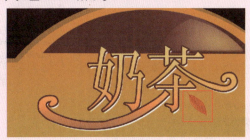

图19-89

15 接下来为叶子图层添加效果。选择叶子图层,执行菜单"图层>图层样式>描边"命令,在弹出的"图层样式"对话框中设置描边的"大小"为5像素、"位置"为"外部"、"混合模式"为"正常"、"不透明度"为100%、"填充类型"为"颜色"、"颜色"为深红色,如图19-90所示。勾选"预览"复选框进行查看,此时叶子效果如图19-91所示。

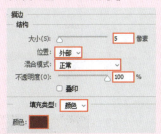

图19-90　　　　　图19-91

16 在"图层样式"对话框左侧的列表框中勾选"投影"复选框,设置投影的"混合模式"为"正常"、颜色为白色、"不透明度"为100%、"角度"为75度、"距离"为12像素、"大小"为3像素,如图19-92所示。设置完成后单击"确定"按钮,此时叶子效果如图19-93所示。

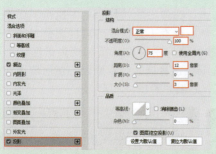

图19-92

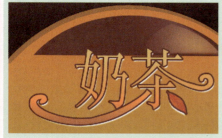

图19-93

17 接下来输入新文字。使用横排文字工具，在选项栏中设置合适的字体和字号，设置文本颜色为红棕色，在"奶茶"文字下方输入字母，如图19-94所示。

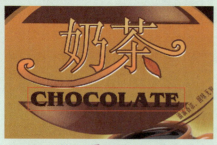

图19-94

18 选择字母图层，执行菜单"图层>图层样式>斜面和浮雕"命令，在弹出的"图层样式"对话框中设置斜面和浮雕的"样式"为"内斜面"、"方法"为"平滑"、"深度"为100%、"方向"为"上"、"大小"为3像素、"软化"为1像素、"角度"为119度、"高度"为30度、"高光模式"为"滤色"、颜色为白色、"不透明度"为75%、"阴影模式"为"正片叠底"、颜色为黑色、"不透明度"为75%，如图19-95所示。勾选"预览"复选框进行查看，此时字母效果如图19-96所示。

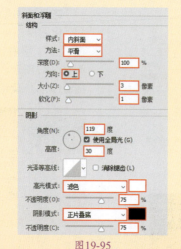

图19-95

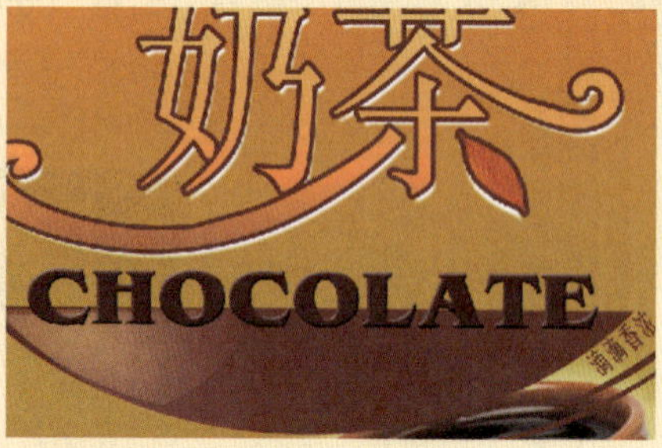

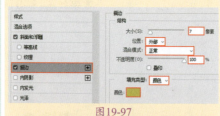

图19-96

19 在"图层样式"对话框左侧的列表框中勾选"描边"复选框，设置描边的"大小"为7像素、"位置"为"外部"、"混合模式"为"正常"、"不透明度"为100%、"填充类型"为"颜色"、"颜色"为黄色，如图19-97所示。设置完成后单击"确定"按钮，此时字母效果如图19-98所示。

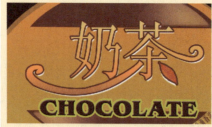

图19-97

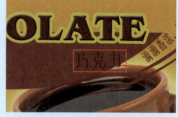

图19-98

20 继续使用横排文字工具在字母下方输入文字，如图19-99所示。

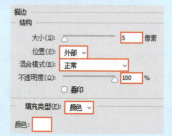

图19-99

21 接下来为文字图层添加效果。选择该图层，执行菜单"图层>图层样式>描边"命令，在弹出的"图层样式"对话框中设置描边的"大小"为5像素、"位置"为"外部"、"混合模式"为"正常"、"不透明度"为100%、"填充类型"为"颜色"、"颜色"为白色，如图19-100所示。设置完成后单击"确定"按钮，此时文字效果如图19-101所示。

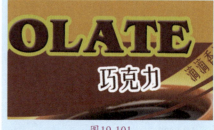

图19-100

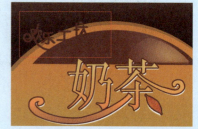

图19-101

22 执行菜单"文件>置入嵌入对象"命令，置入商标素材"3.png"并将其放置在半圆左上角，按Enter键结束操作，如图19-102所示。

图19-102

23 接下来为商标图层添加效果。选择该图层，执行菜单"图层>图层样式>描边"命令，在弹出的"图层样式"对话框中设置描边的"大小"为5像素、"位置"为"外部"、"混合模式"为"正常"、"不透明度"为100%、"填充类型"为"颜色"、"颜色"为白色，如图19-103所示。勾选"预览"复选框进行查看，此时文字效果如图19-104所示。

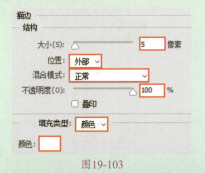

图19-103

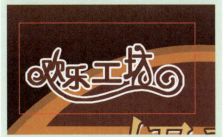

图19-104

24 在"图层样式"对话框左侧的列表框中勾选"渐变叠加"复选框，设置渐变叠加的"混合模式"为"正常"、"不透明度"为100%、"渐变"为黄色系的渐变颜色、"样式"为"线性"、"角度"为90度、"缩放"为75%，如图19-105所示。设置完成后单击"确定"按钮，此时文字效果如图19-106所示。

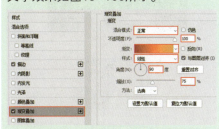

图19-105

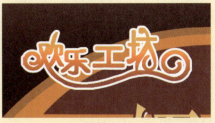

图19-106

实例220 冲调饮品包装袋设计——制作其他图案

01 选择工具箱中的矩形工具，在选项栏中设置绘制模式为"形状"，在画面左下角按住鼠标左键拖动绘制矩形形状，在选项栏中设置"填充"为白色、"描边"为无，如图19-107所示。

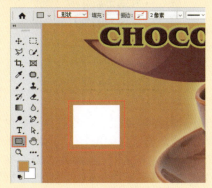

图19-107

02 接下来为矩形图层添加效果。选择该图层，执行菜单"图层>图层样式>描边"命令，在弹出的"图层样式"对话框中设置描边的"大小"为3像素、"位置"为"外部"、"混合模式"为"正常"、"不透明度"为100%、"填充类型"为"颜色"、"颜色"为黑色，如图19-108所示。设置完成后单击"确定"按钮，此时矩形效果如图19-109所示。

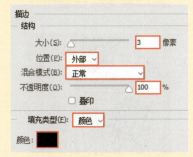

图19-108

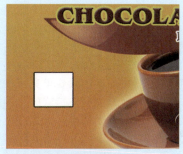

图19-109

03 使用同样的方法，在矩形内绘制一个稍小的深红色矩形，如图19-110所示。然后在"图层"面板中按住Ctrl键选择两个矩形图层，使用快捷键Ctrl+J进行复制并向下移动，效果如图19-111所示。

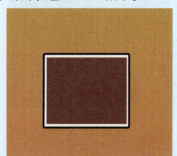

图19-110

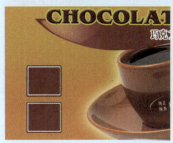

图19-111

04 执行菜单"文件>置入嵌入对象"命令，分别置入牛奶瓶素材"4.png"和巧克力素材"5.png"并放置在矩形上方，按Enter键结束操作，如图19-112所示。

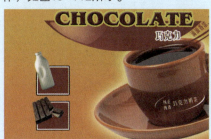

图19-112

05 接下来制作光泽感。选择工具箱中的钢笔工具,在选项栏中设置绘制模式为"形状",在牛奶瓶右侧绘制光泽形状,单击"填充"按钮,在下拉面板中设置填充类型为"渐变",接着在下方编辑一个由深红色到白色的渐变颜色,设置渐变方式为"线性"、角度为-50度,效果如图19-113所示。使用同样的方法,制作巧克力右侧的光泽感,效果如图19-114所示。

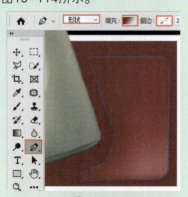

图19-113

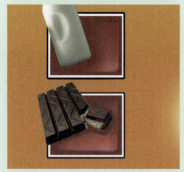

图19-114

06 选择工具箱中的横排文字工具,在选项栏中设置合适的字体和字号,设置文本颜色为黄色,在牛奶瓶右侧输入文字,如图19-115所示。

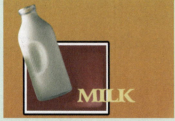

图19-115

07 接下来为文字图层添加效果。选择该图层,执行菜单"图层>图层样式>描边"命令,在弹出的"图层样式"对话框中设置描边的"大小"为3像素、"位置"为"外部"、"混合模式"为"正常"、"不透明度"为100%、"填充类型"为"颜色"、"颜色"为深红色,如图19-116所示。设置完成后单击"确定"按钮,效果如图19-117所示。

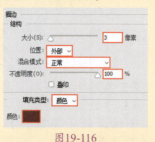

图19-116

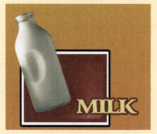

图19-117

08 使用同样的方法,在巧克力右侧输入文字,如图19-118所示。然后选择"MILK"图层并右击,在弹出的快捷菜单中执行"拷贝图层样式"命令;右击"CHOCOLATE"图层,在弹出的快捷菜单中执行"粘贴图层样式"命令,效果如图19-119所示。

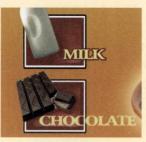

图19-118

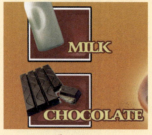

图19-119

09 创建新组并盖印。单击"图层"面板底部的"创建新组"按钮,并将该组命名为"平面",然后将所有图层拖动至该组中,使用快捷键Ctrl+Shift+Alt+E将所有图层中的图像盖印到新的图层中,且原始图层的内容保持不变,隐藏"平面"图层组,如图19-120所示。

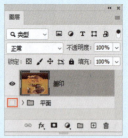

图19-120

实例221 冲调饮品包装袋设计——制作立体包装袋正面

01 接下来缩放图像并制作包装袋正面图。选择盖印图层,使用自由变换快捷键Ctrl+T,拖动控制点进行缩放,如图19-121所示。按Enter键结束变换操作。然后选择工具箱中的矩形选框工具,框选包装袋正面图像,如图19-122所示。

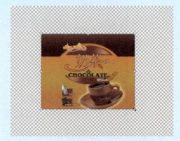

图19-121

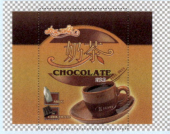

图19-122

02 使用快捷键Ctrl+J将选区内的图像复制到新的图层中,然后隐藏盖印图层,效果如图19-123所示。

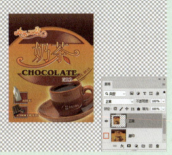

图19-123

03 在盖印图层下方新建一个图层，选择工具箱中的渐变工具，在"渐变编辑器"对话框中编辑一个米白色系的渐变颜色，使用渐变工具在画面中拖动进行填充，效果如图19-124所示。

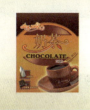

图19-124

04 选择正面图层，使用自由变换快捷键Ctrl+T，然后右击，在弹出的快捷菜单中执行"变形"命令，此时图像上将会出现变形网格和控制点，如图19-125所示。

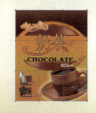

图19-125

05 单击图像上方的锚点进行拖动，调整控制点的方向线对图像进行变形，如图19-126所示。

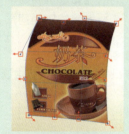

图19-126

06 按Enter键结束变换操作，此时画面效果如图19-127所示。

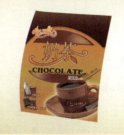

图19-127

07 选择工具箱中的（涂抹工具），在选项栏中设置"强度"为100%。接着单击"画笔预设"选取器，在画笔预设选取器中选择一个硬边圆画笔，设置画笔"大小"为80像素、"硬度"为100%，如图19-128所示。设置完成后，在画面左下角位置按住鼠标左键向右拖动进行涂抹，效果如图19-129所示。

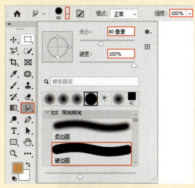

图19-128

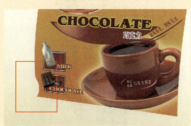

图19-129

08 使用同样的方法，在画面左上角进行涂抹，如图19-130所示。此时画面效果如图19-131所示

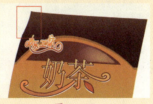

图19-130

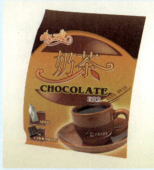

图19-131

实例222 冲调饮品包装袋设计——制作立体包装袋侧面

01 接下来制作包装袋侧面。先将正面图层隐藏，选择包装平面图图层，然后使用矩形选框工具框选盖印图层右侧部分，如图19-132所示。使用快捷键Ctrl+J将选区内图像复制到新的图层中，然后隐藏平面图图层，效果如图19-133所示。

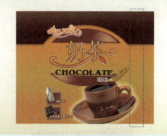

图19-132

图19-133

02 显示包装袋正面的图层，将包装袋侧面的图像移动到正面图像右侧，使用自由变换快捷键Ctrl+T，右击，在弹出的快捷菜单中执行"变形"命令，如图19-134所示。然后拖动控制点和方向线对其进行变形，按Enter键完成变形操作，如图19-135所示。

第19章 包装设计

359

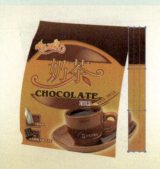

图19-134

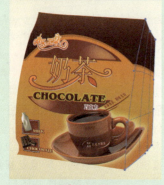

图19-135

03 选择工具箱中的涂抹工具,在选项栏中单击"画笔预设"选取器,在画笔预设选取器中选择一个硬边圆画笔,设置画笔"大小"为80像素,设置完成后在画面右侧位置按住鼠标左键拖动进行涂抹,效果如图19-136所示。

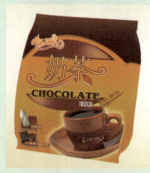

图19-136

04 接下来降低包装袋侧面的亮度。单击"调整"面板中的"亮度/对比度"按钮,创建新的"亮度/对比度"调整图层,在弹出的"属性"面板中设置"亮度"为-80,为了使调色效果只针对侧面图层,所以单击面板底部的"此调整剪切到此图层"按钮 ,如图19-137所示。此时画面效果如图19-138所示。

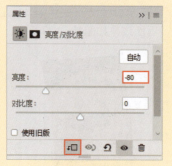

图19-137

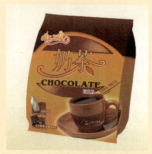

图19-138

05 接下来制作侧面包装袋阴影。选择工具箱中的钢笔工具,在选项栏中设置绘制模式为"形状",在包装袋侧面绘制一个有弧度的形状,在选项栏中设置"填充"为黑色、"描边"为无,如图19-139所示。在"图层"面板中设置该图层的"不透明度"为40%,此时效果如图19-140所示。

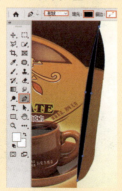

图19-139

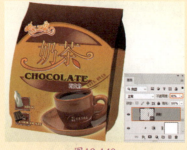

图19-140

06 接下来制作包装袋封口。选择工具箱中的钢笔工具,在选项栏中设置绘制模式为"形状",在包装袋顶部绘制形状,单击"填充"按钮,在弹出的下拉面板中设置填充类型为"渐变",接着在下方编辑一个棕色系的渐变颜色,设置渐变方式为"线性"、角度为0度、"描边"为无,如图19-141所示。在"图层"面板中选择该图层,设置"不透明度"为28%,此时效果如图19-142所示。

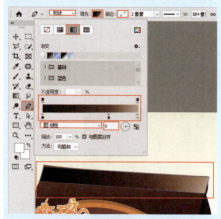

图19-141

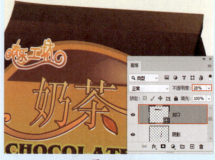

图19-142

实例223 冲调饮品包装袋设计——制作立体包装袋的光泽感

01 接下来制作包装袋边缘的高光效果。选择包装袋正面图层,单击"调整"面板中的"亮度/对比度"按钮,创建新的"亮度/对比度"调整图层,在弹出的"属性"面板中设置"亮度"为35,如图19-143所示。此时画面效果如图19-144所示。

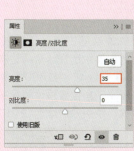

图19-143　　　　　　图19-144

02 单击该图层的图层蒙版缩览图，将前景色设置为黑色，然后使用快捷键Alt+Delete进行填充，此时调色效果将被隐藏。选择工具箱中的多边形套索工具，在选项栏中设置选区方式为"添加到选区"，然后在包装袋的正面绘制选区，如图19-145所示。将前景色设置为白色，使用快捷键Alt+Delete进行填充，此时会显示选区内的调色效果，最后使用快捷键Ctrl+D取消选区，此时画面效果如图19-146所示。

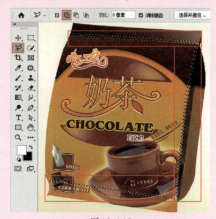 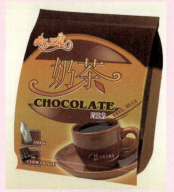

图19-145　　　　　　图19-146

03 接下来压暗包装袋四周的亮度。再次创建一个"亮度/对比度"调整图层，在弹出的"属性"面板中设置"亮度"为-60，如图19-147所示。此时画面效果如图19-148所示。

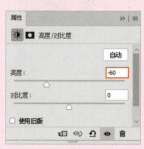 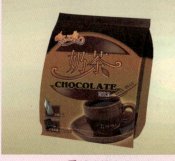

图19-147　　　　　　图19-148

04 单击该图层的图层蒙版缩览图，将前景色设置为黑色，选择工具箱中的画笔工具，在选项栏中单击"画笔预设"选取器，在画笔预设选取器中选择一个柔边圆画笔，设置画笔"大小"为200像素，设置"硬度"为0，如图19-149所示。设置完成后，在画面中包装袋正面位置按住鼠标左键拖动进行涂抹，蒙版效果如图19-150所示。

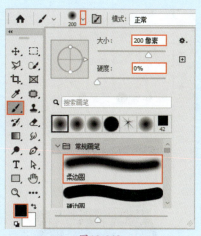

图19-149

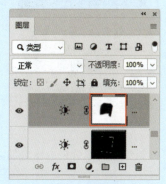

图19-150

05 此时画面效果如图19-151所示。

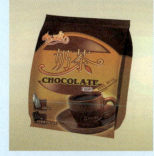

图19-151

06 接下来制作高光。单击"图层"面板底部的"创建新图层"按钮，创建新图层。将前景色设置为白色，选择工具箱中的画笔工具，在选项栏中单击"画笔预设"选取器，在画笔预设选取器中选择一个柔边圆画笔，设置画笔"大小"为50像素、"硬度"为0，在选项栏中设置画笔的"不透明度"为30%，如图19-152所示。设置完成后，在画面中包装袋正面位置按住鼠标左键拖动进行涂抹，效果如图19-153所示。

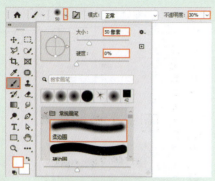

图19-152

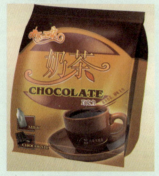

图19-153

07 将制作立体包装袋的图层加选后编组，并将其命名为"立体包装"。选择"立体包装"图层组，使用快捷键Ctrl+Shift+Alt+E进行盖印得到合并图层，然后将"立体包装"图层组隐藏，如图19-154所示。

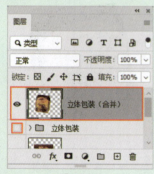

图19-154

08 将合并的图层重命名为"包装上层"。接着新建一个图层，将前景色设置为棕色，选择工具箱中的画笔工具，在选项栏的画笔预设选取器中选择一个柔边圆画笔，设置画笔"大小"为30像素，在画面中包装袋底部位置按住鼠标左键拖动进行涂抹，效果如图19-155所示。将该图层移动至"包装上层"图层下方，此时包装袋阴影效果如图19-156所示。

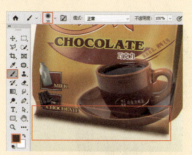

图19-155

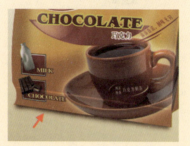

图19-156

09 接下来制作包装袋倒影。选择"包装上层"图层，使用快捷键Ctrl+J复制图层，使用自由变换快捷键Ctrl+T，在画面中右击，在弹出的快捷菜单中执行"垂直翻转"命令，效果如图19-157所示。然后将该图像向下移动，并适当进行旋转和扭曲，此时画面如图19-158所示。变换完成后按Enter键结束变换操作。

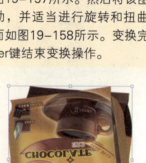

图19-157

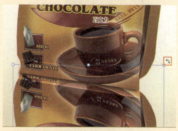

图19-158

10 接下来调整倒影效果。在"图层"面板中选择倒影图层，并设置该图层的"不透明度"为35%，此时画面如图19-159所示。然后单击"图层"面板底部的"添加图层蒙版"按钮，为该图层添加图层蒙版。将前景色设置为黑色，选择工具箱中的画笔工具，在选项栏的画笔预设选取器中选择一个柔边圆画笔，设置画笔"大小"为1000像素，在画面中倒影左下角位置按住鼠标左键拖动进行涂抹，蒙版效果如图19-160所示。

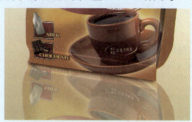

图19-159

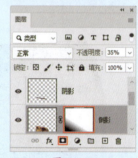

图19-160

11 最终完成效果如图19-161所示。

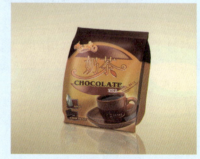

图19-161

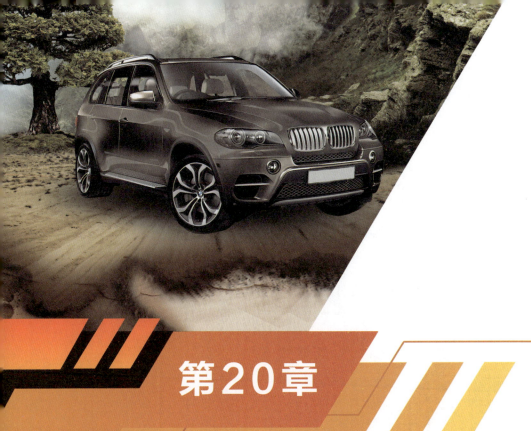

第20章

创意设计

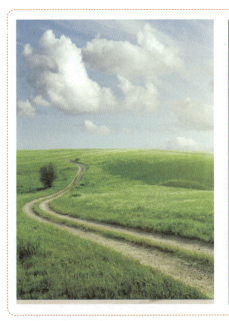
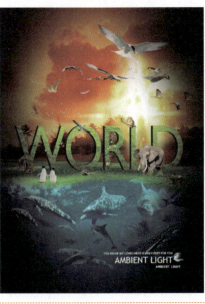
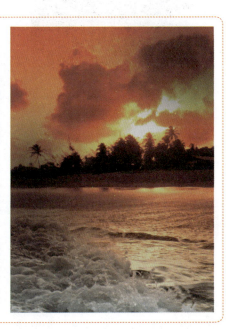

20.1 创意汽车广告

文件路径	第20章\创意汽车广告
难易指数	★★★★★
技术要点	● 图层蒙版 ● 画笔工具

扫码深度学习

操作思路

本案例使用了大量的素材,通过图层蒙版的应用将不同的素材融合到当前画面中呈现出奇妙的背景。汽车部分的抠图是本案例的重点,不仅需要将汽车从白色背景中分离出来,还需要将玻璃部分制作出透明效果。

案例效果

案例效果如图20-1所示。

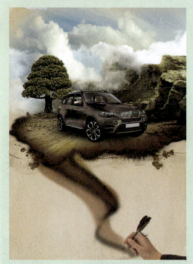
图20-1

实例224 创意汽车广告——制作背景部分

01 执行菜单"文件>新建"命令,创建一个新文档。首先制作画面背景,设置前景色为灰色,使用快捷键Alt+Delete填充灰色,效果如图20-2所示。

图20-2

02 接下来制作有绘画感的道路。选择工具箱中的套索工具,在选项栏中单击"新选区"按钮,设置"羽化"为25像素,接着将光标移动到画面底部绘制弯曲的选区,如图20-3所示。

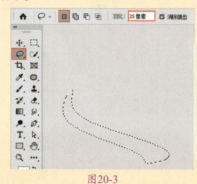
图20-3

03 选择工具箱中的渐变工具,在选项栏中单击渐变色条,在弹出的"渐变编辑器"对话框中编辑一个棕色系渐变颜色,设置渐变方式为"线性渐变",将光标移动到选区附近,按住鼠标左键拖动填充渐变色,如图20-4所示。使用快捷键Ctrl+D取消选区。

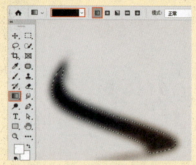
图20-4

04 切换到"图层"面板,设置该图层的"不透明度"为52%,如图20-5所示。效果如图20-6所示。使用同样的方法,制作其他部分,如图20-7所示。

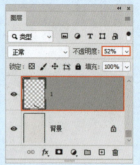
图20-5

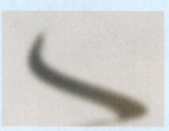
图20-6

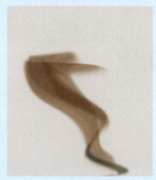
图20-7

05 接下来置入底图素材。执行菜单"文件>置入嵌入对象"命令,置入素材"1.jpg",按Enter键完成置入。执行菜单"图层>栅格化>智能对象"命令,将该图层栅格化为普通图层,如图20-8所示。

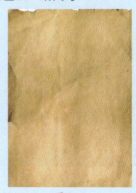
图20-8

06 在"图层"面板中设置图层混合模式为"正片叠底"、"不透明度"为29%,如图20-9所示。效果如图20-10所示。

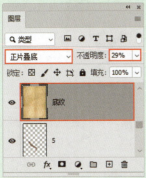

图20-9

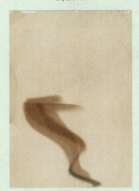

图20-10

07 置入素材"2.jpg",并将素材放置到适当位置,按Enter键完成置入。执行菜单"图层>栅格化>智能对象"命令,将该图层栅格化为普通图层,效果如图20-11所示。

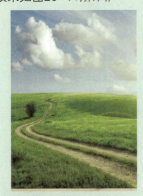

图20-11

08 在"图层"面板底部单击"添加图层蒙版"按钮,设置前景色为黑色,选择工具箱中的画笔工具,在选项栏中单击"画笔预设"选取器,在画笔预设选取器中选择一个合

适的柔边圆画笔,设置画笔"大小"为100像素,如图20-12所示。

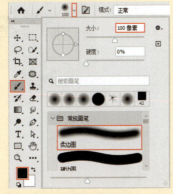

图20-12

09 在"图层"面板中单击图层蒙版缩览图,在画面中需要隐藏的区域按住鼠标左键拖动进行涂抹,如图20-13所示。效果如图20-14所示。

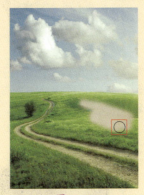

图20-13

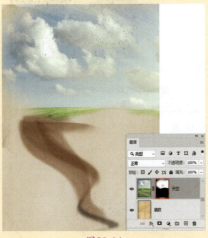

图20-14

10 置入素材"3.jpg",将素材旋转后放置到画面顶部,按Enter键完成置入。执行菜单"图层>栅格化>智能对象"命令,将该图层栅格化为普

通图层,效果如图20-15所示。

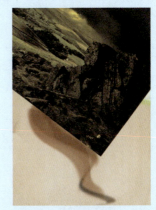

图20-15

11 在"图层"面板中设置该图层的"不透明度"为60%,如图20-16所示。此时画面效果如图20-17所示。

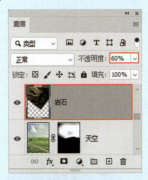

图20-16

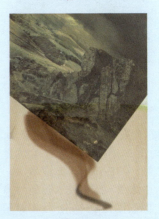

图20-17

12 使用同样的方法,为该图层添加图层蒙版,并隐藏不需要的区域,蒙版效果如图20-18所示。此时画面效果如图20-19所示。

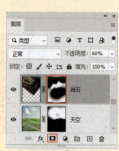

图20-18

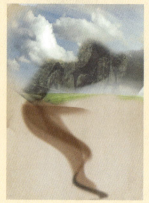

图20-19

13 使用同样的方法，继续制作山的效果，如图20-20所示。

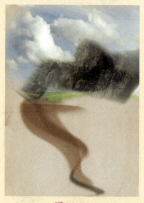

图20-20

14 接下来制作地面。置入地面素材"5.jpg"，将素材放置到适当位置，按Enter键完成置入。执行菜单"图层>栅格化>智能对象"命令，将该图层栅格化为普通图层，如图20-21所示。

15 下面要制作出扭曲道路的效果，首先要将直的路变得扭曲。执行菜单"编辑>操控变形"命令，接着可以看到画面中素材上出现了无数的三角形图形，如图20-22所示。

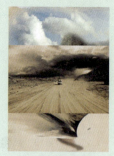

图20-21

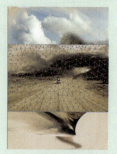

图20-22

16 将光标定位在画面中单击添加定位点，单击并拖动形状进行自由扭曲变形，如图20-23所示。然后按Enter键完成变形，可以看到道路变成弧度扭曲形状，如图20-24所示。

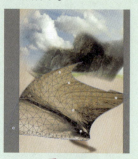

图20-23

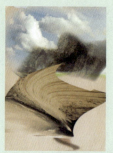

图20-24

17 使用同样的方法，为该图层添加图层蒙版，使用黑色画笔涂抹多余的部分，使之隐藏，此时图层蒙版黑白效果如图20-25所示。画面效果如图20-26所示。

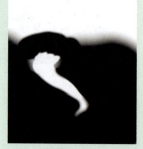

图20-25

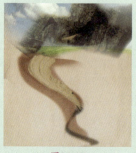

图20-26

18 新建一个图层，设置前景色为棕色，使用画笔工具在画面下半部分绘制棕色的道路，如图20-27所示。在"图层"面板中设置图层混合模式为"正片叠底"，继续执行菜单"图层>创建剪贴蒙版"命令，如图20-28所示。效果如图20-29所示。

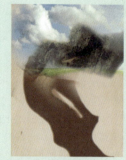

图20-27

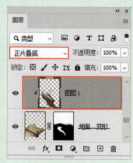

图20-28

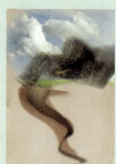

图20-29

19 接下来为道路两边添加沙土效果。置入沙土素材"6.jpg"，调整大小后放置到适当位置，按Enter键完成置入。执行菜单"图层>栅格化>智能对象"命令，将该图层栅格化为普通图层，如图20-30所示。为素材添加图层蒙版，首先使用黑色填充蒙版，然后使用白色画笔工具涂抹道路两侧的部分，使该图层只保留道路两边的沙土，此时图层蒙版黑白效果如图20-31所示。画面效果如图20-32所示。

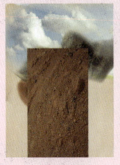
图20-30

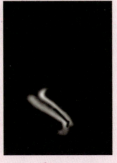
图20-31

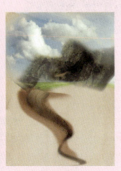
图20-32

20 接下来为道路两边的沙土调色。单击"调整"面板中的"曲线"按钮，创建新的"曲线"调整图层，在弹出的"属性"面板中的曲线上单击添加控制点，按住鼠标左键向下拖动调整曲线形状，再添加一个控制点，向下拖动调整曲线形状，并单击"此调整剪切到此图层"按钮，如图20-33所示。此时画面效果如图20-34所示。

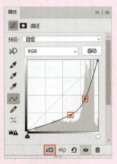
图20-33

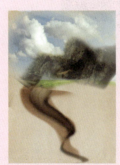
图20-34

21 接下来制作沙土感觉的平地。再次置入素材"6.jpg"，调整大小并旋转至合适的角度，然后将素材放置到适当位置，按Enter键完成置入。执行菜单"图层>栅格化>智能对象"命令，将该图层栅格化为普通图层，如图20-35所示。为素材添加图层蒙版，使用黑色填充蒙版，然后使用白色画笔工具在沙土边缘及中间位置进行涂抹，使沙土素材有边缘柔和的过渡感，此时图层蒙版黑白效果如图20-36所示。画面效果如图20-37所示。

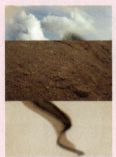
图20-35

图20-36

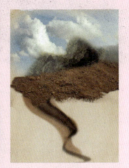
图20-37

22 接下来为沙土调色。单击"调整"面板中的"曲线"按钮，创建新的"曲线"调整图层，在弹出的"属性"面板中的曲线上单击添加控制点，按住鼠标左键向下拖动调整曲线形状，再添加一个控制点，向下拖动调整曲线形状，并单击"此调整剪切到此图层"按钮，如图20-38所示。此时画面效果如图20-39所示。

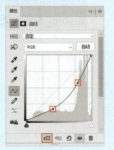
图20-38

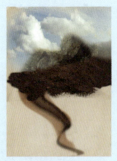
图20-39

23 接下来为平地沙土制作高低起伏感。置入素材"7.jpg"，调整位置、大小及旋转角度，按Enter键完成置入，然后将该图层栅格化为普通图层，如图20-40所示。为素材添加图层蒙版，使用黑色画笔工具将画面中的沙土选择性地擦除，使画面的沙土有阴影变化，产生高低起伏的感觉，此时图层蒙版黑白效果如图20-41所示。画面效果如图20-42所示。

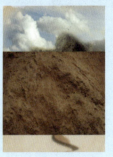
图20-40

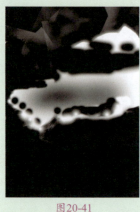

图20-41

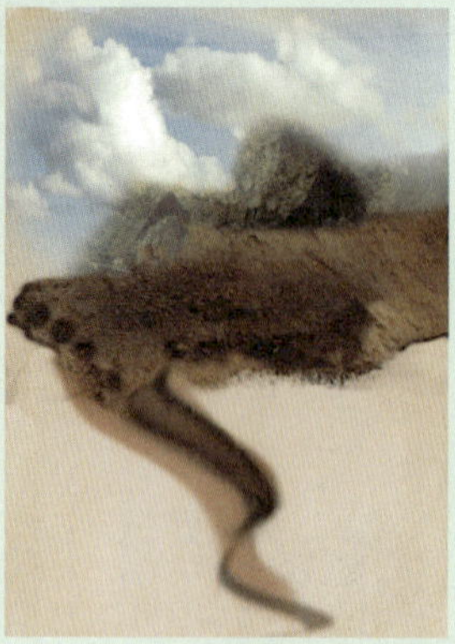

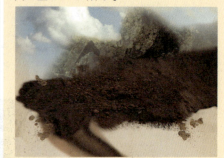

果如图20-49所示。

24 再次为沙土调色。单击"调整"面板中的"曲线"按钮,创建新的"曲线"调整图层,在弹出的"属性"面板中的曲线上单击添加控制点,按住鼠标左键向下拖动调整曲线形状,并单击"此调整剪切到此图层"按钮 ,如图20-43所示。此时画面效果如图20-44所示。

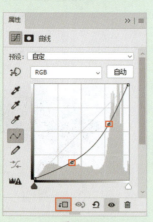

图20-43

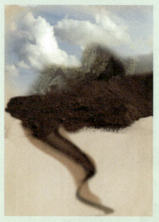

图20-44

图20-42

图20-47

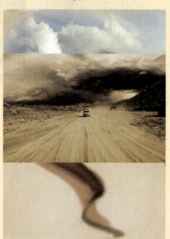

图20-48

25 制作喷溅的泥点。选择工具箱中的自定形状工具,在选项栏中设置绘制模式为"像素",单击"形状"下拉按钮,在下拉面板中选择喷溅形状,设置前景色为深灰色,新建一个图层,在画面中沙土边缘按住鼠标左键拖动绘制形状,画面效果如图20-45所示。继续绘制两个形状,如图20-46所示。

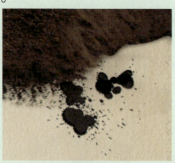

图20-45

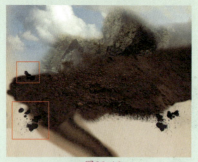

图20-46

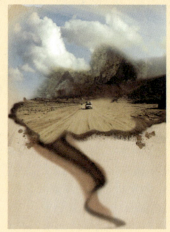

图20-49

26 置入沙土素材,执行菜单"图层>创建剪贴蒙版"命令,使沙土素材只显示出喷溅效果的部分,如图20-47所示。

27 置入地面素材"5.jpg",如图20-48所示。为素材添加图层蒙版,使用黑色画笔工具在画面边缘涂抹,使画面中保留部分沙地区域,画面效

28 接着需要使地面与边缘融合,与边缘颜色叠加可以使边缘融合。新建一个图层,设置前景色为棕色,使用画笔工具在沙土的边缘处进行绘制,如图20-50所示。在"图层"面板中设置图层混合模式为"正片叠底",继续执行菜单"图层>创建剪贴蒙版"命令,如图20-51所示。效果如图20-52所示。

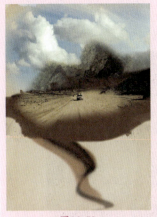 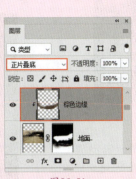 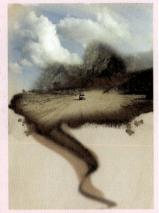

图20-50　　　　　图20-51　　　　　图20-52

29 置入云朵素材"8.png"并将其放置到适当位置，按Enter键完成置入。执行菜单"图层>栅格化>智能对象"命令，将该图层栅格化为普通图层，如图20-53所示。使用同样的方法，置入树木素材"10.png"，效果如图20-54所示。

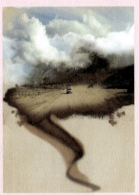 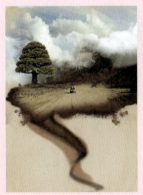

图20-53　　　　　　　图20-54

30 置入素材"4.jpg"，将素材放置到适当位置，按Enter键完成置入。执行菜单"图层>栅格化>智能对象"命令，将该图层栅格化为普通图层，如图20-55所示。为素材添加图层蒙版，使用黑色画笔工具在山石以外的位置进行涂抹，将多余图像擦除，使画面中只有山石，此时图层蒙版黑白效果如图20-56所示。画面效果如图20-57所示。

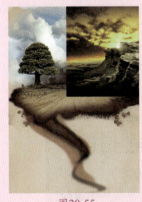 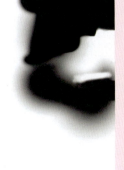 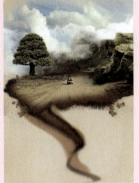

图20-55　　　　　图20-56　　　　　图20-57

实例225　创意汽车广告——制作汽车部分

01 接下来置入汽车素材"9.jpg"，将该图层栅格化为普通图层。选择工具箱中的钢笔工具，在选项栏中设置绘制模式为"路径"，在画面中汽车边缘处绘制路径，如图20-58所示。

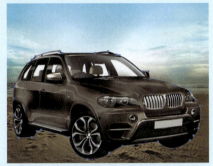

图20-58

02 在选项栏中单击"路径操作"按钮，在下拉菜单中选择"排除重叠形状"命令，继续使用钢笔工具在画面中汽车玻璃位置边缘处绘制选区，如图20-59所示。

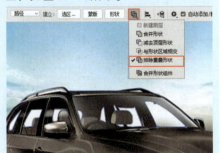

图20-59

03 使用快捷键Ctrl+Enter将路径转换为选区，如图20-60所示。

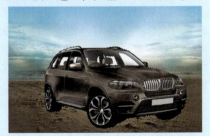

图20-60

04 单击"图层"面板底部的"添加图层蒙版"按钮，如图20-61所示。效果如图20-62所示。

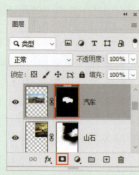

图20-61

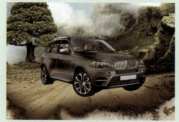

图20-62

05 接下来为汽车添加阴影。在汽车图层下一层新建一个图层，将前景色设置为黑色，使用画笔工具，设置一个合适的柔边圆画笔笔尖，在汽车下方涂抹，为汽车添加阴影，效果如图20-63所示。

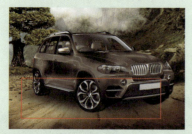

图20-63

06 为汽车添加车窗。使用同样的方法，使用钢笔工具绘制车窗部分路径并将其转换为选区，使用快捷键Ctrl+J复制为独立图层。为了使车窗更有真实感，在"图层"面板中设置"不透明度"为30%，如图20-64所示。此时玻璃呈半透明效果，如图20-65所示。

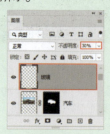

图20-64

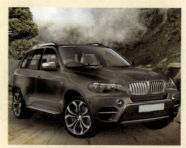

图20-65

07 置入手素材"11.png"，将其放置到适当位置，按Enter键完成置入。执行菜单"图层>栅格化>智能对象"命令，将该图层栅格化为普通图层，最终效果如图20-66所示。

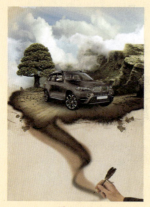

图20-66

20.2 创意风景合成

文件路径	第20章\创意风景合成
难易指数	★★★★★
技术要点	● 剪贴蒙版 ● 图层蒙版 ● 混合模式

扫码深度学习

操作思路

本案例首先利用图层蒙版将大量的素材融合成背景，然后利用剪贴蒙版制作草地质感的立体文字。

案例效果

案例效果如图20-67所示。

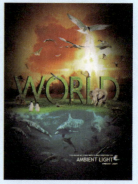

图20-67

实例226 创意风景合成——制作背景部分

01 执行菜单"文件>打开"命令或按快捷键Ctrl+O，打开素材"1.jpg"，如图20-68所示。

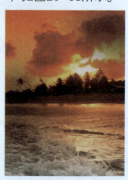

图20-68

02 添加海洋素材并调色。执行菜单"文件>置入嵌入对象"命令，置入海洋素材"2.jpg"，放在画面的底部，并将该图层栅格化为普通图层，如图20-69所示。

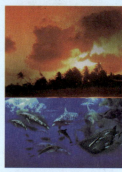

图20-69

03 单击"调整"面板中的"可选颜色"按钮,创建新的"可选颜色"调整图层。在弹出的"属性"面板中设置"颜色"为"蓝色",调整"青色"为+100%、"洋红"为-65%、"黄色"为+100%、"黑色"为+100%,单击"此调整剪切到此图层"按钮,如图20-70所示。效果如图20-71所示。

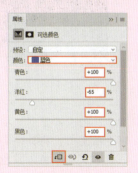
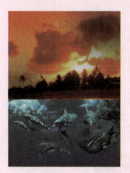

图20-70　　　　　图20-71

04 接下来制作有层次感的草地。置入草地素材"3.jpg"并栅格化,如图20-72所示。

05 单击"图层"面板底部的"添加图层蒙版"按钮,为该图层添加图层蒙版。选择工具箱中的画笔工具,在选项栏的画笔预设选取器中选择一个合适的柔边圆画笔,设置画笔"大小"为200像素、"硬度"为0,设置前景色为黑色,在图层蒙版中天空的部分进行涂抹,隐藏天空区域,图层蒙版黑白效果如图20-73所示。画面效果如图20-74所示。

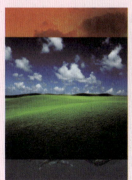

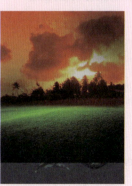

图20-72　　　图20-73　　　图20-74

06 继续使用画笔工具在草地下方涂抹,隐藏过多的草地,图层蒙版黑白效果如图20-75所示。画面效果如图20-76所示。

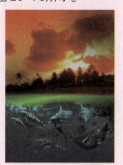

图20-75　　　　图20-76

07 置入天空素材"4.jpg",将素材移动到适当位置,按Enter键完成置入。执行菜单"图层>栅格化>智能对象"命令,将该图层栅格化为普通图层,如图20-77所示。

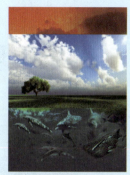

图20-77

08 在画面中可以看到草地的阴影明暗变化较为明显,所以要保留阴影区域的草地,并隐藏其他区域。单击"图层"面板底部的"添加图层蒙版"按钮,为该图层创建图层蒙版,继续使用同样的方法进行涂抹,将阴影明暗变化的草地保留,图层蒙版黑白效果如图20-78所示。画面效果如图20-79所示。

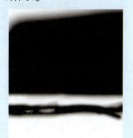

图20-78

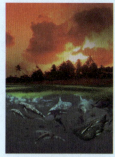

图20-79

09 置入素材"5.png",将素材移动到适当位置,按Enter键完成置入。执行菜单"图层>栅格化>智能对象"命令,将该图层栅格化为普通图层,如图20-80所示。

10 在"图层"面板中设置图层混合模式为"滤色",如图20-81所示。效果如图20-82所示。

11 使用同样的方法，将光效多余部分使用图层蒙版隐藏，如图20-83所示。

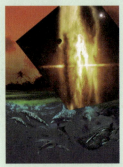
图20-80

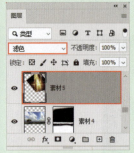
图20-81

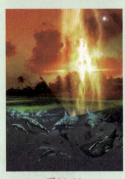
图20-82

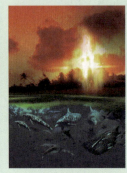
图20-83

实例227　创意风景合成——制作立体文字

01 接下来制作立体文字。选择工具箱中的横排文字工具，在选项栏中设置合适的字体和字号，设置文本颜色为墨绿色，在画面草地上方位置单击输入文字，如图20-84所示。

02 为文字制作简单的阴影明暗变化效果。新建一个图层，选择工具箱中的画笔工具，在选项栏的画笔预设选取器中选择一个合适的柔边圆画笔，设置画笔"大小"为40像素、"硬度"为0、"不透明度"为50%，设置前景色为黑色，在画面中文字位置沿着文字的笔画按住鼠标左键拖动绘制阴影。将其他图层关闭可以更明显地看到效果，如图20-85所示。

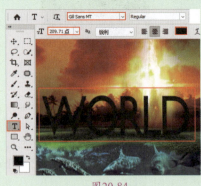
图20-84

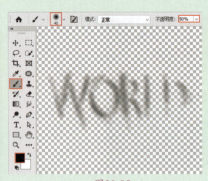
图20-85

03 选择该图层，执行菜单"图层>创建剪贴蒙版"命令，效果如图20-86所示。

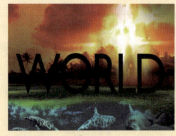
图20-86

04 制作顶层的文字。在"图层"面板中选择文字图层，使用快捷键Ctrl+J进行复制，将该图层移到阴影图层上方，将其向右移动一点，然后更改文字颜色为黄色，如图20-87所示。

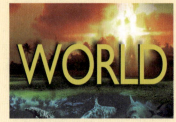
图20-87

05 置入素材"6.jpg"并将其栅格化为普通图层，如图20-88所示。

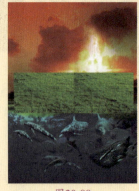
图20-88

06 选择该图层，执行菜单"图层>创建剪贴蒙版"命令，效果如图20-89所示。

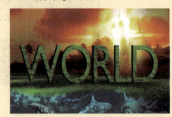
图20-89

07 最后制作文字上的光影变化。新建一个图层，选择工具箱中的画笔工具,在选项栏的画笔预设选取器中选择一个合适的柔边圆画笔,设置画笔"大小"为100像素、"硬度"为0、"不透明度"为50%,设置前景色为黄色,在画面中文字上部按住鼠标左键由左向右拖动进行涂抹。将其他图层关闭可看到绘制的效果,如图20-90所示。

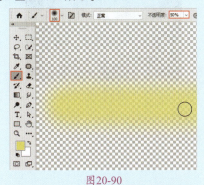

图20-90

08 执行菜单"图层>创建剪贴蒙版"命令,并设置该图层的混合模式为"柔光",画面效果如图20-91所示。

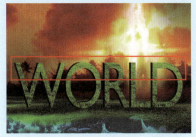

图20-91

09 使用同样的方法,在文字底部制作一条半透明黑色的阴影,如图20-92所示。

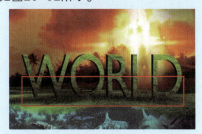

图20-92

10 执行菜单"文件>置入嵌入对象"命令,置入动物素材"7.png",并将素材移动到适当位置,按Enter键完成置入。执行"图层>栅格化>智能对象"命令,将该图层栅格化为普通图层,如图20-93所示。

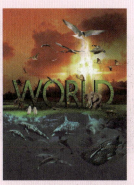

图20-93

实例228 创意风景合成——增强画面气氛

01 接下来为画面添加暗角效果。创建新图层,设置前景色为黑色,使用快捷键Alt+Delete填充黑色,如图20-94所示。

02 选择工具箱中的椭圆选框工具,在选项栏中单击"新选区"按钮,设置"羽化"为50像素,在画面中间位置按住鼠标左键拖动绘制一个较大的椭圆选区,如图20-95所示。

图20-94　　　　　　图20-95

03 在选区内部右击,在弹出的快捷菜单中执行"选择反向"命令,效果如图20-96所示。

04 选择黑色的图层,单击"图层"面板底部的"添加图层蒙版"按钮,为选区创建图层蒙版,画面效果如图20-97所示。

 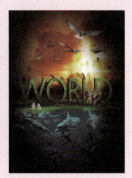

图20-96　　　　　　图20-97

05 选择工具箱中的横排文字工具,在选项栏中设置合适的字体和字号,设置文本颜色为白色,在画面右下角位置单击输入文字,如图20-98所示。

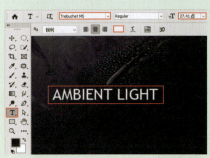

图20-98

06 使用同样的方法输入其他文字，如图20-99所示。

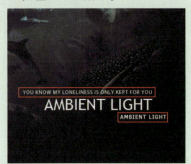

图20-99

07 执行菜单"文件>置入嵌入对象"命令，置入素材"8.jpg"，将素材移动到右下角位置并缩放，按Enter键完成置入。执行菜单"图层>栅格化>智能对象"命令，将该图层栅格化为普通图层，如图20-100所示。

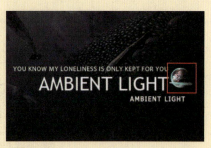

图20-100

08 最后对画面的整体进行调色。单击"调整"面板中的"曲线"按钮，创建新的"曲线"调整图层，在弹出的"属性"面板中的曲线上单击添加两个控制点，按住鼠标左键向上拖动调整曲线形状，如图20-101所示。效果如图20-102所示。

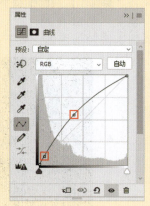

图20-101

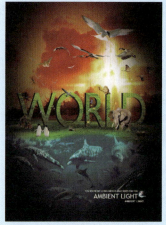

图20-102